本书获中国博士后科学基金、中国国家社科基金和福建省社科规划项目资助

清代宾兴
公益基金组织管理制度研究

毛晓阳　著

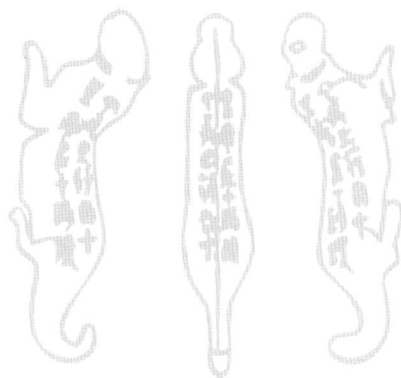

人民出版社

序　言

龚延明

　　捧读毛晓阳博士《清代宾兴公益基金组织管理制度研究》沉甸甸的书稿，令我生发一种惊喜之情，并激起我浮想联翩。

　　本世纪初，晓阳考上浙江大学古籍研究所博士生，成为我的学生。

　　其时，我正主持国家社科基金课题《中国历代登科总录》，致力于中国科举史的基础研究。我希望他能关注清代科举文献的研读与清代科举人物研究。他表示乐意接受。记得指导他开读的第一部文献是靳斯点校的《清碑传集》。晓阳很认真，一字一句地啃，一页一页地读。从开始很吃力，到后来，越读越快，读完《二编》、《三编》，又读《广清碑传集》。一个学期下来，阅读古文献的能力迅速提高，打下了坚实的古文献整理与研究的基础，并从诸多清代墓志中，获取了大量清代科举社会登科人的经历和丰富的科举制度与科举生活信息。在此基础上，他就把"清代宾兴"研究，定为治学方向。当时，我于清代科举未能深入了解，对"清代宾兴"更感陌生,晓阳提出这个选题,我不太支持,一是我对"宾兴"缺乏了解,难以指导;二是怀疑"宾兴"研究范围太窄,不易取得具有学术创新价值的突破性成果。因此,他的博士论文不是"宾兴研究",而是《清代江西进士丛考》,与《清代登科录》课题相结合,为之提供部分清代进士前期的资料。但是,晓阳始终没有放弃"宾兴研究"的治学方向,三年攻博期间,一直在收集这方面的资料。他自信,"宾兴研究"大有可为。

博士毕业后,晓阳进入厦门大学高教研究所博士后流动站,在刘海峰教授指导下,放开手脚进行清代宾兴研究。期间,申请到国家社科基金项目《社会公益视野下的清代科举宾兴研究》。有志者事竟成。经过前后近十年的刻苦钻研,极富进取、善于独立思考、思维敏捷的晓阳博士,终于取得了丰硕的成果,进入了"宾兴研究"的最佳境界,为发覆清代宾兴史、填补清代宾兴公益基金研究的空白,作出了突破性的贡献。这是我当初没有想到的,"清代宾兴"原来有如此之大的学问,此也是我接到书稿时,惊喜之情油然而生的原因所在。

专著《清代宾兴公益基金组织管理制度研究》,给我提供了一个学习新知的机会。读完全书,感到是书颇多新见,发前人所未发,具有创新意义:

一,指出"清代宾兴",已非《周礼》"以乡三物教万民而宾兴之"之"宾兴",经数千年历史演变,至明清时期,已成为专门资助考生参加科举考试的公益基金;

二,改变了前人限于一省一地零散研究的局面,是书视野开阔,在出版《清代科举宾兴史》全景式地、宏观地对清朝宾兴全貌予以观照的前提下,着重探讨了清代宾兴公益基金组织的管理制度,是一项具有开拓性的研究;

　　三，自清末以来，宾兴公益基金已淡出人们视野，逐渐被人遗忘，要对清代宾兴公益基金组织的管理制度予以发覆，难度很大。晓阳博士用渴泽而渔的功夫，下大气力搜集、梳理、综合有关这方面的史料，摸清了宾兴资产的获得主要通过社会捐赠和行政筹资两种途径，清代宾兴资产实现增值主要经由田产、存款、房产、特种等四种主要形式，以及清代宾兴的外部监管机制和内部管理制度。这是宏观着眼、微观入手研究取得的重要果成果。特别值得注意的是，关于清代宾兴的外部监管机制问题的探讨，此前不仅在宾兴研究领域未出现相关论述，其他研究中国古代慈善、公益组织的知名论著如梁其姿《施善与教化：明清的慈善组织》、夫马进《中国善会善堂史研究》、王日根《中国会馆史》、周秋光《中国慈善简史》等，也均未对此问题展开讨论。书中详细论述了清代宾兴的外部监管机制可以分为政府立案监管机制和基层社会监管机制两个方面，已经形成了一个较为开放的体系，并能对宾兴的日常运营形成有效监督，从而为宾兴这种社会公益基金组织实现其公益目的与公益职能提供了保障。这项研究成果，具有现实借鉴意义，对完善当代公益基金的监管和拓展当代教育公益渠道，都能有所启迪。这是本书的最大亮点。

　　本书研究还有一个鲜明特点，它是一项跨学科的研究，晓阳立足于历史学、教育学，旁及经济管理学、社会学等多种学科的知识体系，从不同学科的研究视角，将清代遍布全国各地的宾兴，由表及里，由现象到本质，进行深入的探讨，将清代宾兴最终定位为一种社会公益基金组织，进而就公益资产的倡议发起、公益组织的内部管理、公益活动的外部监督、公益思想的舆论宣传等等方面，进行了系统的考察。这在一定程度上拓展了中国教育公益史的研究领域。

总之，呈现在读者面前的《清代宾兴公益基金组织管理制度研究》，是一部富于创新成果的力作。今日，我欣然为之写序推荐，这不仅仅是为我的学生所取得的成就欢欣，更为我们时代能为当今年轻学人早出成果提供良好的研究条件而感动。

生逢盛世，愿晓阳博士，乘长风，破巨浪，直挂云帆济沧海，把学问做得更大更好，走向世界！

2014 年 5 月于杭州

目　录

引　言

　　"宾兴"语出《周礼》"以乡三物教万民而宾兴之"。明清时期将专门资助考生参加科举考试的公益基金称为宾兴。早在上世纪60年代,哈佛大学教授杨联陞先生就曾借给梅贻琦先生祝寿的机会,撰写了《科举时代的赴考旅费问题》(《清华学报》,1961,06)一文,从通史的视角论述了唐宋以来的科举旅费问题,其中就包括明清时期的宾兴经费。作为第一篇公开发表的与宾兴有关的研究论文,该文还为后人提供了宾兴与基金组织、宾兴与绅商自治、宾兴与地域人文等多种研究视角的设想。但是,由于此前对科举制的普遍批评态度,宾兴研究并没有引起人们的足够重视。时至今日,杨文发表已过半个世纪,相关研究成果依然不多。研究专著尚未出现,而与宾兴直接相关的单篇论文,较典型的只有邵鸿《清代后期江西宾兴活动中的官、绅、商——清江县的个案》(2002)、李才栋《古代地方助学助考机构——宾兴会》(2005)、李世愉《清代科举经费的支出及其政策导向》(2005)、陈瑞《制度设计与多维互动:清道光年间徽州振兴科考的一次尝试》(2005)、杨品优《科举会社组织与社会权势的转移》(2008)、周兴涛《也论清代宾兴》(2008)等寥寥数篇。此外,雷方圣、张文、李经威、张小坡、毛晓阳、黄小红、黄敏灵、熊昌锟、宋永忠、李琳琦、徐萍等也先后撰文讨论了清代湖北、江苏、江西、广东、广西、安徽、四川、台湾等省宾兴。

宾兴属于古代教育范畴，不过目前只有少数教育史论著曾论及宾兴问题。其中专著如李国钧、王炳照主编《中国教育制度通史》(2000)第五卷，杨学为、王戎笙编《中国考试史文献集成》(2003)第六册，王戎笙、王天有、李世愉主编《中国考试通史》(2008)第三卷《明清》第九章"考试与社会"，陈谷嘉、邓洪波《中国书院制度研究》(1997)，刘伯骥《广东书院制度》(1978)，李琳琦《徽商与明清徽州教育》(2003)，李兵《书院与科举关系研究》(2005)等，单篇论文如熊贤君《科举考试中对寒士的经济救助》(2007)、田正平《教育负担与清末乡村教育冲突》(2008)、张小坡《清末徽州新式教育经费的筹措与配置研究》(2008)、侯鹏《清末浙江地方自治中县财政的演变》(2008)、张大伟《清末湖南社会办学浅析》(2008)等，都在讨论中国古代科举教育或近代新式教育的时候附带涉及宾兴问题。

宾兴问题同样属于社会史研究范畴，但专门探讨宾兴的此类社会史论著同样很少。其中专著如王日根《乡土之链——明清会馆与社会变迁》(1996)、冯尔康、常建华《清人社会生活》(2003)、李文治、江太新《中国的宗法宗族制和族田义庄》(2000)，单篇论文如陈宝良《明代生员层的经济特权及其贫困化》(2002)、郑振满《明清时期闽北乡族地主经济》(2003)、杨国安《空间与秩序：明清以来鄂东南地区的村落、祠堂与家族社会》(2008)，都对宾兴有所涉及，但"醉翁之意不在酒"，它们并不专以宾兴为讨论的中心。

宾兴是清代遍及大江南北、惠及千万读书人的社会公益基金，对当时各地的文化教育发展和社会结构变迁都产生了一定的影响。我们认为，目前的宾兴研究还有较多有待填补的空白。第一，宾兴概貌研究。以往研究多选取一省、一地之宾兴组织为研究对象，希望通过个案研究窥其全豹，而缺乏对清代全国宾兴概貌的总体考察。第二，宾兴通史性研究。对于宾兴的起源、发展、消亡的历史，需要进行通史性清理及阶段性对比。对此问题，至今只有杨联陞先生作过简略分析。第三，对宾兴本身的理论阐述。如对宾兴的组织类型、宾兴管理形式、宾兴思想理论以及宾兴的社会历史作用等。

尤其是对于清代宾兴组织与当今中外社会公益基金组织的对比研究，目前尚无专文、专著发表。今天，随着市场经济体制的不断完善和高等教育改革的逐步深入，从前计划经济体制下少人问津的公益基金会、大学基金会等日渐成为学界的热门话题。在众多论著中，资中筠的《散财之道：美国现代公益基金会述评》（2003）是国外基金会研究的重头之作。这部著作对美国基金会在教育、科技、文化、卫生等方面的巨大贡献毫不吝惜赞誉之词，但在其对世界公益史的回溯中，对中国古代宾兴则无一语论及。与之相似的是，秦晖《政府与企业以外的现代化：中西公益事业史比较研究》（1999）在介绍中国古代公益事业时，也只提到了社邑、寺庙及宗族公益三种，对明清时期广泛分布于大江南北的宾兴组织却未着一字。而吴锦良在《政府改革与第三部门发展》（2001）中更指出，"与美国这样的具有民间社会组织传统的国家相反，古老的中国缺乏类似基金会这样的组织和制度，人们的思想和认识落后于时代的需求"。这一断语显然与清代各地普遍设立宾兴基金以资助本地读书人的历史事实不符。

宾兴是中国古代典型的教育公益基金，它主要通过社会捐资设立可增值资产的方式，以其利润免费资助科举考生。宾兴不仅突破了汉唐以来寺庙义田的宗教范畴，也突破了宋明以来家族义庄的宗族范畴,更突破了传统自助会社组织的有限资助范畴,发展成为一种资助对象更为广泛的普适性公益基金。宾兴不仅集中体现了中国传统公益精神,对于公益精神相对缺失的现代社会,它更具有更多的现实借鉴意义。因此,无论从历史还是从现实的视角,宾兴都值得我们进行深入研究。

　　本书是笔者国家社科结项成果《社会公益视野下的清代科举宾兴研究》的部分内容,也是《清代科举宾兴史》(华中师范大学出版社2014年2月版)一书的姊妹篇。后者主要考察宾兴的历史渊源、清代宾兴产生的时代背景、时空分布、清代民初宾兴的历史结局,本书则主要关注清代宾兴的管理组织制度。

第 一 章
清代宾兴公益基金组织的创设

    清代宾兴的产生与清初裁拨地方科举预算经费转作军饷密切相关,它导致府州县地方政府基本无力举行宾兴礼并为考生赠资饯行[1]。虽然直接为举行宾兴礼而筹设的宾兴并非清代宾兴的全部,但是宾兴礼对宾兴的诞生却具有无形的孵化作用。作为一种具备特定文化内涵与价值取向的国家典礼,它不仅通过对考生举酒相邀、盛情祝贺,向社会传递了科举考生是受朝廷与官府尊崇的尊贵人才的国家意志,也通过对考生举杯相饯、赠资送别,表达希望考生金榜题名的热切期待,向社会传递与强化了科举是士子最理想、最光明的晋身之路的社会认识。尽管由于清代前期全面裁拨了各地科举经费预算,但清朝却通过开国初期对明朝政策的继承与延续及立国260余年中对科举制不断的改革与完善,使得这些观念深入人心而成为社会的自有意识。在这样一种全民意识的推动下,宾兴在全国各地被普遍设立起来。清代宾兴的筹资模式主要有社会民众捐助与官员行政划拨两种。

第一节　社会捐助与清代宾兴的创设

捐资助考历来是中国古代教育的优良传统。每逢举子赴考，其师友亲族多赠资壮行。清代亦不例外，然赠送范围与赠资规模则日渐扩大，慷慨解囊广为资送者，上至总督、巡抚，下至平民百姓，所在有之。如道光二十年(1840)两江总督裕谦"捐廉"资助江苏江宁府会试文举人路费，每名银 30 两；其继任者耆英亦仿而行之，每名银 8 两[2]。安徽寿州官绅光绪年间多次向本州士子"赠助科费"，如前寿春镇总兵郭宝昌自癸酉至己丑 8 科均送卷费、邑绅江西九江镇总兵朱淮森自丙子至戊子 5 科送卷费、邑绅候选道戴宗骞戊子、己丑 2 科送卷费等[3]。然而，各地官绅的慷慨解囊虽然能够为考生创造一次性的赴考机会，却不能为以后的读书种子留下永久的福利。因此，各地官绅纷纷设法设立宾兴，以资产增值的可持续发展模式，给考生提供长久的资金支持。自宋代以来即已经出现了贡士庄、进士庄、兴贤庄、宾兴庄、兰桂庄等专门的助考公益基金组织，而清代则普遍存在专门为本地士子提供助考经费的多以"宾兴"为名的公益基金组织。由来自社会不同阶层的人们捐助设立宾兴，是清代各地宾兴最普遍的产生方式。大体而言，则主要来源于本地士绅及在任地方官的捐助。

一、官吏捐助

清代地方官认为宾兴可以裨益地方文教，将设立宾兴作为自己的职责。这主要又有两种情形。

第一种情形，是地方官直接捐出自己的俸禄，为其所任职的州县创设宾兴。如山西夏县清初历任知县袁葵、边维隆、迟日巽、罗在公、孙筠、蒋起龙等分别捐俸银50至15两不等，采取"付学书营放，加二行利"的增值方式，利用所得利息，"每遇乡试，作生员宾兴盘费"[4]。河北望都县知县张京瓒于康熙四十四年（1705）为乡试士子举行宾兴礼，发现应考者寥寥无几，询问后得知均因"艰于资斧，不能就道"，乃慨然捐资相助，"祖道东门外，亲视其策塞北上而后返"。同时，考虑到直接赠送路费的方法无法长久维持，"爰出其俸之所余，置田若干亩，岁收其租，委老成书吏，司其出纳。复令诸生中齿高而品重者，出次司会计，以防侵渔。积三载，取为士子赴闱之资"[5]。张京瓒所置科举学田地，一直是望都县士子宾兴盘费的重要来源，直到民国年间才被"管理地方财政者列入地租清册，按年收租，作为教育款产收入之一"[6]。湖南临武县宾兴名为"乡会田"，面积只有17亩余，均购置于嘉庆初年，其中约12亩"系知县李方縠捐置"，另外5亩"系知县杨方岳捐置"[7]。四川垫江县宾兴局始设于同治六年（1867），为知县罗教忠卸任时捐钱500缗，交绅士生息，以资助本县参加乡、会试者。后任知县黄之骥、聂光鉴、张璪、张继先后筹资增置田亩，收取租息，扩充宾兴之用[8]。贵州兴义县"乡会试费"设于咸丰二年（1852），是知县胡霖澍捐银1200两购置田产所设，每年可收租谷150市石，议定赴省乡试者每名资助路费银4两，赴京朝考、会试者每名资助路费银20两[9]。

　　当然，由地方官捐出俸禄设立宾兴，其资产规模毕竟有限。在大部分情况下，他们都是作为倡议者号召辖区士绅踊跃捐输，从而创立或扩大宾兴的规模，这也是地方官捐助宾兴的第二种情形。如广东澄迈县宾兴，为嘉庆十五年（1810）知县盖运长捐俸240两、训导李士龙捐俸40员发出倡议，全县士民响应号召，共同捐银2000余两，购田收租，资助本县士子科举诸费[10]。湖北孝感（今孝感市）宾兴始设于道光十六年（1836），系知县赵振清"作短引以闻其先"，地方士绅"不数月间共捐白镪六千两"所设[11]。山东莒州知州周秉礼于光绪十一年（1885）号召百姓创设宾兴，自己"先捐俸一千缗以为倡"[12]，以劝导百姓捐资，最终筹得制钱6000串，发典生息，并为之厘定章程，希望其能够"日积月广"，这样不仅可以资助乡、会试考生，而且可以进一步资助参加岁、科试考生所需缴纳的卷资。

有些地方官甚至在担任不同地方的官职时多次筹款设立宾兴。如在第一次鸦片战争中战败殉国的两江总督裕谦，在其早期担任荆州府知府时，便曾"与诸僚属议，裒金三千两，存典生息，为计偕之资"[13]；此后调任镇江府知府，裕谦又"劝捐本邑河元银一万两，以助宾兴"，作为镇江府学与丹徒县学共有的"宾兴公款"[14]；道光二十年（1840），裕谦升任江宁巡抚，鉴于本府举人会试向无"公车费"，乃"捐廉每名给银三十两"[15]。曾先后担任浙江台州府知府和福建台湾道的刘璈同样注重宾兴。同治八年（1869），他在台州知府任上借设立培元局之机，任命两位公众推选的董事，"总理常平、育婴、宾兴、书院四宗之事。四宗复分设董事，以专责成"[16]；在担任台湾道期间，也曾于光绪八年（1882）拨"洋药釐金"作为全台湾乡会试旅费的基本金[17]。另如浙江新昌县道光六年（1826）进士俞汝本，他在担任贵州贵定县知县时，曾"提倡县人捐金置田，以资助应乡试生员路费"，称为"宾兴田"[18]；道光二十二年，俞汝本奉命署理天柱县知县，又借倡议捐修本县书院之机，在书院经费中划拨款项以作"宾兴义举"，并规定"富户鄙吝不上捐册者，其子若孙听其自考自办，一切试卷红案、膏火、宾兴等项一概无分"[19]。

地方官员积极参与宾兴的创建，对推动该项社会公益事业的发展无疑具有巨大的号召作用。

二、绅民捐助

士绅是清代地方基层社会的真正控制者,科举入仕则是士绅获得与维护家族在地方控制权最合乎理法制度的途径。宾兴虽然不直接为乡绅所单独拥有,但孟子云"君子之泽,五世而斩",老百姓则说"富不过三代",宾兴作为一种公益基金,毕竟可以为他们提供相对久远的考费保障。在清代宾兴创设的过程中,各地士绅在捐助群体中最为活跃。

各地士绅中捐助较为踊跃且捐输数额较大的是在职或退休的官僚。此类士绅的职官高低相差较大,既有位极人臣的朝中宰辅、封疆大吏,也有守土为官的道府州县、学校教官。如山西曲沃县"乡会资斧"最早设于康熙元年(1662),是县人贾汉复捐资购买"房产二所,共铺面棚房二十间"[20],每年收租金 87 两,交由城隍庙董事经理,资助乡试诸生路费。贾汉复是清初名将,曾先后任河南、陕西巡抚,主持修纂《河南通志》、《陕西通志》,顺治十五年被授职云骑尉加兵部尚书衔,次年加太子太保。又如湖南安化县"科举田"共曾接受两次捐助,一为本县时任两江总督的陶澍在道光十六年(1836)回籍修墓时捐置,共有水田 120 亩,一为本县后任云贵总督的罗绕典在道光二十二年(1842)捐置,有水田 18 亩[21]。这两项宾兴均分别议定管理规约,并各立户名缴纳相关赋税。再如安徽桐城县有两项宾兴,一为"方氏试资田",系乾隆三十二年(1767)"方恪敏公捐置,为邑中寒士科举之费",一为"姚氏试资田",系"福建巡抚姚棻置"[22]。按"方恪敏公"即方观承,官至直隶总督,姚棻为乾隆二十六年辛巳科进士,官至兵部侍郎、福建巡抚。普通官员捐助本乡宾兴者案例更多。如浙江浦江县"朱氏文武生员科考路费",为乾隆四十一年(1776)本县原任陇州知州朱兴燕遗命子孙捐田 50 亩所置,作为全县士子"科考路费"。该县"朱氏文武童生县试卷费",为嘉庆十六年(1811)本县任永嘉县训导朱潮根据儿子朱能仑的遗志,捐田 50 亩,作为全县童生岁科县试卷结、册费[23]。浙江兰溪县"乡闱卷资田"设于嘉庆四年(1799),为本县社峰庄"州同衔吴珠江捐银二千两,置田九十余亩,收租易钱"[24],每到乡试年份,分给考生。所谓"州同衔",是指通过缴钱买来的知州虚衔。江西崇仁县宾兴除了卷局之外还有一项名为"公车会"的宾兴公益基金,为嘉庆二十三年(1818)"明府甘宝求先生"捐制钱 2000 贯,存典生息,资助会试举人盘费。据同治《崇仁县志》所载各级地方衙门审批文书,有"职员甘扬声捐钱生息,为贫士会试之资,具见好义可嘉"[25]之文,说明甘宝求名甘扬声,本为崇仁县人,捐资之时在外地任职知县。江苏娄县宾兴有一项名为"府试正场卷费"的宾兴公益基金,为同治十三年(1874)"御史"张云望捐钱 200 千文所设,议定"由县饬存恒升典,按月一分生息,按季解诸府库"[26],并希望以后如有盈余,将资助范围扩展至县试正场卷费。贵州黎平府于清咸丰、同治年间便已经有人捐设宾兴。光绪十一年(1885),"郡人吴师贤"又捐设"府学关厢司属宾兴费",每年收租"约谷一千余挑"。据光绪府志所录吴师贤"捐田禀"可知,吴师贤本为"原任四川嘉定府荣县知县",此次捐输,是其弟兄四人以父亲名义进行的,禀文中请求地方衙门"饬委绅士经理",以其田租收入作为本县士子"宾兴科贡之资,仍照文七武三旧例分给"[27]。云南石屏州"科举田"系由本州任职宗人府府丞的罗凤彩捐置田租 80 石所置,资助乡会试卷金及科举之费。议定田租由捐助者"本人经收,变价分送"[28]。

　　这些在职或退休官僚,一般都取得过较为辉煌科举考试功名,并且曾经为官一任造福一方,加上年纪相对较大,故而在本地士绅

中具有较高的威望,从而也经常在宾兴的创设过程中扮演号召者
的角色。如江西奉新县登瀛集、广华堂两项宾兴,都是退休官员前
都察院御史帅方蔚带领乡绅捐设的。据同治《南昌府志》记载,帅
方蔚是道光六年探花,历任编修、湖广、云南、京畿道监察御史,退
职家居期间,巡抚刘坤一聘修《江西通志》,本县聘修县志,咸丰期
间并曾组织团练镇压太平军起义[29]。道光二十年(1840)他"首自
倡捐邀集同人遍走乡村",捐集银两25000余两,购置田租3000余
石,店屋10余所,并"手定章程",创建登瀛集,凡"会试、乡试、小
试皆赈有差"。咸丰元年(1851)又倡捐广华堂,送入县学田租800
石,以为文武新进束脩之费,府学新进则按名致送[30]。两次捐设宾
兴,帅方蔚都不仅是捐助的倡议者,而且还作为组织者参与了申报
立案的全过程。

　　作为宾兴的最直接受益者,未任官职的举贡生监也是捐助者
中人数较为庞大的一类人。江苏华亭县宾兴田始置于嘉庆二十五
年(1820),诸生姜熙遵循祖母姜陈氏意愿,捐田115亩为县学生
及县拨府学生乡试费。至道光二十八年(1848),廪生宣元音、汤
衡集又捐田430多亩,分别分布于华亭、奉贤、娄县、金山四县境
内,归入宾兴项下[31]。另道光二十年(1840),当时已经成为贡生的
姜熙再次捐田100亩,作为娄县、华亭、青浦三县举人的"计偕
费"[32]。浙江浦江县有多种宾兴,均为县中各姓所捐。其中如"郑
氏会试路费"为康熙四十二年(1705)生员郑璧捐田百亩所设,"张
氏文武生员岁考路费"为乾隆二十一年(1756)贡生张以玢捐田五
十亩所设,"潘氏文武童生府院试卷费"为乾隆四十一年(1776)监
生潘开运、童生潘公选捐田百亩所设,"朱氏乡会试路费"为乾隆
四十二年(1777)监生朱之瑆、职员朱之珍、童生朱其迨等捐田108
亩所设,"于氏乡会试路费"为咸丰七年(1857)生员陈镛代其岳父

于石元捐所赠夤产二十五亩所设[33]。江西崇仁县卷局最早由本县
监生周观成妻杨氏与监生周桂茂母子共同捐出田租 560 余桶,资
助全县士子参加县、府、院试以及乡会试卷资。在此后共计 21 人
次的续捐,具有举贡生监身份的捐助者共有 15 人次,分别为故监
生陈会融妻刘氏同嗣男廷诰、故监生陈廷献妻朱氏同嗣男占元、廪
生陈凤沼、监生陈洪诏、监生黄时恭、监生黄作楫、举人陈之权、廪
生陈世烜、州同陈之楷兄弟、生员方文藻、监生方梦龄、监生陈安
仁、监生陈世熙、副贡分发直隶州判黄凌云、贡生刘廷诏[34]。湖北
黄陂县乡会试宾兴费分生员、举人宾兴费两项,其中"生员宾兴
费"始于道光二十五年(1845),为"水砦乙酉副榜周瀚"捐田每年
收租 385 石所置[35]。云南广南府"会试卷金"始于嘉庆年间,为本
府廪生合议捐出庚午、癸酉两年岁试、科试所得童生认保费,作为
全府士子参加乡会试支付卷金、程仪之费。道光四年(1824),贡
生严诚又捐入银 100 两,合计前后共得银 787 两,议定每科派管事
二人轮管[36]。贵州永宁州生员黄如槐于道光十三年(1833)捐银
300 两置买田产,另生员修本父子捐银 400 两,贡生罗运昌、千总
罗宏科、贡生罗宏德叔侄捐银 70 两,全县士绅合议将其购置田产,
设为"卷田",公举老成清白之斋长轮流经管,按年给礼房饭食谷
30 石;岁考试卷工本银 45 两,印卷银 5 两;科考试卷工本银 22
两,印卷银 3 两[37]。

　　这些正在担任或已经历任的官员,以及各类有功名的士子,在
清代往往被统一冠以"邑绅"、"绅士"的名号。张仲礼在《中国绅
士》一书中将清代地方乡绅划分为上层绅士(包括官吏、进士、举
人、贡生)和下层绅士(生员、监生、例贡生)两大群体[38]。这种划
分,也符合宾兴捐助群体的历史实际。

　　除了士绅以外,未曾任职,也没有考取过功名,但家庭经济较

为富裕的地主及商人也是宾兴资产来源的强大后盾。如河北定兴县"邑人"陈廷梁于嘉庆十八年(1813)捐田800亩归入学田,每年所收租钱除完粮及学官、书斗公用、贫士津贴外,"每逢乡试分作宾兴路费"[39]。据检光绪《定兴县志》选举志及人物列传均无"陈廷梁"之名,说明他既非进、举、生、监,也没有获得任何封赠。又如江苏新阳县闱费局创设于嘉庆二十四年(1819),为"邑人顾有伦首捐田一顷,戈金桂、方培、王克忠、朱大松、晋大镛、顾锡祉、汪章震、赵永龄、张尔昌相继捐助,共田二顷五十三亩有奇,举人王学浩董其事"[40],帮给寒士秋闱旅费。据光绪《昆新两县续修合志》卷三十三《人物志·好义》载有:"顾运铨,字秉衡,号桂曹,世居夏甲村,祖德宏,本生祖道宏。父有光,本生父有伦,皆以善行称。运铨生平尚肝胆,遇善举踊跃以身任。幼读背诵如流,稍长弃举业,入胄监,援例为府同知。……两邑寒素士应秋闱试艰斧资,创捐田百亩为闱费局,好义者遂踵成之。"[41]可知闱费局首捐者并非顾有伦,而是其子顾运铨。新阳县闱费局的捐助者中,除了顾运铨是援例监生,其他各人同样没有正规功名。

有些地方的商人经济力量雄厚,他们往往成为本地宾兴的重要资金来源。如四川达县宾兴原为本县盐商王人杰、卫集裕、刘仁和等所捐府书院款项银三千两,奉准拨作达县义举、宾兴之用,其中分义举1000两,分宾兴2000两[42],分别作为存典本金。湖北汉阳县"宾兴公车经费"创自道光八年(1828),是由绅士吕伸等三十余人禀请学政王某转饬汉阳府县,"劝谕各盐商于每届乡会试年份,提银二千两,发绅承领,分拨两项之用"[43]。湖北麻城县(今麻城市)各项宾兴中有"岁科新进文武生员试院"费一项,为同治甲戌(1874)"邑人贸易于渝城荆沙者公捐纹银三千一百两,存沙市本帮,交值年生息"[44]。江西高安县除有宾兴会,还有专门资助新

生入学束脩的童试宾兴,为同治间本县商人邹如式捐资设立。邹
如式"久商于外",听闻长子邹宗孟考入儒学,乃欣然捐资万缗,
"归诸公,权其子,以为岁科两试府县学新进诸生束脩费"[45]。

清代绅民捐资设立宾兴,除了士绅捐资、富民捐资和商人捐资
等较为简单的分类,细分则还有以下多种较为特殊的情形。

1. 宗族捐助

自从北宋范仲淹捐资设立范氏义庄以来,从宗族田产中拨款
资助宗族子弟参加科举考试便成了中国古代教育的传统。相比于
宗族义田只资助本宗族的读书人,清代宾兴将资助对象扩充到本
地所有的读书士子,这种乡族公益是对宗族公益的一种超越。在
这种普遍的社会意识下,很多宗族也捐出自己的族产归入全县宾
兴,将宗族的福利扩充为全县人的福利。

宗族捐设宾兴的形式之一是某一宗族独力捐设宾兴。如江苏
上海县罗店镇朱氏,道光十六年(1890)该宗族"合族公捐乡会试
卷资、路费,存典生息"[46],其资助对象是本镇参加各级科举考试的
士子,管理则由朱氏自主负责。又如广东番禺县赤山陈氏,咸丰五
年(1855)该宗族呈请捐助,其中除捐"祖遗清流沙田"570余亩为
学宫公产外,并捐献"涡子尾官佃虚税十九顷"作为宾兴,每年所
得田租除缴纳赋税外,"拨回十之三七归陈族作族尝,余支乡试卷
价、会试公车盘费暨各公用"[47]。与朱氏宗族不同,陈氏宗族并不
参与田租管理。

有些宗族在不同时期多次捐输设立与扩充宾兴资产。如福建
连江县游氏,嘉庆十年(1805),县人候选州同游逢金捐"南北洋田
八号,载租五千觔,为文闱乡试正科卷资并缮卷笔资",并议定"公
遴绅士轮司出入"。10年之后,其第四子生员游春台又捐"三年一
值屯田,载租五千一百觔,为正科遗才卷资"。光绪三年(1877),

游逢金曾孙游从纪的妻子节孝黄氏再次捐"南北洋田六号,载租二千四百觔,亦为文闱乡试正科卷资"[48]。游氏宗族捐资设立宾兴,历经四代,历时70余年,惠及全县士子,也得到了地方政府及士林的一致好评。又如浙江永康县胡氏宗族,道光十五年(1835)该宗族"乡贤"胡仁楷捐田143亩,设立"童试卷资田",资助本县童生县、府、院三试卷资。后咸丰五年(1855)及光绪七年(1881),胡仁楷的妻子施氏、儿子胡凤丹先后捐田20多亩与39亩,扩充童试卷资田。另外,同治三年(1864),胡仁楷之子胡凤韶又捐田20亩,设立本县"乡会试卷资田",资助本县参加正科乡会试考试考生的卷资[49]。

宗族捐设宾兴的形式之二是和本县其他捐助者一起合力捐资。如江西奉新县宾兴种类繁多,其中建立于道光二十一年(1841)的登瀛集,捐产多来自"各乡乐助",其中除了以个人为单位的捐助者外,还有大部分以宗族"堂"、"支"为单位的捐助者。如"县市乡"的捐助者中便包括:廖建堂支捐租30石;赵寿卿支、徐辅堂支、赖峙云支、赵康吉支、陈德庵支、赖勉斋支、廖岐麓支、詹游轩支、廖觉斋支、廖碧川支、廖野航支、邓养余支、廖竹隐支、廖恭庭支、廖砥斋支,各捐银100两;"从善乡"的捐助者中也包括:凌广堂捐银200两;刘凤支、岳省堂支、岳兰阶支、岳讷斋支、岳荆门支、刘万懿支、刘声言支、刘秀谷支、余茧村支、余韦庵支、余寅斋支,各捐银100两[50]。与其他捐资这共同捐助宾兴也是宗族捐输中较为普遍的形式。

2. 妇女捐助

在清代各地宾兴的捐助者中,妇女是一个极为特殊的群体。在传统社会里,妇女没有权利分享统治政治,科举制度中也没有妇女参与的机会。然而在各地宾兴捐助者中,也不乏清代妇女的身影。她们或遵从长辈或丈夫的遗命捐助宾兴,如浙江兰溪县"科试路费田"设于嘉庆元年(1796),为"岭下庄盛方氏奉其翁盛国厅遗命捐田五十亩"[51]所设,"翁"即公爹。江苏如皋县乡绅朱洪寿之妻方氏"敬遵夫命,捐产入公",合计捐田约 211 亩,每年约收租钱 160 千文,作为本县士子乡试盘费。由县详州、道、司、院,并命其子朱章鹤"监成其事"[52]。或遗命子孙捐助宾兴,如江苏华亭县宾兴田,系县学生员姜熙于嘉庆二十五年(1820)"承其祖母姜陈氏志"[53],捐田 115 亩余,为县学生及县拨府学生乡试费。有些妇女甚至在丈夫早逝膝下无子的绝境中,将家产捐作宾兴。如江西峡江县边苏文年少而殁,妻子金氏念其未遂中式之愿,乃呈请捐资建立省城试馆。后因没有合适的房舍可供购买,乃购置田产 125 亩余,首创宾兴会,又捐钱 1300 串续购田业增入其中。县人郭廷赓《宾兴会田记》高度评价了金氏之举:

> 孺人此举,洵于代终之道有合,其识之卓,志之坚,意气之慷慨,视寻常歌黄鹄、誓柏州,以清操慰其夫者,更为难能而可贵也。苏文公不朽,孺人亦与之俱不朽矣。[54]

又如安徽霍邱县张兰田妻谢氏"因夫故无嗣",乃于咸丰三年捐田 500 亩增入本县"乡会试盘费"项中。县人韩述勋特撰《可碑亭记》记载其事,认为谢氏虽然是女子,但其"所行大节卓卓如此,亦足式于其家而型于邦国矣"、"其心地慷慨磊落,比古烈丈夫所为,孺人不多让。孺人真巾帼男子也"[55],并引孟子"好名之人,能让千乘之国"之语高度评价了谢氏的捐助行为!

从地方志的记载来看,妇女捐助宾兴的案例非常普遍。如浙江太平县宾兴的 10 项捐产中,有 4 项出自妇女的捐输,分别为"关屿贡生赵叩鸣妻金氏捐田二十亩"、"西城林克宽妻张氏捐田三十亩零"、"赵墺武生陈万清妻叶氏捐田二十亩零"和"东城石上松妻陈氏捐田一十九亩九分零"[56]。江西余干县有多种宾兴,其中"承志堂"为"后街州同张峘母王安人"、"宾兴会"为"里屋州同吴嘉言妻张氏"于道光年间捐资设立[57]。湖北枣阳县宾兴共有 5 项捐资来源,其中 3 项均来自妇女捐资,即李锦章妻捐地 6 亩、李开选妻张氏捐地 53 亩、贡生李芳泮妻宋氏捐地 220 亩[58]。福建邵武县宾兴规模较大,道光年间可收租米 265 石余、租谷 1400 余石,虽然是历年绅民补捐扩充所致,但最初却是由县人江万孚妻吴氏于乾隆二十年(1755)捐田 25 亩余设立的[59]。广东翁源县人涂廷魁之妻赖氏于乾隆十六年(1751)捐田 10 亩余,"归学经收,以为诸生科举卷资"[60]。山西临汾县宾兴始设于乾隆年间,此后历经补捐扩充,其中便包括"东关王邓氏捐水地四十三亩二分五厘,稻地十五亩五分,窑院一所"[61],全县宾兴田产共有 200 多亩,王邓氏的捐田占了其中的 20% 以上。贵州兴义县宾兴除乡会试费、府试卷田外,还有"县试卷田",为道光八年(1828)"县人邓子秀妻黄氏"[62]捐置。

由于妇女捐助宾兴的现象日益普遍,有些地方在褒奖捐助者时便将妇女归为特殊的一类。建祠奉祀捐助者木主是褒奖的形式之一,妇女捐助者得到了同样的待遇。江西万载县宾兴堂及东洲宾兴堂,均在建祠奉祀捐输者木牌时专列奉祀妇女捐输者姓氏的房间。其中县宾兴堂建于道光五年(1825),共二栋,"后堂置木牌,胪列乐助姓名。堂左一室,列捐妇姓氏"。东洲宾兴堂建于道光六年,分上下二进,"后栋置木牌,胪列乐助姓名。左右厢房。堂右辟一室,列妇女木牌"[63]。地方官也将平常用于奖励其他捐资人的题写匾额的方式用于嘉奖捐助宾兴的妇女,如前引安徽霍邱县便为谢氏建造了"可碑亭",湖北枝江县知县谢丕绩则为捐建本县宾兴馆的欧阳载鼎之妻袁氏题写了"利普士林"的匾额[64]。

3. 入籍捐助

由于科举制度对冒籍的禁令,清朝朝野对于科举入籍极为慎重。雍正九年(1731)规定,"江南棚民入籍二十年以上,有田粮庐墓者,准在居住地考试"[65]。清代各地在设立宾兴时,也多对入籍者议定额外条款。

有些地方的宾兴明确规定不资助寄籍士子,如福建漳浦县宾兴始于康熙二十八年(1689)乡绅黄性震捐资购田40余亩,"不隶于学",每年收租180余石。规定其资助对象"例以本籍为主,其本籍而列外庠者,亦与焉。若外籍而入本庠者不与"[66]。广西永康州"宾兴仓"建于乾隆年间,据嘉庆三年(1798)该州"通学绅士同立"的《宾兴仓碑记》所载,该项公益基金只资助本籍士子,即"为大比土著人士水脚,外来寄籍无与焉"[67]。

有些地方要求新入籍者捐资扩充宾兴。如广西平乐县宾兴设立于同治二年(1863),其所议章程中规定,"新籍未经捐输,毋论科、岁并春、秋闱,均不得领取宾兴"。如果"新籍"想要享受宾兴资助的平等待遇,必须捐出相应数额的钱款,分别为:

> 新籍已满六十年报考者捐入宾兴花银六十圆,如未满六十年,捐花银一百圆;新籍已满五十年报考者,捐入宾兴花银一百五十圆;新籍已满四十年报考者,捐入宾兴花银一百八十圆;新籍已满三十年报考者,捐入宾兴花银二百圆;新籍已满二十年报考者,捐入宾兴花银二百五十圆[68]。

贵州湄潭县甚至为本县宾兴议定了一份专门的《入籍章程》,其中第4条规定:

> 入籍定规分上中下三户。上户置产银一千两以上者,出

银一百两,如产业加倍者,亦倍之;中户置产银五百两以上者,出银六十两;置产银数十两以至二百两以上者,出银四十两。如查实在贫窘者,以二十两止。但此项入籍之人,虽许考试,入学后必扣满二十年,方许分宾兴银两,并得与黉仪。否则,入学后必须补足二十两,方许与前项实惠。其已经入学入籍者,即照此例办理。

第6条也规定:"入籍须先将帮款银数交清方准考试,不得请人担保俟考后始缴,以免羁辍"[69]。福建政和县"应科甲田"始创清代初年,历年均有增补。据民国《政和县志》记载,"向例凡非本籍而侨居久、置产丰,有子弟与试者,乡先辈必劝其酌捐租谷,佐宾兴费"[70]。此例行之既久,以至于到科举停废,学校兴起后,邑绅依然会仿照前例,劝外籍有财力者捐租谷以充学款。

有些地方要求新入籍者捐资创立宾兴。如浙江松阳县"文运开义田"系知县吴凤章于乾隆二十三年(1758)垦田33亩创立,后因屡遭水灾,租谷不入。儒学教官乃建议将此前"童生附籍向有捐资送学"之例,应该改为"劝令捐田入科举项内,为文武童生县试首场买卷之资,余为乡会试及拔贡路费"[71]。广西容县宾兴始设于道光二十六年(1846),时邑绅潘学洙、陆磻等劝"新籍"捐银200两,购置田产,每年收租2800斛,作为宾兴费。据教谕李光瀛所作碑记,所谓"新籍"即"邑中例应入籍考试者"[72]。福建浦城县宾兴有宾兴田、公车田两项,其中"宾兴田"是"侨寓吾邑已历三世、有田园庐墓而身家清白愿入邑籍者捐资所置"[73]。浙江富阳县"启秀集"是专门资助文童岁科试卷费的宾兴,它是光绪二十年(1894)各保结廪生将"富阳入籍文童捐有公款,立为启秀集"[74],议定仍交廪生值年经管,每年所积存的利息,发给文童"小试"卷费。安徽庐江县兵房办考田共有3处田产,分别来自"武童黄恩泽入籍捐"、"武童张鸿魁入籍捐"和"武童尹兆熊入籍捐"[75]。

　　清代各地在设立宾兴时对入籍者提出的捐资条件,一方面反映了宾兴行为中存在的利己、排外的乡土意识;另一方面也说明,宾兴已经成为一种为人们所普遍接受的凝聚土著、新籍情感,增强地区社会认同的有效形式。

4. 按家产摊捐

　　由于宾兴是一种惠及社会大众的助考公益资产,故而有些地方便按各家所拥有的田产或资产的多少,实行摊派捐款。如湖南武冈州同治四年(1865)设立的"采芹公项",系由举人夏陈常、雷俊章、夏楚原、职员钟世褉等禀请知州黄维瓒,通过官府行政权力要求士绅"量产均捐,每征银一钱之户,输钱八十文,完纳正课时带缴"[76]。此次捐资共得制钱17800余串,存典1分生息。广西贺县知县任玉森于光绪九年(1883)倡议实行"按租酌捐"之法,扩充原有宾兴,得到全县民众响应,捐资数额达到5000余金,并采取发商生息的增值方式,资助全县乡会试及新进童生各项费用[77]。湖南宁乡县于光绪元年(1875)由李镇湘、梅镜源等23位士绅倡议捐资解决县中考棚、新进印金、玉潭书院膏火和育婴四项经费,建议全县按田亩摊捐,"每百亩捐钱二千五百文,共计可收钱二万余串"[78]。这一"出之既不病民,合之自可济美"的倡捐措施,得到县、府、藩、抚等各级衙门的批准。

　　与按田产派捐方式相近的则有按家庭财产派捐。同治十三年(1874)广东茂名县捐设"学师贽脯"时便是采取了这种方式。由于此前岁科试取进的文武新生在入学时均需向学师缴送贽仪,亦名"印金",而学生贫富不均,学师争多论少,颇多争执,邑人乃合议实行"案家资派捐"的方法,设立印金公费,并建造珠光阁,奉祀捐助者长生禄位[79]。

三、发展中的清代宾兴捐助形式

总体来说,清代各地捐设宾兴的来源极为广泛,除了以上所归各类捐助者,其他各类社会阶层也多有为宾兴慷慨解囊者。如湖北当阳县宾兴馆始设于光绪初年,其田租中有僧人捐献者:"普济寺田三十石,海堰总光绪八年僧继峰捐,每年预支租钱八十串"[80]。湖北宜城县则有"乞人"胡德选捐送宾兴事。据安襄郧荆兵备道方大湜所作《书宜城乞人胡德选事》,胡德选本为官宦后裔,他"身极贫而丐",后转而为人帮佣,积累了相当丰厚的资产。光绪年间,本县发起捐输宾兴,胡德选乃"举四百缗助宾兴",而自己则依然"独身栖古寺,自奉不加于丐时。不营田宅,不娶妻妾"[81],过着乞丐的生活。正是这些广泛的社会捐助,才使清代各地宾兴得以如雨后春笋一般频频出现,为清代科举制度的平稳实施创造了良好的社会氛围。这里需要补充说明的有四点。

第一,清代各地宾兴既有由个别乡绅捐资设立的类型,也有由多位绅富合力捐资设立的类型,更有不少是由来自社会各个阶层的众多个体共同捐资设立的类型。如据光绪《化州志》卷五《经政志·公产》记载广东化州绅民捐设"新宾兴义田"的情况:

> 职员王履达捐租一百石;赠武骑尉张元明捐租三十石;监生苏朝华捐租三十石;恩职陈光贤捐租三十石;监生刘澄光、刘澋光捐租三十石;监生林秀隆捐租三十石;宋进士黄岿捐尝租二十八石;处士张朝选捐租二十石,折租钱一十八千;处士刘士声捐租二十石;监生翁廷光捐租二十石,续价钱三十五千;州同黄达礼捐租二十石;廪生吴万金捐租一十八石;恩职黄灿璿捐租一十八石;恩职何儒贤捐租一十七石;处士黄殿先捐租一十六石;吏员黄礼宠捐租一十六石;处士岑广瑛捐租一

十六石;监生李树槐捐租一十六石,续价钱一十五千;处士苏颖滨捐租一十六石;明岁贡苏福捐租一十六石;庠生周履安捐租一十六石;职员苏树灼捐租一十六石;韶州府训导李乘云捐租一十六石;处士成良震捐租一十六石;恩职林秀佳捐租一十六石;监生何士宗捐租一十五石;庠生陈恪捐租一十五石;岁贡廉州府训导郭超林捐租一十五石;州司马杨忠颖捐租一十五石;监生敕封儒林郎黄守中捐租一十五石;宋进士化州同知杨奎捐租一十五石;监生蔡有毅捐租一十五石;监生王统尧捐租一十五石;处士文武德捐租一十五石;监生陈际隆捐租一十五石,续价钱一十五千;布经职郭绍林捐租一十五石;武骑尉杨大梁捐租一十五石;职员璿发捐租一十五石;布经莫子俊捐租一十五石;同知何若龙捐租一十五石;恩职王应时捐租一十五石;廪生董芳声捐租一十五石;恩职郭士骑捐租一十五石;职员莫章简捐租一十五石;监生黄廷任捐租一十五石;恩职王家槐捐租一十五石;监生宋廷选捐租一十五石;恩职王维栋捐租一十五石;监生郭矞捐租一十五石;武信郎郭桢幹捐租一十五石;廪生思恭捐租十五石;处士郭见龙捐租一十五石;廪生六品大宾杨一贯捐租九石,续价钱六十千。[82]

这些捐助者中,大部分是有科举功名的文武生员、廪生、监生、贡生以及在政府部门担任公职的基层官吏或得到朝廷赐给虚衔的地方乡绅,如职员、州同、训导、州司马、布经职、赠武骑尉、武信郎等,但也有不少被称为"处士"即没有任何功名或公职的庶民百姓。捐助者大多是用自己的名义捐助,但也有以已故祖先的名义捐助,如"宋进士黄訾"、"明岁贡苏福"等。

第二、清代宾兴既有一次性捐设的类型,也有多次续捐日渐扩充的类型。如山西平遥县宾兴文社始创于光绪六年(1880),本县乡绅程遵濂"承父志，倡捐五千金为宾兴费"。此后两年中，正如本县举人赵新在其所作《平遥县创立宾兴文社碑记》所描述的，"官绅农贾，莫不集腋而成裘"，平遥县上自知县，下迄百姓莫不踊跃捐输，集成巨款：

> 邑侯蒙古锡公良捐二百金，朝邑徐公炑捐百五十金，邓君元文捐千金，王君克谦捐三百金，踵之者踊跃争输，共捐一万三千三百八十余两[83]。

这些捐资均发交典商生息，给发本县文武士子参加乡会试的路费与童试卷价。又如江西广丰县宾兴有"乡试文庠科举田"、"文庠乡试田"、"文武乡试田"、"礼部会试田"、"文武会试田"等多种名称，其中乡试文庠科举田是"监生"刘光表捐设于乾隆三十五年(1770)。"文庠乡试田"初设于道光三年(1823)，当时捐助者有贡生刘栞、州同傅大地、职员周尚敬、三十一都刘霞江祀、十二都吴塘吴作成书舍，而道光二十二年何维翰、何富崑、何文贤、何达魁、道光二十四年朱秀峰、咸丰五年何如恒、等分别增捐。"文武乡试田"也是初捐于道光三年，捐助者分别为贡生程骏扬、州同俞柄东、沈周氏仝男琪、周茂松、贡生王绍坦仝子作人、四都俞履祥、附贡王国华、监生徐振纪、监生王耀廷、监生徐学檀、贡生程遇宾，道光四年补捐者有生员周之淇、职员王寿亭、职员刘大举，道光九年补捐者有州同程朝澂、贡生程朝涟、监生程凤相、程朝瑞、监生杨拔德，道光十三年补捐者有颜志良，同治三年补捐者有刘周氏仝男孕承，同治四年补捐者有吴毛氏仝男发显，同治九年补捐者有叶朝成、职员徐应墀、监生徐鸿均子职举金鳌[84]。这些捐助者中既有地方政府部门的小职员，也有各种贡生、监生、生员，也有援例捐得的虚衔官吏，还有没有明确记载功名的普通百姓，更有数位与儿子联名捐输的妇女。

第三,不管是官员捐资还是普通绅民捐款,都需按惯例立下字据,以免日后纠葛不清。如据湖南邵阳县光绪二年(1876)编纂的《邵阳宾兴公款汇记》刊载了两篇捐产者所立契约,其中一篇为《伍怀型捐田契》,其文曰:

> 立契捐庄田人伍怀型堂。今因邵邑宾兴费少,愿将买受地名卢家冲庄田大小田五十二坵,约苗一石九斗零,又夹田潭大小田三十三坵,约苗二石零,又车田里大小田二十五坵,约苗二石零,请凭绅士捐入邵邑宾兴会,以为士子观光之资。自后仍凭宾兴首事管业,立捐为据。

另一篇为《朱康尔捐铺契》,其文曰:

> 立契捐屋人朱康尔。缘本年七月内具呈府县,情愿捐钱二千五百串,以充科场宾兴之资。业奉批准在案。兹因银钱未便,爰商妥阖邑绅士,情愿将县门口左边坐南朝北铺屋接连三栋,北抵官街,南抵石礄脚,西抵捐者现开资深钱店公共(木+扇)架,东抵甬墙坪为界。四抵明白,诸凡界内房舍木石砖瓦等件,不及备载,捐入阖邑宾兴项下,任凭首事经管,择赁收租。即议价钱二千五百串,抵销原捐款项。仍具由呈宪存案。立捐契属实。[85]

第四,各地设置宾兴资助士子应试,相互学习与借鉴蔚然成风。如广东信宜县光绪五年捐设"新进印金",起因便是由于"邑人以通省州县多合筹公款,为新进诸生备送两学印金,俾寒士免仓卒借贷之艰,学师无较量多寡之念,意美法善,众志乐从,遂酌仿他邑已行章程,合力捐足,呈请知县饶佩勋通详,奉批准行"[86]。又如湖南善化县于同治八年(1869)捐置"卷局",也是"学宫同事仿照长邑章程,将捐备卷价一项,禀县详府定案"[87]。湖南武冈州同治四年(1865)捐置的"采芹公项",系举人夏陈常等士绅因"文武新生入学填册仓卒议费,寒士殊难",公议"仿照攸县、浏阳、湘乡诸邑义举"[88],倡捐集资17800串而设。湖南宁乡县光绪初年捐置田产设立童试宾兴,系"仿照湘乡、湘潭、长沙等县公捐款项"之例完成的[89]。四川达县光绪十二年(1886)捐置学田,系举人张晟等士绅倡议"仿照巴州、渠县办法",组织募捐钱款38000余缗,先后购置田租1940余石而成[90]。湖北汉阳县于同治十二年(1873)在本府率先捐置童试宾兴代缴"文童入学修赟等费",因其"事属创见,聚议纷如";但不久之后,"同府之黄陂县、汉川县集捐仿办,群议乃定"。不仅如此,黄陂、汉川县还在汉阳县的基础上发展创新,"黄陂县推及武童入学修赟等费,汉川县并推及文生岁科试补廪挨贡与武生岁试赟费,较为周密",令汉阳县士绅认为"县中犹有待者"[91],可以再反过来学习对方的先进做法。

四、清代宾兴的倡捐与奖励

不论是哪一种社会公益事业,都需要社会大众的共同参与才能完成。但爱惜钱财是人的本性,要想尽量多的人捐出财产来办社会公益,不仅需要有事前的广泛倡议,也需要有事后的相关奖励措施。清代宾兴也不例外。

(一)清代宾兴的倡捐

所谓"倡捐",是指由社会地位或道德品德较高的人,为了某种公益的目的,通过撰写倡议书或口头劝告的方式发起倡议,要求个别富裕者或全体社会成员捐献资产的社会活动。它是迄今各类社会公益基金得以成立的重要步骤。清代宾兴的倡捐,多出现在由多人捐资集腋成裘的情形之中。

"倡捐"的首要环节在于"倡",即发起倡议,往往形诸文字以书面形式向社会大众传达。这种倡捐文章,有的称为"启",有的称为"引",有的称为"约",有的也称为"示",它们数量众多,目的一致。尽管写作文体各不相同,完成的篇幅长短有异,但基本内容都是突出士子的贫困与科名的荣耀,号召人们踊跃捐输。在各种地方志或个人文集中,至今依然保留了为数不少的宾兴劝捐文章。其中称为"启"的,如浙江永嘉县,嘉庆九年(1804)邑人陈遇春倡捐文成会,撰有《募捐文成会启》,收录在孙诒让修纂的《光绪永嘉县志》中。广东定安县,道光二十一年(1841)邑绅张岳崧撰有《劝捐本邑宾兴费启》,收录在光绪《定安县志》中[92]。湖南湘潭县,同治年间倡捐宾兴,县人罗汝怀撰写了两篇《劝捐宾兴启》,收录在其文集《绿漪草堂外集》卷二中[93]。称为"引"的,如广东和平县嘉庆年间贡生徐延翰撰有《劝捐宾兴会引》,见民国《和平县志》录存的《和平文征》[94]。广东连州,道光九年(1829)知州徐香祖倡捐捕属乡试宾兴,撰有《倡签连州宾兴引》,见于同治《连州志》卷十一《艺文志》[95]。广东茂名县,同治年间倡捐印金,举人张元亨撰有《倡捐印金小引》,见光绪《茂名县志》卷三《经政志》[96]。广西柳城县,光绪年间倡捐宾兴,知县陈师舜撰有《劝捐宾兴资引》,见民国《柳城县志》卷八《艺文志》[97]。四川酉阳州,道光三十年(1850)知州罗升梧劝捐宾兴,撰有《劝捐宾兴会小引》,见同治《酉阳州志》[98]。名为"示"的,如湖北恩施县,道光十四年(1834)知县陈肖仪倡捐宾兴,撰有《创设宾兴谕阖邑士子示》,见同治《恩施县志》[99]。名为"约"的,如福建台湾府,台澎兵备道徐宗幹于咸丰年间倡捐宾兴,著有《劝捐乡会试公费约》,见丁曰健所编《治台必告录》[100]。

从这些倡捐文章的作者来看,第一种"启",作者多为本地绅士,他们或曾历任官宦,或已籍登功名,是科举时代人们公认、崇尚的社会楷模,而"启"也有"启发"、"告知"的意思,体现出撰文者与阅读者之间是一种平等相待的关系。第二种"引",或称"小引",作者既有本地绅士,也有地方官,"引"有"引导"、"劝导"的意味,体现出撰文者与阅读者之间是平等对话前提下的劝说者与听从者的关系。后两种"示"和"约"的作者多为地方官员,他们是本地的父母官,是政府权力的象征,而"示"意为"告示","约"意为"约定",体现出撰文者与阅读者之间的对话存在一定程度上的行政强制性。

这些宾兴倡捐文章长短不一,最短的要数和平县徐延翰《劝捐宾兴会引》,只有不到300字,最长的是徐宗幹的《劝捐乡会试公费约》,共有700余字。兹不嫌冗长,抄录于次:

徐延翰《劝捐宾兴会引》:

> 窃谓窗下三年,待棘垣之一试;秋中八月,艰盘费乎廿千。休云腹有诗书,此刻先无卖处。漫道终成科第,几时送上门来。嗟妙手之空空,縠无从入;叹前程之渺渺,自行难此。此大典宾兴,虽不专缘兹而设,而人情馈赆,何莫非藉是攸行者哉?况乎和平士子,家半清寒,赴省乡闱,路兼水陆,可无资助以济行装?惟是届期劝捐,猝难就手。先时凑会,收息易成。今议本邑绅耆捐银廿两,即在魁星楼下奉一长生,每逢大比之年,举行酬谢之礼。会本请鹾商存放计利,必大科乃收。经廉明县主案下征取息银,饬前列生员领去省城分给。伏乞四图老大,为子弟壮青云之志,启禔捐金,将见九日文章,庶英豪沐奎斗之光,抡魁夺解矣。谨引。

徐宗幹《劝捐乡会试公费约》：

　　台地僻处海外，而人文不逊于他邦。平日培养造就，将以储育英才，备国家选用。古云："争名者于朝"，未有不出户庭而能立功名者也。乃或狃于便安、甘于小就，大半皆以道阻重洋、资斧不足之故。我朝文教渐被，添中台额四名，原为广收人才起见。幸而入庠，不应省试；幸而乡荐，不能京试。此何异顶戴荣身，朝廷又安用此庆典为耶？尔父老所期于子弟者，当欲其家修廷献，上报国家养士之恩，下以为宗族里间荣宠，本司道亦藉以慰得人之望。夫积善之道，不为其私；而亲宠乡党中果有才学出群者，力能资助，成人之美，天必不负其子孙。但台地近年一切渐见凋敝，力不从心，想亦爱莫能助。计惟有设法劝设公费，集少成多，由公正绅士妥议章程，积存生息报官存案，不必官为经理。约计三年子利，须乡试每名有三、四十元，会试每名有二、三百元，方可稍资津贴。如行之年久，或捐数增多，再为扩充；遇恩科之年，减半支给。粤籍，应由该绅士另为筹备；如情愿并捐，即不分畛域，一律办理。由府城绅耆先为首领，分致各厅、县，每处一、二人董其事，立簿劝捐，多寡各听其便，祗须书写数目。其银元俟定期由府中绅耆前往按数收集，或禀请委员同往监收齐全，发存殷实稳妥绅商分领行息，以免推诿。事不经官，必无后累。且为同乡士子劳心，正为自己子孙积德，谅都人士无不乐为也。如或有必须官为主持之处，不妨随时禀请，酌核饬遵，但捐项丝毫不得交进衙署。本司道亦儒素出身，深知寒士之难。近年诸生颇见有志向上，尔绅商亦深以科名为重，想同有此心，非本司道为之倡议，不能举行。明知事非易集，然统计措备本银，为数尚不甚钜。各厅、县绅商集腋为之，似非苦以所难。再选拔之年，汇考朝考舟车之费,即邻里亲友情谊敦厚,恐一时尚难周备。俟公费得有眉目,定立章程,并须筹及,每年提出利银若干,为下科之用。本司道为海外兴起人才起见,此拳拳期望之忱,谅共信其心之无他也。此谕。

相对来说,贡生徐延翰的倡捐文比较简短,文中前半部分也采用了四六骈体的韵文形式,阐述了倡捐宾兴的原因,行文典雅,论述中肯;后半部分则说明了捐输规则、增值方式,并表达了对本次倡捐活动及其未来影响的良好愿望。道台徐宗幹的倡捐文篇幅颇长,前半部分叙述了因地理位置偏僻,台湾士子赴试维艰,而官府缺乏资金,为兴起人才起见,只能求助于绅商捐助。后半部分说明了捐资形式、管理方法,并表达了自己的殷切期望。前面所列举的各地劝捐宾兴文章,其谋篇布局也都大致相同。

(二)清代宾兴的奖劝方式

尽管捐资助学者不一定要求得到回报,但政府的鼓励政策和基层社会的高度评价却往往能对捐助宾兴等嘉德懿行起到积极的鼓励和促进作用。

1.政府表彰

在清代,捐资数额达到一定数额后,往往可以得到政府的隆重表彰,主要包括议叙、赐匾、建坊等形式,其中大部分是针对捐助者个人的。议叙如江西万安县嘉庆年间利用捐建考棚余款设立宾兴,同治年间重议章程规定,"捐至千金以上者,应请县申报议叙,以示奖励"[101]。赐匾如广西郁林州(今玉林市)"老宾兴"设立于道光九年(1829),道光二十三年本县州同职龙其材捐资购置田租60石,"归入宾兴为永业,递年取租息,支乡会试盘费",得到广西学政钮福保的赞赏,特为龙其材题写"谊笃培风"匾额,以示奖劝[102]。又如湖南桂东县,乾隆二十五年(1760)邑人李敷蕃捐设"宾兴田",由地方官上报,得到湖南巡抚冯钤特撰"义式乡里"匾额的嘉奖[103]。建坊如湖北黄冈县,道光年间县人王宗华兄弟捐资购置田产数百亩,设立"宾贤馆"助考基金,"邑人士以其事白之大吏,大吏具以上闻,得旨褒嘉,并许自行建坊,而锡以'乐善好施'字"[104],也就是得到了皇帝的题匾褒奖,并可以自行建立牌坊,夸耀乡里。

　　除了议叙、赐匾、建坊,更高规格的奖劝方式还有奉祀乡贤祠。如贵州黄平州乾隆四十四年己亥科武举刘奇扬"垂念寒儒,特创义举",于道光九年捐银2140两,购置田产,由经理首事交给州礼、兵二房分收备卷数千本,"以作岁科两试文武生童应试招覆、补考、考古、出贡考拔卷价之费"。知州王宝善在审查本州进士金崇善、举人王家驹等撰拟的立案呈文后,不仅予以批准,并代为向上呈报立案,同时提出了对刘奇扬"量予鼓励"的请求。刘奇扬去世后,地方官又将其事迹采访成册,请求将其入祀乡贤祠。贵州巡抚蒋蔚远经特别考察,认为刘奇扬"富而好礼,勇而有仁",特向礼部递交《题请刘奇扬入祀黄平乡贤》的折子。礼部经过调查,认为贵州巡抚"所请刘奇扬入祀乡贤之处,洵为名实相副,臣等谨抄,准其入祀乡贤祠"[105]。当然,刘奇扬之所以得以入祀乡贤祠,除了捐资设立宾兴之外,还有其他更多的善行,比如秉性纯孝,割股以愈父疾,斑衣戏母;乐善好施,代人偿还千金债务;关心社会治安,捐资感化盗贼;尤其是"关心公事,凡学宫、义塾、社仓、桥梁、书院膏火、赈饥粥厂,莫不出资倡义,以集其事",可谓好事做尽,形成了广泛而良好的社会影响。

　　有个别地方的褒奖是针对捐助者全体。如广西北流县于咸丰元年(1851)由邑人梁宗诚、李敏阳等率阖邑绅耆捐资创建宾兴馆,并捐置资产,呈报立案。广西学政孙锵鸣在审批立案时,对其行为深表嘉尚,认为"创设宾兴义举,于作育人材大有裨益"。不仅很快给予了批准,并为之题写了"兴贤育才"的匾额,令其悬挂于宾兴馆门首[106]。

2. 基层社会的奖劝

议叙、题匾、建坊和入祠是政府的表彰方式,基层地方社会则有入志、立碑、建亭、诗文颂扬等劝勉方式。入志和立碑的奖劝方式较为普遍,如前引江西万安县宾兴章程便规定,除了捐资达千金以上者可以请县申报朝廷"议叙"以示奖励外,捐资达四五百金以上者,则"下次修志,应查明载入义行"[107]。又如福建龙岩州人郭硕亭慷慨好义,去世之前嘱咐子孙捐资设立乡会试宾兴。后其子监生郭元俊、孙贡生郭琇果然捐田为乡会试赈资,"州牧郭公世勋为立碑记其事"[108]。郭氏所捐乡会试田产只有14亩,未达到政府奖励标准,龙岩州知州郭世勋为其立碑当主要是因为与其同宗,基本属于私人行为。建亭的事例较不常见,目前仅见于安徽霍邱县,生员张蓝田遗孀谢氏捐资扩充乡会试盘费,县中特为之立碑树亭以为表彰[109]。诗文颂扬的奖劝方式亦不多见。如浙江诸暨县人钟添玉于乾隆年间捐田120余亩设置"童试卷资田",邑人冯至特撰写了《卷价苦》诗对其进行赞颂[110]。四川珙县知县安徽人邵作霖在任期间颇多善政,邑人恩贡生邓桂林特撰《恭颂幼樵邑侯邵公德政》一文表彰其德政[111]。相对于撰写诗歌等韵文,清代各地撰文赞颂宾兴创设者的记、序等文体则更为普遍,地方志中俯拾皆是。

3. 捐助者的自我劝勉

对于大多数宾兴捐助者来说,要独力捐出大量田产、钱财设立宾兴,满足一乡、一县、一州甚至是一府科举考生的考费需求,往往不太现实。更多的捐助方式是社会大众共同出力,共襄盛举。在这种情形下,政府或基层社会便很难对每一位捐助人都进行奖励。为此,清代各地宾兴捐助者便发展出了一种属于自己的劝勉方式——"牌位宾兴"。

"牌位宾兴"一词,始见于宣统《徐闻县志》。据该志卷五《学校志·书院》载,道光元年(1820),徐闻县知县赵某、王某先后与全县士绅捐资修复贵生书院,并"倡牌位宾兴以充膏火"[112],说明徐闻县宾兴出现的诱因是修复贵生书院,而贵生书院的办学经费则是由宾兴提供的。毛泽东在《寻乌调查》中提到的江西长宁县(今寻乌县)在清代捐设考棚、宾兴,"起个'尚义祠',把那捐款大地主的姓名写在木主上,捐多的主高,捐少的主矮"、"宾兴祠内有百几十块木主,写的都是出捐的豪绅们的名字"[113],也是属于"牌位宾兴",即对捐助者采取崇祀其木主即牌位的方式进行奖劝。久之则用通过这种方法创建的宾兴亦被称为"牌位宾兴"。

事实表明,"牌位宾兴"因其遵循的公平、效率原则,在清代各省宾兴活动中颇受欢迎。如广西柳城县知县陈师舜于光绪十六年(1890)倡议捐设宾兴,城乡士绅一致认为,"梧、郁各属用牌位捐银之法,简而易行,请以示诸各乡,必有翕然应者"[114],说明牌位宾兴之法在广西已经被人们广为接受。

不仅广西,清代各省尤其是南方省份中以"牌位宾兴"所创成的宾兴所在多有,但安放牌位的方式则各有不同。有些地方的崇祀方式是按照捐资多少排列牌位顺序。如广西容县宾兴馆始创于道光年间,此后历经扩充,经费日渐充裕,其中光绪三年(1877)邑绅黄鹏霄、封抡英等倡议捐输,采取牌位捐资法,议定捐资之后建立宾兴馆,"为屋三座,正座祀各捐资乡先生:中座牌位每分钱五十千,左座三十千,右座二十六千文"[115],最后合计捐银 24000 余两。又如广东石城县有大、小两项宾兴,其中"小宾兴"倡设于同治年间,公筹捐经费"万余千文,购置田产",用于资助新进印金、乡会试川资及优拔贡朝考费,并于同治十一年建成宾兴祠,"崇祀劝捐之知县张兆庚、伊绍鉴、奎成及捐钱者主位",规定其牌位放置的位置为"捐钱一百千者正厅,五十千者旁厅"[116]。不过,该县建成于道光九年(1829)的大宾兴的宾兴祠则仅崇祀倡捐者知县王德茂,而其他捐助者则只是"勒石竖于馆内壁间,以垂久远"。另如广东西宁县宾兴附设于各书院、义学中,其中县南部七都集资创建的印金局称为"云龙书院",有院落两大座,"正座则供各捐款者祖牌,分祀三龛",其中捐资 300 元—50 元者祀于正龛,捐款 50 元以下者祀于左右旁龛,均按捐款多寡排列先后次序。与云龙书院一样,本县西部印金局即兴贤书院同样建有祭祀祖堂,设立三类神龛。其中"捐银五十元者,祖牌祀于正龛,不满五十元者,祖牌祀于旁龛。更有五名一牌,十名一牌,并分为上中左右者,仍以捐助之多寡为序"[117],目的在于对捐助者进行奖励。

有些地方则按份筹捐,每份数额相同,所崇祀的对象也相应只有同等人数。如广东四会县宾兴创设于道光二十年(1840),当时是以派建京城肇庆西馆的机会,公议筹捐,合计共得捐银 216 份,每份捐银 30 两,建立"宾兴崇祀祠",大堂题匾"集善堂",奉祀 216 位捐助者牌位,议定"春秋二祭,颁胙赐福"[118]。也有一些捐助者改用父、祖之名入祀其中,表现了希望祖先流芳百世的绵绵孝思。又如广西陆川县宾兴馆兴建于咸丰十年(1860),是由知县覃远璀号召绅民捐资创建的。该馆南向三进,每进三间,主要功能也是崇祀对宾兴有功之人。其中除了祭祀儒学教谕费振勋、知县石崇先外,"左右龛祀建宾兴有功者,而以覃邑侯远璀为首"。在捐设宾兴之前,该县议定了入祀定例:"每主一座,捐铜钱五十千文",最后合计"进主七百有奇,捐钱三万余缗"[119]。

有些地方规定只有捐资达到一定数额才能获得奉祀牌位的资格。如福建邵武县自乾隆二十二年(1757)到道光二十七年(1847)间前后捐资、划拨设立宾兴,共有租米、租谷1600余石。其所建兴贤祠中除崇祀总督姚启圣、同知闵思敬、尚维昂、麟凤与知县刁思卓外,"邑人捐助宾兴资斧自捐银百两以上,随其捐名并祀于祠"[120],而捐资百两以下者仅获得题额资格。江西武宁县长乐乡宾兴会同样如此,该乡在道光二十六年(1846)捐资设立宾兴,规定"其殷实能献租石若干,酌以次奉栗主于馆。若零星散户捐金,随多寡勒于石"[121]。广西郁林直隶州于道光二十九年(1849)建成宾兴馆一座,其"中座三槛祀各捐资者木主",规定"合州中各姓捐资至一百千者,设木主于馆,春秋致祭;不及百千者,泐碑垂远"[122]。相对而言,邵武县、郁林州捐资需达银百两或钱百千方可获得入主资格的标准,在清代各地算是较高的了。

前引湖南安化县九乡绅民在光绪十三年(1887)筹捐卷田,并在城厢创建培英堂,设立公局全面管理。光绪二十年士绅编纂《培英堂志》中载有《入主章程》一则,虽然不一定能全面反映清代各地牌位宾兴设立的情况,但却是迄今保存较为完整的相关章程,故不揣冗长,抄录于次:

《入主章程》

一合邑建培英堂,中设神龛,祀九乡耆宿,左右正房两大间,首事住宿办公,东西厢房楼二十间,书院肄业人满,权作斋舍,不假同学授徒,亦不许外人借寓。雇守祠一人,每年香灯钱六千文,工食钱十二千文。

一捐户钱二百串、田租八石、十石入主一座,每座外缴公局主费一千六百文,后有补足及新捐者,自光绪二十一年起提归公局钱二十千文。

一祭祀以十月初一日为期,总首先三日齐集,谨备羊一、豕一,各色祭品,请年高望重之绅主祭,九乡首事各三、四人,及众捐子弟与祭,咸备衣冠,以昭严肃。祭毕,同饮福酒一次。每年提钱五十千文,杂费三十千文,若有盈余,仍存公局,不得私行支销。

一凡器皿逐件登簿,责成守祠人经管,具备进庄钱一十千文,交总首收存,每届祭期,公同清理,如有损失,扣庄罚赔,另行召佃。[123]

由于中国传统社会的宗法特性,牌位宾兴之法既可以在当时起到奖励捐助人的作用,也能够在日后让后代子孙睹物思人,绳武前人的嘉德懿行,因而实现奖劝的目的;同时它又是一种行之有效的宾兴劝捐方法,鼓励人们踊跃捐资。因此在清代中后期,牌位宾兴也日渐盛行,成为宾兴活动中的常见形式。

第二节　行政筹资与清代宾兴的创设

咸丰十一年(1861),湖北广济县知县方大湜筹设了该县的第二项宾兴(第一项是嘉庆九年设立的兴贤庄),并建立"宾兴所"作为董事管理机构及"储资处"。在他所撰写的《宾兴所记》中,方大湜指出,由于考生贫困无力赴考,故而"一时牧令各即其力所能逮,别筹宾兴费,以扶植士类"[124]。显然,在清代宾兴的设立过程中,地方官扮演了重要的角色。

清代宾兴不仅是地方士绅上体皇仁的公益善举,也是地方官员簿书期会之余的施政方针。地方官员在其任职期间为当地设立宾兴,大致有两种形式。一种是捐献出自己的俸禄或养廉银直接购置产业或发典生息资助考生考费,另一种就是通过手中的权力筹集款项设立宾兴。行政筹资便是指地方官利用行政权力,将部分地方财政收入划拨出来作为宾兴本金,以其收益资助各级考生。总体而言,清代地方官通过行政筹资设立宾兴又可以分为行政划拨与专项抽收两种方式。

一、行政划拨

行政划拨是指地方官员利用行政力量将某些特殊田产或款项拨为宾兴基本金。这些特殊田产或款项,主要有以下几种形式。

(一)划拨庵寺田产

自东汉明帝时期佛教传入中国以来,寺庙经济就日渐发展为中国传统社会的地主土地所有制经济的一种重要类型。由于科技发展水平低下,中国先民认识自然、改造自然的能力极为有限,在神秘莫测的自然力面前,人们不仅将自己的思想信仰投向了虚妄的宗教,也把自己的钱财无私地奉献给宗教。寺庙僧道不事生产却能丰衣足食,不事生育却能长享富贵,这与儒家所奉行的宗族伦理观念是格格不入的。但宗教主张慈悲隐忍,劝人为善,这让主张儒法治国的统治者只能抓住少数不法僧道丧德败俗的恶行对其进行惩处,并借机剥夺其不劳而获的资产。宾兴作为清代的一种公益基金,往往因此受益。

如浙江宁海县,康熙六十年(1721)台州知府张联元见宁海县土瘠民贫,考生极少,因而谋划筹资建立宾兴。此时"适有元妙观一案,王、陈二姓互争檀越。又有仙邑凝真宫一案,两造构釁斗殴逞凶。奉宪批查,俱系数年互控不休"。经过查核,两个案件中涉及田产近 1300 亩,乃将田亩均分为三股,除留一股给凝真宫、元妙观外,其余两股一股归台州府学,一股归宁海县学,均"半为修葺文庙之用,半为士子乡试路费"[125]。又如湖南会同县"科举田"创设于道光三年(1823),其来源为知县尹益图断拨福会庵田产,归入义学管理,以作文生员科举费。据尹益图所作《科举田碑记》,该田原为县人龙某捐入福会庵,每年约收租 160 石。后龙氏子孙"藉以施主,越管庵田,讦讼到案"。尹益图乃劝令双方放弃争执,除拨田租 60 石为龙姓村内义学经费外,其余 100 石则拨为本县"文生员科举盘缠之费"[126]。

由于清代地方官对佛教寺庙空言祸福诱惑百姓的一贯形象判断,一些地方竟出现了多次划拨寺庙田产归入宾兴的案例。如湖北罗田县兴贤庄肇始于乾隆五十年(1785),是由知县张元英拨狮子林、昙花庵二处"空悬无僧田"及云峰寺"空闲"田建立的。次年,又拨福兴庵田增入其中,"饬岁科两试批首掌管支放,以资士子乡试之费"[127]。乾隆五十四年,知县姜廷铭又因绅士郭地焕等申请,将集仙寺田拨入兴贤庄。

而清末同治年间,安徽省宿松县则出现了将所有庵堂寺观基址田产悉数充公的案例。据民国《宿松县志》卷二十一《学校志》所附《宾兴馆案录》,咸丰末年,安庆知府陈某向两江总督、安徽巡抚禀请饬查庙产,奉批"除有关祀典之庙不可废坠外,所有庵堂寺观基址田产,皆可充公,其各住持僧、道,均令归宗承祀,其尼、道二姑,亦令归宗出嫁",而空出来的"废庙"的田产,则"一概归官招佃收租"。为此,安徽按察使司乃于同治元年(1862)正月十三日向宿松知县发出札文,要求按照命令执行。同治二年七月十五日,宿松知县将变卖废庙田产缴府修造省城考棚的前后经过向善后局作了报告。由于还有剩余田产,14 天后,宿松知县再次撰文,禀请将其田产430余亩"归卑县作为宾兴会之出",经审批允行[128]。

地方官划拨庵寺田产以助宾兴等教育资产的做法,在清代教育史上并非仅见,在历史时期也早已有之。如南宋理宗嘉熙三年(1239),娄绍聘任江西筠州知州,恰逢上高县宝云寺僧人为争夺本寺田产,争为雄长,长年讦讼,乃借机"人其人,庐其居,籍其田,由郡及邑,颛给养士费",使筠州各县廪士养有饩,贡士行有赆。上高知县江湘为作《宾兴庄记》指出,"今释氏之学遍天下,瑶珠殚于庄饰,环材竭于轮奂,矫陈祸福,炫诱痴氓,士大夫甚有捐金粟、割膏腴以徼福田利益者。至学廪虚、士流散,因恬而不知怪,虑不动其耳目,亦可愧已",认为社会风气专趋佛释,鄙薄儒教;而知州娄绍聘的这一举措则蕴含了"三善",即"折寺田弱异教"、"驱缁徒惩惰民"、"广学租励士心"[129]。江湘的论述,代表了传统社会历朝历代有为有识的地方官的普遍意识,同样被清代部分地方官所努力奉行。如清代福建泰宁县集贤书院,始建于康熙四十八年(1709),时知县区遇拨"已废檀香庵田亩若干亩"作为其祭祀经费。至乾隆三十三年(1768),知县施之喜、吴世燕等拨"寺废僧逃之产,为兴筑学舍之资";邵武知府张凤孙又为其核查废寺田产,"得国兴寺、应真岩、龙凤山、清隐寺、北山庵、清凉山、均庆庵、尧子山、集云庵、天云庵凡十处,通计租谷四百三十余石"[130],岁交董事管理收租;咸丰年间,知县罗东之再次拨"各废寺产"扩充经费。

(二)划拨叛产、绝产

任何一个国家和社会都会有违犯法制者甚至是敌视现行政权者,当他们被镇压之后,其所拥有的资产往往被作为叛产、逆产没收充公。同时,每个时代都会有一些个人或宗族因某种原因死亡灭绝或迁徙他乡,其原有产业便成为绝产。清代一些地方官便将此类绝产或叛产拨归宾兴所有。以叛产、绝产为宾兴本金，清代各地多有。

划拨"叛产"为宾兴，如广东始兴县有"合邑宾兴田租"，是该县多项宾兴经费中出现较晚的一项。同治五年（1866）知县常维潮擒获叛匪李廷弼，将其田产拨为宾兴公费。据民国《始兴县志》记载，李廷弼系广东清远县洰江人，他"为匪投诚，旋复叛"[131]，始兴知县常维潮将其捉拿正法。

叛产有时候也被称为"逆产"。如广西藤县宾兴馆始设于同治四年（1865），系知县唐凤翔捐置基址所建。因馆中缺少经费，士绅乃建议"查县中三十都、十八都、四十二都等处逆产，正可禀请充入宾兴馆管业收租，永为多士岁科两考、乡会两闱试用"[132]。次年，在知县边之晋的主持下，本县"窦家三剩表、大岸、狼扶等处各逆产"被拨为宾兴馆资产。又如安徽霍邱县"乡会试盘费"的经费来源主要有三项，其中最后一项是"胡常山、倘贯金、张海、谢金山等逆产二百五十六石"。该项田产原本规定解运布政司衙门，同治七年（1868）经绅董王则侨等禀请拨为乡会试盘费，"蒙藩宪批准照办，已将章程详请核饬立案"[133]。

划拨"绝产"为宾兴资产。如云南石屏州儒学有"帮贡田"，其田租专门资助本学贡生考试路费。该田每年收租22石，原"系左所职田"，后成为"绝军田"，康熙三十年（1691）知州徐印祖查出，拨为帮贡田[134]。湖北黄陂县有"举人宾兴费"，原为嘉庆年间县人黄铣宦游四川时所置田租18石余。后其子孙迁居四川，此田被佃户占种，事实上成为"绝产"。同治元年（1862）知县孙继祖将其清出，以为公车宾兴费[135]。

有些地方同时划拨"叛产"、"绝产"为宾兴资产。如贵州遵义府在同治八年（1869）将本县经由"兵燹"之后的绝产、逆产实施清查,共计有田 118 处,每年收租 1074 石,收洋银 24 元。经邑绅塞阊呈请,将其拨为遵义县举贡生监乡会试费[136]。又如贵州八寨厅于同治十一年(1872)由知州陈世芳办理善后事宜,筹设岁科试各项规费,以恤寒畯。这些规费分别为:岁科试篸案谷 300 石,亲供册费谷 120 石,学官月食谷 10 石,厅、府、院三试廪生津贴谷 50 石,府、院试兵、礼房试卷谷 120 石,厅署文墨规费 200 石,学书门斗津贴谷 80 石,宾兴谷 80 石,誊录谷 16 石,会试每名 14 石。八寨厅在清代属文化欠发达地区,儒学录取名额仅有 6 名,整个清朝仅考中 2 名进士、8 名举人,故同治年间筹设的科举经费中,乡会试经费反不如岁科试经费充裕。据县志记载,这些经费均为从"逆、绝两产租谷内提拨"[137]。

(三)划拨涉讼资产

涉讼田产是指在诉讼案件中被没收充公的田产、钱款,地方官员有时也将其拨作宾兴经费。前面谈到的庵寺田产,基本上都是在其涉讼时被划归宾兴的。其他民间田产因涉讼而划归宾兴的,如广东番禺县儒学有"清流沙田坦"911 亩,每年田租收益的 63%归儒学,37%归"陈族"。之所以出现这种"公私合营"的公产分配方式,是因为该项田产原本是陈族祖上遗产,后被南海县"棍会刘承"承佃临近官田,捏造证据,混入官田,诉官争夺。陈族不得已于咸丰五年(1855)将其全部捐入番禺县儒学,"归阖邑公用"。番禺县士绅亦"不忘所自,因公议田坦岁租除完垫钱粮官租外,照原议拨回陈族十之三七作为祖尝,其十之六三支阖邑公用"。这 63%的田租,主要用于"每遇会试正科支公车盘费银五百两,恩科支公车盘费银二百五十两,每乡科备送卷价,每年京城会馆银一百六十两"[138]。又如江苏吴江县宾兴是知县沈锡华在同治六年

(1867)通过"没入革役洪胜田四百十九亩有奇,岁收田租,充宾兴费"[139]的方式建立的。又如湖北通城县宾兴始设于道光年间,后历经整顿、增置。同治四年(1865)知县文少叔将"因案罚钱百余串,拨入宾兴"[140],置买田产,扩充宾兴。江苏宝山县(今上海宝山区)宾兴划拨自罚款,该县公车、宾兴款共2000千文,为光绪十七年(1881)"知县马海曙、任南指拨之徐姓罚金"[141]。

(四)划拨教育款产

清代教育款产主要是指儒学、书院、义学等教育类资产。由于它们也多是来自民间捐资或官府筹资,与宾兴的性质非常接近,因此各地官吏也往往将其转相划拨。

有些地方拨儒学田产创设宾兴。如浙江云和县宾兴拨自儒学"赡士田"。此项田产创自明朝,清朝前期、中期历经扩充。至嘉庆九年(1804)、十四年(1809),经知县蔡应霖、陈治策先后申请,"始析赡田七十八亩零为宾兴田"[142],交由董事管理收租,除完钱粮秋米外,分给诸生为乡试路费。又如四川渠县,同治年间"奉府宪札饬,将前有之官学经费,改作宾兴之用,并令永远遵行"[143]。"官学"应该是指该县儒学。

有些地方拨书院田产创设宾兴。如浙江景宁县,道光十一年(1831)生员任观萃、陈谦、陈树槐、叶凌云、林蕃等呈请拨处州府莲城书院田租50石,"作为宾兴,立义学宾兴户"。到同治五年(1866),知县陈德渐又将豸山书院及修文户田租60余石"易为宾兴,而以前款为书院膏火"。6年后,儒学全体生员又"公请将拨归豸山、文昌宫租分拨出租三十八石,又西阬租乡秤六箩二十勺,为士子乡试宾兴,额立豸山宾兴户"。次年同治十二年(1873),再次"酌拨雅峰书院新碑租六十石,以裕宾兴"[144]。统计该县宾兴前后所拨各书院及文昌宫等田租共计 150 余石。又如广东德庆州,其书院田产从雍正十年(1732)以来便不断扩增,至嘉庆年间已达 2 万余勋。嘉庆二十四年(1819),知州朱有莱倡建宾兴馆,因书院田产众多,不免偷漏之弊,乃"从绅议,清丈加租,以羡租拨归宾兴馆"[145]。另如广东信宜县,乾隆五十三年(1788)知县陈九叙拨养正书院田租 96 石设立宾兴田;6 年后,知县周梦龄将起凤义学田租 200 石拨作宾兴;嘉庆十年(1805),知县陈上烺将信宜义学田租 200 余石增入其中,并将其管理形式从官府管理改为首事管理[146]。

(五)划拨团练经费

太平天国起义期间,全国各地为组织团练镇压农民起义,纷纷号召乡绅富户捐输团练经费。战争过后,一些团练经费有所富余的地方便选择将其拨作宾兴。如江西丰城县,同治三年(1864)知县张师亮将"合邑团防余资"拨出,同时发起捐输,设立宾兴会[147]。宾兴会的资产收益除了资助本县士子参加科举考试,还利用所得资金重建忠义祠、节烈祠,并在北京购建丰城县京都新馆。又如山西阳城县,同治九年(1870)邑绅卢廷棻诸人呈请将团练剩余款项,存典生息,作为本县士子乡试路费及修理孔庙经费[148]。再如湖南宁远县,咸丰六年(1856),宁远县团防局绅士欧阳泽闾、刘元堃、石焕章、欧阳骏、胡廷瑞等人与众合议,拨团练经费 800 余千文,建造一座含大门、过厅、中厅、上厅、后院的大院,作为团防公局兼宾兴公馆,规定"凡见任客官,不得借作公馆行辕;城乡士民不得借作书馆试寓;合邑公事除宾兴、团防两项外,不得擅入聚议"[149],将宾兴(教育)、团练(安全)两项事务合二为一。

（六）其他行政划拨手段

为筹集宾兴经费,清代各地官员在其权限允许的范围内,想出了很多办法。

划拨缉盗公款。如山西曲沃县,其宾兴除有贾汉复所捐乡试铺面外,另有"杏花红"一项,为乾隆二十七年(1762)知县张坊将原捐"缉访盗首"的 200 两赏银改捐为宾兴经费,分给"文武举人三月、九月会试"[150]。

划拨自节省项。如江苏武进、阳湖县宾兴来自"节省项"。其宾兴款原有存典生息款 1 万千文,太平军兴后全部散失。为此,知府札克丹"于节省项下拨钱五千千存典,岁收息钱,于乡会试年两县公给应试者川资卷价"[151]。

拨自鳌金。如江苏无锡、金匮两县宾兴包括拨自鳌金的款产。该两县宾兴原有制钱 1 万千文,太平军兴后,亦遭遗失。同治十年(1861)县人秦赓彤、杨宗濂等呈请从"鳌金项下拨给钱三千六百千文"[152],存典生息,补足原款。

划拨自牛本湘平银。如江苏江宁府各县虽于道光年间先后由两江总督裕谦、耆英逢会试临时捐资,每名举人发给路费银 8 两,但却一直没有设立宾兴。至同治九年(1870)三月,江宁知府冯柏年才在湖广总督李鸿章的指示下,"发牛本湘平银八千七百五十两,交盐典生息"[153],其中一半息银专作江宁府七县士子会试公车之费。

拨自余款。如江苏江浦县乡试宾兴、会试计偕经费是光绪十五年(1889)由知县程鑫"筹备余款鹰洋二千一百二十元,发存浦口李源通典,长年八鳌生息"[154],议定从光绪十七年辛卯科开始每次考试提取息钱 200 元,按照考生入场人数均匀分给。

拨自充公款项。如湖北枣阳县宾兴共有 5 项款目,其中最早的一项来自充公款项。咸丰十一年(1861)知县王璐拨"充公钱五百串,暨本案生息银六十串"[155],交由廪生李长春、靳焯经理生息。

拨自义仓存项。如四川酉阳直隶州(今重庆酉阳县)宾兴会最初由知县捐资举行,然经费无多,难以普及。州中向有济仓一所,道光十八年间存大谷2000余石。本州举人陈序乐"遂倡同学,请以此款为宾兴之计"。几经辗转,终于在道光三十年(1850)由知州罗升梧批准立案[156]。

拨自春秋丁祭胙肉款项。广西贺县宾兴,始于道光十六年(1836),光绪九年(1883)知县仕玉森倡议实行"按租酌捐之法",款项扩充至5000余金。4年后,知县李昶决定将县中春秋两次祭祀用于购买"胙肉"的相关银钱拨为宾兴费用,其方法是命负责提供胙肉的屠户每年交银400两,其中200两归宾兴使用[157]。

二、专项抽收

所谓"专项抽收",是指地方官利用行政权力,从本县每年的某些固定收入中,抽收部分经费,积少成多,集腋成裘,以之作为宾兴本金,资助各类科举考生。这种专项抽收的方式,主要有从田赋项下抽收和从契税项下抽收两种。

(一)从田赋项下抽收宾兴

中国历代封建王朝向来奉行"以农立国"的基本国策,农业赋税是国家政权赖以维持的基本经济来源。清代统治者注重吸取明朝亡国的教训,强调轻徭薄赋,与民生息,康熙年间更制定了盛世滋生人丁永不加赋的政策,雍正年间推行摊丁入亩制度,在其前、中期的一百多年里,百姓的赋税负担基本没有加重。不过,尽管人们认为"于州县征收钱粮时抽加少许以集事"即从田赋项下抽收经费设立宾兴是一种"违制妄取"[158]的做法,但在清代后期尤其是同、光时期,这种方法已经被不少地方官及地方乡绅所接受并付诸实施。

如河北元城县,同治十年(1871)知县孙塑因本县"军兴以来,士庶流离,不遑糊口",以至于"乡曲韦布单寒之士,观光有志,旅费无资,竟有皓首穷经,终身不能一望龙门者",深为惋惜。乃与士绅商议,从"每季差徭项下,拨京钱百竿"[159],作为"乡会试士子公费"。事未成而孙塑离任,继任知县吴大镛踵成其事。又如江苏娄县,同治年间知县金福曾与士绅议定,准备从每年的冬漕公费项下"每收米一石提钱十文"[160],筹集宾兴本金,逐年存典生息,至乡会试年份发给考生。这项计划从同治九年(1870)开始实施,计每年可提钱300千文。由于漕米折耗等向归知县所有,故此项宾兴也被称为"官捐宾兴"。再如江西万安县宾兴自嘉庆末年设立以来,屡经扩充,遂有新、老宾兴之分。咸丰、同治年间太平军兴,宾兴各产荡然无存。为此,知县周之镛与士绅议定,以每年收漕留县办公经费项下,按征米一石划出钱八十文,合计每年可得钱1000吊,作为宾兴公项。此项经费由本县户科代为经收,封入宾兴局所设4只大柜内。钱款账目亦由户科经手书斗逐一登记,缴送县署核验后,缴学署收存,钱柜钥匙也交学师正斋经管[161]。

地方官抽收田赋划拨为宾兴,虽然是以公济公,但由于涉及田赋征收政策,本质上增加了田赋征收的比例与数额,容易被人认为变相增加赋税,从而引起百姓不满,因此在政策推行之前,均需先与士绅协商,得到赞同后再请上级官员审批,得到批准后方可施行。如据《宁乡县宾兴志》,湖南宁乡县宾兴局于光绪元年(1875)倡捐考棚、印卷、育婴、膏火等四项经费,原本计划利用各都所缴团练经费及乡绅捐款的方式达成目的,但考虑到总数太少,只能作罢。乡绅李镇湘等又再三会商,认为"惟有仿照湘乡、湘潭各县章程,按亩零捐。出之既不病民,合之自可济美。今拟每百亩捐钱二千五百文,共计可收钱二万余串。其有好义之家,于照亩捐输外另行加捐者,悉听其便"[162]。对于宁乡县士绅合议的这种"按亩零捐"的捐输形式,湖南布政使司衙门的批示为:"既系地方公禀,并非官为加派,事属可行,仰布政司即饬遵照办理",同意了士绅们的请求。

地方官从田赋项下抽收宾兴,与绅民捐助中的按田产或家资摊捐宾兴,二者的形式较为接近。不同的是后者只涉及同意捐资的绅民,前者则涉及当地全体百姓。

(二)从契税项下抽收宾兴

契税尽管不是清代政府收入的主要来源,但由于明清时期商品经济的日益发达,市场管理、商业管理费用也日渐被地方官所重视。一些商业头脑较为活络的地方官开始从契税收入中划拨宾兴本金。

如湖北黄陂县除有乡会试宾兴费外,还有"县试文武童卷费"一项。其中"文童卷价"始于同治四年(1865),议定从本县所收税契中按契价每千文提钱2文,作为县试复试各场卷价基本金。"武童卷价"始于同治八年(1869),议定按照税契每千文提钱1文,以资办理县试武童卷价[163]。又如湖北归州有新、旧两种宾兴,旧宾兴由本县丹阳书院给发,仅资助文科士子,而新宾兴则同时资助文、武士子的乡会试路费。此项新宾兴创设于光绪八年(1882),是从田契、房契税收项下抽收经费,议定"无论民、屯,每两照旧章外加收三文"[164],并采取存典生息的增值方法获取利息,约定由户房收取田契税,库房收取房契税,依次存放本县两所典铺,每满50千文的数额,则按每月8厘的利息率开始计算利息。

再如四川达县有老宾兴、新宾兴和复设宾兴三项宾兴。其中老、新宾兴均由士绅捐设于道光、咸丰年间。到光绪年间，由于"乡试士子愈多，及举人公车到京人数亦属不少，原有息银更不敷分配"，全体士绅乃向知县递文呈请，要求在"税契项下每两复加三厘，作为乡会试之用，谓之复设宾兴"[165]。

清代各地利用契税收入作为宾兴本金，其实有相关国家制度作为法理依据。据嘉庆《增城县志》记载，清代户部规定，"凡买产人户，每价一两，税银三分，另征银一分，以为科场经费之用"，尽管雍正年间对此项政策做了微调，即由各省布政司衙门统一印刷契纸，"令业户买回填写，赴县投纳，仍每两税银三分，科场银一分，随征随解，无定额"[166]，但总体没有改变从物品买卖契约税项下分配科场经费的政策精神。各地从契税收入中按一定比例抽收资金作为宾兴本金，只不过是将纯属地方财政的事务转变为公私合作的形式，其服务对象依然是本地科举考生。

（三）其他宾兴经费筹集方式

除了以上各种官方的经费筹集方式，清代部分地方还出现了一些别的宾兴经费筹资手段，尽管它们也许只是各类官方经费筹集方式中的特例。

如广西镇安府在"猪判"项下抽收宾兴经费。该府"黉善局经费"系由官方于光绪十七年（1891）筹集，交由绅士经管。其经费的一部分系发商生息钱4000千文，另一部分则为每年"在猪判项下提钱二百四十六千文"；该府另有"举人会试拔贡朝考经费"，亦为光绪十七年所设，为每年"在猪判内提钱九十八千四百文"，存储生息，其利息之一半作会试经费，一半为朝考经费[167]。

湖北公安县拨"育婴存费"以作宾兴。该款原为知县李紫藩劝捐所得，咸丰元年（1851）本县训导杜宜诗、举人李洪已合议，禀请知县徐文炳将其改作宾兴，获得批准后即以其购买田产[168]。

湖北鹤峰州拨赈灾余款增入宾兴。鹤峰州宾兴始创者为知州徐澍楷，他在同治年间倡议捐资 300 千文设立宾兴，但由于数额太少，"人多则分润无几，难以就道，故赴试者寥寥"。为此，光绪十年（1884）知州厉祥乃禀请上峰将光绪八、九两年下拨的赈灾余款 200 串，交书院首士置产生息，"用增宾兴之费"[169]。

三、清代宾兴的多元筹资方式

清代宾兴虽然从总体可以分为民间捐资与官员拨款创设两种基本类型，但这两种资金来源有时也并非各不相涉，而是往往形成相互补充的情势。有不少地方宾兴的资金来源，其一部分来自官绅捐资，另一部分却是来自官员划拨。

江西德化县宾兴庄初创于道光十三年（1833），时由九江知府拨制钱 300 千文发典生息而创设。此后，道光二十三年（1843），九江知府再次拨款 450 千文，增入原存典钱内，共同生息。同年，本县恩贡夏荣光捐银 600 两。道光二十五年（1845）夏荣光再次捐银 200 两，均经九江知府转由封职蔡瀛专管，存典生息[170]。该县宾兴的资产来源主要有官员划拨与乡绅捐资两种。

江苏泰兴县宾兴经费始于道光十年（1830）由知县李震捐钱 1500 千文设立，道光二十一年（1841）县人于益勤等又捐入 200 千文。此后，光绪六年（1880）知县张兴诗捐钱 500 千文，光绪十年（1884）知县陈谟捐钱 1000 千文，宾兴本金日渐扩充，合计历年官绅捐资共为 3200 千文，均存典按月一分行息[171]。到光绪二十一年（1895），通州知州王肇嵩将本县同兴洲涉讼田 250 亩拨归宾兴，次年知县陈守晟又捐送 150 亩[172]，两项田产合计 400 亩，均收取田租扩充宾兴。江苏安东县乡会试经费,先是由教谕王嘉福、训导沈赞于道光三十年(1850)捐钱600千文设立宾兴,是为该县"乡试费"。后邑人程履初捐银500两设立宾兴,是为该县"会试费"。至同治十年(1871),漕督张之万又拨银1000两,乡、会试费各分一半[173],宾兴资产得以扩充。云南腾越厅"卷金田",原为贡生胡成于清初捐设。道光十五年(1835),知州王爨倡捐银2000两,发商生息,资助乡会试考生卷费、路费。咸丰元年(1851)知州杨觐又倡捐银2000余两,"除分送举贡北上外,余银作童试卷金之费"。光绪四年(1878)县人总兵谢景春捐资置买"陈家田十二箩"入卷金;光绪九年(1883)同知陈宗海再次倡捐,得银4000余两,并拨"逆产租"985箩增入卷金[174]。贵州仁怀直隶厅的宾兴田,始于道光八年(1828)同知徐玉章拨云顶寺租谷田产归书院管理,并分其每年田租中的20石作为宾兴经费。次年,同知刘嗣矩复"将书院停课银两增宾兴经费"。道光二十一年(1841)同知陈熙晋倡集士绅共同捐资1000余缗,置买田产,补入宾兴经费之中[175]。以上四县宾兴的资金来源中,都是既有官员捐资,又有乡绅捐款,还有地方官的行政划拨。

　　清代宾兴本金的多元筹集途径,体现了清代社会各阶层对宾兴活动的普遍理解与支持,说明它在清代社会具有广泛的社会基础,也从一个侧面反映了科举制度对清代社会各阶层的普遍影响,以及科举社会在清代的形成与巩固。

第三节　清代宾兴公益思想概述

　　尽管清代宾兴研究从上世纪60年代便已经开始[176],但迄今尚未有研究者对清代宾兴公益思想进行分析。本节拟从教育公益思想史的角度,对清代宾兴产生的最直接、最主观的原因即宾兴公益思想进行梳理。

一、普教化以兴人才:宾兴行为的人才教育观

宾兴是科举社会中的助考活动,它与当时的教育息息相关。清朝历任帝王之所以对科举考试制度重视有加,也都是因为他们认为通过科举可以选拔出治国安邦所需要的贤能之士。因此,清代各地士绅在捐设宾兴时,也都将其与人才的教育培养紧密联系在一起。

江苏娄县"旧捐宾兴"肇始于道光八年(1828),历时二年共置买田产 218 亩,分布于华亭、金匮、娄县三县境内。松江府知府王青莲为作《娄邑宾兴捐田记略》,认为创设宾兴后,从前无力赴试的寒畯士子在接受资助后可以欣然赴考,不致自甘沦落。他强调,宾兴对于"嘉惠艺林,岂浅显哉!"[177]所谓"嘉惠艺林",也就是有利于人才的养成。

贵州仁怀直隶厅宾兴田也创设于道光八年(1828),道光二十一年(1841)本县士绅在官府号召下再次捐资扩充。同知陈熙晋在主持编纂《仁怀厅志》时特意将宾兴载入志中,认为宾兴"于菁莪育才之事,不无小补"[178]。"菁莪"典出《诗经·小雅》的《菁菁者莪》篇,其主题向被解读为歌颂人才培养即"美育才"。陈熙晋既认为宾兴有补于菁莪育才,自然是充分肯定了其对于人才培养的重要意义。

广西学政孙镠鸣和山西雁平兵备道刘赓瀛的表述更为直白。咸丰四年(1854),孙镠鸣在批复北流县士绅捐设宾兴的呈文时指出,捐设宾兴深堪嘉尚,"创设宾兴义举,于作育人材大有裨益"[179]。同治十二年(1873),山西崞县知县云莘川号召全县士民捐设宾兴,

刘赓瀛受邀撰写了《崞县宾兴碑记》一文,他也指出:"从来宾兴设而人材盛,人材盛而学校兴。宾兴者,所以培学校而广人材也。"[180]

　　正因为清代宾兴被认为是人才教育与培养的重要途径,有些地方在捐设宾兴时便直接将其称为书院。如光绪二十三年(1897),广东西宁县乡绅捐资设立助考经费,"其资捐自乡绅士族,集成巨款。其用凡文武士子游庠印资,一律定数公送,外若补廪、出贡及乡会试皆有程仪花红各名目"。知县惠登甲因其名为"书院",觉得"名未甚雅",认为"岁科公仪,即兴能也;乡会公钱,即兴贤也。然则统谓之宾兴,岂不彰厥美备乎?"但他也不得不承认,这样的命名方式是广东一带的地方特色:"粤东各属,多有筹备印金公款。或设局,或立公所,然亦类为新入庠者代送学官贽仪一端,而以之建书院,垂碑碣。"[181] 广东丰顺县于同治九年(1870)"购置产业,设立宾兴,以补助士林应岁科试、乡试经费",其管理人员办公地点称为"登瀛堂",但其大门则悬挂"鹏湖书院"的匾额,这是因为人们认为登瀛堂的"作人宗旨,与书院同,故大门名鹏湖书院。"[182] 民国广西《桂平县志》也指出,宾兴"其实亦书院之类",理由是"书院为乡学通称,古者家塾立于宗庙门侧,故今广东祖祠,多名书塾,或竟名书院。宾兴掌于乡大夫,亦属乡学,与家塾相联。故邻县平南宾兴,亦名龚州书院,义非杜撰也。"[183] 说明除了桂平县,广西平南县龚州书院实际上就是该县宾兴的别名。

二、四民唯士为贫:宾兴行为的考试公平思想

　　科举考试向被历代有识之士认为是最具社会公平性的人才选拔制度,当今研究者也指出科举对于促进传统社会的阶层垂直流动有较大的作用。然而,科举毕竟是一种高风险的考试,参加考试者不仅不得不"不事家人生产",而且由于考试竞争激烈,士子往

往奋斗一生依然毫无所获。面对这样一条充满艰辛、前途未卜之路，很多科举士子迫不得已只能选择放弃。科举制度在理论上给予了每个人读书上进的公平机会，但士子身家贫富不均则往往造成了科举考试现实的不公平。因此，各地捐设宾兴事实上是在某种程度上对科举考试公平性的一种补救。在很多文献中，我们可以清晰地感受到时人朴素的考试公平思想。

嘉庆九年(1804)，浙江永嘉县捐设了名为"文成会"的宾兴组织，为本县士子提供乡、会试旅费。著名学者、浙江巡抚阮元应邀为之作《文成会序》指出，永嘉县虽然文化底蕴颇为厚实，"无不家弦诵而户诗书"，但由于距省城遥远，"跋涉崎岖，行李供億，尤非贫乏者所能"，故而考生们往往"艰于道里，未遂观光"，甚至"有终其身足迹不至省会者"。文成会设立后，必将出现"于于然歌鹿鸣而来者踵相接"[184]的盛况，更多的贫困士子因此而获得了参加考试的机会，显然有补于考试公平。

相似的言论在全国其他州县比比皆是。如湖北崇阳县，道光初年知县赵秉淳在举行县试考试时，发现考生"所为文章类皆雄杰可喜之作"，但到乡试之时，却因为"艰于场屋之费"，因而尽管平日"锐意钻研，或不尽应科名"[185]，失去应考机会，深感惋惜。乃倡集全县较为富庶之刘镇鼎、沈士林等28家乡绅共同捐资，设立兴贤庄，资助本县乡会试考生。湖南会同县，知县尹益图因本县地处边陲，离省城千有余里，每到乡试年份"多士以程途遥远，资斧不继，遂至裹足不前"，深感其"屈抑人才"[186]，乃于道光三年(1823)将县中福会庵田拨入义学以作文生员科举费。广东信宜县知县韩凤修指出，本县举子参加会试备尝艰辛，"长安修阻，严冬凛冽，风饕雪虐，人饥马僵"；如果没有宾兴的资助，寒畯举子就需要借助于亲朋族党的帮助，但"倘一战而蹶，至于再至于三无论。亲族之力既穷,而自顾羞涩,何能复作乞怜态"?[187]从而失去了再次参加考试的机会。道光八年(1828),乡绅合议将原计划修筑京师会馆的捐款用来购买宾兴田,资助本县举子会试旅费。

四川井研县书法家宋治性和江西萍乡县进士彭涵霖的分析更为生动。道光末年井研县士绅合力捐设了"杏花庄",专门资助"科贡诸人应朝考、就礼部试之费"。县人宋治性作《杏花庄碑记》指出,士子因贫困而不能赴试,自身不免饥寒:

> 攻苦之士,类皆寒素,一补弟子员,而家已窘甚矣。于是志行涓洁者,教授乡里,老死青衿。才智稍优者,决计他图,此事遂废!

假如多年不中,甚至可能招致农夫的嘲弄:

> 倘一举不第,再振遂无由,从此破筐高悬,不农不宦,田舍翁过而呪之曰:夫夫也,读书欲作官者,乃一寒至此。甚矣诗书之过也! 吾将呼儿归,不复入塾矣。[188]

道光六年(1826)萍乡县士绅捐设了又一项宾兴公益基金"育才庄",彭涵霖撰写的《育才庄记》指出,科举士子因贫困而无力赴考是本县育才庄得以创设的根本原因:"今农工商皆以力自赡,而士有出无入,劳其心志,逸其手足,加以负笈从师,修膳之资,岁时奔走应试之费,中户以下,业未成而产已罄者,比比也。"[189]显然,"士"虽然是四民之首,但却比其他社会职业更容易陷入贫困。

总之,清代全国各地宾兴设立的原因,均是因为科举考生往往因贫困而无法赶赴考场参加考试,因而尽管他们为科举付出了数年乃至于一生的努力,最终却连一次进入考场的机会都得不到。宾兴的设立帮助考生解了燃眉之急,为他们贫苦的人生带来了更多的希望。

三、吾与义：宾兴行为的义利之辨

"义利之辨"是中国古代一个长久的命题。《论语·里仁》篇"子曰：君子喻于义，小人喻于利"[190]，开中国义利之辨的先河。宋代朱熹虽与陆九渊学术思想各执一端，但对其在白鹿书院所讲的"义利之辨"却极为推崇，表示要"与诸生共守，以无忘陆先生之训"[191]。延至清代，捐设宾兴的行为往往被作为一种"义举"而受到人们的普遍赞扬。

如嘉庆末年，湖南兴宁县知县李之梓在其所作《文庙、宾兴、义学三处捐金买田记》中指出：

> 天下事，义而已。义弗当为而为，则为不胜其烦，是谓妄义。当为而弗为，则终一无所为，是谓怠。[192]

认为宾兴是"当为"的义举。又如道光三十年（1850），广东澄迈县捐职通判李崧捐钱14000余千文，设立宾兴。地方官在其呈请立案的批文中盛赞："此乃地方义举，该绅好善乐施之美举也！"[193]光绪六年（1880），山西代州知州俞廉三倡集士绅共同捐银6000余两，设立宾兴经费，是因为有感于清代各地"通都大邑士大夫往往醵金为会，凡应乡举试礼部贡太学，咸与办装，谓之宾兴经费，体朝廷广励学官之意，为寒畯观光上国之阶，诚义举也"[194]，因之起而效法。

明清时期，捐献资产倡办慈善的行为并不鲜见。在很多人的眼里，捐设宾兴则更是义举中的义举。如道光十七年（1837），武昌县贺氏家族"捐制钱一万串文，存典生息，为邑乡会试宾兴之费"，称为"奎照堂宾兴"。曾任工部尚书的蒲圻县同宗贺寿慈受邀作记时，不由得为之大发感叹道："宾兴，巨典也。公诸同邑，溥惠也。费巨资不惜,义举之豪者也!"[195]又如道光二十年(1840),广东四会县216名士绅共同捐资设立宾兴,乡人公议建立宾兴祠以奉祀其木主。训导姚书升作《宾兴崇祀祠记》以记其事,认为"从来文风之盛,固以诗书为根本,科甲之多,则以气运为主持。……顾气运之将亨,则可征于众人之倡义举;而众人之倡义举,则莫大于众人之助宾兴"[196],将宾兴看作是转移一地气运的最大义举。浙江鄞县进士董澜于嘉庆末年在其担任江西余干县知县时,曾为县人张树春捐资设立"存心堂义田"一事撰写了一篇《存心堂义田记》,文中提到:

> 予窃见世之好施者矣,桥梁道路之葺修,寺观浮图之兴筑,其或惑于二氏报应之说,利而为之。若夫士人功名之得丧,局外人渺不相关,即由此登高第,掇巍科,度亦莫计王孙千金之报。张君廼毅然捐所有,推惠寒畯,不违其志,不私其财,不伐其誉,俾士得遂其激昂青云之气而不为资斧之所阻,谓非义之远且大欤?[197]

正因为捐资设立宾兴是一种社会公认的"义举",一些捐助者便被称为"义士",捐资较多的家族则被称为"义门"。如康熙四十二年(1703)浙江浦江县生员郑璧遵循父亲遗愿,捐田百亩,"以给文武科举路费"。乾隆《浦江县志》因而感叹:"夫重义轻财,施及同族同里者间有之,而遍及士林者不少概见。郑君独能继志,倡为此举,令子又踵而增之,称为义门,洵不愧矣。"[198]又如浙江新昌县知县徐杰在其所作《吕张氏捐学田碑记》也中频频感叹:"何吕氏一门好义之多也"、"何好义之笃而思虑之深耶!"[199]吕氏宗族从乾隆年间便独力承担了本县儒学的修理工作,至嘉庆年间,吕张氏又捐资买田60余亩,所收租钱一半为修理儒学经费,一半给文武生员乡试路费。

宾兴是"义举",捐设宾兴者是"义门",宾兴的资产也往往被冠以"义"字头衔。如山西沁水县宾兴被称为"义金"。据光绪《沁水县志》卷五《贡赋志》:"义金,乾隆五十六年邑令周燧劝捐,积纹银一千两,发当铺以一分出息,所得利银以为诸生乡试盘费。"[200]更多地方的宾兴田产则被称为"义田",如乾隆二十三年(1758)浙江松阳县知县吴凤章将童生入籍捐资所置田产作为"文武童生县试首场买卷之资,余为乡会试及拔贡路费",被称为"文运开义田"[201];至光绪末年,该县经知县范祖义、刘靖先后拨田设立宾兴,被称为"范刘宾兴义田"。其他如广东化州有新、旧"宾兴义田";广东会同县(今属海南省琼海市)、湖南酃县均有"宾兴义田";嘉庆湖南《郴州总志》载有《捐助宾兴义田记》;光绪湖北《荆州府志》载有枝江县《宾兴义田碑记》;同治浙江《云和县志》载有《宾兴义田记》)。

地方志往往被清代地方官视为实施教化的重要手段,捐设宾兴在地方志中也被直接称为"义举"。如同治四年(1865),湖北房县士绅捐设宾兴,同治《房县志》认为它可以使本县"文武生监观光者贫富均沾其泽",实属"煌煌义举"[202]。同治《奉新县志》在"学校志"中附载本县"各义举",其中包括乾隆十五年(1750)乡约龚懋宽捐2间乡试店而设的"魁会",乾隆五十一年本县原任浙江温州府同知涂锡盛捐设的"乡试田",嘉庆十二年新兴乡众捐设的"府、县试田",以及道光三年武举甘孔椿妻赵氏与孙子甘本烈合捐的"武乡试、县试田"[203]。有些地方志则在"人物志"部分特别设立"义举"一目,所收录的人物便包括对本县宾兴有较大贡献者。如宣统《徐闻县志》卷十三《人物志》中收录的林棋华和杨峰高二人,前者是因"尤急通邑义举,首倡考棚,次印金、宾兴,士咸食其德"而入传,后者也因"倡建通邑考棚与印金、宾兴,最称鼎力"而得书[204]。

一些为宾兴而编纂的专志也被冠以"义"字头衔。如浙江龙泉县宾兴创设于嘉庆二十三年(1818),编有《宾兴义举录》[205];同属处州府的丽水县宾兴最早设于明代万历年间,道光九年(1829)刊有《崇文义举录》[206]。浙江宣平县文运堂、文明堂均捐设于嘉庆年间,至光绪末年编纂《宣平宾兴义录》并刊印了20本,分存县学各廪生保存[207]。这些地方志、宾兴专志的刊刻印行,无疑使宾兴是义举的认识得到了更为广泛的社会认同。

作为一种有利于教育发展和社会教化的义举,各地捐设宾兴的行为也得到了清朝政府的肯定和表彰。如嘉庆十四年(1809),江苏如皋县乡绅朱洪寿捐资200余亩,收租以给本县士子乡试盘费,在呈请批准立案时,地方政府对其行为作了高度肯定,两江总督批示:"洵属义举";江苏按察使批示:"洵属乐善义举";常镇通道批示:"好义可嘉。"[208]又如道光十三年(1833),贵州永宁州知州对乡绅黄如槐、修训谟、罗运昌合力捐设卷田的行为进行嘉奖,分别赐予"义重儒林"、"义举可风"和"美济竹林"的匾额[209]。另如咸丰五年(1855),四川梓潼县监生王思孔捐田50亩,以作本县乡试士子"入场之费"。四川学政为此"嘉其义举,特奖匾额"[210]。

正是这一系列浸透了儒家义利之辨的政府及社会行为,更促使清代宾兴在全国各地日益盛行,并演绎成了中国教育史上一段千古的绝唱。

四、簿书期会之余:清代官员的施政方针

宾兴主要是一种民间公益基金,但因其遵行清代呈报立案的政府管理制度,基层政权的官员往往在其中扮演必不可少的作用。

他们或倡议号召地方乡绅踊跃捐资，或撰写文章为宾兴行为鼓吹赞叹，或利用行政权力将涉讼田产拨归宾兴，或指派公正士绅行使管理之责，甚至慷慨解囊亲身捐资设立宾兴。尽管在如《福惠全书》等清代官箴手册中并没有关于官员应该大力发展宾兴等地方公益事业的建议，刑名钱谷、簿书期会才是府州县地方官的本职工作所在，但依然有相当多地方官将筹设宾兴看成是自己的分内之事。在众多地方志里保存下来的宾兴序跋文中，我们可以发现很多诸如此类的表达。

如河北临漳县知县陈大玠认为，"邑令职司教养，乃弗能宣德意，使多士鼓舞奋兴，共应求贤之诏，旷厥职多矣"[211]，因此在雍正十年（1732）先捐银200两发给乡试考生路费，并拨置宾兴田631亩，以为长久之计。湖北郧县距离省城"水路几二千里，往返五、六月，旅资卷费动须十数金"，以至于大部分士子因资斧维艰而望而却步，每次乡试时"应试不满二十人"。知县陈子饬认为，"广功名之路，宏汲引之方，思所以振兴而激励之，诚宰官之责也"[212]。嘉庆二十四年（1819）广东德庆州知州朱有莱会集士绅共建宾兴馆，肇庆知府陈俊千受邀作《宾兴馆记略》一文，指出历年来"牧是土罔知留心文教，使国家宾兴之礼久阙而不修"，这都是"诚余、朱君等之责也"[213]。山东宁海州知州屠继烈于道光三十年（1850）劝捐制钱2700千文，存典生息，资助考生路费。屠继烈在所作《宾兴记》中表示，"鼓舞士气，成就群材，固守土者之责"[214]。山东莒州知州周秉礼深感"筹公款以资宾兴之用，事当创举，舍守土者其将奚责？"[215]于光绪十一年（1885）捐钱1000千文为倡，全县共计捐钱6000多千文，以作本州"宾兴公资"。山西太原县知县贺澍恩认为，士子能否赴考中式，"此固不尽系乎士之遇，官斯土者与有责焉"[216]，因而在同治元年（1862）首先捐俸300两发起倡议，乡绅群起响应,共计捐钱1500余千文,存当生息,资助乡会试考生赴试路费。四川开县知县陈长墉认为"寒士屈处,人才淹滞,此则守土者之责也"[217],乃于道光十九年(1839)倡议士绅共同捐资设立"培俊堂",收租作为士子乡会试、朝考之费。贵州仁怀直隶厅同知陈熙晋认为,本厅士子因贫寒不能赴试,"固地方之缺事,亦长吏之责"[218]。因此,道光八、九年,本厅徐、刘两任同知均曾主持创置厅属宾兴,资助乡试举子盘费。但是因为数量较少,兼以章程未能画一,陈熙晋乃重新召集绅士悉心筹议,倡捐置田,并推选首事负责经理,使厅属"志切观光"的乡会试考生均得如愿赴试。

清代地方官不管是拨款设立宾兴,还是捐资倡设宾兴,其原因几乎无一例外都是他们一致认为振兴文教、培植人才是自己的分内之责,他们不忍见考生因缺乏路费而放弃参加考试的机会,希望通过设立宾兴可以从根本上改变考生窘困的现象,从而维持地方文教的发展与兴旺。

地方官员捐资倡设宾兴的行为,对晚辈们具有重要的启迪与教导作用。如湖北黄州府蕲水县人李成栋,少年时因见本县知县"南昌李公""轸民未已,殷殷者即首学校,且随置租为诸生棘闱资",因而极为敬仰,"私自期许","志必如李公言"。康熙三年,李成栋以顺治十六年己亥科进士身份出任广东乐昌县知县,乃捐俸购置田产9.9亩,"计三岁所入,为通庠二试卷资"[219]。据光绪《蕲水县志》卷六《秩官志·知县》载有"崇祯,李汝璨,南昌进士",同书卷五《学校志》则记载,明崇祯癸酉(1633)李汝璨"捐置田课六十一石"建立兴贤庄,"每年科、岁试批首轮流经管,至乡试之期分给正案科举生员以为盘费"[220]。显然,李成栋《续学田记》中提及的"南昌李公"就是南昌进士李汝璨,正是他在明末崇祯年间蕲水知县任内捐资设置兴贤庄的公益行为深深感染了李成栋,使他一

且考取功名为官一任时不忘造福一方,将李汝璨的捐资助教精神
发扬光大。

本章结语

　　清代宾兴的是一种涉及清代全社会各个阶层的公益活动,参
与其中的不仅有官居宰辅、位极人臣的高级官僚,也有安于平淡的
平头百姓;既有贸易他乡争蝇头小利的富商大贾,也有为官当地系
身簿书期会的地方官员;更多的则是行途科举蓄势待发的功名底
层人士。而在每一个慷慨解囊的捐助者内心,都埋藏着各不相同
的信念与期待:或上体君国圣主作育人才之雅意,或悲悯寒门士子
无力赴考之窘迫,或期盼乡梓同袍科第蝉联之喜庆,又或是心怀孝
思感念先人、情比磐石痛念亡夫之遗愿。种种捐助行为的背后,所
体现的既有传统儒家文化忠孝仁义的伦理观,也有延自两汉为民
父母的循吏观,还有千年科举文化浸淫孕育的科举功利观。如何
将继承与发扬清代宾兴公益行为中的积极元素为今日社会公益所
用,是我们需要进一步思考的问题。

注　释

1　宾兴礼初见于明初,当时包括地方官为各类科举考生饯别而举行的送行礼和为科
　　举成功者举行的迎贺礼,至清代则主要指地方官为本地乡试考生举行的送行礼。
　　参见毛晓阳《清代宾兴礼考述》(《清史研究》2007 年第 3 期)和《清代宾兴礼补论》
　　(《清史研究》2011 年第 4 期)两篇文章。

2　15　153　(清)莫祥芝、汪士铎《同治上江两县志》卷八《学校志》,成文出版社,
　　1970,第 174 页。

3　(清)曾道唯、葛荫南《光绪寿州志》卷九《学校志·书院》,江苏古籍出版社,1998,
　　第 124 页。

4　(清)蒋起龙《康熙夏县志》卷一《建置志·学校》,凤凰出版社,2005,第 95—96 页。

5 （清）耿址《邑侯张公始置科举学田碑记》，（清）王锡侯《乾隆望都县志》卷七《艺文志》，《四库禁毁书丛刊》史部73，北京出版社，2000，第172页。

6 王德乾《民国望都县志》卷五《政治志二·教育》，成文出版社，1968，第253页。

7 （清）邹景文《同治临武县志》卷十五《学校志·宾兴附》，江苏古籍出版社，2002，第97页。

8 （清）谢必铿、李炳灵《光绪垫江县志》卷四《学校志·宾兴》，巴蜀书社，1992，第310页。

9 62 卢杰、蒋芷泽《民国兴义县志》第八章《教育》第三节《试费》，巴蜀书社，2006，第272页。

10 193 （清）陈朝翊、陈所能《光绪澄迈县志》卷二《建置志·宾兴》，上海书店出版社，2001，第57、59页。

11 （清）赵振清《举行宾兴碑记》，（清）朱希白《光绪孝感县志》，成文出版社，1975，第373—374页。

12 215 卢少泉、庄陔兰《民国重修莒志》卷十九《经制志·教育》，凤凰出版社，2004，第234页。

13 （清）裕谦《江陵宾兴馆碑记》，（清）倪文蔚、顾嘉蘅《光绪荆州府志》卷二十一《学校志》，成文出版社，1970，第220页。

14 （清）何绍章、杨旅泰《光绪丹徒县志》卷十九《学校志》，成文出版社，1970，第349页。

16 张寅、何奏簧《民国临海县志》卷五《建置志·庶政》，成文出版社，1970，第438页。

17 （清）刘璈《巡台退思录》，《台湾文献丛刊》第21种，台湾银行经济研究室，1958，第105页。

18 贵定县采访处《民国贵定县志稿》《学校志》，巴蜀书社，2006，第24页。

19 （清）林佩纶、杨树琪《光绪续修天柱县志》卷四《学校志·书院》，巴蜀书社，2006，第223页。

20 150 （清）张坊、胡元琢、徐储《乾隆新修曲沃县志》卷九《学校志》，凤凰出版社，2005，第63页。

21 （清）邱育泉、何才焕《同治安化县志》卷十八《学校志·公田》，江苏古籍出版社，2002，第371页。

22 （清）廖大闻、金鼎寿《道光桐城续修县志》，成文出版社，1975，第89页。

23　33　198　（清）善广、张景青《光绪浦江县志》卷四《建置志·学校》，江苏古籍出版社，1993，第174—176页。

24　51　（清）秦簧、唐壬森《光绪兰溪县志》卷三《建置志·学宫》，成文出版社，1974，第544—545页。

25　（清）盛铨、黄炳炎《同治崇仁县志》附编《公产下》，江苏古籍出版社，1996，第681页。

26　32　160　177　（清）汪坤厚、张云望《光绪娄县续志》卷七《学校志》，成文出版社，1970，第307、299、303、302页。

27　（清）俞渭、陈瑜《光绪黎平府志》卷三上《食货志》，巴蜀书社，2006，第216—217页。

28　（清）管学宣《乾隆石屏州志》卷二《沿革志·科举田》，成文出版社，1967，第68页。

29　（清）许应鑅《同治南昌府志（二）》卷四十五《人物·国朝文苑》，江苏古籍出版社，1996，第630页。

30　50　203　（清）吕懋先、帅方蔚《同治奉新县志》卷三《学校志二》，江苏古籍出版社，1996，第499、476、472—475页。

31　53　（清）杨开第、姚光发《光绪华亭县志》卷五《学校志》，成文出版社，1970，第420页。

34　（清）盛铨、黄炳炎《同治崇仁县志》附编《公产上》，江苏古籍出版社，1996，第657—658页。

35　135　163　（清）刘昌绪、徐瀛《同治黄陂县志》卷三《学校志》，江苏古籍出版社，2001，第89—90、90、89页。

36　（清）林则徐、李熙龄《光绪广南府志》卷二《学校志·书院》，成文出版社，1967，第42页。

37　209　（清）黄培杰《道光永宁州志》卷六《学校志》，成文出版社，1967，第76、77页。

38　张仲礼《中国绅士：关于其在19世纪中国社会中作用的研究》，上海社会科学院出版社，1991，第6页。

39　（清）张主敬、杨晨《光绪定兴县志》卷二《建置志·学校》，成文出版社，1969，第97页。

40　41　（清）金吴澜、汪堃《光绪昆新两县续修合志》，成文出版社，1970，第82、581—

582 页。

42　90　165　蓝炳奎、吴德准、王文熙、朱炳灵《民国达县志》卷十三《学校》,巴蜀书社,1992,第 171、172 页。

43　(清)黄式度、王柏心《同治汉阳县志》卷十《学校志》,江苏古籍出版社,2001,第 278 页。

44　余晋芳《民国麻城县志》卷四《学校志·宾兴》,成文出版社,1975,第 325 页。

45　(清)孙家铎、熊松之《同治高安县志》卷二十四《艺文志》,江苏古籍出版社,1996,第 700 页。

46　(清)王树棠、潘履祥《光绪罗店镇志》,上海书店出版社,1992,第 241 页。

47　(清)瑞麟、戴肇辰、史澄《光绪广州府志(中册)》,成文出版社,1966,第 243 页。

48　曹刚《民国连江县志》卷十三《学校·学田》,成文出版社,1967,第 119—120 页。

49　(清)李汝为、潘树棠《民国永康县志》卷二《建置志·学校》,成文出版社,1970,第 112—113 页。

52　208　(清)扬受延、马汝舟《嘉庆如皋县志》卷九《学校志·学田》,成文出版社,1970,第 726、729 页。按,成文出版社影印出版该志时,将其刊印时间按序文著录为"嘉庆十三年",然据查该志卷十一《秩官志》,则相关官员的最后年限已经到了嘉庆十五年,而本文所引朱寿妻子方氏捐田的时间则是嘉庆十四年。

54　(清)暴大儒、廖其观《同治峡江县志》卷二《建置志·公廨》,江苏古籍出版社,1996,第 578 页。

55　109　(清)韩述勋《可碑亭记》,(清)陆鼎敫、王寅清《同治霍邱县志》卷十一《艺文志·碑记》,江苏古籍出版社,1998,第 469—470 页。

56　(清)庆霖、戚学标《嘉庆太平县志》卷八《庶政志·宾兴》,成文出版社,1983,第 552—556 页。

57　197　(清)区作霖、冯兰森、曾福善《同治余干县志》,成文出版社,1975,第 440—447、1125—1126 页。

58　(清)恩联、王万芳《光绪襄阳府志》卷十四《学校志三·宾兴》,成文出版社,1975,第 835—836 页。

59　(清)王琛《光绪邵武府志》卷十二《学校志》,成文出版社,1967,第 207 页。

60　(清)谢崇俊、颜尔枢《嘉庆翁源县志》卷七《经政·学校》,成文出版社,1974,第 306 页。

61　刘玉玑、张其昌《民国临汾县志》卷二《教育略》,成文出版社,1967,第148页。

63　张芝甫、龙赓言《民国万载县志》卷二之二《营建志·公所》,江苏古籍出版社,
　　1996,第90页。

64　(清)倪文蔚、顾嘉蘅《光绪荆州府志》卷二十一《学校志·学田·枝江县》,成文出
　　版社,1970,第231页。

65　光绪《江西通志》卷九〇《经政略·学制》,清光绪六年(1880)刊本。

66　(清)陈汝咸《光绪漳浦县志》卷九《学校》,民国十七年(1928)石印本。

67　杨北岑《民国同正县志》卷二《营建志·仓储》,成文出版社,1975,第76页。

68　(清)全文炳、伍嘉犹《光绪平乐县志》卷五《学校志·宾兴》,成文出版社,1967,第
　　113页。

69　(清)吴宗周、欧阳曙《光绪湄潭县志》卷三《营建志·学校》,成文出版社,1975,第
　　257—258页。

70　李熙《民国政和县志》卷十三《学校》,成文出版社,1967,第177页。

71　吕耀钤、高焕然《民国松阳县志》卷四《学校志》,江苏古籍出版社,1993,第317—
　　318页。

72　115　(清)易绍德、封祝唐《光绪容县志》卷十二《学校志》,成文出版社,1974,第
　　508、509页。

73　(清)翁天祐《光绪浦城县志》卷十七《学校下·宾兴》,成文出版社,1967,第
　　281页。

74　(清)汪文炳《光绪富阳县志》卷十三《学校志·宾兴》,江苏古籍出版社,1993,第
　　290—291页。

75　(清)钱鏐、俞燮奎、卢钰《光绪庐江县志》卷四《学校志》,江苏古籍出版社,1998,
　　第141页。

76　88　(清)黄维瓒、潘清、邓绎《同治武冈州志》卷二十七《学校志》,江苏古籍出版
　　社,2002,第85页。

77　玉昆山《民国信都县志》,成文出版社,1967,第337页。

78　89　162　(清)李镇湘《宁乡县宾兴志》卷一《禀稿》,清光绪四年(1878)宁乡县宾
　　兴局刻本。

79　96　(清)郑业崇、许汝韶《光绪茂名县志》,江苏古籍出版社,2003,第112、113页。

80　(清)李元才、李葆贞《光绪当阳县补续志》卷一《政典志》,江苏古籍出版社,2001,

第 532 页。

81　（清）姚德莘《光绪宜城县续志》卷下《艺文志》，成文出版社，1975，第 113 页。

82　（清）彭贻荪、章毓湘、彭步瀛《光绪化州志》，成文出版社，1974，第 468—470 页。

83　（清）恩端、武达材、王舒尊《光绪平遥县志》卷四《学校志·宾兴》，凤凰出版社，
　　2005，第 100 页。

84　（清）双全、王麟书、顾兰生、林廷杰《同治广丰县志》卷四之三《学校志》，江苏古籍
　　出版社，1996，第 139—142 页。

85　（清）姚敦诒《邵阳宾兴公款汇记》，清光绪二年（1876）刻本。第 5—6 页。

86　146　（清）敖式樵、梁安甸《光绪信宜县志》，上海书店出版社，2003，第 494、
　　495 页。

87　（清）吴兆熙、冒沅、张先抡、韩炳章《光绪善化县志》，江苏古籍出版社，2002，第
　　135 页。

91　（清）濮文昶、张行简《光绪汉阳县识》，江苏古籍出版社，2001，第 391 页。

92　（清）吴应廉、王映斗《光绪安定县志》卷八《艺文志·启》，上海书店出版社，2001，
　　第 353 页。

93　（清）罗汝怀《绿漪草堂外集》卷二《襍文》，《续修四库全书》第 1531 册，上海古籍
　　出版社，2002，第 171—172、271 页。

94　曾枢、凌开蔚《民国和平县志》《和平文征卷一·文》，江苏古籍出版社，2003，第
　　280 页。

95　（清）袁泳锡、觉罗祥瑞、单兴诗《同治连州志》卷十一《艺文志·引》，上海书店出
　　版社，2003，第 821—822 页。

97　何其英、谢嗣农《民国柳城县志》，成文出版社，1967，第 88 页。

98　156　（清）王鳞飞、冯世瀛、冉崇文《同治增修酉阳直隶州总志》卷五《学校志·宾
　　兴》，巴蜀书社，1992，第 334—335、331 页。

99　（清）多寿《同治恩施县志》卷十《艺文志》，成文出版社，1975，第 482 页。

100　（清）徐宗幹《斯未信斋文集》，丁曰健《治台必告录》卷五，《台湾文献丛刊》第 17
　　种，台湾银行经济研究室，1957，第 371—373 页。按，"争名者于朝"一句，《丛刊》
　　本引号断至"能立功名者也"，查该句典出《战国策》，《丛刊》本句读有误，故
　　径改。

101　107　161　（清）欧阳骏、周之镛《同治万安县志》，江苏古籍出版社，1996，第 614、

609 页。

102　122　（清）冯德材、文德馨《光绪郁林州志》，成文出版社，1967，第 90 页。

103　（清）刘华邦、郭岐勋《同治桂东县志》，成文出版社，1975，第 510 页。

104　（清）戴昌言、刘恭冕《光绪黄冈县志》，江苏古籍出版社，2001，第 185 页。

105　（民国）陈绍令、李承栋《民国黄平县志》，巴蜀书社，2006，第 551 页。

106　179　（清）徐作梅、李士琨《光绪北流县志》，成文出版社，1975，第 373 页。

108　（清）彭衍堂《光绪龙岩州志》，成文出版社，1967，第 265 页。

110　（清）陈遹声、蒋鸿藻《光绪诸暨县志》，江苏古籍出版社，1993，第 263—264 页。
　　诗云："钟添玉，少年亦自甘奴服。性真特不俗，济水截河仍漾绿，誓不取人来濯
　　足。愿改故步追芳躅，文场概助二千金，任请龙文泄万斛。萝系松身百尺上，蝇
　　附骥尾千里逐。此志可嘉矜，此事可节录。犹云不许前愆盖，抑何绳人太刻酷？
　　周处折节改旧行，未闻见拒于二陆，洗心向善即善机，昔者林宗进贾淑，不才有忠
　　告，告请吾党容以腹。君子成人美，乘人新沐浴。"

111　（清）罗度、郭肇林《光绪琪县志》，成文出版社，1975，第 873—875 页。文云："边
　　峰万点幕云开，我侯捧檄日边来。侯德化民民感德，熙熙皥皥登春台。君不见，
　　东邻杀人血染土，西邻畏吏如畏虎。自侯三费兴，民才得安堵。又不见，童军听
　　点五更寒，簇簇负餐如负案。自侯考棚curb，鹄立鱼贯灿衣冠。衣冠罗列南门南，
　　书院书声背郭涵。广厦尘嚣远，德馨名锡果谁堪？侯平卷价举宾兴，迢迢云路期
　　共登……侯德难仆数，三年抚字三年苦，一身瘦矣苍生肥，个个攀辕留召父。"

112　204　（清）王辅之《宣统徐闻县志》，成文出版社，1974，第 349、600—601 页。

113　毛泽东《毛泽东农村调查文集》，人民出版社，1982，第 110—111 页。

114　（清）陈师舜《劝捐宾兴资引》，何其英、谢嗣农《民国柳城县志》，成文出版社，
　　1967，第 88 页。

116　钟喜焯、江珣《民国石城县志》卷四《经政志·学校》，成文出版社，1974，第
　　355 页。

117　181　何天瑞、桂坫《民国西宁县志》，江苏古籍出版社，2003，第 86—87、289 页。

118　196　陈志喆、吴大猷《民国四会县志》编二上《建置六·书院》，成文出版社，
　　1967，第 175 页。

119　吕春瑄《民国陆川县志》卷九《学校类一·宾兴》，成文出版社，1967，第 147 页。

120　秦振夫、朱书田《民国重修邵武县志》卷廿五《祠庙志》，上海书店出版社，2000，第

934 页。

121　（清）舒鼎《长乐乡宾兴会记》,（清）何庆朝《同治武宁县志》卷三十三《艺文志·记》,江苏古籍出版社,1996,第 522 页。

123　（清）周锡晋《（安化县）培英堂志》卷一《入主章程》,清光绪二十年（1894）斯文堂刻本。

124　（清）刘宗元、朱荣实、刘燡《同治广济县志》,江苏古籍出版社,2001,第 486 页。

125　（清）王瑞成、张濬《光绪宁海县志》卷四《建置志二·宾兴》,成文出版社,1970,第 492 页。

126　186　（清）孙炳煜《光绪会同县志》卷四《学校志》,成文出版社,1975,第 292、291 页。

127　（清）管贻葵、陈锦《光绪罗田县志》卷四《政典志·宾兴》,江苏古籍出版社,2001,第 302—303 页。

128　（清）俞庆澜、刘昂、张灿奎《民国宿松县志（一）》,江苏古籍出版社,1998,第 426—427 页。

129　（清）冯兰森、陈卿云《同治重修上高县志》卷十《艺文志》,江苏古籍出版社,2001,第 352—353 页。

130　陈石、万心权《民国泰宁县志》,上海书店出版社,2000,第 784 页。

131　陈及时《民国始兴县志》,成文出版社,1974,第 619 页。

132　（清）陈仲宾、胡毓璠《光绪藤县志》,成文出版社,1968,第 853 页。

133　（清）陆鼎敷、王寅清《同治霍邱县志》卷四《学校志》,江苏古籍出版社,1998,第 143 页。

134　（清）管学宣《乾隆石屏州志》卷二《沿革志·贡田》,成文出版社,1967,第 68 页。

136　周恭寿、赵恺《民国续遵义府志》卷十四《学校志一·学款》,成文出版社,1975,第 2232 页。

137　郭辅相、王世鑫《民国八寨县志稿》卷十一《学校志》,成文出版社,1968,第 174 页。

138　（清）李福泰、史登《同治番禺县志》卷十六《建置志三·学校》,成文出版社,1967,第 177 页。

139　（清）金福曾、熊其英《光绪吴江县续志》卷三《营建志·学校》,江苏古籍出版社,1991,第 348 页。

140　（清）郑荄、杜煦明、胡洪鼎《同治通城县志》卷十《学校志下·宾兴》,江苏古籍出版社,2001,第512页。

141　张允高、钱淦《民国宝山县续志》卷四《财赋志·公款公产》,成文出版社,1970,第326页。

142　（清）伍承吉、王士鼢《同治云和县志》卷五《学校志》,成文出版社,1970,第314页。

143　陈铭勋《民国渠县志》卷三《教育志中·清代教育》,成文出版社,1975,第249页。

144　（清）周杰、严用光、叶笃贞《同治景宁县志》卷五《学校志》,江苏古籍出版社,1993,第361页。

145　213　（清）杨文骏、朱一新《光绪德庆州志》卷七《经政志第二·学校》,成文出版社,1974,第560—561页。

147　（清）王家杰、周文凤、李庚《同治丰城县志》卷五《学校志·学业》,江苏古籍出版社,2001,第163页。

148　（清）赖昌期、潭滢、卢廷莱《同治阳城县志》卷六《学校志》,成文出版社,1976,第232页。

149　（清）张大煦、欧阳泽闿《光绪宁远县志》,成文出版社,1975,第317页。

151　（清）王其淦、吴康寿、汤成烈《光绪武进阳湖县志》卷五《学校·书院》,江苏古籍出版社,1991,第151页。

152　（清）斐大中、秦缃业《光绪无锡金匮县志》卷六《学校志》,成文出版社,1970,第116页。

154　（清）侯宗海《光绪江浦埤乘》卷十二《学校下》,江苏古籍出版社,1991,第132页。

155　梁汝泽、王荣先、谢鸿举《民国枣阳县志》卷十八《学校志·书院》,江苏古籍出版社,2001,第287页。

157　梁培煐、龙先钰《民国贺县志》,成文出版社,1967,第149页。

158　（清）彭玉麟、段家俊《同治衡阳县志》卷六《礼典志十五》,成文出版社,1970,第422页。

159　（清）王仲甡《元城乡会士子公费条规记》,程廷恒、洪家禄《民国大名县志》卷九《教育志》,成文出版社,1968,第392页。

164　（清）李炘、沈云骏《光绪归州志》卷四《学校志·宾兴》,成文出版社,1975,第

227 页。

166　（清）熊学源、李宝中《嘉庆增城县志》，成文出版社，1974，第 553 页。

167　（清）羊复礼、梁年《光绪镇安府志》，成文出版社，1966，第 297—298 页。

168　（清）周承弼、王慰《同治公安县志》，成文出版社，1970，第 378 页。

169　（清）长庚、厉祥官、陈鸿渐《光绪续修鹤峰州志》，江苏古籍出版社，2001，第 531 页。

170　（清）达春布《同治九江府志（二）》卷二十二《学校志》，江苏古籍出版社，1996 第
　　　218—219 页。

171　（清）杨激云、顾曾烜《光绪泰兴县志》卷十三《经制志·学校下》，江苏古籍出版
　　　社，1991，第 112 页。

172　（清）王元章、金鉽《宣统泰兴县续志》卷六《经制志·学校》，江苏古籍出版社，
　　　1991，第 323 页。

173　（清）金元烺、吴昆田《光绪安东县志》卷六《学校志》，成文出版社，1970，第
　　　121 页。

174　（清）陈宗海《乡会童试卷金碑记》，（清）陈宗海、赵端礼《光绪腾越厅志》卷十七
　　　《艺文志》，成文出版社，1967，第 307 页。

175　178　218　（清）陈熙晋《道光仁怀直隶厅志》，巴蜀书社，2006，第 139—140 页。

176　目前检索最早的一篇与宾兴直接相关的公开发表论文为杨联陞《科举时代的赴
　　　考旅费问题》，1961 年 6 月发表于台北《清华学报》新 2 卷第 2 期。该文 1996 年
　　　收入河北教育出版社刘梦溪主编《中国现代学术经典·洪业 杨联陞卷》，2006 年
　　　收入中国人民大学出版社杨联陞《中国语文札记》。

180　（清）赵冠卿、龙朝言、潘肯堂《光绪续修嵊县志》卷七《艺文志上》，凤凰出版社，
　　　2005，第 571 页。

182　刘禹轮、李唐《民国丰顺县志》卷六《建置二·学校》，上海书店出版社，2003 第
　　　536 页。

183　黄占梅、程大璋《民国桂平县志》卷十四《学校志下·宾兴》，成文出版社，1967，第
　　　332 页。

184　（清）张宝琳、王棻、孙诒让《光绪永嘉县志》卷三十五《庶政志》，《续修四库全书》
　　　第 708 册，上海古籍出版社，2002，第 204 页。

185　（清）赵秉淳《崇邑宾兴场费册序》，（清）高佐廷、傅燮鼎《同治崇阳县志》卷三《建
　　　置志·学校》，江苏古籍出版社，2001，第 136 页。

187　（清）韩凤修《会试宾兴田记》，（清）敖式樞、梁安甸《光绪信宜县志》卷三《经政志三·公款经费》，上海书店出版社，2003，第 495 页。

188　（清）叶桂年、吴嘉谟、龚煦春《光绪井研县志》卷十《学校志》，巴蜀书社，1992，第325 页。

189　刘洪闢《民国昭萍志略》卷二《营建志·公所》，江苏古籍出版社，1996，第 55 页。

190　杨伯峻《论语译注》，中华书局，1980，第 39 页。

191　钟哲《陆九渊集》，中华书局，1980，第 492 页。

192　（清）郭树馨、刘锡九、黄榜元《光绪兴宁县志》卷十六《艺文志·记》，江苏古籍出版社，2002，第 447 页。

194　（清）俞廉三《代州宾兴经费记》，（清）俞廉三、杨笃《光绪代州志》卷五《学校志》，凤凰出版社，2005，第 356 页。

195　（清）钟铜山、柯逢时《光绪武昌县志》卷七《学校志》，成文出版社，1975，第427 页。

199　金城、陈畲《民国新昌县志》卷五《礼制·学田》，成文出版社，1970，第 498—499 页。

200　（清）秦丙煃、李畴《光绪沁水县志》，凤凰出版社，2005，第 423 页。

201　（清）支恒春《光绪松阳县志》卷三《学校志》，成文出版社，1970，第 365—366 页。

202　（清）杨廷烈《同治房县志》卷四《学校志》，成文出版社，1975，第 284 页。

203　（清）吕懋先、帅方蔚《同治奉新县志》卷三《学校志》，江苏古籍出版社，1996，第472—475 页。

205　（清）潘绍诒《光绪处州府志》卷七《学校志》，成文出版社，1970，第 242 页。

206　（清）彭润章《同治丽水县志》卷二《学校志》，成文出版社，1970，第 202 页。

207　何横、邹家箴《民国宣平县志》卷六《教育志》，成文出版社，1970，第 609 页。

210　（清）张香海、杨曦《咸丰梓潼县志》卷二《学校志》，成文出版社，1975，第 189 页。

211　（清）陈大玠《宾兴学田记》，（清）周秉彝、周寿梓、李燿中《光绪临漳县志》卷十二《艺文志·记》，上海书店出版社，2006，第 447 页。

212　（清）周瑞《同治郧县志》，江苏古籍出版社，2001，第 319 页。

214　（清）舒孔安、王厚阶《同治重修宁海州志》卷二十五《艺文志》，凤凰出版社，2004，第 508 页。

216　（清）贺澍恩《培英义庄序》，（清）薛元钊、王效尊《光绪续太原县志》卷下《艺文志》,凤凰出版社,2005,第 53 页。

217　（清）陈长墉《培俊堂碑记》,（清）李肇奎、牟泰丰《咸丰开县志》卷八《学校志》,
成文出版社,1975,第 217 页。

219　（清）李成栋《续学田记》,（清）徐宝符、李穗《同治乐昌县志》,成文出版社,1967,
第 182 页。

220　（清）多琪《光绪蕲水县志》,江苏古籍出版社,2001,第 155—156 页。

第 二 章
清代宾兴公益基金组织的资产形态与增值方式

　　当代基金观念较之清代已经有了非常大的发展和变化，其资产形态与增值方式也较清代更为灵活多样，而主要的资产形态与增值方式则多以货币资本的形式存在，并进而在网络时代发展为虚拟经济形态。清代宾兴的资产形态主要有田产、银钱、店铺三种，其相应的增值方式则主要包括田租、利息、店租等。另外，某些地方还有利用其特有的特种经济为宾兴提供资产及其增值的案例。

第一节　田产收租

　　作为一个以农业立国的封建帝国，田租剥削是清代国家与地主阶层经济收益的主要来源。处于这一特定时代背景下的清代宾兴也多采取接受捐田或接受捐资以购买田地的方式，利用田租收益来资助科举考生。田产收租所收取的，一般为谷物，当然也有一些地方收取租米或租钱、租银。

一、田产是清代宾兴资产的重要形态

作为清代宾兴最重要的资产形态，宾兴田产在清代各地极为普遍。以湖北为例，湖北是清代宾兴大省，也是清代农业发达的省份，“湖广熟天下足”在康乾时期已经取代宋明以来的“苏湖熟天下足”的民谣，成为形容其农业发达的标志。清代湖北宾兴中多有以田租形式获得增值者。如湖北罗田县宾兴馆，旧名兴贤庄，初置于乾隆五十年(1785)，当时该县有三所荒废寺庙狮子林、昙花庵、云峰寺，其原有田产被人占据，知县张元英根据乡绅举报，将其田产清理出来，立为“兴贤庄”。此后陆续增加，拨入观音山田、福兴庵田，监生刘四洛、生员刘鹏翥捐入白杨冲田，“饬岁科两试批首掌管支放，以资士子乡试之费”[1]。到同治九年，该县宾兴产业较前大为扩充，除兴贤庄已改名宾兴馆，所有田产多经“变价另置”并陆续补捐扩充(约计年收田租1000石)外，还另有“县试文童卷价田”(607石)、“县试武童卷价田”(35石)、“府院试文童卷价亲供费田”(152石)、“府院试武童卷价亲供费田”(55石)等专门资助童试考生的宾兴田产。

又如湖北南漳县宾兴共有各项“款目凡十六则”，均为本县乡绅及知县等所捐“水田”、“旱地”、“园田”等，如第一则为：

> 清道光十八年李铭捐刘家集水田二十四亩，岁收租谷四十三石二斗，优贡生向寅等续捐钱买水田十亩，并买集中地一段，创建宾兴馆。单文恪有记(详金石门)。后又买水田八亩五分，合于十亩，岁收租谷三十二石五斗。

第二则为：

> 道光二十三年知县姜国祺募捐钱一千六百串，存典生息。

　　咸丰五年改芝清泥湾周家营水田四十亩,岁收租谷七十七石;
清泥湾金家庙水田二十六亩,岁收租谷五十二石。

这两处田产均收租谷。有些款目则既收租谷,也收小麦,如"鲁秉
周捐五谷庙水田四亩,岁收租谷四石,小麦一石二斗"。也有一些
款目收租钱,如"从九品凌霄汉捐城北园田一分,岁收租钱五十
串"、"节妇张徐氏捐榔榆冲水田二十二亩,旱地五亩,岁收租钱二
十二串"。当然也有既收租谷又收租钱的,如"螺蛳沟水地六十一
亩,洲地四十三亩,原佃户顶庄多租入少,岁贡生廖钧等捐钱四百
一十串,减少顶庄钱,岁收租谷一百石,钱八串"[2],体现出较为灵活
的资产增值方式。

　　再如湖北蕲水县有三处宾兴产业,分别为兴贤庄、吁俊庄和升
士庄,基金形式均为田产。其中如兴贤庄,初置于明崇祯癸酉
(1633),原有田租61石。康熙二十四年(1685),知县李振宗捐田
补入,每年多收田租42石。五十九年,生员裴振宗之母蔡氏又捐
田租33石;乾隆二十二年(1757),邑绅徐本仙再捐田租48石。迄
光绪间,兴贤庄每年所收田租合计约有546石[3]。此外,该县还有
"公车义田"约140石。

　　与湖北一样,清代江西同样是一个农业大省,同时也是宾兴分
布较多的省份之一。清代江西各县也多有以田租形式获取增值的
宾兴。如江西广信府广丰县共有多种宾兴,较早的一项是乾隆三
十五年(1770)监生刘光表所捐田产8处,每年约可收租30石,称
为"乡试文庠科举田";另有道光三年(1823)至咸丰五年(1855)间
贡生刘棻、州同傅大地等8次捐田所设宾兴,每年可收租约100
石,名为"文庠乡试田";又有道光三年至同治九年(1870)间贡生
程骏扬、州同俞柄东等所捐22处田产,每年合计约可收租220石;
此外还有"礼部会试田"、"文武会试田"两项宾兴经费,其资产形

态与增值方式亦均为田产收租[4]。

江西饶州府安仁县也有多项宾兴,其中最早的一项是嘉庆己卯(1819)由知县陈天爵(云南举人)捐钱300两购田倡捐、县中近百位乡绅响应号召共同捐置的"童试卷资田",每年可收租谷近300石。至道光五年(1825),本县"封职"张登舆"捐早田一百五十四号,计一百四十九亩六分,共租二百六十四石二斗七升七合;晚田五十六号,计八十六亩七分,共租一百四十石零八斗三升七合",名为"宾兴会田"。此外还有"宾兴馆田",由县中26位士绅联合捐置,每年可收租谷230余石。据同治《安仁县志》记载,在历次捐资活动中,虽然捐输项目大体可分为"田"、"钱"两类,但主要捐项是田产,而捐钱者则是"零星凑集,多寡不一"[5],最终选取的资产增值方式也是田租。

清代各地以田产的资产形态出现的宾兴公益基金,很多被地方志直接载为"宾兴田"或"科举田"。其中"宾兴田"如江苏松江府华亭县,诸生姜熙于嘉庆二十五年(1820)捐田115亩为县学拨府生员乡试考费,又于道光二十年(1840)捐田100亩为华亭、娄县、青浦三县举人会试考费;道光二十八年(1848)廪生宣元音、汤衡集再次捐田440亩。这三项捐产,光绪《华亭县志》均载为"宾兴田"[6]。同府青浦县也有"乡试宾兴田经费",崇明县有"紫霞堂宾兴田";山西平定直隶州寿阳县"卷资田","俗称为宾兴田"[7];河南南阳府"旧有宾兴田二百亩",每年可收租银60两,议定作为"乡会试资"[8];浙江临海县宾兴局有"老宾兴田"350余亩,"新宾兴田"660余亩[9];浙江永康县各类宾兴中有训导应寿椿捐助的"乡试赁寓田"一项计200余亩,据县志记载,"其章程另刊入《宾兴田册》备查"[10],其子应宝时撰《宾兴田记》一文以存其事。其他以"宾兴田"命名的宾兴还有浙江玉环厅、丽水县、缙云县、松阳县、云和县、景宁县;湖北蒲圻县、汉川县、保康县、兴山县;湖南湘阴县、邵阳县、安福县、衡阳县、常宁县、兴宁县、桂东县、黔阳县、龙山县;四川江津县;福建永泰县、福鼎县、浦城县、宁洋县;广东和平县、惠来县、信宜县、琼山县、安定县、文昌县、会同县、万县;贵州贵定县、黄平州、遵义县、桐梓县、仁怀县、平越州。名为"科举田"的宾兴也有不少。其中如浙江象山县"科举田"又名"宾兴田"[11],每年可收租谷 1430 余石。其他以"科举田"命名其宾兴的地方还有河北赞皇县、安徽望江县、江西广丰县、湖南安化县、会同县、福建德化县、广东南雄州、始兴县、普宁县、兴宁县、云南禄劝县、永昌府、石屏州。

二、地方志中宾兴田产的计量方式

需要指出的是,清代各地宾兴田产的面积在多数地方志中都是以"亩"为单位加以描述的,但也有很多地方志不遵此例。

有些地方志以田地可以播种的种子的数量作为该田产的计量单位。如湖北武昌府江夏县有"宾兴三庄"[12],其中乾隆五十七年(1792)贡生程云炳所捐"程氏宾贤庄"的田产面积与田租数额分别为"计田一十八石,每年额租一百六十三石",乾隆六十年儒士甘希贤所捐"甘氏哲兴庄"的田产面积与田租数额为"计田三十石零,每年额租三百二石一升二合",道光十三年(1833)来苏里田氏乐荆堂所捐"田氏乐荆堂田"的田产面积与田租数额为"计田三十石,每年额租三百六石(内除崩塌田四斗零,减去租谷六石六斗),实二百九十九石四斗"[13]。其中的田产面积以"石"为单位计算,是指田产可以播种的数量。这种田产面积的计算方式在其他地方同样存在,如湖北通城县、竹溪县、湖南醴陵县、安化县、安福县、广东乳源县、和平县、兴宁县、云南腾越厅、安徽桐城县、望江县、霍邱县的相应地方志里都是以播种"石"数来描述田产面积。

有些地方志中的宾兴田产则以耕作劳动力为田产规模计算单位。如广东万州宾兴田分别由卫千总朱拱阳等11位士绅捐献,其田亩单位均以"插工"若干个计算。如嘉庆十四年(1809)朱拱阳捐献的田产为"田一十六坵,插工七十个";同年从九职蔡步高捐献的田产为"乐善洋朱家沟路田一坵,插工七个,长田一坵,插工五个,嘉积仔田一坵,插工三个",道光五年(1825)贡生杨士杰捐献的田产为"岗岭洋深水田一坵,三角田一坵,下长坵田一坵,沟笼田仔二坵,共插工十七个"[14],等等。广东定安县宾兴田、会同县吴公宾兴田则以"丁"为田产面积计算单位。如定安县宾兴田,包括"南薰庄田八丁半,在文峰图,共田一百六十四坵"、"美玉庄田十丁半,在居腰图,共高低田一百七十六坵"、"大号沟田一十二丁,在东一图南昌村,四面共田一百零六坵"、"大路陂仔田七丁,在居安图,共田七十五坵",合计六庄"共田四十三丁"[15]。

有些地方以田产收租的"把"数作为田产规模计量单位。如浙江庆元县有育英、储英两座田庄,均为康熙初年知县程维伊捐资购置田产所设,均用于资助本地士子"省试、会试路费"。其田产规模均不大,如育英庄为程维伊"捐俸买罗贵裯后田街尾塘园一所,税一亩二分,又买吴攀桂东门外大坂洋亭儿下大租四十把,文昌阁洋山口大租三十把,计税六亩三分",储英庄则为其"捐冰俸买叶馥然五都坂与桥头大租四十四把,朱村湖大租二十六把,翁处下大租二十把,周坞大租二十把,驮坑大租二十把,门前秧地三把,墓亭庵段内大租六把,山后大租一十把,四亩头大租六把,针工大租一十五把,共计大租二百把,计税一十六亩"[16]。两处田庄合起来只有20多亩地,而所收"大租"则达到了549把,说明"把"是一个比较小的计量单位。

三、清代宾兴田产的增值途径

以田产作为宾兴的资产形态，其增值途径自然是田地上每年的作物产出。但宾兴田产既然不可能由宾兴首事亲身耕种，因而便必须招寻佃户，出租取息，方能实现资产增值。实物地租和货币地租是清代地主所有制经济两种主要的地租形态，宾兴田产也不例外。

清代宾兴田产最为常见的实物地租形态是租谷，有些地方也采取租米、大麦等地租形态，这些自然都与是当地农业生产相适应的。如河北望都县知县张京瓒于康熙四十四年（1705）捐资购置"科举学田"，为三年宾兴士子盘费之用，其田租为"每年该租大麦九石七斗一升八合，谷九石七斗一升八合，稻米九斗五升三合"[17]。安徽合肥县"县学科费田"系乾隆二十六年（1761）贡生黄存义所捐，其地租形态及缴纳数额为"每年稻租八十石，麦租十五石，草租一千斤"；另乾隆四十八年（1783）县人陈锦捐资置买田地50亩，其地租形态与数额为"每年租谷二十八石，麦三石"[18]。安徽巢县"乡会试卷资、县试桌凳费田"部分田产的地租形态与数额为："坐落三胜圩南陡门田租一百二十八石，麦租四石。井儿冈田租四十四石，麦租二石。贾塘圩田租三十五石，麦租二石。以上合学公置。东塘圩田租四十四石九斗，麦租二石，都司职胡永汇、试用盐大使胡永灿公捐。"[19]这些县份除了种植水稻，兼种麦类，故地租中有麦有谷，合肥县还兼有草租。

与望都县一样，不少地方的宾兴田产直接收取稻米作为实物地租。如湖南城步县宾兴会原有由武生孟才美、附贡杨于芝合捐田产若干亩，其资产增值方式为"每岁向佃征纳租米"[20]。四川盐源县"宾兴公田"共有两项田产，其中之一为耆民陈学昇于同治四年(1865)捐置,其田租为"岁收租米十箩"[21]。福建清流县的宾兴称为"科举公租",共有多处田产,大多采取租米方式收租取息。如其中一些田产"坐落坊里雷公铺土名暮龙窠,又一处赤山坪,又伍家山常住垅,又牛料坑,又畔洋坵,共载租米四十石"[22],合计"科举公租"每年可收租米约60石。广东琼州府琼山县宾兴田始于乾隆四十一年(1702)将原供里胥编审的田产由知县汪㙷"拨为宾兴之资",后嘉庆二十四年恩贡生吴玢捐资购产扩充,合计新、旧宾兴田每年"通共额收租米一千九百三十五大笔"[23],由经理首事催收,作为全县士子乡会试卷资。

　　清代宾兴田产采取货币地租方式实现增值的也有很多。如福建清流县"科举公租"除有60多石的租米租息外,还有两处田产收取租钱,合计每年约收26.3千文。又如江苏如皋县,据嘉庆《如皋县志》记载,嘉庆十四年(1809)邑绅朱洪寿捐"秧园田"211亩,每年可收租钱约计160千文,"以备士子乡试盘费"[24]。另据同治版《如皋县志》记载,自嘉庆至同治十二年间(1873),如皋县乡绅蒋锡祉、蒋锡三等陆续捐献田产扩充该项宾兴,其中蒋锡祉、蒋锡三两人所捐为"东门外园田二十四亩,余庆桥河西园田三十亩七分,东陆家庄园田七十四亩,西门蒲行口园田三十六亩四分,西乡王家庄园田十七亩",其他则有"周登捐车马湖刘家桥园田十亩,必生庄园田三十七亩五分,吴家飨堂园田四亩,大竹园园田十三亩",又"严华氏捐北油坊头园田六亩",另外还有"公置东徐家庄秧园田六十三亩,西七里缺秧园田三十四亩七分",前后扩捐田产每年约计可收租钱550千文[25]。又如浙江平湖县于咸丰年间由候选布经历胡良佐、候选同知胡良俊捐田地荡900余亩创立"登瀛会",专门资助"在庠诸生及正途贡、监应本省文闱乡试",后经邑人续捐扩充至田地荡1千余亩,每年田租原本议定为"租米一千一百一石二斗九升三合一勺",不过根据其管理章程,则规定"租米仿照罗租统收折色,概不收米。折价随米市加减,统让八五折作算"[26],之所以要改实物地租为货币地租,是为了防止管理者将租米"贵价出售,贱价登账"以及借口"米色参差",营私舞弊。

清代各地宾兴田产的田租收取方式尽管有表现为较为单一的类型,不过也不排除多种方式合一的类型。如前引福建清流县"科举公租"便是租米与租钱合一。又如云南霑益州于道光十九年(1839)将本由本县西平书院管理的部分田产拨归县衙礼房直接管理,用于缴纳岁科试州、府文武童生考试卷费,称为"卷金田"。士绅合议该项麦地每年除交"小麦租五市石三斗三升"外,还有"米租、谷租"[27]。另如贵州平越州除了有卷田、宾兴田两项宾兴,另有"黉仪田"一项专门为新进生员提供入学经费。该项宾兴包括京兆堂、谷子铺、西乡、北乡等田产计10余处,其所收租息"总共谷三百八十一石六斗四升,米四石一斗,银二十八两五钱"[28],属于典型的混合型田租的宾兴田产。

清代宾兴田产尽管是一种教育公益基金,但在当时的社会环境下,必然带有封建地主田庄的天然属性,也就是它们都要依赖于对佃农的剥削才能实现增值。有些地方志对宾兴田产的剥削方式记载得非常详尽。如广东德庆州宾兴馆章程规定,"各佃交租,早造以七月二十日,晚造以十一月十五日,不得零星碎交。过期不交,合众议罚"[29]。如据同治《江夏县志》卷三《赋役志·义庄》所载"田氏乐荆堂"管理章程第5条规定:"收租定于七月十五日到庄,照数收齐,佃户挑送杨桥马头上船装载到城变价,船钱在公项内扣出。到庄之日,佃户照旧例按田三石办上下席各一桌,轮流供应。佃户有一抗欠,即送县严加惩追,决不任差受贿延塌,以长刁玩。"[30]佃户们缴租时不仅要将租谷挑到码头运送船只上,还要按承种的田地面积向收租人备办酒席。他们不能有任何反抗、拖欠田租的行为，否则便要被押送县衙严加惩处。

　　为了让宾兴田产可持续发展，有些地方的宾兴管理董事除了设法扩充、增加宾兴资产，还对承种佃户采取较为灵活的收租方式，其中较为典型的一项便是在灾荒年份踏看收成，以便决定是否减租。如湖北竹溪县《宾兴条规》便规定，"若遇岁歉，本年经理首士必同三、五首士察邻田收成分数，公同酌定可否让租"[31]。湖北京山县惠山书院宾兴章程也规定，"遇有歉岁，必须验租，公举家道殷实、公正廉洁者二、三人，同司事前往履验，连司事不得过六人，以免骚扰佃户，且免意见歧出。验定后，将各佃户应完数目榜示书院门首"[32]。又如湖南黔阳县宾兴章程规定，"田遇岁歉，佃户报知首士看明酌让，否则不得短少"[33]。江西奉新县登瀛集章程规定："本集各处田租，均系良田，自应如数交纳。如遇歉收年份，应行量减，值年首事勘明后，秉公酌办，不得瞻徇情面"[34]。浙江平湖县登瀛会管理规条亦规定："荒歉之年，照各栈折让外，仍照米市价八五折作算，佃户如有疾病死亡，应让租米者，先期报局稽查，生员查访确实，分别议让，账伙不得专主"[35]。当然，并非所有宾兴都会采取岁歉减租的措施，如湖南安化县"卷田"乾隆四十二年（1777）所议规条便规定，"卷田租谷议定不论丰歉水旱，照额运送两学，车净量交，不得短少。如混行告减，饬令退耕，另行发佃"[36]。

　　清代宾兴的田产虽然是教育公益资产，但亦需向国家缴纳田赋，为此往往为宾兴田产设立专门的完粮户名。如广西桂平县宾兴馆管理章程一边对承种田产的佃户严厉追责，要求他们必须按时按量缴纳田租，"倘仍抗延不缴，立即揭字招耕，另行发批，有霸抗者禀究"，另一边对政府衙门则毕恭毕敬，极力顺从，"钱粮岁分上下忙，将宾兴所承各里丁粮，照数完纳，领单存据，急公奉上，切无延缓"[37]。出于相同的目的,很多地方志在记载宾兴资产时,不仅记录其拥有的田产面积、收租数量,同时也详细记载其承担的国家义务。如广东和平县宾兴田为乾隆四十九年(1784)县人殷明捐田租 25.4 石所设。该项宾兴田产的赋税数额及其缴纳情况为:"粮米二斗一升八合六抄六撮,割入官氏户群英会内,递年值理收租者完纳"[38]。广东万州宾兴田共有多处由士绅捐献的田产,其中嘉庆十四年(1809)保定武生捐卫千总朱拱阳兄弟遵循父亲朱朝正遗嘱,捐钱 360 千文购买田产若干亩"送入宾兴为乡会卷金之助",其应缴纳的赋税数额及纳税户名为"差米一石四斗三升,拨州宾兴名纳"[39]。广东茂名县"合邑宾兴"系邑人何世远于嘉庆年间倡捐经费所设,后递有增益。到了光绪年间,其田租、赋税、户名情况分别为:"田租六百二十七石八斗,配民米九石八斗五升七合八勺,在怀德里又十甲茂名宾兴名下"[40]。江西奉新县原任浙江温州府同知涂锡盛于乾隆五十一年(1786)捐上田 67 亩余、下田 32 亩余,每年合计收取田租 200 余石,作为全县士子应乡试卷费。此项宾兴田产被称为"乡试田",合计每年"应完条银五两九分五厘三毫六丝,漕米五石八斗三升八合九勺八抄,分升二钱一分七厘一丝",为此特"另立户名儒学涂乡科"[41]。福建邵武县宾兴自乾隆二十二年(1757)大阜冈吴江氏捐 25 亩资助"本邑府县两学文武生乡试卷资",此后历次增置田产均分别需要缴纳赋税。如道光二十五年(1845)经邵武知府审理追回禅居寺田产若干亩,以其三分之二拨归宾兴,其田赋情况为"照邵武县申详,经册书核定钱粮八两八分四釐八毫,粮米一石三斗三升一合二勺"[42]。湖南会同县"科举田"的资产及其赋税情况为:"山二里五甲田七亩四分,该正饷银二钱七分三厘,秋米二升二合,口六里开泰屯清水溪田五坵,计粮一斗四升,该正饷银四分六厘,又三角塘田一坵,不能成亩,系新垦无粮,均取名科举田,立户完纳"[43]。这些正饷秋米、银两,均从所收谷租内粜卖缴纳。广东罗定县在道光二十八年(1848)集资倡建"德义祠",作为州中宾兴之所。集资共得捐资若干,并购置田产。据民国县志记载,罗定县这些宾兴公所田产,"每岁共得谷二千七百四十五石,租钱六十九千五百九十二文,岁纳色米二十七石六斗九升二合,征银三十七两四钱四分五厘,官租银八两九钱八分"[44]。

四、清代宾兴田产与国家赋税优免政策

明代学田"皆免科地",即不必缴纳相应的赋税与徭役,清代则将学田与民田一例管理,均向国家缴纳赋税,称为"条粮"、"条漕"或"条银",不再享受特别优待[45]。很多地方志中所载宾兴田产均编订了纳税数额,并多别设户名缴纳赋税。如江苏吴江县利用"没入革役洪胜田四百十九亩有奇,岁收田租充宾兴费",据光绪《吴江县续志》卷三《营建志·学校》所载《宾兴章程》,此项田产"应完条漕由县颁发宾兴户易知由单,交董照单开实缴之数,于租息项内动支完纳,掣取印串,同报销册并送查核"[46]。又如浙江松阳县知县吴凤章于乾隆二十三年创设"文运开义田",合计有田33亩,并特为之"立'文运开户'完粮"[47]。再如江西奉新县"乡试田",系乾隆五十一年(1786)县人原任温州府同知涂锡盛捐资购置,专为全县乡试士子卷费之用。据同治《奉新县志》记载,此项宾兴"共上田六十七亩七分八毫二丝,下田三十二亩一分六厘二毫九丝一忽,共计租谷二百零三石五斗,应完条银五两九分五厘三毫六丝,漕米五石八斗三升八合九勺八抄,分升二钱一分七厘一丝",为缴纳赋税,并"另立户名儒学涂乡科"统一办理[48]。此外,该县道光三年(1823)武举甘孔椿妻赵氏所捐武乡试盘费卷资田所

立纳税户名为"甘乡科"、所捐武童县试正考及复试卷资田所立纳
税户名为"甘试卷"。

　　不过,据某些地方志的相关记载,与普通民田相比,有些地方
的清代宾兴田产在缴纳赋税时依然有所优待。据嘉庆《(广东)会
同县志》记载,乾隆年间会同县(今海南琼海市)知县于煌查复"吴
公宾兴田",并与士绅共同议定管理章程,其中相关条款规定,"义
田原载苗米二石零三合,原在叶卢池户输纳,定额条银五两二钱,
杂费一应俱免",说明宾兴田产作为义田,只需缴纳"苗米"和"条
银"两项正供赋税,而不必缴纳杂费。该章程还规定,"学佃原免
杂役,今义田承耕各佃遵学田规豁免杂役",说明不仅田产本身可
以享受纳税优惠政策,租种宾兴义田的佃户也可以和学田政策一
样免服杂役。另据同治《(广东)乐昌县志》卷十一《艺文志》所录
李成栋《续学田记》记载,康熙三年(1664)李成栋任职乐昌知县,
因见学田"租入不足,无以资闱费",乃捐俸购田,资助"通庠二试
卷资",其赋税缴纳情况是:"除纳正供外,解运一切,俱从豁免"[49];
本县举人邓学恭所作《学田小记》则云:"止以纳正供银、米,其一
切集差及十年解运费俱蒙豁免"[50]。从中似乎可以看出,宾兴田产
因其公益性质,故仅需完纳正供范围内的税米、丁银,其余摊派在
田亩上的杂费以及解运时例应增加的耗散费用,均不需编入,较之
普通民田还是有所优待的。

　　清代政府对宾兴田产的赋税政策,和其他教育田产的待遇是
一致的。如据光绪《德安府志》卷七《学校志》记载,康熙二十三年
(1684)德安府学训导邓志和捐资购置学田,收租专为赈济贫生。
邓志和共捐银 80 余两,合计买到"安陆县李炳公民田、山塘、庄
屋、陆地、水田,计一百八十余亩",这些田产的赋税、收租、资金利
用情况为:"额载太二里七甲秋粮正米二石三斗八升九合,太三里

四甲一斗三升七合,应纳条粮六两二钱八厘六毫,招佃民刘聘还五家耕种,收租谷一百,每岁粜租四十余石有零,变银完纳粮赋外,余谷分给贫生若干名,取领造册报销"[51]。说明此类纯粹的儒学学田也必须向国家缴纳秋粮、条银。

第二节 银钱生息

虽然农业是清代社会经济的主要形式,但商业的发展与繁荣也是清代社会经济的重要特征,明清时期商业资本的极端活跃乃是不争的事实。对于清代宾兴来说,将宾兴本金交给商人运营生息,是最大限度上实现增值的重要手段。

一、宾兴钱款的存放对象

在各类宾兴文献中,明确记载交给哪种商人运营生息的案例较少。其中略为常见的商人种类是盐商。如河北南乐县宾兴于同治十年(1871)之前已有乡试津贴本金"京钱六百千,银一百两",两项均"发盐商八厘行息"[52]。四川奉节县宾兴会除原有价值700两的田地一份外,道光初年夔州知府还倡议扩捐,共得银2200两,均"交盐商黎继培生息"[53]。广东和平县贡生徐延翰在其所作《劝捐宾兴会引》中也提及捐设宾兴会后,所有钱款均"请醝商存放计利"[54],也就是交由盐商生息。

这些盐商,有些文献记载中称为"盐旗"。如江宁府原无宾兴,同治九年(1870)湖广总督李鸿章拨该府"牛本银"共计8750两,其中一半归本府七县士子公车费,一半作救生、恤嫠、善堂等项经费。江宁府知府钱德承奉命施行,提银4375两"发交盐旗领运,按月一分五厘生息,为府属士子公车之费"[55],并会同本府绅士江西候补知府王延长、安徽候补知府石楷等拟定章程。有些文献则称为"盐号"。如四川达县有"新宾兴"、"老宾兴"、"复设宾兴"三项宾兴。其中老宾兴原为田产,后来因为田租收入微薄,董事者乃将田产出售,并"以其款寄存盐号生息";新宾兴是咸丰四年(1854)经士绅禀请绥定府知府顾开第将盐商王人杰、卫集裕、刘仁和等捐助府书院款项银3000两拨作宾兴之用,经议定以1500两为乡试宾兴款,以500两为会试宾兴款,以1000两为地方义举,"仍交盐商生息,由局经理"[56]。也有一些文献称为"盐当"。如河南孟县"乡会试川资"系由知县戴文海于光绪八年(1882)捐银1000两,"分发盐当生息"[57]。

除了盐商,埠商、棉商、缸行、油行、参商等其他各类商人也是清代宾兴实现增值的求助对象。广东连州直隶州在清代前后设有6项宾兴,其中有2项均由"埠商"领取生息。一项是嘉庆十六年(1811)至道光九年(1829)知州罗含章、徐香祖及士绅合力捐资所设"捕属乡试宾兴","合计发交埠商宾兴本银一千两,岁收息银一百八十两,遇闰照加";另一项是嘉庆二十三年(1818)广东学政傅棠和知州张端合力捐银150两所设"阖州北上经费",议定"发交连阳埠商生息,岁得息银二十七两,遇闰照加"[58]。此后历经补捐,此项经费扩充至1000两,依然"发埠生息",每年可收息银180两。贵州兴义府于道光二十二年(1842)由知府张锳筹款1000两,与此前本府珠泉书院所余乡试费500两合在一起,"分交棉花肆及广商生息,岁收银三百两,以为乡会试之费"[59]。山西广灵县于光绪初年筹增本县延陵书院资产,合计得银5500余千文,除了当即用去各项外,余5100千文发商生息,以其利息作为书院山长薪金、士子膏火、奖赏、宾兴会等各项用费,其中"当行存钱一千一百千,货行存钱一千一百千,缸行存钱一千一百千,油行存钱九百千,店行存钱九百千"[60],议定均自光绪二年(1876)开始按月九厘行息。河北海阳书院在其经费出入章程的最后一条规定,每年从公款项下拨银 20 两,"交城内铺商经管,每遇乡试,即以此项作为卷费,分给书院肄业各生之应试者"[61]。四川高县宾兴的增值方式较为特别,该县于道光二十三年(1843)由知县郭鉴庚劝募盐商周家全等捐钱 400 千文、职员杨荣东捐银 200 两,除公用外,剩银 100 两、钱 75 千文,交斋首文生刘炘、何铨等管理,议定"典借户房跟参生息"[62],每年利息为银利一分二、钱利一分半。

当然,更多的地方志在记载当地宾兴的资产增值方式时,仅简单地叙述为"发商生息"四字。如广东韶州府有"郡宾兴经费",系道光十年(1830)至二十七年(1847)先后由南韶连道杨殿邦、梁星源捐银 1600 两,资助本府各县士子乡试、会试及优拔贡朝考各项费用,其资产增值方式为"发商生息"[63]。四川太平县(今万源县)宾兴设于光绪七年(1881),系由知县张永熙筹公款银 3000 两,议立章程,遴委首事经理,其增值方式亦为"发商生息"[64]。其他如云南恩安县"小卷金"、广西奉议州"诒惠局"、广西镇安府"宾兴经费"、广东阳江直隶州"新宾兴"、广东揭阳县"史公宾兴卷资"、湖南耒阳县"琼林公产"、湖南临湘县"宾兴费"、甘肃敦煌县"文武生乡会试路资"、山东蓬莱县"宾兴"、山东宁阳县"卷价"、山东阳信县"考试卷资"、山西代州"卷资"、山西忻州"宾兴"、山西广灵县"宾兴会"、河北广平府"乡试津贴"等宾兴均是采取"发商生息"的增值方式。

有的文献也记述为"存商生息"。如江苏嘉定县"宾兴公车"经费,系由知县保先烈于道光十年(1830)倡捐银 3000 串、邑人徐经于道光二十年捐钱 1000 串,先后"存商生息"[65],按照应试人数均派考试费用。有的文献则叙述为"交商生息",如四川忠州直隶州宾兴,同治二年(1863)知州郑长松、同治四年知州葆谦先后置买田地,以其田租为"诸生乡试费"后,同治六年吏目吴德煦又"捐俸二百缗交商生息,以为诸生乡试卷价"[66]。不管是"发商生息"还是"存商生息"、"交商生息",它们之间不过一字之差,意义完全相同。如湖北荆门直隶州有"宾兴本银",系绅士邓贻美、邓贻诚及民人高志泉等在道光二年及十一、十二年先后捐银2000两,呈缴前州牧李大年"交商生息",禀请永作荆门宾兴之款。咸丰年间,该项经费被禀请"提宾兴银暂作军饷"。战后,乃将相关罚金拨归宾兴,由知州照旧"发商生息"[67]。

　　"发商"或"存商"是一个相对笼统的概念,很多地方志记载为交由"典商"生息。所谓"典",系指典当业,是清代各地商业资本的重要来源。作为教育公益基金的清代宾兴,也往往将其所得到的钱款存入当铺,议定生息利率,每至考试期间结算一次,以之资助科举考生考费。如江苏松江府上海县,道光九年(1829)本县乡绅朱增沂、陈焕等共29人合力捐资,每人捐助400到14千文不等,共计得钱3600千文,议定"二千一百千文为公助宾兴存本,以一千五百千文为公助计偕存本",分别称为"乡试宾兴"、"会试计偕",均"存典生息","按月一分生息"[68]。又如湖北沔阳州,其宾兴始设于道光二十五年(1845),系本地乡绅前福建按察使周揆源、前直隶霸昌道张鸿衢以及全州乡绅合力捐钱7000多串,其中分3000多串作为乡试考试本金,其余则作为膏火、卷价等项本金。另外,邑绅平治捐银1000两,作为会试考试本金,两项宾兴均"存典生息"。咸丰十年(1860)经太平军之乱,典铺歇业,钱款无存。邑绅张绂麟、傅卓然、李九皋、刘兴梯、向春荣、王端卿、万嵩、王治平、黄经纬、戚天恩等乃联名呈请知州周开锡拨"推收单价"所余钱款3000串作为乡试本金,另拨1500串作为会试本金,其中乡试钱由"仙镇绅首"领存生息,会试钱由"沙镇绅首"领存生息。至光绪十年(1884)在汉阳府知府庆勋和沔阳州知州邓倬英的主持下,该州乡试本金扩充至 6000 串,分别派发给本州 9 所典当铺,其中"城下关广泰福质铺一千一百二十串,得胜场益太成质铺三百串,峰口萃升源质铺二百三十一串,张家沟晋泰恒质铺二百串,通海口大元裕质铺一百一十五串五百文,仙桃占永顺厚质铺六百六十六串七百五十文,仙桃镇春生福质铺一千一百六十六串七百五十文。质押向元茂房屋二百串,戴家场太和元二千串";会试本金扩充至 2500 串,分由本州 5 所典当铺承领生息,其中"沙湖庆泰成质铺五百串,张家沟晋泰恒质铺五百串,谢家场聚成公质铺二百五十串,峰口萃升源质铺二百五十串,戴家场太和元质铺一千串"[69]。

在相关文献里,利用典当商铺存钱取息的资产增值方式一般被简要记载为"存典生息"四字。上引江苏上海县、湖北沔阳州的宾兴均是如此。其余相似的府州县宾兴还有江苏安东县"乡会试经费各款"、高邮州"闱卷公车田"、松江府枫泾镇"登瀛小会"、川沙厅"乡试宾兴"、娄县"宾兴"、金山县"宾兴"、上海县罗店镇"乡会试公费"、南汇县"宾兴费"、"公车费"、青浦县"乡试宾兴田经费"、"会试计偕田经费"、"童试卷结田经费"、崇明县"会试公车费"、"宾兴公款"、武进县"宾兴款"、无锡县"宾兴公项"、丹阳县"梯云会"、安徽凤阳县"乡试公费"、怀远县"乡会试盘费"、婺源县"文明会"、山西襄垣县"登云会"、浙江新城县"乡试诸生盘费"、平湖县"公车费"、临海县"培元局"、建德县"双峰书院建邑宾兴费"、永嘉县"文成会"、龙泉县"宾兴"、"采芹会"、江西万安县"宾兴会"、南康县"宾兴"、湖北武昌县"奎照堂宾兴经费"、蒲圻县"宾兴卷价堂规"、崇阳县"兴贤庄"、黄安(今红安)县"卷费"、麻城县(今麻城市)"文武乡会试宾兴"、安陆县"文武新生府县学卷费"、云梦县"卷费"、应城县"童试卷费"、应山县"乡会试宾兴"、"童试卷费"、南漳县"宾兴款目"、当阳县"州院卷费"、湖南邵阳县"宾兴田"、龙阳县"宾兴"、安福县"束脩田"、四川大竹县"卷局"、福建浦城县"宾兴田"等。

有些文献则载为"发典生息",如江苏娄县"娄童院府两试正场卷费"、安徽宿松县"宾兴会"、歙县"乡试卷烛费",绩溪县"乡试旅费",山西辽州直隶州"宾兴",山东惠民县"考试卷资",陕西绥德直隶州"公车",通渭县"宾兴钱",浙江嘉兴县"梯云集",江西丰城县"考试卷费",江西德化县"宾兴庄",湖北江夏县"宾兴三庄",大冶县"兴贤庄",汉阳县"培文堂"、"培芹堂",黄冈县"宾兴馆"、"文童卷费",襄阳府"襄郡宾兴公款",光化县"乡会试宾兴款"、"院试册结公款",当阳县"卷价公田",广东和平县"印金",各地府县志的记载均以"发典生息"四字描述其增值方式。"发典生息"与"存典生息"亦仅一字之差,意义则完全相同。如安徽凤阳县"乡试公费",前有教谕朱衣点捐田所卖制钱300千文,"存典生息"以助乡试考生。后道光十八年知府舒梦龄筹集制钱1500串、道光二十年邑绅捐钱1200串,均采取"发典生息"[70]的增值方式获取乡试川资。

此外,有些文献则记载为"交当商生息",如河北平山县"嘉庆六年公捐宾兴钱六百千交当商生息"[71],逢大比之年作为诸生卷资。另如山西曲沃县"杏花红"、山东宁阳县"卷价"、广东琼山县炳文书院宾兴经费均"交当商生息"。其余相关地区府县志的记载其宾兴增值方式的用词还有:山东宁海州"发各典商生息"、河南陕州直隶州"发当生息"、甘肃皋兰县"发当商生息"、甘肃河州"发当商生息"、安徽建德县(今安徽东至县)双峰书院建邑宾兴费"存典商生息"、休宁县乡试旅费"发城乡典铺生息"、盱眙县(今江苏盱眙县）公车宾兴款"存各典生息"、五河县宾兴公费银"存于胡德泰典铺"、湖北钟祥县"发典商生息"、江夏县"交典一分行息"、嘉鱼县"存四典生息"、蒲圻县"分存五典生息"、夏口厅"付各典及殷户生息"、黄梅县崇文堂"发各典生息"、襄阳县公车、宾兴款目"存典"、四川资州直隶州"发典商生息"、"交急公局生息"、广东连州直隶州捕属乡试宾兴"发交州城当商生息"、海阳县扶轮堂、鹰扬堂"寄当商生息"、贵州仁怀县"发当商生息"、江苏萧县"发典生息"、通州"存典"、泰兴县"存典"、娄县"发典"、山西平遥县宾兴社"发典商"、浙江嘉善县承志宾兴会"易钱存典"、兰溪县文武乡会两试旅费"分存典业生息"、江西奉新县魁会"付典取息"、崇仁县公车会"分存各典生息"、湖南零陵县文宾兴产业"本存典铺"、郴州直隶州"交典每年一分六厘行息"，均是"存典生息"、"发典生息"的不同表达方式而已。

　　有些地方的宾兴并不存入同一家典铺，而是多方存钱、多种投资实现增值，避免在一棵树上吊死。如安徽盱眙县有"公车宾兴款"和"童试烛卷款"两项宾兴，其中公车宾兴款除了有"原存江甘公垣盐局，现存天长盐栈"之李长乐所捐"泗州五属会试银一千两，乡试银一千两"外，还有邑绅吴棠、金运昌、苏永和、杨镇疆、饶从仁、郑言德等所捐合计银4000两、钱590千文，分别存入本县各典铺生息，其名称包括"清河公济新典"、"清河协义昌"、"吴协泰"、"潘义兴"、"马家坝骆公记"、"四十里桥朱锡记"、"清河公济裕典"等共7家典铺[72]。安徽休宁县监生汪国柱捐银5000两，议定存典生息。因本县共开设了35家店铺，为免平均发存产生零尾，因此再加捐250两，合计5250两，每家店铺各存银150两，每周年1.2分行息[73]。四川太平县学田局成立于光绪二十年（1894），其所捐钱款，亦分别存入"本县盐商秦吉元、秦永基各银

二千两,冉光璧银一千两,达县典商胡泰和一千两"[74],同时购买田
地、房屋、山林 15 份,又当押田地、房屋 13 份,由学田局选举殷实
正绅 2 名充当局士,与县礼房书办 1 名合力管理。山西广灵县宾
兴最早设于乾隆年间,至嘉庆、道光、咸丰年间均曾由历任知县加
以整理,与本县延陵书院山长修膳、士子膏火、奖赏等教育经费混
合在一起共同经营。光绪元年(1875)知县崔丹桂将宝峰寺卖树
钱、义学经费、文昌会经费、梁庄义塾等项各拨经费若干,合计得钱
5100 多千文,均拨付各商行生息,其中"当行存钱一千一百千,货
行存钱一千一百千,缸行存钱一千一百千,油行存钱九百千,店行
存钱九百千当行存钱一千一百千,货行存钱一千一百千,缸行存钱
一千一百千,油行存钱九百千,店行存钱九百千",约定"每月九厘
行息",每年可得息钱 550.8 千文,"作为山长修膳、士子膏火、奖
赏、宾兴会及书院一切经费之需"[75]。

　　有些地方的宾兴在派发各典当铺、商人领取生息时,往往要求
其立下字据,写明领取数量、每年利息以及银钱用途。如前引广东
韶州府,同治十年(1871)南韶连道林述训、知府额哲克考虑到本
府"郡宾兴经费"在咸丰年间被提拨为军饷,乃从道库留充防韶经
费项下拨银 5000 两,又从府库用存外销的巡防经费项下拨银
1000 两,合为 6000 两,重建宾兴。在发商生息的过程中,府城曲
江县城内的开源押、元丰押、永兴押、同盛押、韶泰押、裕成押和城
外的大生押以及龙归墟福安押、犁头墟永丰押一共 9 所典铺,被要
求"联保公领生息"[76],约定年息 6 厘,每年共得息银 360 两。又如
山西代州直隶州知州俞廉三在光绪六年(1880)倡议设立宾兴,州
中各富户均踊跃捐输,"发交钱、当、布三行钱一万三千二百串,按
年一分生息。其承领数目多寡不同,起息年月前后不一,取有各铺
领状可考"[77]。又如甘肃镇番县知县李师唐、谢培在嘉庆二十二年

（1817）先后倡捐，设立"崇文社"助考基金。士绅所捐银2000余两，"即令殷实大家，分具领状，营运生息，用佐乡会资斧之需"[78]，并议举公正社长二人专司出入，以重责成。

有些地方志还保存了典铺向官府或宾兴管理组织领取生息钱款的"领状"，为我们再现了当年宾兴生息的鲜活场景。如湖南郴州公捐宾兴制钱1000串，经官府审查批准，发交本县万丰典铺生息。典商卢万丰领银之后，立领状如次：

> 具领状典商卢万丰今当与领状事：实领到大老爷台前州绅士等公捐制钱一千贯足底足串，以为宾兴盘费。沐批交典承领，议定周年一分六厘行息。每逢恩科、正科之年六月内，首事自向典内核算，尽数支取息钱散给，不得利上起利。其举人、拔贡、优贡进京赴考，于冬月协同首事自向典内预支息钱，每名五十千文，俱照典钱足底足串，不得有误。如人多支，照息扣还。理合遵批出具领状存案。所领是实。[79]

另如湖南桂阳县宾兴设于道光二十六年（1846），时全县士绅合计捐"花边银二千大圆"，并一致"公恳大父台批饬埠商暨诸子店具领出结"。经桂阳县知县批准，仁化城口埠商承领了该项经费，并立领状如下：

> 具领状仁化城口总埠商盛如松、邹祥发、邱肇邦、姜曜唐、汪源长等：今当太爷台前实领得桂阳县绅士新旧合凑宾兴膏火一项，共花钱二千大圆正，过司库平兑足重一千三百五十九两五钱正，以为宾兴膏火之资。沐批交埠承领，议定周年一分行息，每年扣算，该利银一百三十五两九钱五分正。按季交朝阳书院值年首事兑收，亦照司库平兑足，换商之日，上下交代，不得有误。理合遵批，出具领状存案。所领是实。道光二十

六年六月　日具领状仁化城口总埠汪中冷笔。[80]

二、清代宾兴钱款的存款利息

清代各地宾兴钱款"发商"或"存典"的存款利息各不相同,且有年息、月息之分。较高的可达 2 分,如江苏萧县道光十八年(1838)整顿本县书院、宾兴,将"王永哲等十一户捐入考试卷价钱二千串,连旧存宾兴费钱五百串,统计钱七千五百串,一并发典,二分生息"[81];安徽凤阳县道光年间先后拨款、捐资 3500 串,存入咸亨典"按月二分生息,每年以十个月结算,共得息钱七百串整"[82],规定统归乡试公费项下支取,作为凤阳县士子乡试川资;山西夏县有"宾兴"、"武宾兴"两项宾兴,其中前者共有两笔存款,分别为 246 两和 200 两,其利息一为"交当二分生息",一为"一分息";后者亦有两笔存款,分别为 98 两和 100 两,利息与前者二项相同[83]。广东揭阳县"史公宾兴卷资"为知县史藻于乾隆五十八年(1793)捐养廉银 300 元所设,"计每月子钱二分,逢闰加增,合三年共得利银二百二十余元"[84]。较低的通常为 8 厘,如河北南乐县宾兴旧有遗资生息作乡试津贴,其数额及利息为"京钱六百千,银一百两,发盐商八厘行息"[85];江苏通州直隶州有"静海乡会费公款",原名"舟车费",合计共有存款本金 1600 千文,其中存入"城乡各典"的利息是"年息八厘",而存入"四典"的利息则是"月息八厘"[86];江苏宝山县各类款项"均周年八厘起息",其中便包括"公车、宾兴列存钱二千千文"[87];浙江嘉善县"承志宾兴会"共有邑绅钱宝传、钱能训所捐规银 3000 两,约定"每年按照八厘取息"[88],资助士子正科乡试考费。江西临川县龙津社学有职员江矩所捐文士宾兴钱 400 千文,"存政和号每年生息八厘"[89],以作文士乡会试宾兴之资。其余各地宾兴存款的利息则多在 8 厘到 2 分之间,最常见的

存款利息是 1 分、1.2 分或 1.5 分。山西平遥县于光绪六年
（1880）倡议捐输设立"宾兴社"，当时捐资除其余相关费用外，"发
典商本银一万二千两，年六厘五毫生息"[90]，这一极低的利息率在
全国宾兴中极为少见。

清代使用的是农历，每 4 年会出现一个闰月。对于采取月息
存款的宾兴来说，便出现了闰月是否计算利息的问题。总体来看，
清代宾兴中遇闰加算一个月利息的处理方式要更多一些。如湖南
武冈州于道光二年（1822）由知州羊拱辰捐俸钱 400 串，作为"会
试宾兴公项"，其增值形式为存典生息，约定"按月一分行息，遇闰
照加"[91]。该县同治四年（1865）捐设"采芹公项"，共筹集捐款
17800 余串，发交州城永春、信顺两典承领，同样"按月一分行息，
遇闰照加"。又如广东连州直隶州，嘉庆二十三年（1818）学政傅
棠、知州张端共同捐银 150 两，设立"阖州北上经费"，交埠商生
息，每年共可得息银 27 两，也就是每月月息为 1.8 分，此外还"遇
闰照加"[92]。该县嘉庆十六年（1811）、道光九年（1829）两次捐资
设立的"捕属乡试宾兴"也采取了这样的存款方式。有些地方则
遇闰月不另外加算利息。如山西广灵县知县崔丹桂于光绪元年
（1875）筹集经费 5100 千文，分别存入当行、货行、缸行、油行、店
行生息，作为山长修膳、士子膏火、奖赏、宾兴会及书院一切经费。
其计息方式为从光绪二年起"按月九厘行息，不计闰"[93]。台湾淡
水县"登云会"有公款通用番银 2000 元，议定公存本城绅士李联
萼暨林汝梅、郑如梁、翁林萃、吴士敬等五处，"不计闰，全年生息
银三百元"，作为全淡南北乡试多士买卷之资，也就是每月月息为
1.5 分。

另外，清代各地将宾兴本金存入商铺时，有的会事先说明不得
利上加利或利上起利。如江西德化县宾兴庄章程中规定，"存钱

铺户实存实付,起息八厘之外,并无丝毫加添及息上起息之弊"[94]。广东琼州府于道光二十八年(1848)捐设"文会试宾兴",其管理章程规定,所筹捐到的 3000 千文钱款均交由郡城当商收领,每年一分利生息,"三年一支,其利上之利概不取"[95]。湖北石首县在道光十二年(1832)创设宾兴,同治五年知县朱荣实与士绅重订章程,议定将乡试宾兴本钱 1000 串、会试宾兴本钱 600 串均存入聚奎典中,每年一分生息,按 10 个月起息,并强调"官绅人等永不提本,亦不利上生息"[96]。

　　但也有一些宾兴特别申明可以利上起利。如山西平遥县,光绪六年(1880)知县锡良号召全县绅富捐资 12000 两设立宾兴公益基金。该项钱款采取循环生息的方式增值,"所捐银发当商一万二千两整,总归阖邑当行生息,每年每千金按六十五两计利。择殷实字号四家,轮流收息算账,所收息银归值年字号借用,按行利减一厘行息"[97],也就是说,先由平遥县当行领取全部 12000 两银两,每年按 6.5 厘生息,合计一年可得利息 780 两,然后将这 780 两银子由本县最富裕的四家商铺轮流领取再次生息,利息按 5.5 厘计算,每年又可以多获得 42.9 两的息银。又如甘肃通渭县,光绪十九年(1893)县人刑部主事牛瑗捐钱 1000 串作为宾兴本钱,发典生息,约定"年满一分,每年息钱存该当,不得分年提取"[98],也就是每年的利息为 1 分,合计 1 年可得利息 100 串;但此项利息并不取出,而是作为本金继续存入当铺,则一年后本金增加为 1100 串,两年后本金增为 1210 串,三年后本金增为 1331 串,利息每三年提取一次作为乡会试用费。又如江西泰和县,同治六年(1867)知县田大年拨团练经费 4000 两重建历经战乱的南宫会宾兴,并议定《南宫会条款》,其中规定,"南宫经费本银四千两,责成专管绅士领去,发店生息,按月一分起利,立明印簿,分别管收。除在四柱清册责成专管绅士将利按月清收清登注外新收项下,以每年十二月二十日会同合邑经理绅士结清账目,登明印簿,即将上年利银归入下年旧管项下,作本生息,仍按月一分起利。次年即照上年办法,不得桀错。日后将本置产,按产收利,仍将上年利息归入下年作本,或生息,或置产,不准下年虚存,以杜弊端"[99]。再如江苏上海县罗店镇宾兴由于太平军兴典铺歇业,原道光十六年(1836)本镇朱姓公捐钱1000串无典可存,只得暂存零散商户生息。光绪九年(1883)方才将各款收齐,分存镇上典铺,依然按年一分行息。此年九月《公议推广章程》中规定,"每届对年,向典支息转存,按月七厘生息"[100],也就是每两年将积存利息汇算转存,按月七厘生息。光绪十四年(1888)夏季起改为按年五厘生息。

典铺作为一种商业资本,具有"唯利是图"和"赢利最大化"的本性,"重义轻利"的宾兴钱款自然很难达到最大的增值效益。因此,负有监管责任的地方官往往为之作伐,利用行政权力将宾兴钱款交给本地典商,并为之谈妥生息比例。如上引湖南郴州公捐宾兴银后,原议"照书院公项旧例每月二分行息",后来"因典商再三求减,复具禀申明批定,周年一分六厘行息"。前引各府州县以"发典生息"的方式将宾兴银钱交典铺生息,"发"字所体现的正是官府由上而下的行政强制。正因为如此,有些地方的宾兴甚至不需将本金存入,而是由地方官直接要求当地典铺每月"捐"出一定的银钱作为宾兴经费。如江苏华亭县除了有"宾兴田",还有同治元年(1862)知县张泽仁所设"计偕费",系由本县叶谢泰源分典"月捐钱每月十千拨充本籍举人会试之费"[101]。光绪三年(1877),知县杨开第再次要求天和、信元二典铺每月各捐钱十千增入其中。

清代宾兴的这种行政强制的"存典生息"、"发典生息"方式,显然违反了商品经济的自由自愿原则。太平军起义期间,很多典铺不得不歇业,有的甚至借机"抢歇",宣告破产,众多府州县的存典银两因此大受损失,不仅利息难以保证,甚至本钱亏蚀,这其中当然也包括宾兴的存款。为了保证有足够的钱款继续资助本地考生,一些地方的官府便直接参与开设当铺,将筹集到的钱款存入其中。如江西南昌县"自军兴以来,省乡二十五典一齐辍业,被匪攘散者。祇金盘露谦盛典一家,余俱无法收回。幸当事拨款开同丰官典,而此费得附寄生息",并得到"六乡诸善士陆续凑费交官典生息"[102],南昌宾兴方不至于入不敷出。又如江西南康县鼎元、抢元堂宾兴经费因于咸丰六年(1856)被全数提给援助韶州府兵勇的饷银,此后至同治元年(1862)二月"官绅令议将归补宾兴之项,及存局收捐之款,禀请巡宪遵照《西江政要》,在于城内开设质铺,以便贫民,俾得生息,以资公费",合计宾兴项下的款项共有"架本钱三万四千五百余串"。据同治五年重议的宾兴馆《经理章程》第二条为:"城内开设质铺,专属宾兴公项,官绅及城乡富户,毋得藉词公项,私积抑勒,存典生息"[103]。查《西江政要》一书系由江西按察使司衙门刊印,所载事件的迄止年代为乾隆十八年(1753)到光绪十六年(1890)。

第三节　房产出租

　　田产、银钱是清代宾兴最常见的资产形态,此外则有店铺和房产,通过收取店租、房租的方式实现资产增值,用以资助考生考费。这类纯粹以店铺和房产作为基金资产形态的宾兴在全部宾兴中所占比例虽然不高,但绝对数量却并不少。

　　此类店铺,有些地方直接称为"宾兴店"。如广东河源县有"阓邑宾兴店",为同治二年(1863)知县方中变卖充公产业从杜姓

买得,"通用去契价等项银一百三十七两三钱。现昇记字号承批,
递年送纳店租银九两六钱,每逢乡试为备买闱卷之用。择殷实者
司其事,其租银许增不许减"[104]。

有些地方则称为"科举店"。如湖南临武县宾兴除了有"乡会
田"外,另有"科举店"一项,设立时间极早,为"明邑侯金公元念邑
诸生应省试水陆遥远,捐俸于南门外滨河官地置铺店十三间半,租
积三年一收,合计每间银一两,少助资斧"[105]。尽管这13间半科举
店的店租收入非常有限,但却是各地店铺类宾兴中元老级的一项。
查嘉庆《临桂县志》,金元系广西临桂县隆庆元年(1567)举人,其
担任湖南临武县知县的时间当不早于1600年,故至清末废科举前
为止,临武县"科举店"的存在时间当超过300年。

有些地方则称为"科举铺"。如广东嘉应直隶州松口堡有"科
举铺",一共有3间铺屋,均为该堡职员温荣国捐送,每年可收租
钱15千文,"专归松口堡文生乡试经费"[106]。广西怀集县则有"科
费铺"。该县宾兴的设立,始于道光九年(1829)知县袁如凯捐钱
200元,采用"生息置产"的形式资助乡试考生。在所置产业中有
"科费铺"三间,均出租作为"砖瓦铺"[107],合计每年可收租银
64两。

对于大多数地方的宾兴来说,店铺收租只是其基金增值的辅
助形式,但有些地方宾兴的全部资产都以店铺的资产形态出现。
如前引广东揭阳县除了有"史公宾兴卷资"、"方公宾兴沙田学租"
等各项以存款、田产等资产形态出现的宾兴,道光初年设立的"沈
公宾兴卷资"和咸丰六年(1856)设立的"曹公宾兴学租"便都是以
店铺的资产形态出现。比如曹公宾兴学租为惠潮嘉道曹履泰拨
"罚锾"2000余元交由绅董刘步蟾、庄炎煌购置铺屋12间,每年收
取租金,资助乡会试及拔贡朝考经费[108]。又如江西吉安府泰和县

宾兴的设立最早始于明万历年间,清中期以来新设的"四乡宾兴租"的资产形态也是纯为店铺收入,其中嘉庆二十一年(1816)在吉安府府城南关大码头购买"店房一所,前后计三栋",每年"硬完租钱一百三十吊文正",另有临近店房5所,每年合计收租183吊。到光绪年间,则增加到同时拥有宾兴会、南宫会和采芹会三项宾兴,其中宾兴会在赣州府府城购买了10所店铺和一大块空地,合计每年可收店租527元,南宫会也在赣州府城购买了9间店铺,合计每年可收租钱230元和203.6吊(其中一所店铺的租金未载于县志),采芹会在赣州府城购买了6间店铺,每年收租92元和124吊(其中一所未载店租)[109]。安徽滁州的"宾兴公费"的资产形态也纯为店铺。据光绪《滁州志》卷三《营建志》记载,滁州宾兴公费有"市房一所,计门面平房四间,上下楼房六间,次进平房四间,向北披厦三间,后园一方"[110]。此项店产系由吴勤惠公——即安徽盱眙县人漕运总督吴棠——捐银470两购置。广东海阳县在嘉庆二十五年(1820)知县谢邦基率绅士邱步琼、陈观等倡建"扶轮堂"宾兴之前,其对考生的资助经费由本县龙湖书院拨给。从道光元年(1821)到光绪十六年(1890),扶轮堂的主要基金资产形态都是店铺,前后共置买各类店铺140多间,每年可收店租银约4000两。这些店租,均"寄当商生息,以为文武场各款之用"[111]。所采取的是店租与存典生息相结合的资产增值方式。

一些宾兴事业不太发达的地区,没有建立专项宾兴,但也往往在儒学、书院的收益中拨出部分资金,资助考生参加考试。此类资金,也包含有房屋租金。如山西解州,其宾兴经费拨自该县解梁书院所收"庙租":"(同治)十一年知州朱焕因生员董清海禀请,准每年从大庙房租内拨银二百,归书院。又额外于乡会两试提用庙租,应乡试者各给银四两,应会试者各给银二十两。"[112]

和宾兴田产缴纳赋税时获免相关差派相同,与普通民间店铺相比,宾兴店铺在缴纳营业税方面似乎也受到了相关优待。如前引湖南临武县科举店,据同治《临武县志》记载,该县 13 间科举店最早于明万历初年由知县金元捐资建造,每年收租资助赴乡试者路费,且"官税免"[113],说明由于它是地方官捐设的公益产业,故可以免于缴纳商业税。

第四节　特种经济收益

除了以上三种常见的资产形态与增值方式,清代各地宾兴还因地制宜,根据当地特有的地方经济类型而采取不同的资产形态与增值方式。

湖北武昌向来号为"九省通衢",汉阳县则是清代盐商会聚之所,故其宾兴公益基金也与盐商结下了不解之缘。道光八年(1828),士绅吕伸等 30 余人鉴于本县"淮商辐辏,汉镇繁盛甲于东南",乃禀请湖北学政转饬汉阳府知府与汉阳县知县,让他们出面"劝谕各盐商于每届乡会试年份提银二千两,发绅承领,分拨两项之用";此外再由"各绅富筹捐得银五千两,发给县属各典承领生息"[114]。宾兴设立后约 20 年,因"道光三十年淮盐改章,岸商星散"及"咸丰二年遭发逆蹂躏,汉皋典铺被劫,典商四逃",宾兴的来源及增值渠道全部瘫痪。为此,同治六年(1867)邑人刘世墀、傅灏、廖长亨、丁阳等"在淮盐督销局禀请于盐捐项内抽拨银两作为上项经费",蒙李鸿章、曾国荃批准执行,汉阳县再次获得了4800 两白银的宾兴本金,公议交由士绅置产生息。

湖北沔阳州除道光二十五年(1845)捐资 3000 串设立有"宾兴公车"外,还有"兴贤庄宾兴田亩"。此项宾兴始于州人罗大顺捐送 270 余亩田地,此后不同时期先后置买、捐送有各类"湖分",其中有兴贤庄自身购买的如"契买余宗良隔圩六湖湖分二股,田一百五十亩",由绅民捐送的如"监生李宗祥捐送隔圩六湖湖分十二股"、"教职李汝龙捐送细湾湖分"、"生员王亮玉不在册内之盈余湖水七百八十四亩",这些田产经议定"俱充入兴贤庄岸田付庄头管领收租,湖分典与余天彩之父本奎管取鱼利,每年定稞"[115]。所谓"湖分",当为围垦湖泊得到的田地。

江苏松江府南汇县宾兴以"草息钱"为其增值方式之一。该县宾兴的存典钱款经过太平军之乱后全部散佚殆尽,战后整顿时,一方面购买新沙地 300 亩,一方面官绅捐资、拨款,存典生息,每乡试年可得息钱 700 千文。除此之外,该县还有"一团新沙地二千四十五亩,知县金福曾详请归入宾兴项内报买,拨定在案,亩收草息钱三十二文",约计每年可收草息钱 65 千文。

江苏赣榆县宾兴的经费来源为土特产特别税。光绪十三年(1887),知县王豫熙主持发起县中数项公益事业建设,包括建立溯沂书院、筹集选青、怀仁两所书院膏火、设立宾兴以及创立养济院等。经过多方考虑,王知县突发奇想,认为赣榆县"豆饼一项,为土产土销之大宗,每片重五十八斤,值钱六百有奇。每年约销一二百万斤,每片拟捐买卖者各一钱,日计不足,月计有余,累寸积铢,顿成巨款,则已筹之举,皆可兴行,而未造之端,亦能推广。"为此,他和全县绅商商议,共同拟定章程,遴选董事,让董事担任收支具体经费收支,而官府则负责监督稽核。将收到的钱款发商,所得利息分作十份,以其中一成作为宾兴、公车之费。这项提议,得到包括两江总督、江苏巡抚等各级官吏的"嘉奖、批准、立案"[116]。

安徽徽州府婺源县(今属江西)则利用茶叶收入筹集宾兴经费。道光六年(1826)知县朱元理从"茶牙项下"拨银六百两为乡会试盘费,并禀府立案。到同治五年(1866),经士绅呈请,从县中茶税局的"茶捐"中每引抽银四分,由书院司理经领,作为书院膏火及乡会试盘费。光绪四年(1878)七月经两江总督、安徽巡抚等批准立案,该县"引捐四分,由县给票,由局带收"[117]的宾兴筹集形式得以确定。

浙江平湖县的宾兴公益基金"公车费"的资产来源也是来自"茶捐"。光绪七年(1881)举人叶廉锷、江麟瑞联合呈文嘉兴知府,请求准予在本县"现办茶捐"内每年拨出一定数额,作为"寒士公车之费"。经嘉兴府批复平湖县衙酌议,确定在县志编纂期间,将其中的40%拨为举人会试旅费,县志编纂完成后,则增为50%[118]。

浙江富阳县宾兴的资产形态有"宾兴沙"。所谓"沙",是指沿钱塘江岸由于泥沙沉积,原被江水掩盖的土地露出水面,经过围垦,成为沙田。该县此类宾兴,始于光绪十九年(1893)本县看潮、洋涨等庄的江中新沙淤积成为沙田,共计有200余亩,由知县将其"拨充一邑宾兴","升科召佃,积存岁入租息,于乡会试年份按名分给,立条约簿据,择董经理,按年轮值"。全县士绅进而约定,此后若继续出现新涨沙地,他人不得开垦招佃,均需拨归宾兴,并"名其沙曰宾兴沙"[119]。

山西繁峙县在光绪二年(1876)由耆民梁仲魁捐田50顷为宾兴经费,每年可收田租120多石,资助包括乡试诸生、会试举人和优拔贡的卷资、路费。除此之外,县民李夺魁则"捐渠一道"[120]归入宾兴资产之中。"渠"是指灌溉田地的水渠,每年可以向所灌溉田地的所有者收取供水报酬。

四川夔州府大宁县宾兴收取"滷水"。该项宾兴始于同治四年(1865)知县岗玉考虑到县人赴考原由本县书院提供资助,恐难期久远,于是拨捐输剩余钱款 1000 串,并从书院经费中拨款 700 串,"置买邓贺氏滷水一十六天六厘六毫,计正价脱业钱一千六百九十串七百文";次年,又"买邱小棠滷水三天三厘三毫,计正价脱业钱五百一十六千文",议定"储积岁息,永为三年一次乡会试士子宾兴之费"。至光绪七年(1881),知府黄毓恩捐助本府六县宾兴本金,其中大宁县分得 1000 两,同样用于购买"滷水",分别为"刘德升滷水四天九厘,正价脱业钱四百五十千文;王典三滷水五天,正价脱业钱四百三十千文;黄陈氏滷水五天,正价脱业钱五百二十千文",合计该项宾兴共有"实管滷水二十九天九厘"[121]。

同属夔州府的巫山县宾兴为"盐水引息"。同治七年(1868)知府黄毓恩捐助宾兴,巫山县同样分得 1000 两,正逢本县建成奎阁,士绅合议借机设立"奎帮宾兴",一方面用知府捐款购买田产;知县许尧文并将"历年悬搁盐水引息禀拨入奎阁",公举首士经管,每三年期满更换一次。其中田产共计 15 份,每年可收租钱130 余千文,而"盐水引息"则为"盐水引一百一十三张,岁收息银一百一十三两;泉圣行部帖一张,岁收租钱十二千文"[122]。

广东高明县(今广东佛山市高明区)有名为"阖邑宾兴饷渡"的宾兴,系顺治十年(1653)乡绅莫御捐送平头岳湾渡口的 6 艘"芝席船",以其每年所得渡船收入分为 45 份,其中参加乡试、会试的士子各得 18 份[123]。

广东电白县宾兴也与众不同。据道光《电白县志》记载,该县宾兴为"西厂生盐墒二所,报墒名杨诚周陈兴,石池一百零一个,水九路,晒工九人";并约定其管理方式为"每年六月初一日到书院当众投标,预期先交足租银,值年董事收贮,为宾兴资助之费"[124]。据《辞源》转引清代阮元《研经室续集》相关诗句的自注,"粤盐由晒而成,其灰池俗名为墒"[125],可知电白县宾兴经费的来源是利用盐池晒盐的收入。另电白县所属高州府高文书院宾兴经费的增值方式亦与盐场有关。据光绪《高州府志》,道光六年(1826)分巡道叶申万拨书院宾兴本银 2000 两,"发电茂、博茂两场生息"[126]。据该志卷十六《经政志四·盐场》,"电茂"、"博茂"即高州府所辖电茂、博茂两所国有盐场,它们掌握了食盐专卖之权,财力雄厚,也成为宾兴一类公益基金增值的可靠渠道。

贵州仁怀直隶厅有"宾兴田"、"卷田"和"红银赟仪"三项宾兴,除了常见的田产收租的增值方式外,"卷田"还有一种非常特别的增值来源,即利用种植与采伐"青杠"增加收益。据光绪《仁怀县志》记载,仁怀厅卷田设置于道光二十五年(1845),共有四项田产,均系捐款购置,而每项田产都议定"随田房屋栽习青杠"即田产周边房屋所种的青杠树,它们的"临卖时价"或"伐卖价"都要上缴部分给管理组织。如向王瑃购买的大坪子塝田产,共花费了1637 千文,议定"招佃耕种,稳租九五色银一百两,每年认纳租谷七十石,过复兴场斗。外有随田房屋山土栽习青杠各树,伐卖价七分归佃,三分归公"[127]。"青杠"又名橡树,是川贵一带用来生产黑木耳、香菇的主要原料。

远离大陆的台湾宾兴的基金来源或资产增值方式也往往与台湾本地经济形态相互适应。如凤山县凤仪书院宾兴的资产增值方式即是收取"新圳水租"。"新圳"即新开挖的"圳道",是专门的农田引水灌溉水渠,受益农户每年需向挖圳者缴纳租金。据《凤山县采访册》记载,凤山县共有新旧圳道 144 条,合计可以灌溉田地 10581 甲[128]。这种以水租作为宾兴资助经费来源的方式,与山西繁峙县"捐渠"颇为相似。另如光绪八年(1882)台湾道刘璈拨"洋药釐金"作为全台湾乡会试旅费的基本金,"洋药"时称"阿片",实为鸦片,道光年间虽经禁止,但到了光绪年间又因其利润丰厚,嘉义、彰化等地百姓多有种植,并成为台南、厦门两口的贸易大宗。刘璈任台湾道时,"洋药税厘无分大小,定章每百斤南台口征正杂各款银八十三两二钱,厦门口征正杂各款银八十四两六钱九分"[129]。宾兴竟与鸦片产生联系,这在全国确属仅见。

第五节　发展中的清代宾兴资产形态与增值方式

清代各地宾兴的资产形态在某一特定时间实现增值的方式可能比较单一,但也有不少宾兴会在同一时期采取数种不同的资产形态和相应的增值方式。在较长时段的发展过程中,则往往会表现为多种资产形态交互采取不同方式实现增值,目的在于应变不同时期的历史状况。

有些宾兴公益基金会在同一时间采取不同的方式实现增值。如江西靖安县于咸丰元年(1851)由知县熙恬倡议全县绅民共同捐资46000余串,议定"其钱分作随粮、存典、置田三项生息,以为士子春秋闱文武试之费"[130]。这三种增值方式分别为"随粮生息,咸丰二年拨二十九都领随粮十足钱一万三千六百七千二百二十文"、"观光集田租,迄同治八年共置买乡斛租一千七百六十六石七斗"和"观光集存典,共存本县四典、南昌三典钱五千八百吊文"。而按照正常的理解,既然绅民所捐的是钱款,则相应的增值方式本应该是存放生息才对。

浙江临海县在同治年间设立"宾兴局",其资产收入"除存息、房租等项杂收无定额"[131]外,还有新、旧宾兴田1000余亩,每年征收田租谷1430余石,即是同时采取了田产收租、存放生息和店房收租三种资产形态和增值方式。

四川资阳县宾兴的资产增值方式也较具特色。该县有新、老两项宾兴,其中"老宾兴会"由东乡义士周绍元于道光十九年(1839)捐祖业田地创设,其资产增值采取田产收租与存典生息相结合的方式,也就是将每年预收的 104 串地租钱交给当铺,按每月一分生息。"新宾兴会"则设立于咸丰三年(1853),当时全县士绅所捐钱款共有 1 万多串,但却没有直接采取各地常见的存典生息方式进行增值,而是用钱置买田产 13 处、店房 1 所,加上乡绅张定仪、秦洪基等所捐 5 处田产,全部出租招佃或开店,收取田租、店租。其管理章程规定,新宾兴会"每年收租、纳粮、支应各项,交协义局首事经管,以专责成。如未遇乡会两试,将所收租钱生息,交替时集众清算明确,备案登簿移交"[132],也就是收到田租钱和店租钱后,依然存入典铺生息增值。

随着时代的发展,各地宾兴往往根据时势之变迁而改变基金资产形态与增值方式,而呈现复杂多变的情形。有些地方的宾兴最初为田产,后来考虑到田产收租收入微薄,乃将田业售卖出去,将获得的款项存入典铺,从而转变为银钱取息的增值方式。如湖北通城县宾兴始于道光年间知县林泽夫倡议捐输,最初资产形态为"捐田若干"。但不久便改变了资产增值形式,"旋经首事售田积钱,付各典及殷户生息"。不过,受太平军起义的影响,咸丰四年以后,该县宾兴"资本存焉者寡",同治年间历经整顿,其资产增值方式再次转变为田产收租[133]。湖北应山县"乡会试宾兴"原为田产,因知县沈兆麟认为"岁歉租少,难济宾兴",因而"变田为钱,存典生息,获利较厚"[134]。另如湖南零陵县有"文宾兴产业",合计共有 6 项,其中一项铺屋 5 间、一项为房屋 1 座,一项为知府杨翰捐款 600 千文,一项为存拨庄田 66 亩,另外两项分别为"公卖清水塘田价钱七百千文,每年息钱七十千文;公卖杉木桥田价钱五百串,每年息钱五十千文,本存典铺"[135]。相对而言,此类售田换钱存典生息的例子较不多见。

有些地方的宾兴原来的资产形态为钱款,后来则购置田产,增值方式从存典生息转变为置田收租。尤其是在太平天国战争期间,很多地方的存典生息宾兴银钱因战争破坏而遭耗散,一些士绅官宦因而对存典生息的增值方式心存疑惧,在重整宾兴时,转而采取其他资产增值方式。如前引湖北应山县"乡会试宾兴"在变田为钱后,咸丰四年(1854)马上因"兵燹,各典卷逃",邑绅乃变钱置田,购置田租约80余石。此后同治年间历经乡绅捐资购田,每年所收田租增至约380石。又如湖北武昌府武昌县共有"韩、刘二公宾兴"、"奎照堂宾兴"、"元照堂宾兴"、"会文堂宾兴"等多处宾兴,其中奎照堂宾兴创立于道光十七年(1837),为本县"封职贺阶平暨弟蔚然、杰然,从弟敬五、昇平"共同捐制钱一万串所立,"为邑乡会试宾兴之费"。其最初的基金资产形态是捐款,其增值方式则是"存典生息"。咸丰三年(1853),因遭遇太平天国之乱,"典为贼燬,此款无存"。捐助人贺杰然乃邀集本县13位知名士绅,"呈请催缴,且愿先赔缴二典存款,以为之劝"。在太常寺少卿王家璧、布政使厉云官、知县江世玉的干预下,典商方如数缴还所有存款,之后乃"置买田地,为久远计"[136]。该项宾兴每年田租收益约计岁纳租谷2440余石。也许是因为考虑到田租收益较之银存典其收益更具稳定性,之后该县在光绪九年(1883)捐设的"会文堂宾兴"和光绪十一年捐设的"元照堂宾兴"也都采取了田产收租的基金资产形态与增值方式。

与武昌县一样,湖北崇阳县宾兴也经历了由存典银钱到购买田产的转变过程,而起因同样也是因为太平军之乱。该县宾兴初名为"兴贤庄"(道光二十六年所建管理场所则名宾兴馆),始于道光四年(1824)本县28家士绅共同捐资1500千文,存典生息。道

光十四年,有 29 家士绅再次捐资 1500 千文,道光二十六年,36 家
士绅再次捐资 1815 千文,合计存典基金 4815 千文。咸丰初年,太
平军在广西起事,当时本县绅士傅燮鼎就曾倡议改存典钱置田产,
但由于"众议不合",未得实行。咸丰四年后,太平军入城,各典铺
全部歇业。4 年后,经知县王筠节调停,各典商乃"量力赔缴,于是
诸典缴钱买田,或以田屋抵补有差,此后遂变为宾兴田矣"[137]。

江苏金山县和山东文登县宾兴的资产形态与增值方式也是从
钱款转为田地,从存典生息转为田产收租。江苏金山县在道光五
年(1825)由县人黄霆、杨大醇等"捐助宾兴钱三千千,存典生息,
按科津贴"。同治元年(1862),该项宾兴"遭乱典歇,存款无着"。
为此,贡生沈大经等乃"募捐田三百三十三亩,收租津贴每科试
费"[138]。文登县宾兴原为同治五年(1866)知县陈汝楫劝捐制钱
2000 余千文所置,当时议定发存各当生息,每年共得息钱 280 余
千文,为考课生童奖赏、膏火之资。后因各处当铺纷纷歇业,乃将
生息钱款取出购置坡地 500 余亩,称为"宾兴地",并"将各项捐田
租息归入宾兴"[139]。到了光绪十六年(1890),知县许源清又因钱
数太少,再次劝捐,合计得钱 2600 千文,其中以 1000 千文归宾兴,
依然存典生息,收取利息。此时该县宾兴便出现了两种基金资产
形态,即田产与钱款,其增值形式亦相应有地租与利息两种。

广东连州直隶州宾兴由钱款取息转变为买田收租和置店收
租。连州最初在嘉庆、道光年间由官绅捐资设立了"捕属乡试宾
兴"和"阖州北上经费"两项宾兴,其资产增值方式均为发交"连阳
埠商"生息。咸丰年间,因太平军之乱,埠商亏本,存款丧失殆尽。
地方士绅乃合力整顿,并补充捐资,改发商生息为购置田产、店产:
"共捐得粮田四百七十一工四分,合上置买粮田一百三十四工四
分,通共粮田六百零五工八分,岁收租谷六万二千七百一十勋,另

田庄屋租银二十两,永作阆州乡会试宾兴"[140]。此外,同治年间,士绅将续置瓦铺 6 间,增入原道光二十三年(1843)利用积存赢余款项置买的 2 间瓦铺,设立"新设捕属乡试宾兴"。此项宾兴的产业均为瓦铺,因此也被称为"宾兴瓦铺",每年可收租银 120 两,议定"永为捕属乡试宾兴"之用。

有些地方的宾兴也出现了由银钱存典生息向田产收租的增值方式的转变过程,但其原因则是因为人们认为银钱不如田产具有更长久的稳定性。如湖北恩施县宾兴原设于道光十五年(1835),后因"经理失宜,辗转挪借,存者仅矣"。知县许光曙认为其原因在于"不置田产,惟子母是权,积久变生,鲜不侵蚀",而万全之策则是"莫如置产,有公所"[141],即购置田产,并设立专门的管理公所。该县宾兴馆就是在这种指导思想的影响下建立起来的。

当然,有些地方的宾兴的资产增值形式虽然也发生了变化,但我们从现有的文献记载已经不能推知其发生转变的原因。如四川梁山县宾兴始设于咸丰七年(1857),时知县孙钧因本县长期未能举行宾兴礼,乃筹款 1500 串,"交盐当生息,以作宾兴之需"[142]。但仅过了 3 年,知县王必遵便将所有存款、利息共计 1950 串全部取出,在城北置买上等田地一份,每年收租 350 余石。王知县为什么要取钱置田,县志并未有记载。

湖南衡阳县则由店铺收租转变为田产收租,具体原因亦不得而知。该县原有在清泉、衡阳未分县时由清泉人姚清所捐置之"科举店",后将店铺变卖,购置田产,经两县士绅合力捐资扩充,到同治末年每年可收租谷 500 余石,"皆充乡会试盘费"[143]。该县另有与清泉县合捐之"成名公田",则从始至终都采取田产收租的增值方式。该宾兴初由清泉县杨健捐设,后衡阳县官绅刘祖焕、常大淳、彭玉麟等先后捐资扩充,同治年间每年可收田租 945 石有余。对于该县宾兴为何要卖店买田以转变增值方式,县志同样没有明确记载。

本章结语

清代末年,田产收租成为大多数地方设立宾兴时的首选资产增值方式。如同治年间湖南湘潭县整顿宾兴时,邑绅罗汝怀在其撰写的《劝捐宾兴启》中便指出:"他邑所定印卷公项,或银或钱或谷,其法不一,而要以谷为宜,盖银钱难于生放,不若田租之可经久远而经理亦较少繁难"[144]。光绪《(安徽)舒城县志》的修志者在考察本县各项公田的历史演变之后,也不禁感慨系之:"义款难久也,可久者,其惟义田乎? 变易竭之款,为不迁之田,岁以其租入兴修善举,款常赢而田不绌,善矣!"在地主土地所有制占绝对支配地位的清代,地租收益理所当然被人们看做是最为稳妥可靠的资产增值方式。当然,在看到存典生息的钱款不可久恃的同时,人们同样看到了田租收益也会受到各种外界因素的影响:"夫田之不迁,宜乎可久矣。至沧桑代变,人事互更,其久犹不可恃。然则可恃以久者,固将有赖于斯文。"[145]经过数百年的不断实践,清代人已经逐步意识到,只有通过全体士民的不断努力,才能令宾兴不断兴利除弊,长久保持而不衰败。

注　释

1　(清)管贻葵、陈锦《光绪罗田县志》卷四《政典志·宾兴》,江苏古籍出版社,2001,第302页。

2　向承煜《民国南漳县志》卷八《学校志一·宾兴》,成文出版社,1975,第306—309页。

3　(清)多琪《光绪蕲水县志》卷五《学校志》,江苏古籍出版社,2001,第155—158页。

4　(清)双全、王麟书、顾兰生、林廷杰《同治广丰县志》卷四之三《学校志》,江苏古籍出版社,1996,第139—144页。

5　（清）朱潼、徐彦楠《同治安仁县志》,成文出版社,1967,第672—681页。

6　101　（清）杨开第、姚光发《光绪华亭县志》卷四《学校志》,成文出版社,1970,第420—421页。

7　（清）马家鼎、张嘉言《光绪寿阳县志》卷四《学校志》,成文出版社,1976,第300页。

8　（清）潘守廉、张嘉谋《光绪南阳县志》卷六《学校志》,成文出版社,1976,第409页。

9　131　张寅、何奏簧《民国临海县志》卷五《建置志·庶政》,成文出版社,1970,第440—441页。

10　（清）李汝为、潘树棠《民国永康县志》《建置志》,成文出版社,1970,第113页。

11　李泩、陈汉章《民国象山县志》卷十四《教育考·科举田》,成文出版社,1970,第1715页。

12　13　30　（清）王庭桢、彭崧毓《同治江夏县志》卷三《赋役志·义庄·宾兴三庄》,成文出版社,1975,第297—302、301页。

14　39　（清）胡端书、杨士锦、吴鸣清《道光万州志》卷四《学校志》,上海书店出版社,2001,第522—524、522页。

15　（清）吴应廉、王映斗《光绪安定县志》卷二《建置志·学校》,上海书店出版社,2001,第83页。

16　（清）关学优《嘉庆庆元县志》卷四《学校志》,成文出版社,1983,第201—202页。

17　王德乾《民国望都县志》卷五《政治志二·教育》,成文出版社,1968,第252页。

18　（清）左辅《嘉庆合肥县志》卷十《学校志·学田》,江苏古籍出版社,1998,第115页。

19　（清）舒梦龄《道光巢县志》卷七《学校志》,江苏古籍出版社,1998,第282—283页。

20　（清）盛镒源、戴联璧《民国城步县志》卷三《学校志下》,成文出版社,1970,第288页。

21　（清）辜培源、曹永贤《光绪盐源县志》卷四《学校志》,巴蜀书社,1992,第741页。

22　林善庆《民国清流县志》卷八《学校志》,上海书店出版社,2000,第308页。

23　（清）李文恒、郑文彩《咸丰琼山县志》卷四《建置志三·学校》,成文出版社,1974,第451页。

24　（清）扬受延、马汝舟《嘉庆如皋县志》卷九《学校志》,成文出版社,1970,第726页。

25　（清）周际霖、周顼《同治如皋县志》卷三《学校志》，成文出版社，1970，第184—185页。

26　35　118　（清）彭润章、叶廉锷《光绪平湖县志》卷四《建置志下·义庄》，成文出版社，1970，第442—443页。

27　（清）陈燕、李景贤《光绪霿益州志》卷二《学校志·卷价碑》，成文出版社，1967，第54页。

28　（清）瞿鸿锡、贺绪蕃《光绪平越州志》卷十三《学校志下》，巴蜀书社，2006，第205—209页。

29　（清）杨文骏、朱一新《光绪德庆州志》，成文出版社，1974，第563页。

31　（清）陶寿高、杨兆熊《同治竹溪县志》，江苏古籍出版社，2001，第57页。

32　（清）沈星标、曾宪德、秦有鍠《光绪京山县志》，江苏古籍出版社，2001，第326页。

33　（清）陈鸿年、杨大诵、易燮尧《同治黔阳县志》卷二十《礼书二·宾兴》，江苏古籍出版社，2002，第316页。

34　41　48　（清）吕懋先、帅方蔚《同治奉新县志》卷三《学校志二》，江苏古籍出版社，1996，第496、475页。

36　（清）邱育泉、何才焕《同治安化县志》，江苏古籍出版社，2002，第367页。

37　黄占梅、程大璋《民国桂平县志》，成文出版社，1967，第853页。

38　54　曾枢、凌开蔚《民国和平县志》卷七《财政志》，江苏古籍出版社，2003，第100、280页。

40　（清）郑业崇、许汝韶《光绪茂名县志》卷三《经政志·公款经费》，江苏古籍出版社，2003，第113页。

42　秦振夫、朱书田《民国重修邵武县志》卷十四《学校志·宾兴》，上海书店出版社，2000，第914页。

43　（清）孙炳煜《光绪会同县志》卷四《学校志·科举田》，成文出版社，1975，第299—300页。

44　周学仕、马呈图《民国罗定县志》，成文出版社，1974，第330页。

45　（清）郭嵩焘《光绪湘阴县图志》，江苏古籍出版社，2002，第373页。

46　（清）金福曾、熊其英《光绪吴江县续志》，江苏古籍出版社，1991，第348页。

47　（清）支恒春《光绪松阳县志》，成文出版社，1970，第365页。

49　50　（清）徐宝符、李穟《同治乐昌县志》卷十一《艺文志·记》，成文出版社，1967，第 182、187 页。

51　（清）邓志和《捐置赈贫学田记》,（清）赓音布、刘国光《光绪德安府志》,成文出版社,1970,第 238 页。

52　85　（清）施有为、武勋朝《光绪南乐县志》卷二《学校志·宾兴》,成文出版社,1976,第 166 页。

53　（清）曾秀翘、杨德坤《光绪奉节县志》卷十八《学校志·宾兴》,巴蜀书社,1992,第 648 页。

55　（清）冯柏年《江宁府属公车费碑》,（清）蒋启勋《同治续纂江宁府志》卷十五《拾补》,江苏古籍出版社,1991,第 584 页。

56　蓝炳奎《民国达县志》卷十三《学校门》,巴蜀书社,1992,第 172 页。

57　阮潘济、宋立梧《民国孟县志》卷五《教育志·款产》,成文出版社,1976,第 569 页。

58　92　140　（清）袁泳锡、觉罗祥瑞、单兴诗《同治连州志》卷三《学校志·宾兴》,上海书店出版社,2003,第 628 页。

59　（清）张锳、邹汉勋、朱逢甲《咸丰兴义府志》卷十九《学校志·书院》,巴蜀书社,2006,第 247 页。

60　75　93　（清）杨亦铭《光绪广灵县补志》卷二《营建志·书院》,成文出版社,1976,第 25—26 页。

61　（清）杨文鼎、王大本《光绪滦州志》卷十二《学校志下·书院》,成文出版社,1969,第 296 页。

62　（清）敖立榜、曾毓佐《同治高县志》卷十五《学校志·宾兴》,成文出版社,1976,第 291 页。

63　76　（清）张希京、欧樾华《光绪曲江县志》卷十《学校书二·书院》,成文出版社,1967,第 151 页。

64　74　刘子敬、贺维翰《民国万源县志》卷五《教育门》,成文出版社,1975,第 584、583 页。

65　（清）程其珏、杨震福《光绪嘉定县志》卷九《学校志·书院》,江苏古籍出版社,1991,第 198 页。

66　（清）侯若源、庆征、柳福培《同治忠州直隶州志》卷八《学校志·宾兴》,巴蜀书社,1992,第 496 页。

67　（清）恩荣、张圻《同治荆门直隶州志（二）》卷三《政典志》,江苏古籍出版社,2001,

第 45 页。

68　（清）应宝时、俞樾《同治上海县志》，成文出版社，1970，第 701—705 页。

69　115　（清）葛振元、杨钜《光绪沔阳州志》卷五《学校志·宾兴》，江苏古籍出版社，2001，第 178 页。

70　82　（清）于万培、谢永泰、王汝琛《光绪凤阳县志》卷八《学校志·书院》，江苏古籍出版社，1998，第 340 页。

71　（清）王涤心、郭程先《咸丰平山县志》卷四《学校志·宾兴》，上海书店出版社，2006，第 131 页。

72　（清）王锡元《光绪盱眙县志稿》卷五《学校志》，成文出版社，1970，第 329 页。

73　（清）何应松、方崇鼎《道光休宁县志》卷三《学校志》，江苏古籍出版社，1991，第 72 页。

77　（清）俞廉三《代州宾兴章程》，清光绪六年（1880）刻本。

78　（清）许协、谢集成《道光镇番县志》，成文出版社，1970，第 273 页。

79　（清）朱偓、陈昭谋《嘉庆郴州总志》，江苏古籍出版社，2002，第 626—627 页。

80　（清）钱绍文、孙光燮、朱炳元、何俊《同治桂阳县志》卷十《学校志》，江苏古籍出版社，2002，第 86 页。

81　（清）顾景濂、段广瀛《光绪萧县志》卷七《营建志·书院》，成文出版社，1970，第 229 页。

83　（清）黄缙荣、万启钧、张承熊《光绪夏县志》卷二《建置志·学校》，凤凰出版社，2005，第 41—42 页。

84　108　（清）王崧、李星辉《光绪揭阳县续志》，成文出版社，1974，第 83、86 页。

86　范鎧、张謇《民国南通县图志》卷十一《公款公产表叙》，江苏古籍出版社，1991，第 176 页。

87　张允高、钱淦、等《民国宝山县续志》卷四《财赋志·公款公产》，成文出版社，1970，第 326 页。

88　（清）江峰青、顾福仁《光绪嘉善县志》卷五《建置志上·书院》，成文出版社，1970，第 120 页。

89　（清）童范俨、陈庆龄《同治临川县志》卷二十九《学校志·书院》，江苏古籍出版社，1996，第 436 页。

90　97　（清）恩端、武达材、王舒萼《光绪平遥县志》卷四《学校志·宾兴》，凤凰出版社,2005,第 100 页。

91 (清)黄维瓒、潘清、邓绎《同治武冈州志》卷二十七《学校志》,江苏古籍出版社, 2002,第 87 页。

94 (清)陈萧、黄凤楼《同治德化县志》,成文出版社,1970,第 321 页。

95 徐淦、李熙、王国宪《民国琼山县志》,上海书店出版社,2001,第 741 页。

96 (清)朱荣实、傅如筠《同治石首县志》,江苏古籍出版社,2001,第 65 页。

98 (清)高蔚霞、苟廷诚《光绪通渭县新志》卷六《食货志·文社》,成文出版社,1970, 第 162 页。

99 109 (清)宋瑛、彭启瑞《同治泰和县志》,江苏古籍出版社,1996,第 181、175— 181 页。

100 (清)王树菜、潘履祥《光绪罗店镇志》,上海书店出版社,1992,第 241 页。

102 (清)陈纪麟、汪世泽《同治南昌县志》卷二《建置志上·考棚》,清同治九年 (1870)刊本。

103 (清)沈恩华、卢鼎峋《同治南康县志》卷四《学校志·宾兴》,江苏古籍出版社, 1996,第 594 页。

104 (清)彭君毅、赖以平《同治河源县志》,上海书店出版社,2003,第 255 页。

105 113 (清)邹景文、吴洪恩、陈佑启、章俊纯《同治临武县志》卷十五《学校志》,江 苏古籍出版社,2002,第 97 页。

106 (清)吴宗焯、温仲和《光绪嘉应州志》卷十六《学校志》,成文出版社,1967,第 269 页。

107 周赞元《民国怀集县志》卷二《建置志·学校》,成文出版社,1975,第 171 页。

110 (清)熊祖诒《光绪滁州志》,江苏古籍出版社,1998,第 299 页。

111 (清)卢蔚猷、吴道镕《光绪海阳县志》卷十九《建置略三·学校》,成文出版社, 1967,第 170 页。

112 (清)马丕瑶、魏象乾、张承熊《光绪解州志》卷四《学校志》,凤凰出版社,2005,第 412 页。

114 (清)黄式度、王柏心《同治汉阳县志》卷十《学校志》,江苏古籍出版社,2001,第 278 页。

116 (清)王豫熙、张謇《光绪赣榆县志》,成文出版社,1970,第 182 页。

117 葛韵芬、江峰青《民国婺源县志(一)》卷六《建置志三·学校》,江苏古籍出版社,

1996,第 133 页。

119 （清）汪文炳、蒋敬时、何鎔《光绪富阳县志》卷十三《学校志·宾兴》，江苏古籍出版社,1993,第 290 页。

120 （清）何才价、杨笃《光绪繁峙县志》,凤凰出版社,2005,第 262 页。

121 （清）高维岳、魏远猷《光绪大宁县志》卷四《学校志·宾兴》,巴蜀书社,1992,第 118 页。

122 （清）连山、李友梁《光绪巫山县志》卷十六《学校志》,巴蜀书社,1992,第 374 页。

123 （清）邹兆麟、蔡逢恩《光绪高明县志》,成文出版社,1974,第 434 页。

124 （清）叶廷芳《道光电白县志》,成文出版社,1967,第 458

125 《辞源（合订本）》,商务印书馆,1997,第 339 页。

126 （清）杨霁、陈兰彬《光绪高州府志》,成文出版社,1967,第 195 页。

127 （清）崇俊、王椿、王培森《光绪仁怀县志》卷三《学校志》,巴蜀书社,2006,第 120 页。

128 （清）卢德嘉《凤山县采访册》丙部《地舆三·圳道》,《台湾文献丛刊》第 73 种,台湾银行经济研究室,1960,第 87 页。

129 （清）刘璈《巡台退思录》,《台湾文献丛刊》第 21 种,台湾银行经济研究室,1958,第 105 页。

130 （清）徐家瀛、舒孔恂《同治靖安县志》卷四《学校志》,清同治九年（1870）活字本。

132 （清）范涞清、何华元《咸丰资阳县志》卷八《学校考·宾兴》,巴蜀书社,1992,第 384—385 页。

133 （清）郑葵、杜煦明、胡洪鼎《同治通城县志》卷十《学校志下·宾兴》,江苏古籍出版社,2001,第 512 页。

134 （清）赓音布、刘国光《光绪德安府志》卷七《学校志·宾兴》,成文出版社,1970,第 242 页。按,查同书卷九《职官上·县职·应山》:沈熙麟,合肥进士,（道光）二十九年任。检应山县知县名单中仅一人姓沈,学校志中"沈兆麟"当即为职官志中的"沈熙麟",沈兆麟将宾兴卖田存典,当亦在道光末年至咸丰初年之间。

135 （清）嵇有庆、刘沛《光绪零陵县志》卷五《学校志·书院》,成文出版社,1975,第 325 页。

136 （清）钟铜山、柯逢时《光绪武昌县志》,成文出版社,1975,第 426 页。

137 （清）高佐廷、傅燮鼎《同治崇阳县志》卷三《建置志·学校》,江苏古籍出版社,

2001,第 135 页。

138　（清）龚宝琦、黄厚本《光绪金山县志》,成文出版社,1970,第 630 页。

139　（清）李祖年、于霖逢《光绪文登县志》,成文出版社,1976,第 180—186 页。

141　（清）许光曙《新设宾兴碑记》,（清）多寿《同治恩施县志》卷十《艺文志》,成文出版社,1975,第 487 页。

142　（清）朱言诗《光绪梁山县志》卷五《学校志》,成文出版社,1976,第 768 页。

143　（清）彭玉麟、段家俊《同治衡阳县志》卷六《礼典志十五》,成文出版社,1970,第 420 页。

144　（清）罗汝怀《绿漪草堂外集》卷二《襍文》,《续修四库全书》第 1531 册,上海古籍出版社,2002,第 172 页。

145　（清）吕林钟、赵凤诏《光绪续修舒城县志》卷十七《食货志·公田》,江苏古籍出版社,1998,第 514 页。

第 三 章

清代宾兴公益基金
组织的政府立案管理制度

　　乾隆五十八年（1794），广东揭阳县知县史藻捐养廉银300元，发商生息，以作本县文生科举卷资，后人称之为"史公宾兴卷资"。1890年光绪版《揭阳县志》刊刻印行，在叙及这一当时仍在发挥作用的公益基金时，修志者发出了这样的感慨："用意周密，本少而利多，迄今已将百年！虽偶有拖欠，随时弥补，未失前规。法之最善者，无逾于此！"[1] 百年光阴不算短暂，是什么样的力量保证了这些公益事业能够在生产力并不发达的清代社会延续百年，让公益的效用与精神一直伴随社会发展前行而不泯灭？要解答这一问题，我们必须从清代宾兴的管理制度入手。

　　作为一种社会公益基金，清代宾兴的管理一方面体现为清代国家以及地方社会从外部对其的监管制度，另一方面则体现为其自身内部的管理制度。本章将主要探讨清代国家对宾兴实施的政府立案管理制度。

第一节　清代宾兴申报立案的基本程序

在当代社会,任何一家民间公益组织要实现其公益目的,都需要按照既定的程序向主管部门呈缴材料申请成立,经过审批获准之后,才能根据相应的管理条例及其组织章程开展活动。清代宾兴作为一种教育公益基金,尤其是在清代中后期逐渐形成了专门的管理组织之后,也形成了较为成熟的申报、审批、立案管理制度。

对于所有宾兴来说,由相关人员撰文提请申报、由各级政府官员进行审批、由政府部门保存相关簿册的复本,这·立案过程是它们全都必须经历的程序。在各种地方志里,至今保留了不少关于各地宾兴申报立案的原始资料。有的地方志对立案的申报文书与批示全部予以刊载,其形式或为全文照录,或由地方志的编纂者稍微作文字综合处理,有的地方志则或仅记载了申报文书,或仅记载了政府批示。一些宾兴专志、宾兴簿册中也都循例刊载了申报立案时的相关文书。这些地方文献的记载,对于当今了解清代宾兴的政府立案管理制度的全貌具有珍贵的史料价值。通过考察清代各类地方志的记载,我们发现清代宾兴向各级政府部门申请立案的基本程序大致可以包括三个阶段或步骤,即申报、审批、存案。

一、申报

“申报”是指由宾兴组织或较低一级单位向较高一级单位递交公文对设立宾兴的原委作出说明,希望上级予以审核批准的过程。在申报阶段,申报人需要做的最基本的事情有两件,第一件是要写作一篇申报文书。按照具体情况不同,这篇文书的作者一般有四类人,一是捐助者本人,二是本地乡绅,三是儒学师生,四是地方官员。这些申报文章一般总称为"呈文"，或简称为"呈"，也有的称为"禀稿"，或简称为"禀"。在具体行文时，也可以称为"申"、"申详"、"呈"、"呈请"、"禀"、"禀请"等。在逐级向上申报时，不同级别之间的称谓也略有不同。

作为一种上行公文，申报文章应按固定的体例与结构来书写。其中开篇第一句应揭示申报人与申报目的，具有公文标题的作用；接下来为正文，应说明申报立案事项的原因、申报立案的事件、已经完成的程度、今后的管理方式；最后为结尾部分，应表明申报愿望，并表示希望审批的官员做到哪些事情。这种呈文方式已经逐渐发展成为申报立案活动的规定程式，如同治《奉新县志》所载道光二十八年（1848）三月奉新县登瀛集首事帅方蔚等向知县申报立案的呈文：

> 具呈登瀛集首事在籍御史帅方蔚、候选同知赖以立等为阖邑公立登瀛集恳请存案以垂久远事：窃维纪乡间之鼎盛，里志鸣珂，嘉英俊之同升，人思结绶。茅茹彙进，桑梓增荣。敢忘缟带之交，载效纶巾之赠。我奉邑家崇经术，代有闻人。江右最为有声，科名常为称首。惟是人文特盛，寒士居多。当会试之年，诸举子每以资斧维艰，不克遂其计偕之愿。职等同袍谊切，推毂情殷，是用邀集同人，捐立登瀛集，共捐银二万五千余两，租三百余石，敛捐费置公宇一所，租产若干处，详载清册。其余分布生息，岁收其入，以助公车程费及诸生乡试、童生小试，各赠卷资有差。现已举行六年，诸臻妥协。事关阖邑公举，应请存案，以备志乘采择。为此呈明台下，并造具清册一本，恳准钤印发房存案，以垂不朽。从此十年种木，并入词林，百里栽花，俱成乐树。职等不胜感激屏营之至。谨禀。计

呈清册一本,右呈县主父台前。[2]

这篇呈文的第一句开宗明义表明了申报人是在籍御史帅方蔚、候选同知赖以立,申报目的是为登瀛集存案;正文的开头先说明为帮助乡人参加科举考试而捐设登瀛集,接下来说明总共捐集了25000余两的钱款、300余石的田租,将用于资助本县士子参加各级科举考试,申报的目的是为了请知县盖印发房存案。

第二件是编制申报材料清册。奉新县登瀛集申报呈文的篇幅较为简略,这是因为呈文的作者已经把申报立案的其他内容包括所建房宇、购置田产、管理章程以及捐助详细数目等内容另外刊刻成册,作为呈文的附录资料一起呈缴,以便审批者随手翻阅。这种详细刊载相关资产、管理章程、管理首事姓名的作为附件与呈文一起上交的清册,是宾兴申报立案时除呈文之外第二件不可或缺的重要材料。如广东丰顺县,道光三十年(1850)捐设宾兴,捐资人职员李崧在其呈文中便提到"前后捐款若买田、典田、出借钱文,均一一粘单注明"[3];安徽宿松县在太平天国起义后清查废寺田产归入宾兴会,知县刘奎光在申报各级衙门立案的禀稿中也提到"理合将已经查出各废庙田亩请准永远归入宾兴会,并造送清册,具文详请"[4];湖南芷江县于道光二十六年(1846)筹设官学、书院田产,其中拨124石为乡会试盘费,在申报立案时,知县谢廷荣亦云"除将捐置田亩地名并每年支销细数另行刊列石碑,邀免缕叙外,所有书院、官学规条,理合开具清折,禀呈查核,批示饬遵,以备案牍。"[5]所谓"粘单"、"清册"、"清折",均是申报是上缴的材料清单。

二、审批

"审批"是指较高一级单位对较低一级单位所申报的事情进行审查、核实,并回复是否同意其申报意见的过程。由于捐设宾兴是有利于人才培养的向善义举,因而各级地方官一般都会给予正面肯定的批示,只有在递交文件不够详细、管理规章不合规定的时候,才会批示发回重核,补充上报。

审批需要管理者查阅相关法律文书或以往案例作出分析,同时应调查取证,对申报内容的真伪作出判断,最后以批文的形式体现审批结果。和申报一样,大部份清代宾兴的审批也是逐级进行的,只不过申报是由下而上地逐级上报,而审批则是由上而下地逐级行文。在批文下行的过程中,依两两对应的行政部门的不同,行文的称谓亦各不相同。如据同治湖南《酃县志》所载《宾兴始事由》,有"本年五月日准本县张移称乾隆四年五月日奉本府严牌开乾隆四年五月奉布政司张牌开乾隆四年四月日案奉护抚部院张批本司呈详乾隆四年二月日案奉前抚部院张批本司详据酃县称"[6]之文,其中将知县的札文称为"移",将知府、布政司的札文称为"牌",将巡抚的札文称为"批"。

需要指出的是,很多清代宾兴的立案过程是逐级审批的,先由最低级别的知县审批,接下来是知府、道台、按察使司、布政使司、学政与巡抚,最后是总督。如据嘉庆《如皋县志》,江苏如皋县乡绅朱洪寿之妻方氏于嘉庆十四年(1809)捐田200余亩资助士绅乡试盘费,江苏各级地方官员逐级审批了如皋知县的呈文,其中通州直隶州知州批示:"既据通详,仰候各宪批示。"常镇通道批示:"据详,该县原任巡检朱洪寿捐送田二百余亩入公,每年收息存典,再为生利,逢乡试之年以为寒士盘费,好义可嘉。"江苏按察司批示:"据详朱洪寿捐田入学,惠及士林,洵属乐善义举。"江宁布政司批示:"仰通州复核拟议,详司察夺,毋违。"江宁巡抚批示:"仰江宁布政司核明,通详饬遵。"两江总督批示:"朱洪寿捐田收租,以为士子乡试盘费,洵属义举,仰江宁布政司查明,议详请奖。"[7] 从批文内容来看，较低级别的地方官都知道自己不能最后做主，因此江苏按察使、常镇通道的批示均只说鼓励的话，通州知州则直接说等上级批示；较高级别的官员则摆出严肃对待的架势，一致批示要认真复核。

同治《崇仁县志》记载的各级官员为江西崇仁县"公车会"审批立案的批文内容，亦颇能说明这种逐级审批的程序。崇仁县公车会设立于嘉庆二十三年（1818），是由本县乡绅在职知县甘扬声捐资 2000 串，作为本县举人会试盘费，并"具呈在县"，同时恳请崇仁知县为之"申详立案"。为此，崇仁县知县批示："据禀捐钱二千贯，存典生息，作为会试公车盘费，甚属可嘉。候据情详请立案可也。"抚州知府批示："职员甘扬声捐钱生息，为贫士会试之资，具见好义可嘉。仰候转详藩宪立案。"江西布政批示："据详，职员甘扬声捐资交典商生息，以为本邑举人会试盘费，殊属可嘉。仰候详明抚、学二宪立案，仍饬县妥为查察，毋使日久侵欠，致虚义举。"江西学政批示："如详立案。"江西巡抚批示："仰布政司核饬立案。兹邑绅等以店铺更换无常，人心叵测，恐年久日深，不无从中侵挪情事，复为酌定章程，勒石垂久，庶不负甘明府好义之举与各宪奖成之意。"[8] 从知县、知府、布政司、巡抚的批文，可以发现较低级别的官员均在作出肯定批复之后，强调要"候"、"仰候"更高级别的官员批示，反映了批示出现的时间先后顺序。

同治《芷江县志》记载的禀请设立官学田产的批示日期，也能很好地体现这一逐级审批的立案管理制度。道光年间，芷江知县谢廷荣倡议捐置田产 865 亩，每年可收田租 1700 石，作为本县官学、书院、乡会试盘费各项教育事业的基本金，禀请各上级部门审批立案。据县志记载，道光二十六年（1846）七月二十六日，沅州知府批示，捐资育人是维护风化的美政，但捐田总数巨大，说明肯定有人捐了较大的数额,应该"照例详请议叙,或由上宪奖以匾额",因此要求芷江县"仰再悉心计议为是"。八月初三日,分巡道批示,谢廷荣倡捐义田,作育人材,可嘉之至,认为可以"仰即如禀立案。所有各捐户即分别奖以花红匾额,以彰善行"。初九日,湖南布政司批示了4个字:"据禀已悉。"同日,湖南巡抚批示:"据禀,捐廉倡劝捐置书院田亩,作为膏火等情,所议各条周密妥协,殊堪嘉尚。仰布政司核饬该县妥为办理,务期行之以实,持之以恒,无得始勤终怠,致废善举。切切。"同日,湖广总督批示:"据禀,该县倡捐并劝谕捐置书院田亩,岁增租谷以为膏火束脩等项之用,深堪嘉尚。所议规条亦属允协。仰南布政司转饬查照遵行,以垂永久。切切。"⁹该县此项教育公益基金的审批立案过程仅用了一个多月的时间,不能不说是非常快速的了。

当然,并不是所有的宾兴呈报文书都能够得到快速批复,甚至不一定能得到肯定的批复。如广东丰顺县乡绅于光绪元年(1875)参照海阳县条例措办印金,即代新进文科生员向教官缴纳印卷费,交由敬学堂(后改登瀛堂)首事管理。当绅士吴翱、朱冠煐等呈文上报请求批准立案时,各衙门几乎都提出了相关疑问。其中知府衙门的疑问是:"惟现议章程是否周妥?所置产业果否切实可靠?仰丰顺县查议明确。"道台衙门的疑问是:"惟所列条款,是否公论同符?悉臻妥协?仰潮州府核明,转饬丰顺县会同县学筹议禀复。"按察司衙门的疑问是:"惟捐项是否永远充足?有无窒碍?既据声明呈赴列宪,仰潮州府听候批示核明。"学政衙门的疑问是:"敬学堂款项出自何处?曾否集有成数?能否永无窒碍?事关合邑善举,仰丰顺县核明。"巡抚衙门的疑问是:"至所拟条款,是否妥叶?仰潮州府核明议确。"¹⁰综合来看,这5个衙门的疑问主要包括两个方面,一是是否筹集了充足的资产以保证该项公益能长久维持,二是所呈报的章程是否由大家共同拟定,从而保证妥帖允洽。应该说,这两个疑问不仅是清代地方官在审批宾兴时最为常见的考量因素,也触及了包括宾兴在内的所有公益基金最为核心的内容。

三、存案

"存案"是指政府审批部门在批准了下级行政部门、社会组织或个人的申报意见之后,将其所呈交的申报公文及附录的财产簿册、管理章程、经理士绅姓名等加盖印信,由本部门存为档案以便以后核查的过程。在地方志的记载中,对"存案"这一环节的文字描述最为简略。

如山西代州,光绪初年知州俞廉三倡捐设立宾兴,并于光绪六年(1880)主持刊印了一部《代州宾兴章程》,其中除了说明创立宾兴的原委、条列宾兴管理章程、刊载捐资人姓名、捐资店铺名称和捐款数额,还刊录了俞廉三向各上级衙门递交的一篇呈文,并附上各衙门的批复。这些衙门及其主管官员包括"道宪广"、"臬宪松"、"藩宪方"、"学宪王"和"抚宪张",即分别为当时的雁平道、山西按察司、山西布政司、山西学政和山西巡抚。由于山西不设总督,故批复文书中没有出现总督的批文。这些批文的内容如次:

> 道宪广批:据禀倡捐文武乡会试宾兴银两,发商生息动用,所议条款均属妥协,深堪嘉尚。仰候院宪、学宪、藩司、臬司批示遵办。缴。清折存。

> 臬宪松批:据禀已悉。仰候抚宪、学宪、藩司批示。缴,清折存。

> 藩宪方批:既据径禀,仰候抚宪批示。缴。记文、条款存。

> 学宪王批:据禀各节,具见振兴士气,培养学基,欣幸之

至。仍候抚部院批示遵办可也。此缴。白禀、记文存。

抚宪张批:创办宾兴,整饬书院,增置义学,均属嘉惠士林之事,该州一一举行,所议章程亦均周密,殊堪嘉尚。仰即如禀立案,历久勿替。再本部院意,谓义学一节,尤为化民成俗之要领,敬教劝学之始基,该牧才优力果,若能随时推广,使境内有义学数十区,弦颂之声盈于代北,不亦美乎? 跂予望之。缴。清折、记文存。[11]

这5个衙门的批文篇幅各有长短,所持态度有的极力褒奖,赞誉有加,如雁平道、学政和巡抚的批文;有的模棱两可,莫衷一是,如按察使、布政使的批文,从中体现出由于各级衙门的审批权限有所不同,故其批复内容也便互有区分。尽管如此,每个衙门均有要求将呈报文书予以存案的批复内容,也就是每个批文的最后一句,雁平道为:“缴,清折存。”按察司为:“缴,清折存。”布政司为:“缴,记文、条款存。”学政为:“此缴,白禀、记文存。”巡抚为:“缴,清折、记文存。”5个衙门的存案批复中都有一个“缴”字,而要求所“存”的内容则多不相同,似乎能够体现出存案并非按照统一的固定程式进行,而是各地方官可以根据自己的喜好来要求申报者上缴存案的物件。

尽管山西各级地方部门对代州宾兴呈文在存案方面的批复非常简略,但这绝非各地针对宾兴呈文的存案批复中最为简略的。如光绪四年版《宁乡县宾兴志》刊载了一篇题为《唐邑侯拟定支放学租、公车,择绅经理章程,通禀抚、学、藩、臬、道、府宪稿》的禀稿,各衙门批文的存案指令便极为简略。其中长沙知府的存案指令为:“此缴,折存。”巡盐道为:“缴,折存。”湖南布政司为:“缴。”湖南学政的存案指令稍微长一点:“缴,正禀暨清折存。”[12]浙江庆元县所得到的宾兴批复的存案指令同样非常简短。该县在光绪三年(1887)整理恢复了"卷田",并逐级申报请求立案。各级政府对其禀稿进行了批示,其中除了处州知府的存案指令为"缴,折存"一共三个字外,浙江巡抚、浙江布政司批文的存案指令均仅有"缴"一个字[13]。

　　以上各州县宾兴批复的存案指令中的"折",是指作为附件与呈文一并上缴的小册子,其记载的内容可包括宾兴章程、管理董事名单、捐助者及捐款、田产详单,有时也包括文士、名人为之撰写的记文。这种"折",在其他地方也被直接称为"册"或"清册",在宾兴批文的存案指令中一般以"册存"或"清册存"字样出现。如同治江西《南康县志》改编收录了两份宾兴禀稿,其中第一份是同治四年(1865)南康知县汪宝树根据举人卢鼎峋的呈文禀请将书院宾兴款项从众善局中独立出来由绅士管理的禀稿,第二份是同治五年南康知县沈书祥根据举人刘云锦的呈文禀请将众善局原管充公田租1000余石拨为宾兴馆产业的禀稿。对于第一份禀稿,江西布政司衙门批示:"已据详,经本司前护抚篆任内批司转行矣。仰即查照另札遵行。册存。"南安知府批示:"如详立案。清册存。"对于后一份禀稿,江西巡抚批示:"宾兴公项,如详立案。仰布政使转饬知照。册存。"江西学政批示:"如详立案。册存。"江西布政司批示:"已据详,该县详奉抚宪批司转行南安府查照,另札饬遵办理。册存。"江西善后局批示:"据详已悉。册存。"分巡道批示:"据详已悉。册存。"南安知府批示:"如详立案。册存。"[14]这些批示中的"册存"、"清册存",与前引各文献中的"缴,折存"的意思是一样的。

　　当然,也有一些存案指令并不用"缴,折存"的形式做出明确要求,而是较为笼统。如光绪江苏《江宁府志》卷十五《拾补》刊载了一篇同治十二年(1873)十月刊碑的题为《江宁府属公车费碑》

的碑文,其内容是同治九年(1870)江宁知府冯柏年向各上级衙门禀请利用牛本银存典生息作为宾兴的呈文。针对这篇呈文,湖广总督、两江总督、江苏巡抚、江宁布政使司、江苏盐巡道均作了批示,具体内容为:

> 湖广爵阁部堂李批:据详已悉。缴。
>
> 两江总督部堂马批:如详立案。仰江宁布政司转饬知照。缴。
>
> 江苏巡抚部院丁批:查阅所议章程,似尚妥洽。仰江宁藩司饬候两江总督部堂批示遵行录报。缴。
>
> 江宁布政使司梅批:据详收支章程尚属周妥,应准照办。缴。
>
> 江宁盐巡道凌批:如详立案。[15]

在这五个衙门的批文中,湖广爵阁部堂李(即李鸿章)、江苏巡抚、江宁布政使司的存案指令均只有一个"缴"字,而江宁盐巡道则直接批示"如详立案",两江总督的批示则结合了其他四个衙门的存案指令,既有"如详立案",又有"缴"字。

以上分别从申报、审批、存册三个方面,对清代宾兴的政府立案管理制度进行了考察。当然,清代宾兴申报立案是一个系统的完整过程,而且很多地方的宾兴在立案过程中并非都是一帆风顺,一经申报马上就能通过,而是往往会遇到需要补充相关材料的情况,被某级政府官员驳回补充重写,然后再次上报,最后历经多次文牍往返,才能最终获准立案。有些地方志在记载这类复杂立案过程时,也都不厌其烦,详细登载。对此,本文将在案例分析中加以阐述。

第二节　清代宾兴申报立案的行政审批部门

从地方志的记载来看,不同地方、不同时期的宾兴的立案过程并非完全相同,它们往往因宾兴类别、申报人身份、最后审批部门的差别,而呈现不同的特征。清代宾兴的最终审批立案部门主要有以下各种。

一、由州县审批立案

清代宾兴中以州县级宾兴数量最多,故州县往往也是宾兴申报立案的最低级别的政府部门。从地方志的记载来看,有些宾兴的申报立案也仅需由州县审批即可完成。

道光《永宁州志》卷六《学校志》里用概括总结的方式,将道光十三年(1833)贵州永宁州生员黄如槐捐银300两购置田产设立"卷田"宾兴公益基金的呈文、批文、给奖等3项内容糅合在一起加以记载。呈文的第一句话为:"进士杨茂材,举人修武谟、侯荣封、姜封齐,贡生黄中理、彭上卿,生员张绍本、修皋谟、姜受善、王希彦、郑廷兰、张绍德、李枝青、龙天培、姚琳章等,为恳定州考试卷章程,宏登进以培人才事";正文部分说明了捐设卷田的原因、捐购田产的各位士绅的姓名与捐资数额、卷田的管理方法与经费使用计划,结尾一句为:"州学众议金同,实为培植人才起见,理合呈请批示,永定章程,则栽培之德共祝高厚矣。"对此,永宁州知州梁昆的批文先简略概括了呈文的主体内容,最后批示:"洵属可嘉,除黄如槐等各给匾额奖励外,余照所议遵行。"最后,州志记载的给奖情况为:"赐黄如槐匾额曰:义重儒林。修训谟等匾额曰:义举可风。罗运昌等匾额曰:美济竹林。"[16]说明永宁州卷田的审批立案的最后部门是知州。

同治湖南《桂阳县志》收录了一篇题为《桂邑公呈》的呈文,其递送的时间为道光二十六年六月初四日。该文第一句为:"具呈贡生朱经樑、何文洛、范仲遴,廪生叶中泰、朱组缨,增生朱廷典、叶正荣,附生周世錞、何宏先,监生范继阳、叶正发等,为增广宾兴膏火,恳饬贮埠,以振人才事";呈文内容为已经捐设宾兴花边银2000 大元,希望地方官出面交埠商承领生息;结尾一句为"为此公恳大父台批饬埠商暨诸子店具领,出结交代存案,以便载入县志,立碑书院暨该埠门首,垂诸久远。戴德上禀"。从呈文内容来看,该呈文所递送的部门应该是桂阳县知县。桂阳知县的批文只有很短的一句话:"候移传城口埠商并各子店出具领费保结存案。"[17]表明桂阳县宾兴申报审批的最后部门是桂阳知县。

同治江西《奉新县志》收录了4 份宾兴申报立案文书,分别归在由乡绅捐资设立的2 项宾兴即登瀛集、广华堂的子目下。本文前文转引的乡绅帅方蔚、赖以立呈报县衙请求为登瀛集审批立案的呈文是其中的第一份,所署时间是道光二十八年三月。在这篇呈文的后面,县志附载了奉新县知县的批文。批文的内容先是简略概述了登瀛集的捐设过程,最后批示"乐助银数、租产簿一本,存房立案,以垂久远。"[18]从呈文内容来看,此次申报立案应该是只到知县衙门就算完成了。

一些宾兴专志也都循例刊载了立案的详细过程。如前引光绪《宁乡县宾兴志》卷一《禀稿》刊载了4 篇呈文,均拟有题目,每篇呈文的后面均附录了相关衙门的批文。其中第二篇题为《职员李镇湘、刘倬云、秦璜具禀》,开篇第一句为"为案恳核定文武科、岁县试卷价章程,以垂久远事";正文说明了捐资购置岁科试文武卷价田产的相关事宜;结尾一句为:"兹因试期将近,理合开具条程,呈恳公祖赏赐察核批准,存案泐碑,以垂久远。实为公便,须至禀者。"接着这篇呈文内容刊载的是"计粘章程一纸",内容是士绅拟定的"科、岁之年分发礼、兵二科工食及各小费章程",亦呈交知县审核批示;其最后一句转述宁乡县知县唐步瀛的口头批示:"奉邑尊面谕,凡场内火食、油烛、纸张,均由地方官自行捐廉,无烦首事备送。一并刊刻,以为定章。"[19]从这则呈文及其批文的内容,我们可以知道,在知县审批宾兴申报文书时,如果他愿意由县衙承担相关费用(自行捐廉),而不是由乡绅捐资设立一项宾兴,则只需口头批复(面谕)即可,本次申报立案亦到县一级便可停止,无须继续上报知府、道台、布政司以及巡抚、总督衙门。

二、由知府审批立案

　　由知府审批立案的宾兴案例在地方志及相关宾兴文献中较不常见。《宁乡县宾兴志》所载4篇禀稿的最后一篇,题为《具禀府尊》,系宁乡知县向长沙知府禀报本县士绅捐资置办府、县儒学教官印卷公田并请予以审批立案,主要说明了捐资的原因、捐田租额、管理方式等项内容。其第一句为"为禀恳核定宁邑学租分发日期以便遵守事",结尾一句为"是否有当,理合禀请大公祖赏赐核夺批示祇尊,并恳檄行各学遵照,饬县存案备查,以垂久远,实为公便。须至案者"。对于这篇禀稿,长沙知府的批示是:"据呈,嗣后学租拟于九月内由首事按照原定数目一齐量交。遇有交卸,由教官自行按月匀分。似此量为交通,比先更觉简易,事属可行。候札饬府县各学遵照,并行知宁乡县存案可也。"[20]也就是完全同意了宁乡知县的禀请。这篇禀稿及批文的后面,没有刊刻更高级别的行政部门如布政司、巡抚衙门的批文,似乎说明此类印金事务只需知府批示同意即可照章办理,无需上报道台、布政司、巡抚等更高级别的行政部门。

光绪湖北《罗田县志》卷四《政典志》收录了一篇《筹办府、院试文武童卷价亲供费田原案》，从形式上是一篇文稿，但从内容来看则是两份公文的合刊，即前半部分是罗田县绅士禀请捐设府院试文武童卷价亲供费田的呈文，后半部分则是黄州知府的批文。其中申报呈文递交的时间是同治二年（1863），其第一句话是："具禀首士姚敦礼（共列有 24 位士绅的姓名，此略）等为遵谕筹办抄据粘呈叩详立案以垂永远事"，正文说明本县遵照黄州知府札饬，已经捐资购置田产，交由本府礼、兵二房管理，结尾一句为："仰乞察核转详，实为公便。等情。禀。"黄州知府批文发出的时间是同治三年四月，其第一句话为"奉府宪黄出示晓谕"，正文部分先简略转述了呈文的内容，接着表达了审批意见以及对该项宾兴经费的管理要求，结尾一句话为"各宜凛遵毋违，特示"[21]。从呈文内容来看，罗田县捐设该项宾兴是遵照黄州知府的命令进行的，故而士绅申报立案的审批部门是黄州知府。

从湖南宁乡县的案例我们可以看出，由于所捐设的印卷公田不仅涉及宁乡县学教官，同时也涉及长沙府学教官，因而被上报给长沙知府进行审批立案。从湖北罗田县的案例我们则可以看出，该县此项宾兴之所以要向知府申报立案，是因为其资助类别涉及岁科试时的府试和院试的相关考试费用，而府试、院试恰恰是在府城举行，并且是由府衙的礼房（文科举）、兵房（武科举）负责考场事宜，卷价、亲供费也正是由他们负责收取。因此，只有向黄州知府申报立案，才足以对其领导的礼房、兵房形成有效的行政监管作用。

三、由学政审批立案

清代学政是主管一省学校教育、岁科试考试的最高官僚，宾兴作为科举的附庸,自然属于学政可以也应该管辖的范畴。因而有些地方的宾兴在申报立案时,其呈文是递交到学政衙门。

光绪广西《北流县志》刊载了3篇广西学政批复该县宾兴申报呈文的批文,但没有记载呈文内容。第一篇是咸丰四年(1854)广西学政孙锵鸣批复前任直隶南宫知县梁宗敏等乡绅呈报创建宾兴馆代每名新进文武新生缴送学师印结银15两的,后半部分内容为:"准即立案示后,永远遵行。并题兴贤育才四字,以颜斯馆。惟愿好义者有以扩充,董事者无滋流弊,则良法美意,久远长存。本院不胜厚望之至。"第二篇是咸丰十一年(1861)广西学政张正椿批复前任湖南石门县知县李敏阳等乡绅呈报宾兴成规的,全文为:"据呈已悉。仰候行知该州转行该县遵照旧章,文武新生每名由宾兴董事送学中印结银一十五两,准即立案可也。词发,仍缴。"第三篇是同治七年(1868)广西学政杨霁驳回北流县教谕、训导呈请追加结金数量的,驳回的原因是之前宾兴馆已有成规,并不算少,而"教官官职虽微,而教士之责实最重,名分最尊,自当顾名思义,以循循教士为己任。不得驰情于赞仪,为儒林所鄙薄。兹以结金细故,辄行形诸笔墨,禀请批示,殊属不合。此缴。"[22]从这3篇批文的内容来看,前2篇是乡绅主动捐资设立宾兴代新进生员缴纳印结银的,广西学政均给予了肯定的批复;后1篇是儒学教官要求增加印结银数额的,被学政以受人鄙薄而批驳之。

前引同治《奉新县志》刊载的4份呈文的最后一份,是前任监察御史帅方蔚等奉新县士绅呈报江西学政请求为广华堂审批立案的呈文,所署时间为咸丰九年(1859)十月初四日。呈文的第一句话为"具禀奉新县前任掌京畿道监察御史帅方蔚、候选同知赖以立、前任赣县训导邓维城、恩贡生宋邦宣、岁贡生帅生甫、附贡生魏屏翰、生员刘校书、廖大镛、许振祺、帅经邦、捐职徐树楷、邓祖灿等为捐送束脩请饬照办以全义举事";正文部分说明了捐产设立广华堂的原因、捐产数额、经费管理和使用计划等;结尾一句为"叩恳恩准牌行南昌府学、奉新县学,饬令照呈办理,以符原案,而全义举。庶几百里栽花俱成乐树,十年种木共入词林,职等不胜感激待命之至。上禀。"对此,江西学政批示:"仰南昌府学、奉新县学照呈办理可也。"[23]广华堂是专门为岁科试新考取生员代缴儒学教官束脩费的宾兴组织,学政是岁科试考试的主考官,故本次呈文申送的部门是江西学政衙门。据呈文内容还可以知道,早在咸丰四年帅方蔚等便倡捐过同类经费,并已经由县衙、府衙批准立案。只不过因为恰逢太平军攻占奉新县城,存典银钱全部丧失,故而再次捐资,并转向学政呈报立案。

嘉庆湖南《郴州总志》收录了一篇由举人陈振玉执笔撰写的《公捐宾兴银呈》,其开篇第一句为"为公捐宾兴,恳饬贮典,以宏科甲事",正文部分先说明了捐设宾兴的原因、乡绅所捐的钱数以及计划采取的管理方式,结尾一句为"为此,公恳大宗师饬典承领立案,以便载入郴志,垂诸久远。士林感戴无涯。上禀。"从其内容可以看出,该呈文递送的部门是湖南学政(大宗师)衙门。湖南学政接到呈文后,批示:

> 该绅等捐钱千贯,发典生息,以勷诸生入闱经费,并行宾兴典礼。具见策士奖贤,意诚良善。但典中交息,每月只能一分五厘,逢科核算,分别支存,不得利上起利。惟是发钱生息,官为经理,殊多转折。所有发典钱文,该绅等自向典商交代,取具领状,呈州备案。至遇乡试之年,令一等前五名诸生赴典支取散给。恐典商难于稽查,殊多不便,该绅等须酌派殷实老诚首事,于科场前一月赴典支取散给,庶几于绅、商彼此均便。

着各遵批准办,另禀备案可也。[24]

湖南学政的这一批文尽管仅有不到 200 字,但较之本文所查阅的其他批文,它的篇幅算是很长了。在短短 200 字中,湖南学政向申报者表达了至少 4 个方面的信息。首先,批文充分肯定了士绅捐钱设立宾兴和举行宾兴礼的积极意义;其次,他为士绅选定了按书院现例每月 1.5 分存入典铺的生息利率,并不得利上起利;再次,他认为"官为经理,颇多转折",应该由士绅自行向典商存款取息,发领经费,实行自主管理;最后,他建议士绅应该让典商立下领状并向郴州知州呈报备案。这一滴水不漏的批文,不仅为郴州宾兴的长远发展奠定了基础,也相对减轻了典商的负担,为基金的增值提供了保障。

值得注意的是,有些地方的宾兴的申报立案最初本就是根据学政的命令进行的。如福建尤溪县,嘉庆七年(1802)福建学政恩普访问得知该县因"试费维艰",已经连续十科无人参加乡试,乃于七月十八日札谕尤溪县儒学,建议将县中原归岁试批首收纳的已废正学书院田产 44 亩余拨入乾隆六十年(1795)知县曹寿捐钱 100 千文购置的"连科中田","遇乡试年作为科举盘费"。为此,七月二十二日,尤溪县儒学全体师生根据恩普的意思共同呈文,表示书院田产本为公捐,书院既被火烧,"情愿将此租谷作为文生乡试盘费,俾科举诸生均沾余润"。恩普接到呈文后非常满意,乃继续要求"一切章程仰各生公同详细妥议,赴学禀请申详批示立案,以杜争端,以垂久远"[25]。

四、由各级地方政府逐一审批立案

从数量上来看,本文从地方志及其他相关文献中查阅到的各类批文中,以上三种由知县、知府、学政单独完成审批的案例的数量相对更少,更多的则是由各级地方政府逐一审批立案的案例。

这些案例中,有极少部分是以道、府一级官员为申报者向上申报立案的。如前引光绪《江宁府志》所载《江宁府属公车费碑》,碑上所刻同治九年宾兴申报呈文,便是由江宁知府冯柏年作为申报者递呈江苏盐巡道、江宁布政司、江苏巡抚、两江总督以及湖广总督李鸿章,要求为本府拨各属县牛本银作为宾兴本金立案。又如广东韶州府"郡宾兴"经费,其得以设立均得益于二位南韶连道台杨殿邦、梁星源的慷慨解囊,计前后二人共捐银 1600 两,设立助考基金,"为韶属士子乡试省费,并举人会试、拔贡、优贡朝考京费"。太平天国战争之后,由于原捐郡宾兴经费被系数提拨军饷,同治十年南韶连道林述训与韶州知府额哲克商议,从道、府相关经费中分别提出 5000、1000 两,重新设立了韶州府"文闱乡会试宾兴经费";同时由林述训撰写立案申文,请求准予立案。同治《韶州府志》中收录了这则"由道申院详文",并附有"奉批:据禀,筹款发商生息,以为韶属士子文闱宾兴经费,洵属善举,所议章程亦属妥协。仰东布政司备移,遵照立案"[26]的简短批文。由于没有注明批示者的职衔,我们尚无法确定此项宾兴的立案是由两广总督还是广东巡抚最后批示执行的。

较多的案例是以县一级官员为申报者向上申报立案。如民国安徽《宿松县志》收录了 5 篇札文、呈文、批文,县志总名之为《附宾兴馆案录》,其中第一、第二篇分别是安徽总理善后局向包括宿松县在内的安徽省各州县地方官发出的要求遵照两江总督、安徽巡抚的命令查勘废庙田产拨归公产的札文和宿松知县遵照办理后的回复禀稿,第三、第四、第五篇都是宿松禀知县禀请将废庙田产划拨为宾兴会产业的禀稿及相关批文。第三篇是由宿松知县刘奎光呈交的禀稿,大致内容是宿松县委派绅士查勘废庙田产,发现其亩数并不太多,因此呈请将其归为宾兴会产业。该禀稿所署时间为"同治二年七月二十九日",到九月十九日,安庆知府批示:"奉藩宪、善后局批开,庙田请归绅耆经理,查出田租作为宾兴会之田,系为作育人才起见,应即准行。"说明该批示是在呈报给善后局、布政司审批后作出的。第四篇也是宿松知县刘奎光的申报禀稿,签署时间为"同治三年四月初五日",其第一句为"正堂刘禀为详请立案事",正文部分先总结了前次呈请划拨废庙田产作为宾兴并已获准立案的情况,接着举宋儒为例简略论述了划拨废庙田产作为教育公产的合理性,之后又说明了将废庙田产拨归宾兴后的管理方法,结尾一句为:"仰祈宪台鉴核,转请立案,实为公便。"据县志记载,对宿松县这一禀稿,安庆知府四月初八日批示:"据送已查废庙田册,存核备案。"安徽学政四月十三日批示:"据详查明废庙田亩,永远归入宾兴会,等情,准如所详立案。"安徽布政司衙门随后也作了批示,肯定了宿松县所议定的处理方法,并继续向上呈报巡抚、总督衙门。两江总督曾国藩批复认为,"宿松县废庙各田,请归宾兴充费,系属以公济公,应即如详办理。惟原文并未声明该庙有僧无僧,仍饬刘令逐庙禀明,期与原批定例不背。并将绅董姓名呈报备查"。安徽布政司衙门接到曾国藩的批示后,于五月十六日转批,要求宿松县立即"查明该县有僧无僧,通禀查核,并将绅董姓名通送备查,毋违。须牌"。宿松县知县奉命办理后,在七月十七日作出答复呈报,也就是第五篇禀稿,其中说明了委派绅士到各庙查看的结果,以及呈报宾兴会绅董们的大致情况,其结尾一句为:"缘奉前因,理合将查明各庙有僧无僧及绅董姓名,具文通报,仰祈宪台查考。除申抚、督、学三院宪暨臬、藩、局宪外,为此备由具申,伏乞照验施行。须至申者。"[27]从民国《宿松县志》所载这5篇札文、禀稿,我们可以看出它们是在拨废庙田产归宾兴会管理使用这同一事件在不同时间阶段的产生的公文，体现了清代宾兴申报审批立案的全过程。

　　前引光绪《宁乡县宾兴志》卷一《禀稿》刊载的 4 篇呈文，第一、第三篇均为呈报各级地方政府审批立案。第一篇题为《唐邑尊禀抚、藩、臬、道、府宪稿》，是以宁乡知县的名义于光绪元年某月日向各级顶头上司递交的呈文。其开篇第一句为："敬禀者。案据卑县职员李镇湘（共列有 23 位士绅的姓名，此略）等禀称；"正文说明了本次倡捐育婴、印卷、考棚、膏火四项经费的目的、过程、捐数、管理方法等；结尾一句为："兹据该绅等合词公恳前来。卑职查阅所禀系为恤寒畯而励英才、培元气而保赤子起见，理合据情转禀大人俯赐查核批示祗尊。云云。"[28] 对于宁乡县的禀请，湖南布政司衙门批示认为，根据巡抚衙门的批示，这些地方公益都属于由"地方公禀，并非官为加派，事属可行"，同意办理，但宁乡县仍需"将收捐成数及酌定经管章程，另行禀报抚宪及本司查考，毋违"，说明此事虽然原则上已经同意立案，但仍需补足相关材料呈送布政司、巡抚衙门。第三篇题为《唐邑侯拟定支放学租、公车，择绅经理章程，通禀抚、学、藩、臬、道、府宪稿》，内容为宁乡知县向各上级行政主管逐级申报本县办理印卷、公车经费的具体过程，其第一句为："敬禀者。案据卑县职员李镇湘、刘倬云、李培芬，生员秦璜、黄咏裳、叶垂青等禀称；"最后一句为："兹该绅等既逐一议定，卑职查阅所议各条俱极周妥，似可釐为定章，历久不改。惟事关学校大举，未敢专擅，理合将该绅等拟呈条规造具清折，转禀大人俯赐查核批示存案祗尊泐碑，以垂久远，实为公便。等因。云云。"在该禀稿的后面，附录了一篇管理条规，计有 22 条。这篇禀稿在上报的过程中共经历了 6 个衙门，首先由长沙知府批示："据禀已悉，仰布政司转饬立案。此缴折存，另单并悉；"接着送巡盐道批示"据案及另单均悉,仰长沙府饬候抚宪、学院暨两司批示,缴折存";发回长沙府后,知府批示"如禀立案,仍候各宪批示,缴折存。另单均悉。仰候抚宪、学院暨藩司、盐道批示,缴折存";接着湖南布政使司批示"据案及另单均悉。现奉抚宪批准立案,另札饬府转行矣。仰即知照,仍候臬司、盐道批示,缴";最后是湖南学政批示"准其立案,仍候抚部院批示,缴正禀暨清折存"。这6个衙门分别为:长沙府、盐道、布政司、学政、巡抚,其中巡抚衙门的批示在《宁乡县宾兴志》中没有记载。

当然,由地方乡绅作为申报者向上申报立案的案例也很多。如上引同治《南康县志》收录的两份宾兴禀稿,第一份是同治四年(1865)南康知县汪宝树根据举人卢鼎岣的呈文内容撰写的,第二份是同治五年南康知县沈书祥根据举人刘云锦的呈文内容撰写的。对这两份禀稿,南康县的各上级衙门均进行了批示。如对第一份,不仅南安知府作了批示,江西布政司衙门也作了批示,内容为:"已据详,经本司前护抚篆任内批司转行矣。仰即查照另札遵行。册存。"从中可以看出,该呈文曾经呈报江西巡抚衙门批示,只不过审批者是同一个人,即之前是在巡抚衙门办公的代理江西巡抚的江西布政使,之后是在布政司衙门办公的江西布政使。第二份禀稿则是由6个衙门作了批示。这就意味着,从举人刘云锦开始,他撰写的宾兴呈文共经过了知县、知府、分巡道、善后局、布政司、学政、巡抚计7个部门的批示,并分别在这些部门缴册存案。

前引同治《奉新县志》所收录的4份宾兴申报立案文书中,第二份是前任歙县知县宋家蒸等奉新县乡绅呈报县衙请求为登瀛集、广华堂补充案卷并请代为申详各上级地方衙门审批立案的呈文,呈报时间为同治十年十月。其第一句话为"具呈前署歙县知县宋家蒸等为案卷不全再请补存恳代申详以候批示事";正文内容说明了此前帅方蔚等士绅呈请为登瀛集、广华堂立案时,案卷都不够完整,故本次呈请将两项宾兴的资产细节、管理章程等情况另刊清册上报存案;结尾一句为"为此恳烦台下先将禀请存案缘由申详道学督抚宪,职等候藩、府上宪批示后,谨将批文刊入清册,再请台下钤印清册,申详上宪存案。庶前贤义举永垂不朽,从此十年树木并入词林,百里栽花俱成乐树,职等不胜感激屏营之至。谨禀父台台前。"对此,奉新知县批示"候查案,据情转详各宪批示饬遵";南昌知府批示"据详已悉,仰现任奉新县径详省志局宪核示。此缴。"第三份是封职许献琛等绅士呈报县衙请求为登瀛集、广华堂补充案卷并请代为申送各上级地方衙门审批立案的呈文,呈报时间为同治十一年正月。呈文的第一句为"具禀封职许献琛等为卷宗不全恳补详存候批汇刊事";正文部分简要叙述了帅方蔚等士绅劝捐设立的登瀛集、广华堂的捐产数额、管理方法,对此前申报卷宗不全的情况进行了说明,并指出此次申报已经将相关卷宗另刊清册一本,请求批准补充立案;结尾一句为:"上年十月,呈县志局绅经明前宪吕申详,已蒙府许批准在案,尚有各上宪未及通详,为此续将禀请缘由叩恳仁台迅为申详藩、抚、督、学、道宪。职等候宪批后,谨录批词,刊入清册,再烦台下钤印,申送上宪。职等不胜感切待命之至,谨禀。"[29]说明本次呈文是同治十年十月呈文的延续。对此,奉新知县批示:"候据情补详各宪核示饬遵。"在奉新知县的这条批示的后面,《奉新县志》还刊列了"道宪批"、"藩宪批"、"督学部院批"、"巡抚部院批"和"总督部院批"五行字,但没有刊载具体的批示内容。究其原因,当是因为本次呈报恰逢县志刊刻完成,故而县志仅来得及将呈文刊载入志,而各衙门的批示内容则无法补入。反观此前的第三份呈报文书,呈文结尾希望县衙"转详各宪批示",说明此后应该还要逐级上报审批;而南昌知府的批示则要求奉新知县"径详省志局宪核示",也说明仍需继续上报。但县志并没有记载省志局以及其他行政部门的批示,说明同样是因为批示还未下达,而县志已经必须完成刊印,以提交省志局作为修纂《江西通志》的原始资料。

清代宾兴立案管理制度中的各级地方政府逐一审批的形式,在地方志文献中被简称为"通详"立案。如光绪年间,光绪二十六年(1900)江苏句容县知县张绍棠每月捐钱 10 千文,由邑绅张瀛每月赴署领取后存入本城源裕典生息,创设宾兴,"并通详大宪立案"[30]。光绪十九年甘肃通渭县刑部主事牛瑗"捐宾兴资本钱一千缗"、光绪二十年(1894)新疆阜康县知县田鼎铭"捐宾兴资本钱四百缗",存典生息,"皆通详立案"[31]。光绪十七年(1891)浙江嘉善县邑绅钱宝传、刑部主事钱能训遵循长辈遗愿,分别捐银 2000 两、1000 两,存典生息,命名为"承志宾兴会",禀请知县江峰青"通详树案,遴董经办"[32]。光绪五年(1879)广东信宜县士绅因全省各县多有合筹公款帮助新进诸生备送两学师印金之例,乃仿照其他县份章程捐资设立"新进印金",并呈请知县饶佩勋"通详,奉批准行"[33]。同治年间,同治十二年(1873)湖南华容县知县孙薰将公田 2100 亩断作书院膏火、宾兴田,并"通详督抚、学宪、藩司、道、府在案"[34]。同治十一年(1872)江苏南汇县绅董禀请知县罗嘉杰划拨河工羡余钱 1200 千文存典生息,以弥补因太平军起义期间被毁的宾兴旧存公项银两,并"通详在案"[35]。同治十年(1871)安徽颍上县廪生张元炳等呈请知县将本县江口集充公逆产合计地 28 顷,每年收租作为文武乡会试及拔贡朝考盘费,"立定章程,通详存案"[36]。同治元年(1862)湖北恩施县知县许光曙改建道光十四年(1834)知县陈肖仪所建宾兴馆,并拨麟溪书院每年四成的田租作为乡试路费。接任知县翁键定有章程八条,并"通详各大宪批准在案"[37]。咸丰年间，如咸丰六年（1856）荆州知府唐际盛根据湖北松滋县邑绅的呈请，将南乡谋逆剿灭后清出的逆产划归宾兴，并为之"通详立案"[38]。该县宾兴原于道光二十二年（1842）由本县黄、刘、谢三名御史各捐钱1000串购田设立。道光年间，如道光十六年（1836）湖南安化县人两江总督陶澍奉旨回籍修墓，捐置水田120亩为"科举田"，并"呈县通详立案"[39]。嘉庆年间，如嘉庆二十三年（1818）浙江龙泉县邑绅蔡士豪、王致中、蔡士庭等倡行宾兴义举，劝捐铜钱2500串，存典生息，为赴试川资，并"通详立案"[40]。

　　清代宾兴立案制度中的"通详"二字，所谓"详"，是指"详细禀告"、"禀告详情"，所谓"通"，是指"全部"、"全都"，"通详"即指向全部各级主管部门详细告知。故一般只要出现"通详"二字，基本可以判定其是否遵循逐级申报审批的方式进行立案。

第三节　清代宾兴立案管理制度探源

　　以上所列举的有关宾兴立案的个案，其时间均大致在清代后期的道光、咸丰、同治乃至光绪年间，只有江苏如皋县的宾兴禀稿及批文产生于嘉庆十四年（1809）左右。这些案例的发现，虽然可以说明清代后期确实已经形成了宾兴的立案管理制度这一问题，但对于清代中期或者前期是否同样存在宾兴立案管理制度这一问题，则很难提供有力的证据。通过细心查阅各类地方志，我们发现了清代前、中期宾兴奉行申报立案管理制度的零星资料，从而对这一制度产生的较早时间进行探讨。

　　前引同治湖南《郿县志》所载《宾兴始事由》，从表面上是对本县设立宾兴的经过进行说明的叙事文，事实上则是一篇宾兴申报立案的呈文，同时也是本文发现存在时间较早的唯一一篇相对完

整的宾兴申报立案呈文,对于考察清代宾兴的立案管理制度颇具价值,故笔者不揣冗长,全文抄录于次:

鄮县儒学为捐田入学公议成规详请饬批立案以垂永久事。本年五月日准本县张移称乾隆四年五月日奉本府严牌开乾隆四年五月奉布政司张牌开乾隆四年四月日案奉护抚部院张批本司呈详乾隆四年二月日案奉前抚部院张批本司详据鄮县称:乾隆三年九月日,据恩贡生谭显名呈荷,生奉先人遗命,于雍正十三年七月内将己受祖遗并新买二都盈字区田共一十八号,计苗二十三亩五分,捐入学官,除每年修葺学官外,所余银两存为两庠乡试卷烛之资。已于乾隆元年赴本学具呈,蒙即据情详请学宪张批允勒石,附载县志。其田悉交圣诞会员士轮管,收租纳粮,迄今三载。讵本年乡试届期,经理不善,以致卷烛银两散给未清。禀请学师暨两庠文武生员于九月十七日齐集明伦堂,公议成规,嗣后将所捐学田每年额租四十七石,令耕户照秋收时价每银一两一钱折谷四石,当年详定之价,备银向值年首事折算,共该一十二两九钱。内支饷银三两,又值年首事劳金四钱,余支外,每年应存银一两五钱;积至三年,合计银二十五两五钱。如三年遇有歉岁,难足全数,照实收存银数,文三武一均分,俱于乡试之年七月初一日巳刻,应试者齐集明伦堂,当学师散给,以垂永久。当将所议成规,赴学具呈。旋据该学牒县详府转详本司,饬批立案。据此,旋批衡州府转饬鄮县查该恩贡生谭显名此项田亩有无互混别情,据实详司,以凭转请督抚院宪批示立案,仍候学院批示缴。旋据该县、府具详,贡生谭显名所捐学田,一系祖遗,一系新买。该贡生崇本好义,价足契明,毫无互混。上年十一月内奉学院张批,贡生谭显名捐田二十余亩,足征好义,深可嘉尚,准如详行缴。并将卖抄捐约文契详覆到司。经本司查覆,该贡生谭显名既将所管田亩慨然捐为修葺学官等项之资,实属好义。相应具详,伏祈本院俯赐察阅,以便转饬立案勒石,以垂永久。奉批,谭显名捐田二十三亩零,归于学官支用,固属义举。但果否出于情愿,有无官吏勒派情弊?查雍正十三年十二月内定例,愿捐义田等项,仍听本人身自经管,胥役主豪不得干涉。今谭显名捐田,归于首事经理,似有未合。仰再确查声明,另议详夺缴。奉批,当经转行。去后。今据衡州府详据酃县申称随据谭显名具呈前来呈称为遵批声明颁详定案事,缘生所捐学田,实遵先人遗命,并无勒派情弊。生系乾隆元年恩贡,已蒙验看。现在领咨赴京,不能分身管理,所有首事俱系老成生监,并无胥役土豪干涉、占据、侵渔之弊,等情。转详到司。据此,本司复查该贡生谭显名捐田入学,实系情愿,并无丝毫抑勒。该生系乾隆元年恩贡,已经验看,现在请咨候选,不能分身管理,而首事悉系老成生监,并无胥役、土豪干涉,应如该县、府所请,准其轮流经管可也。相应具详,伏祈本抚院俯赐察阅批示,以便转饬立案勒石,以垂永久。等因。据此,如详转饬立案勒石,以垂永久。缴。奉此,合行饬知备碑行府照文事理,即便转饬立案勒石,以垂永久,毋违。等因。奉此,合行转饬。为此,仰县官吏照文事理,即便遵照立案勒石,以垂永久。仍将碑摹具文申详各宪,并赍本府查考,毋违。奉此,除将碑摹具文申赍外,合行勒石竖立明伦堂,以垂永久。

这篇宾兴申报立案公文的结构较为复杂,其中不仅反映了雍正十三年(1735)酃县贡生谭显名捐献田产作为全县宾兴资产并呈请立案的过程,还反映了乾隆三年(1738)酃县儒学全体生员呈请变更该项宾兴资产的管理方式的呈请立案过程。

雍正十三年七月,恩贡生谭显名捐田入学,交由圣诞会员士轮管,主要作为本县考入县学、府学的生员参加乡试时的"卷烛之资",并于乾隆元年呈请儒学代向知县、知府、布政司、巡抚等申报立案,并获得批准。这是本项宾兴的第一次申报立案。

3年后,由于圣诞会经理不善,乡试考生没能领到银两。本县学师与全体文武生员乃于乾隆三年九月十七日在明伦堂集会,最终议定将此项田产交给值年首事管理收租,并由其负责分发资助经费。根据会议内容,捐助人谭显名执笔撰写呈文,向各级地方官申报立案。当该呈文逐级通过了县衙、府衙的审批,最后递交布政司衙门时,布政司衙门作出批示,要求对谭显名所捐田亩是否存在"互混别情"进行核查。根据布政司衙门的批示,知府、知县、儒学、捐助人谭显名逐级进行了审核,最终布政司认定所捐田产"价足契明,毫无互混"。乾隆三年十一月,湖南学政也给出了肯定的批示。湖南布政司衙门得到酃县的回复后,将呈文批示后上报巡抚衙门。巡抚衙门在审批时,对该项宾兴的管理方式产生了怀疑。他们认为,按照雍正十三年三月颁行的定例,各地百姓捐献的义田可以由其自己管理,而酃县此项义田则是交由首士经理,和定例"似有未合"。为此巡抚衙门于乾隆四年二月批示,要求布政司衙门设法查明本次捐输是否存在"勒派情弊"。这条批示逐级下达后,捐助人谭显名只得再次撰写呈文,说明捐田确实出于自愿,但自己已经领取咨文即将赴京,不能分身亲自管理,所以才与全体士绅一起商议,将田产交由首事经理。这篇呈文再次由儒学、县衙、府衙逐级递送到布政司衙门,布政司则转呈巡抚衙门,请求巡抚"俯赐察阅批示,以便转饬立案勒石,以垂永久"。根据谭显名经由各衙门逐级上交的呈文,巡抚衙门于乾隆四年四月向布政司衙门批示:"据此,如详转饬立案勒石,以垂永久。缴。"布政司衙门于乾隆四年五月向衡州知府批示："奉此,合行饬知备碑行府,照文事理,即便转饬立案勒石,以垂永久,毋违。等因。奉此,合行转饬。"衡州知府于乾隆四年五月向酃县知县批示："为此,仰县官吏,照文事理,即便遵照立案勒石,以垂永久。仍将碑摹具文,申详各宪,并赍本府查考,毋违。"酃县知县于乾隆四年五月向代为呈请立案的酃县儒学批示："奉此,除将碑一具文申赍外,合行勒石竖立明伦堂,以垂永久。"该项宾兴因变更管理方式而产生的第二次申报立案得以圆满结束。

从湖南酃县宾兴申报立案的过程,我们可以发现,在雍正十三年(1735),关于社会捐资设立义田的管理存在一条可以由捐助人自行管理的"定例",如果相关义田没有按此方法进行管理,则审批部门应根据该条定例查明捐助者是否存在被官府勒派的隐情。同时我们也发现,与这条定例并行不悖的是,捐助人也可以自由选择是按此定例对所捐义田进行自主管理,或者是呈请地方官选派首事进行管理。从这则史料我们还可以发现,最起码在清代中期的乾隆初年,清代宾兴的逐级申报审批立案制度便已经存在了。

乾隆时期已经出现了包括逐级审批立案在内的宾兴立案制度,这在其他文献里也可以找到旁证。其中如乾隆五十七年(1792),湖北江夏县贡生程云炳捐资购买田产,资助"阖邑乡试场费",议定其"契约呈学备案,其田由学通详各宪备案"[41]。该项宾兴被称为"程氏宾贤庄",是江夏县"宾兴三庄"中最早设立的一项。乾隆五十年(1785),浙江松阳县"文云开义田"的管理方式从学师管理改为"捐田立簿,分交董事司其事,以便稽查",引起了部分学师的不满。不久,"因学师孙咸宁争收此租",董事乃公禀知县韩清乾,由其呈文逐级上报,最后经浙江布政司衙门批示:"查此案以董事司其事,学官核其成,法良意美。仍着董事秉公经理,

不必官为吊核,致滋烦挠,等因,饬遵在案。"[42]乾隆四十一年
(1776),浙江浦江县监生潘开运、童生潘公选具呈上报浦江县知
县,愿遵祖父、叔父遗愿,捐田 100 亩,呈公择人经理,资助童生岁
科两考院试阶段路费。阖邑绅士戴如京等乃"公吁申详立案"。
之后,"是年五月通详,奉各宪嘉奖,饬县立案,以垂永久"[43]。该项
宾兴被称为"潘氏文武童生府院试卷费"。乾隆三年(1738),江苏
扬州府郡人汪应庚捐银 13000 余两,置买学田约 1500 亩,其田租
除供学宫岁修之费外,剩余部分资助扬州府、江都县、甘泉县三个
儒学的文武生员乡试资斧,并"通详永著为例"[44]。另如乾隆年间
浙江诸暨县人钟添玉捐输田产 120 亩余,代童生向县礼房缴纳县
试正、覆场试卷费,称为"童试卷资田",并"通详立案"[45]。又如云
南师宗州儒学生员张天然、聂起凤等捐银 32 两购置田产,每年收
租 15 石余,约定遇出贡则为贡资,遇科举则为科费,如无科举则为
岁考费用,并"具呈本州邹之瑾,转详两院批允,勒石入学"[46]。根
据《广西府志》、《师宗州志》的编纂时间及相关记载,师宗州此项
宾兴当捐设于雍正末年到乾隆初年之间。

除了这些逐级申报审批的案例,乾隆年间亦有其他类型的立
案案例。如申报知府立案。乾隆二十一年(1756)八月,浙江浦江
县贡生张以玢捐田 50 亩作为文武生员岁考路费,并"由学牒县,
由县申府,准作义举"[47]。又如申报知县立案。乾隆十一年
(1746),安徽望江县儒学诸生呈请将本县"藉田"田租全部拨归科
举经费,并由儒学牒送知县徐斌审批立案。该项田产原置买于雍
正六年(1729),田租收入原议祀事、科举四六分派,并经"阖学周
俊民等呈词一样二纸,前任黄当经批照。一纸存房,一纸给发诸生
遵守"[48]。说明该县此项"科举田"的两次立案均分别是由知县黄
鹤鸣、徐斌执行审批的。

安徽望江县科举田的第一次申报立案是在雍正六年(1729)，同在雍正年间审批立案的宾兴还有其他州县的案例。如雍正十二年(1734)广东徐闻县训导王翼与生员邓慧仁、骆器环等共同踏勘被人混占的本县儒学新庄田，其中两处田租被拨“作诸生科资”。踏勘完成之后，并“申详县、府”[49]，也就是向知县、知府申报立案。

据地方志记载，康熙年间全国有50个地方新设了宾兴，其中也有宾兴申报立案的案例。如呈报知县立案。康熙十一年(1672)，广东嘉应州(时名程乡县)因本年贡生与康熙九年贡生争收贡田租税，县学生员乃共同呈报县衙。知县王仕仁批示，由县学共同议定收租分配方式。之后，再次呈文申报，“批允在案，仍将原案印簿勒石”[50]。嘉应州贡田不仅由知县审批存案，并且立碑以垂久远。又如呈报知府立案。康熙五十五年(1716)，广东南雄府始兴县廪生卢士模因保昌县廪生不许其收取府学贡田田租，乃与本县生员联名呈文上报南雄知府。知府张楙审批之后，认为保昌县廪生借口此田原为保昌县人黄贵我、唐士朝所捐，故而不许始兴县籍的贡生分享田租收益，属于“以公作私，情理不合”，乃捐俸购置田租，与前捐田产合作100石，并将各项田产“绘形粮号四本，卖主亲立四契，佃户认耕四本”，除交给应贡者一份轮流交接外，其余三份“一发本府礼房立案，一发保昌县礼房存案，一发本府儒学立案”[51]。康熙三十年(1691)云南石屏州有坐落蚂蝗湾田地一处，石屏州廪生陈世治、杨维震、建水州廪生康允晋等共同呈报临江知府朱翰春，“奉断为三庠贡田”[52]。再如呈报各级政府通详立案。康熙四十二年(1703)浙江浦江县生员郑璧捐田百亩，资助本县文武科举路费，向知县呈文请求“勒石垂久”。知县迟日旭“据呈通详各宪”[53]。

地方志所载顺治时期全国新设的宾兴只有4项，因而宾兴呈请立案的案例也较为少见。其中如广东高明县的"阖邑宾兴饷渡",系乡绅莫御捐 6 只芏席船的摆渡钱作为学宫宾兴经费。顺治十年(1653),教谕王孙枢具文申详岭西兵备道沈某,经审查批示:"以公项而还公用,此盛举也。如详行。缴。"[54]王孙枢并与士绅约定,如日后遇有土棍豪强争夺侵占等弊,"许通邑绅衿执岭西兵巡道批文,赴县及司、道、部院衙门控诉"。高明县此项宾兴经费系由兵备道审批立案的,它和清代中后期各项宾兴的申报立案形式一样,同样具备防蚀救弊的法律效用。

从以上考察我们可以发现,在清代前期的顺治、康熙、雍正年间,各地宾兴的申报立案制度便已经形成。其中既有呈报知县审批立案的案例,也有呈报知府审批立案的案例,还有申报兵备道审批立案的案例,而呈报各级地方衙门审批立案的案例也已经出现。只是由于文献记载较为简略尤其是没有发现完整的呈文、禀稿、批文或札文,我们对清初该项制度的具体推行情况很难作出更为细节性的描述。事实上,清承明制,清代很多政治、经济、文教制度都是沿袭明代的做法。我们在一些地方志中,同样发现了明代宾兴遵行政府审批立案制度的蛛丝马迹。如前引广东嘉应州的贡田,原为明成化十七年(1481)所设社学田租,到嘉靖十九年(1540),经本县数十位士绅商议后,共同"具呈督学吴"[55],将田租其量存 10 石为社学经费,其余均拨作儒学岁贡廷试路费。又如前引广东徐闻县的 148 亩新庄田,原为明万历二十年(1592)运同邓士元之寡媳王氏捐入儒学的,用于资助生员科资及学道刷印考卷费用。知县熊敏为之"详允归学"[56]。所谓"具呈"和"详允",都是向上申报请求立案的意思。

本章结语

对于清代各类公益、慈善组织的申报立案管理制度,甚至包括清代之前各时期相关公益、慈善组织的政府立案管理制度,目前尚未有专著、专文论及,本文对清代宾兴的政府立案管理制度的探讨便因之缺乏更多可供借鉴的研究案例,偏颇之处在所难免。与清代宾兴一样,地方文献中对于清代儒学学田、书院资产的立案管理也有相应的详细记载,有些地方志中则保留了各善会、善堂组织申报立案的相关史料。对儒学学田、书院资产、善会善堂组织、宾兴会等公益、慈善组织进行政府立案管理的对比研究,应该可以更全面地了解这一制度发生、发展和执行情况的全貌。更进一步,如果能够就清代公益、慈善组织与当代社会公益、慈善组织的政府立案管理制度做一纵向的历史对比,则不仅可以了解此一制度的历史演进情形,更能够通过揭示历史时期此项制度制订与执行的经验教训、利弊得失,为当代公益、慈善活动提供历史借鉴。由于要完成此项课题需要查阅更为全面的史料,本文目前尚无法将此设想付诸实施,只能期待日后加以专门讨论,同时也期待方家师友不吝赐教。

注 释

1 (清)王崧、李星辉《光绪揭阳县续志》卷一《建置志·公租》,成文出版社,1974,第84页。

2 18 23 29 (清)吕懋先、帅方蔚《同治奉新县志》卷三《学校志二》,江苏古籍出版社,1996,第497、497、503—504、497—499页。

3 (清)陈朝翊、陈所能《光绪澄迈县志》,上海书店出版社,2001,第57页。

4 27 (清)俞庆澜、刘昂、张灿奎《民国宿松县志(一)》,江苏古籍出版社,1998,第427、426—427页。

5 9 (清)盛庆绂、吴秉慈、盛一棵《同治芷江县志》卷十二《义学》,江苏古籍出版社,2002,第177、176—179页。

6 (清)唐荣邦、杨岳方《同治酃县志》卷八《学校志·宾兴》,成文出版社,1975,第537页。

7 (清)扬受延、马汝舟《嘉庆如皋县志》卷九《学校志·学田》,成文出版社,1970,第729页。

8 (清)盛铨、黄炳炎《同治崇仁县志》附编《公产下》,江苏古籍出版社,1996,第681页。

10 (清)葛洲甫《光绪丰顺县志》卷二《建置志·条款》,成文出版社,1967,第280—282页。

11 (清)俞廉三《代州宾兴章程》,清光绪六年(1880)刻本。

12 19 20 28 (清)李镇湘《宁乡县宾兴志》卷一《禀稿》,清光绪四年(1878)宾兴局刻本。

13 (清)林步瀛、史恩纬、史恩绪《光绪庆元县志》卷四《学校志》,江苏古籍出版社,1993,第642页。

14 (清)沈恩华、卢鼎峋《同治南康县志》,江苏古籍出版社,1996,第592—593页。

15 (清)蒋启勋、赵佑宸、汪士铎《同治续纂江宁府志》,江苏古籍出版社,1991,第584页。按,李鸿章的批示,府志原文作"奉湖广爵阁部堂李批:据详已悉,缴"。"湖广爵阁部堂李"当指李鸿章,因其曾任湖广总督,后升文华殿大学士。

16 (清)黄培杰《道光永宁州志》卷六《学校志·卷田》,成文出版社,1967,第76—77页。

17 (清)钱绍文《同治桂阳县志》卷十《学校志》,江苏古籍出版社,2002,第85页。

21 (清)管贻葵、陈锦《光绪罗田县志》,江苏古籍出版社,2001,第301—302页。

22 (清)徐作梅、李士琨《光绪北流县志》卷九《学校志·宾兴馆》,成文出版社,1975,第372—375页。

24 (清)朱偓、陈昭谋《嘉庆郴州总志》卷之终,江苏古籍出版社,2002,第626页。

25 卢兴邦《民国尤溪县志》卷四《学校下》,成文出版社,1975,第439页。

26 (清)额哲克、单兴诗《同治韶州府志》,上海书店出版社,2003,第455页。

30 (清)张绍棠、萧穆《续纂句容县志》卷三下《学校志·宾兴》,成文出版社,1970,第310页。

31　（清）高蔚霞、荀廷诚《光绪通渭县新志》卷六《食货志·文社》，成文出版社，1970，
　　第163页。

32　（清）江峰青、顾福仁《光绪嘉善县志》卷五《建置志上·书院》，成文出版社，1970，
　　第120页。

33　（清）敖式槌、梁安甸《光绪信宜县志》卷三《经政志三·公款经费》，上海书店出版
　　社，2003，第494页。

34　（清）孙炳煜、张钊《光绪华容县志》卷五《学校志·书院》，成文出版社，1975，第
　　138页。

35　（清）金福曾、张文虎《光绪南汇县志》卷七《学校志》，成文出版社，1970，第
　　660页。

36　（清）都宠锡、李道章《同治颍上县志》卷四《学校志·学田》，成文出版社，1975，第
　　224页。

37　（清）多寿《同治恩施县志》卷五《学校志·宾兴》，成文出版社，1975，第279页。

38　（清）倪文蔚、顾嘉蘅《光绪荆州府志》卷二十一《学校志·学田》，成文出版社，
　　1970，第230页。

39　（清）邱育泉、何才焕《同治安化县志》卷十八《学校志·公田》，江苏古籍出版社，
　　2002，第371页。

40　（清）顾国诏《光绪龙泉县志》卷五《学校志》，成文出版社，1970，第322页。

41　（清）王庭桢、彭崧毓《同治江夏县志》卷三《赋役志·义庄》，成文出版社，1975，第
　　297页。

42　（清）支恒春《光绪松阳县志》卷三《学校志》，成文出版社，1970，第365—366页。

43　47　53　（清）善广、张景青《光绪浦江县志》卷四《建置志·学校》，江苏古籍出版
　　社，1993，第175页。

44　（清）阿克当阿、姚文田《嘉庆扬州府志》卷十九《学校志》，成文出版社，1970，第
　　1253—1254页。

45　（清）陈遹声、蒋鸿藻《光绪诸暨县志》卷十四《学校志·学田》，江苏古籍出版社，
　　1993，第263页。

46　（清）周埰、李绶《乾隆广西府志》卷十四《学校志·学田》，成文出版社，1975，第
　　181—182页。

48　（清）郑交泰、曹京《乾隆望江县志》卷四《学校志·学产》，江苏古籍出版社，1998，

第 438—439 页。

49　56　（清）雷学海、陈昌齐《嘉庆雷州府志》卷六《学校志》，江苏古籍出版社，2003，
第 231 页。

50　55　（清）吴宗焯、温仲和《光绪嘉应州志》卷十六《学校志·贡田》，成文出版社，
1967，第 267 页。

51　陈及时《民国始兴县志》卷七《经政略·学款》，成文出版社，1974，第 582 页。

52　（清）管学宣《乾隆石屏州志》卷二《学校志·贡田》，成文出版社，1967，第 68 页。

54　（清）邹兆麟、蔡逢恩《光绪高明县志》卷七《学校志·学田》，成文出版社，1974，第
435 页。

第 四 章

清代宾兴公益基金
组织的基层社会监管机制

除了国家各级政府要从上级监管者的角度对清代宾兴采取审批立案的方式实施监管,捐资设立宾兴的基层社会也存在相关监管机制,为维护宾兴的长期存在而做出各种努力。总体而言,这些来自基层社会的监管机制主要可以立碑、编入地方志、编纂宾兴专志和刊印征信录等形式。

第一节　立碑垂久

"立碑",是指将设立宾兴公益基金的大致过程撰成文字并刊刻在石碑上,借助石材坚实耐久永垂不朽的特质,以求宾兴事件历千百年而不为人所遗忘的一种征信方式。立碑不仅是清代宾兴的存史、征信、监督形式,在其他各类社会事务中也极为常见。

2010 年 8 月 1 日,业师刘海峰教授通过电子邮件向笔者转发了两张教育部考试中心杨学为主任发给他的现藏于安徽省绩溪县绩溪中学的一块碑刻的照片,碑文的题目为《绩溪捐助宾兴盘费记》,具体内容如下:

　　宾兴之岁,大江南北两省之士皆试于金陵,而水陆兼程道里之远,徽州为最。徽属如歙县、休宁,富甲通省,又有公捐乡试经费,赴省者最多,科名亦最盛。绩溪于府属独为硗瘠,士多寒素,艰于行李,就试者最少。非无积学宿儒,往往兀守里间,老于牖下,或遂谓地本无才,非通论也。壬午余谒选得兹邑,中翰胡君竹邨为余言其家居时曾议仿休宁公捐经费发典生息,后竟不果。今岁初冬,胡君乞假归里,遍告绅士,重申前议。通邑翕然从之,不数月得捐银五千余两,呈请今太守马渔山先生与余,其规条略仿休宁成案。以绩溪硗瘠之区,累年未就之举,一旦集事,固诸君子能兴众同欲,而人心风俗之厚,较之富庶之地,为尤难矣。褚君请记于余,余复之曰:绩溪之人文自此其日起矣乎! 寒畯之士,得其资斧,应举者必多,其科名之盛,讵出歙县、休宁下哉? 抑余更有望于诸君。徽州各县俱有书院,唯绩溪无有,亦以地瘠民贫,未遑刱举也。今以捐助宾兴一役观之,有志者事竟成,是在诸君子志之而已。唱捐及输捐姓氏俱列碑阴,所以志乐善于无穷也。道光四年岁在甲申嘉平既望,赐进士出身特授文林郎安徽州府绩溪县事加五级纪录十次武进王日新撰,邑人周宗杭书。[1]

　　这篇文章记述了道光四年(1824)绩溪县捐设宾兴的前因后果,同时对创建绩溪县书院提出了期望。文中还提到,"唱捐及输捐姓氏俱列碑阴",意思是具体的倡捐人士和捐助者的姓名都被刻在这块石碑的背面。这是一种一碑两面的刻碑方式,在广东琼州府琼山县(今海南省琼山县)的《琼山宾兴田租碑》中也能发现。该碑刊刻于乾隆四十一年(1776),原本竖立于琼山县儒学的明伦堂。民国六年版《琼山县志》全文刊载了这篇碑文,其中显示碑文的作者是"琼山县知县浙江汪瑝撰,并撰额",书写者是"甲午科举人本邑吴魁朝书丹"，碑文正文最后一行为"其条款数目并书以志之碑阴"，"碑阴"的内容即宾兴田的"田丁、租米、钱粮、支给等项"也被县志刊载在这篇碑文的后面[2]。

　　不过，从现存的相关碑刻来看，这种一碑两面的刻石方式在不少地方也被改为分刻两碑。在刘海峰师寄给笔者的照片中，绩溪县宾兴碑的下方还有另外一通同样黑底白字的石碑，碑上所刻正是相关捐助者的姓名。又如今广东惠州市金带南街市环卫职工宿舍的外墙底部至今保存了两块宾兴石碑，其中一块题为《宾兴馆条约》，内容包括一篇简序和管理条约，另一块名为《宾兴馆碑记》，主要记载了宾兴田亩的面积、收租情况。据查该职工宿舍本为清代广东惠州府归善县"宾兴馆"所在地。归善县是惠州府的附郭县，乾隆四十八年（1783）举人陈鹰扬捐助田产设立"佐宾兴租"[3]，至道光八年（1828）由惠州知府达林泰和归善知县于某共同主持修建了宾兴馆，同时议定管理条约，刻碑立石。尽管已经被刻为两块石碑，受邀撰写碑记的文人依然在文中写上"俱列碑阴"之类的话，从而演变为一种类似公文写作的固定格式。

　　由于年代久远世事沧桑，很多当年雕刻建造的石碑至今已遭损毁或长眠地下，我们能够见到的只是各地零星发现的实物资料。不过，清代各地的宾兴碑文很多也被收录于作者的文集、笔记之中，或被收录到地方志中，藉此流传至今。如福建永福县（今永泰县）于乾隆二十五年（1760）教谕张方高捐资购置田产，每年可收近4000觔田租，作为本县诸生参加乡试的舟车之费。邑人黄任为之撰写《宾兴田亩碑记》记叙其捐赠缘起，于乾隆二十五年（1760）仲冬立石。民国《永泰县志》卷五《学校志》保存了这篇记文，并简要附录了"碑阴文"[4]。山西太原县于咸丰十一年（1851）由知县贺澍恩倡捐1500千文，发商生息，并在太原书院偏西建立"培英义庄"，作为春秋两闱议事的专门场所，同时"泐碑纪其事，规条镌列碑阴"。到光绪六年（1880），知县揭傅淇认为原议规条不够协洽，因而"集绅士妥议，更易数条，为经久计，并移碑于书院大门内东偏"[5]。据县志，新议定规条共有 13 条，分别规定了经费来源、数额、生息方式、使用项目与数目及其组织管理形式等内容。安徽婺源县宾兴名为"文明会"，系本县京官员外郎俞诵芬与御史王凤笙召集本县绅士程纫兰、单遗经、朱承启等捐银 33200 两，存典生息以为乡会试盘资，不久将其取出，在京城宣武门外购置民房、店铺，并重盖沙土园民房。为免日久为人侵蚀，乃"于甲辰年勒石垂后"[6]。据县志所录石碑文字仅有三条，分别叙述了文明会三项民房、店铺的所在地址、购买时间、房间数量、购置用费及租金数额。山东莒州宾兴设于光绪十一年（1885），系知州周秉礼倡议创办，"约州人士妥议章程，刊刻颁示，并勒石以记之"[7]。据县志，碑上所刻章程共计 11 条，对其设立缘起、增值方式、管理形式、钱款发领、日后发展等均有涉及。

　　当然，也有一些地方志并未录存当地宾兴碑刻的原文内容，而是简单提到了曾经采取了雕刻碑文的监管方式。如江苏丹阳县宾兴名为"梯云会"，初设于道光十五年（1835），丹阳县官绅经上级官僚行政倡议，共捐钱 14000 余千文，存典生息，分贴宾兴。太平天国期间，该项经费被提作军费。至同治六年（1867），经邑人丁裕善、储文礼、童梅氏等合力捐输，共助田约 1400 亩。为保其垂久无弊，知县陈鹏乃"勒石明伦堂"[8]。光绪、民国版县志均未转载碑石内容。又如山西临汾县有学田共 7 项，均用于"宾兴乡会试士子"，其中至少有 5 项设于乾隆年间以前，有 2 项设于光绪年间以前，共计有田 209 亩余。此项宾兴未建专门管理场所，而是"局设仓圣祠"。光绪初年，知县许荣绥为之"厘定条规，详宪勒石"[9]。

对于碑石内容,县志亦未刊载。另如山西芮城县于同治年间由知县云茂济倡捐银3000两,发当一分一厘行息,并"禀明各宪立案,专为本邑乡会廷试士子而设,公私事概不准挪用"。此外,还购置田地90余亩专门支付经管人员的"往来费用"。云茂济并与士绅一起"议定规条九则,泐石书院"[10]。与临汾县一样,民国《芮城县志》也未转载碑石条规内容。

　　兹据各府州县志,将各省宾兴碑刻的文章标题各略举数例于次:安徽霍山县《新增宾兴会费碑记》、福建连江县《乡闱卷资粮米记》、《游黄氏乡试卷资田记》、宁洋县《宾兴田碑记》、浦城县《公车田记》、《宾兴田记》、甘肃镇番县《建置崇文社碑记》、广东乐昌县《宾兴序》、会同县《查复吴公宾兴田记》、琼山县《琼山宾兴田租碑记》、《三公祠仰贤社宾兴序》、石城县《倡建宾兴路费碑》、《鼎建新宾兴碑记》、《建新宾兴碑记》、广西柳城县《东乡宾兴馆碑记》、同正县《宾兴仓碑记》、河北邯郸县《邯山书院创置宾兴经费碑》、元城县《元城乡会士子公费条规记》、湖北恩施县《复设宾兴碑记》、房县《宾兴馆碑记》、黄冈县《黄冈新建宾贤馆记》、江陵县《江陵宾兴馆碑记》、《江陵宾兴馆募捐田亩银两记》、湖南安福县《蒋公桂亭宾兴田碑记》、桂东县《捐助宾兴义田记》、江苏句容县《句容创立宾兴费记》、青浦县《宾兴捐田碑记》、江西德化县《宾兴庄碑记》、奉新县《登瀛集记》、南康县《抡元堂公置田产碑记》、清江县《清江县宾兴会记》、山东长清县《长清县宾兴记》、山西长治县《宾兴经费记》、长子县《乡会试宾兴记》、浮山县《筹备乡会试盘费碑记》、平遥县《平遥县创立宾兴文社碑记》、陕西商南县《宾兴会碑记》、四川井研县《杏花庄碑记》、开县《培俊堂碑记》、邻水县《宾兴碑记》、云南保山县《柯东乡会学庄田山碑记》、腾越州《乡会童试卷金碑记》、浙江分水县《陆公田碑记》、《鹿鸣田记》、建德县

《节妇汪吴氏捐田记》、《监生汪峰山捐田碑记》、兰溪县《乡闱卷资田记》、丽水县《宾兴田记》，等。

第二节　载入方志

　　载入方志，是指在修纂县志、州志或府志、通志的时候，将本地宾兴设立的基本过程载入地方志。宾兴入志的原因，一方面自然是为了保存史实，使后人在千百年后依然可以通过阅读志书了解前人的修德懿行；另一方面也是存为物证，使之在日后被人侵渔时可以援引为证，从而使其公益作用得以长期保持。

　　保存史实是清代宾兴入志的基本出发点。如江西安仁县，同治《安仁县志》卷十九《书院·宾兴田、卷资田附》以近 20 页的篇幅，分别记载了"宾兴会田"、"宾兴馆田"、"童试卷田"、"续捐文童卷田"、"续捐武童卷田"和"捐建宾兴馆资"等各项宾兴，并在卷末加按语对刊载体例作了说明："按，捐助书院及宾兴会、宾兴馆、童试捐资诸义举，其出有二：一曰田，一曰钱。田以据管，不为记载，后将无从稽查，虽少必登。若钱之零星凑集，多寡不一，而好义则同。概登既涉于滥，择登又恐其遗诸公倡义乐捐。纵非为名起见，而合邑之事，不得不示之以公。兹因续修志乘，邀集绅耆，公同着议，田则照前续增，钱则多寡不录。"[11] 从县志刊载的内容来看，这一体例确实被严格地执行了。又如湖北石首县于道光十二年（1832）由知县李会庚、训导邹聪训、生员张永瀚等倡捐设立宾兴，并建立宾兴馆作为管理场所。同治《石首县志》卷二《营建志·学校》附载了宾兴设立的过程、宾兴拥有的资产、宾兴所立石碑，并注明"其各项田地亩册及本钱数目，理合登志"[12]，说明修志者把宾兴看作是县志理所应当记载的事件。

很多清代修纂的地方志中都详细地记载了本地宾兴捐设的过程以及宾兴资产的具体内容。如山东长清县宾兴系由知县舒化民于道光八年（1828）捐钱1000千文，发商生息以助士子乡会试考试，并为之"酌定章程，泐石于学宫之明伦堂"。当时正值纂修《长清县志》，舒化民乃与主撰徐德城一起，将《捐廉生息为乡会试宾兴费酌议章程禀》的禀文以及其自撰的"记"文一篇刊入第八卷《学校志》，并专设"宾兴"门以统之[13]。同治湖南《新化县志》卷八《建置志·公所》不仅记载了该县"宾兴公所"建立的过程、收录了相关的文章，同时极为详细地刊载了每一处宾兴田亩的名称、地址、面积、租额，甚至注明了佃户姓名、灌溉水源[14]。又如湖北竹溪县，同治《竹溪县志》卷四《学校志》不仅刊载了该县的"宾兴条规"、"宾兴条例碑序"，并详细记载了各项宾兴田亩的地址、田种、秋粮数额[15]。再如同治江西《南康县志》卷四《学校志》"宾兴"门除了用文字记载南康县宾兴的设立缘起、各级衙门批文、给费条规等、经理章程等，更用了7页的篇幅详细记载宾兴馆田产的地址、形状、面积、租额等，每片田地甚至还绘制了简单田块图形，并标注租额石数[16]。

地方志在刊载本地宾兴事件的时候，也往往会在一些特定的文章里面谈到借修志保存宾兴史实。江西武宁县于道光二十四年（1844）捐资建立宾兴馆，知县李珣之后撰写了《宾兴馆记》以记其事，文中提到"捐资姓氏胥详载志"[17]，也就是将此次捐助者的姓名全部刊载在县志里面。查同治《武宁县志》不仅在第33卷收录了多篇时人撰写的宾兴记文，在第16卷《学校志》中也单列了"宾兴"门，详细记载了县宾兴会以及八乡宾兴的田产亩数、收租数额以及给费条规等。安徽英山县（今湖北黄冈市英山县）前后共有2项宾兴，一是乾隆年间知县徐曰纪倡捐建立的兴贤馆，一是本县安氏德三、诗咏两房于道光十二年(1832)捐田设立的"南闱卷田"。据民国《英山县志》卷十三《艺文志》所载六安州知州万年纯撰写的《兴贤馆序》中,写有"兹当补修县志,故不辞缕缕为邑之士林劝,且为邑之绅董勉焉"[18]之语,廪生徐永鲲《安氏捐南闱卷田记》中,也有"兹邑志重修,因附记"[19]一语。查万年纯于道光初年任职六安知州,说明这两篇文章都是在修纂道光版《英山县志》时收录其中的,民国版英山县志不过是照抄了前版的内容。广东海丰县宾兴始于乾隆十三年(1748)知县于卜熊因见本县原"郑姓呈送入学为士子宾兴之费"的儒学田产被各佃户冒占,乃予以核实清丈,重新归为宾兴经费。于卜熊在其所作《新立宾兴记》中指出了将此事立卷存案的目的:"谨志一言,编诸学校卷次,俾奕世而后,共晓然于斯事之本末云。"[20]浙江庆元县原有设于乾隆、嘉庆年间的育英庄、储英庄两处宾兴,资助本县士子乡会试经费。同治年间,知县彭润章又拨匪产设立"卷田",资助岁科试生童卷资。此田后被暂拨为育婴堂经费,至光绪二年(1876)秋,知县史恩纬根据廪生蓝世珍、余茂林等的禀请,将其依旧归作卷田,并"将各宪批示暨原禀续增各条款额粮、额租、田段、坐落逐一饬董刊入县志"[21]。

其他地方志中也保留有相类似的记载,如湖北罗田县,据光绪《黄州府志》卷九《学校志》专门记载了所属各县的宾兴,其中在记载罗田县宾兴馆时,还加上了"内有捐产姓名,详县志"的说明[22]。查光绪《罗田县志》卷四《政典志·宾兴》,不仅记载了"县试文童卷价田"、"县试武童卷价田"、"府院试文童卷价亲供费田"、"府院试武童卷价亲供费田"、"宾兴馆"、"宾兴田"等各项宾兴的名目,更逐一刊载了各项田产的地址、租额、捐赠者姓名,较之府志的记载要远为详细得多[23]。又如湖南郴州,嘉庆《郴州总志》卷之终收录了举人陈振玉的《公捐宾兴银呈》,谈到"为此公恳大宗师饬典承领立案,以便载入郴志,垂诸久远"[24]。又如四川綦江县,同治《綦江县志》卷三《学校志》收录知县田秀栗《扩充义卷碑记》,其中有"当规为既定之时,斋长禀请立案,附入邑乘,以垂久远,为记其始末如此"[25]之文。该志并详细刊载了宾兴礼的兴衰存废、宾兴的存款、田产等详细内容。

清代各地采取将宾兴事迹载入地方志"以志存史",对宾兴的监管起到了实质性作用。宾兴在日后遭遇豪绅、猾吏的侵吞或挪占时,地方志往往是地方官和乡绅们清理积弊、恢复原貌的最佳凭证。如广东文昌县原有学宫济贫田、书院济荒田、办祭、宾兴等各项教育田产,统称为"义田"。这些田产都是前人创捐义举,公议轮流管理。但是日久弊生,宾兴收益多被侵占。康熙五十七年(1718)广东巡抚衙门饬令清查省内各书院公项,文昌知县马日炳乃"按志乘田地土名着落究追"[26],所谓"志乘"也就是地方志。又如广东会同县(今海南琼海市)教谕吴隽于康熙二十四年(1685)捐置田产资助全县文武考生盘费,称为"吴公宾兴田"。原议由生员施郁燆等六人管理,但六人卸任后继任乏人,管理不善,转由"附学暂代收发,届乡试期齐集明伦堂公发"。乾隆三年(1738)收成欠佳,教谕卢日光托辞"差繁派累",将"所有收贮前项租银模糊不给"。此后历任教谕也都以此为借口,将其占为教官私有。乾隆三十八年(1773)着手重修县志,绅士符汉琦等10人根据康熙二十六年版县志的记载,联名上呈,要求依旧拨归士子宾兴之用。知县于煌"核查新旧县志炳然",乃批示于儒学集体公议,要求儒学教官"将此项宾兴义田牒送在案,发交绅士管理"。随即派遣绅士共同到各处田产清查丈量,即将田产重新登记在册,交给符汉琦等收执,由其永远秉公掌理,以为宾兴资斧。"并令刻志、勒碑,以垂不朽"[27]。乾隆三十九年冬季刊行的续修县志中不仅刊载了乾隆三十九年(1774)十月十七日知县于煌撰写的《查复吴公宾兴田县案》和《查复吴公宾兴田记》,同时也刊载了当年议定的"永远遵行成规",这些内容也被嘉庆、民国版县志原文转录。

地方志作为清代地方官了解其履政区划风土民情的重要文献,其采访、修纂、保存诸方面均受到更多的重视,因而也更能在较久的时间内被时人作为信史予以采信,使其对于宾兴具有管理监督的价值。这也是本研究所使用的资料绝大部分都是从地方志的相关篇章里查阅的主要原因。

第三节　编纂宾兴专志

除了府州县志,有些地方还特别为当地宾兴编纂专志。至今全国各地图书馆、档案馆中还藏有不少清代宾兴专志。此类专志的名称、编纂体例、主要内容等在全国各地并不相同。

江西上高县有《宾兴堂志》。查该志所录原序《宾兴堂志原序》、《重修上高县宾兴堂志序》以及《三修上高县宾兴堂志序》,可知上高县宾兴堂已经刊刻过三次专志,而本次刊刻的已经是第四版的专志了。该志目录的名称为"四修上高县宾兴堂志目录",与封面所刻《宾兴堂志》一致,不过其序文则题为《上高宾兴会志序》,与封面所题书名稍有区别,表明宾兴会与宾兴堂实为同一宾兴公益基金的不同称谓。上高县《宾兴堂志》共5册,不分卷,其中第一册的分题名为"议规",第二册的分题名为"一二区乐输花名原捐续捐补捐加捐合编",第三册为"三四五区乐输花名原捐续捐补捐加捐合编",第四册为置买产业,第五册为"各区团未捐甲户清册"和"各区团未加捐甲户清册"[28]。从内容来看,这是一部纯粹的宾兴专志。

湖南宁乡县直接称为"宾兴志"。据中国国家图书馆藏有《宁乡县宾兴志》，光绪四年（1878）刻本。该志共4卷，其中卷一为序文、学田记、公车田记、文武县试卷田记、重修考棚记、育婴田记、禀稿、学田章程、育婴章程；卷二为公田考、宾兴田契；卷三为育婴契、骆文忠公祠图（祠基契附）、照壁图式、忠义祠图（祠基契附）、忠义祠储大夫祠田契（经理各祠章程附）；卷四为捐项[29]。该志虽然名为"宾兴志"，但从其内容来看，还记载了与宾兴无关但是由宁乡县宾兴局统一管理的育婴堂与各祠堂的田产的内容。

广东高要县称为"宾兴产业×刻"，据广东省立中山图书馆藏有《高要县宾兴馆产业四刻》，不分卷，民国三十四年（1945）铅字排印本，肇庆市大明印务局承印。据书中相关序文，高要县宾兴产业此前还有《三刻》、《续刻》、《初刻》。其中《三刻》刊印于民国八年（1919），《续刻》片纸无存，刊印年代不详，《初刻》则仅存一部虫蚀过半的残本，刊印时间为光绪八年（1882）[30]。《四刻》按数字顺序，分别编号详细登载了"宾房字"、"宾地字"、"宾杂字"、"校房字"、"校地字"、"校杂字"等6类宾兴馆产业的内容。据编末《宾兴馆产业概要》一文，该县宾兴产业原分宾兴馆、宾兴局两部分，其中宾兴局在民国后废弃。

除了这些至今尚有刻本存世的宾兴志，地方志里曾经提及的类似宾兴专志还有不少。如湖北黄梅县有《崇文堂志》。据光绪《黄梅县志》卷十八《学校志》记载"义庄五事"，分别为兴贤庄、琼林庄、崇文堂、观德堂和考棚岁修。其中琼林庄附于崇文堂进行管理，考棚岁修各捐产契据也由崇文堂保存，而崇文堂自身资产，则"节略细目俱详《崇文堂志》"[31]。湖南醴陵县有《兴贤堂志》。据同治《醴陵县志》卷四《学校志》，该县宾兴称为兴贤堂，系道光年间所建，管理城乡捐置的田种400余石，资助岁科试卷费、学师贽仪以及文武乡会试盘费。兴贤堂所有田产的地址名目及店房庄所，县志未予刊载，而是"悉详堂志"[32]。湖南常宁县有《宾棚合志》。据同治《常宁县志》卷二《学校志》，该县"学田及整修学宫田、双蹲书院膏火田、考棚、宾兴田及地土铺屋，均详《宾棚合志》"[33]。另据同卷所录知县甘庆增《考棚记》则云："邑绅合刻《宾棚志》，请余序，勉从其请"，说明该志亦被称为《宾棚志》。这部宾兴志将宾兴、学田、书院、考棚等内容一概涵盖其中，表明这些教育经费当时是由同一组织实施管理的。

除了宾兴专志，一些教育专志中往往也附载有宾兴的内容。如湖南安化县有《学志》。安化县在嘉庆年间倡捐"结谷田"，专门资助本县生童院试结费，并建立培英公局负责管理。据同治《安化县志》卷十八《学校志》，此项田产在经过若干年的经理之后，又"买严溪李姓田，新立柱名安结谷，买契刊载道光学志"[34]。湖南新化县则有《新化学田志》和《新化公产志》，前者 3 卷，刊印于光绪二十二年（1896），后者共 5 册，刊印于民国年间，今均藏于湖南省图书馆。其中《公产志》以在城、郊区和村庄为线索分门别类登载各项公产，公产的项目则分宾兴、文庙、育婴、书院、学田、卷资等项，除育婴田产外，基本都属于教育产业。《学田志》3 卷，卷一《公牍》、卷二《捐办章程》、卷三《善后章程》，所载学田主要资助本县生童岁科试各项用费。其中《善后章程》第 24 款为："刻志既成，拟刷印二千部，以十部呈请邑尊转详督、抚、学、藩、臬、道、府宪，并议府县学存案，各团首事及捐至五十缗以上者，亦各送一部，家有其书者，于学田一切事宜，皆可一目了然，田产亦得就近互相稽查，较之刻碑，实更昭著而能久远。如或年久遗失，原板具在，再刷印以自分送可也"[35]。一次印刷 2000 部，这种印数甚至超过了当代部分学术类出版物了。

清代各地将宾兴事迹刊成专志,其原因即在于希望通过这一方式将设立宾兴的史实永远保存、流传下去,藉此摒绝一切妄图侵蚀、隐占、强夺宾兴资产的行为。湖南新化县学田之所以一次性印了 2000 册之多,原因就在于他们认为这种方式"较之刻碑,实更昭著而能久远"。湖南邵阳县宾兴公益资产刊印相关专志的目的同样如此。该县宾兴始设于明崇祯年间,后改归濂溪书院,但因管理不善,名存实亡。道光年间经拨款、增捐,田租扩充至 400 余石。同治八年(1869)本县省垣试馆、宝庆试馆租金被并入宾兴公益资产中统一管理,县人为此"谨将各件彚为一帙",名为《宾兴公款汇记》,并在"刊成之后,印发各乡,俾绅耆士庶人人得有所考"。据县人姚敦诒所作《宾兴公款彚记序》分析该书体例编排的目的:"首录新增禀札及捐输字凭,详所自来,善创始也;次田亩契约,重恒产,杜隐匿混争也;次公禀,见众绅经营筹画,欲其持于有永也;次规例,鉴前此日久侵没,不惜条件覼缕,用严稽查、防吞蚀也"[36]。广西郁林州宾兴专志的刊载目的也是一样。道光九年(1829)郁林州捐设宾兴,并于道光二十九年(1849)创建宾兴馆。县人钟章元撰文《创建宾兴馆记》指出,"馆既葳事,爰取醵资名氏及学使批准各规,镌于麗牲之碑,且命剞劂氏寿之枣梨,俾得家执一编,庶可垂诸久远而行之无弊云。"[37]所谓"寿之枣梨",即用雕版方式刊印专志;"家执一编",即每户发给一部,目的则是让大家共同监督,以便宾兴公益可以"行之无弊"、"垂诸久远"。

第四节　刊印征信录

刊刻征信录是清代中期以来中国传统社会公益事业普遍采取的财会监督方式,在当代社会公益活动中仍常被采用。据从网络查阅中国国家图书馆藏书,发现有 70 种名为"征信录"的书籍,其中建国后所刻 30 余种,民国年间所刻十余种,清代后期所刻 30 余种,刻本年代可确定的最早的一部是刊印于 1851 年的《振款征信录》。从各种《征信录》的题目来看,它们基本上都是各类慈善活动的财务报告,即向公众公开善款使用的基本情况,以示接受社会公众监督。作为一种教育公益基金,清代宾兴不可避免地与征信录发生联系。不过,目前尚存于世的宾兴征信录并不多见,上海图书馆所藏光绪版嘉定县《宾兴公车征信录》是其中的一种。而从地方志文献的记载来看,"征信录"三字在清代宾兴活动中出现的频率也不高。目前只有不多的几部晚清、民国版地方志在记载当地宾兴时提到了"征信录",它们多在东南沿海省份。

一是光绪十二年版《平湖县志》。该志卷四《建置志》记载了平湖县登瀛局的创立过程及其田产、田租,并收录了该局两个版本的管理章程。其中第二版"生员马树业等续议八条"的第 6 条为:"所收租洋,按旬核定成数,存典生息,余零并归下旬,洋由账伙交典,典立收折为凭,折归司岁执管,俟大比之年,司岁禀县邀同前两年司岁支发,随刻《征信录》分送。"[38]该志在记载平湖县另外一项宾兴"公车费"时,也提到了每当派送了会试公车费之后,均需"事毕刊《征信录》"。

二是光绪十五年版《罗店镇志》。罗店镇属上海县,道光十六年(1836)该镇朱氏全族捐钱 1000 串,存典生息,发给本镇士子乡会试经费,并议定章程,呈请江宁布政使审批立案。光绪九年公议战后推广章程,光绪十一年(1885)公议更正章程,其最后一条均规定,"至乡试后,将上届会试公车等项并本科所发宾兴细数,刊印《征信录》,禀县报销,并分送通厂,以昭核实"。该镇光绪六年(1880)议定的《遗才卷资章程》的最后一条,也同样有关于"集资

之后,准将禀批章程并集成数目,刊刻《征信录》分送。再每科发
讫后,汇数续刊,呈县报销"³⁹的规定。

三是光绪十八年版《嘉善县志》。该志卷五《建置志》附载了
嘉善县两项宾兴,即登瀛集与承志宾兴会,记载的内容均非常简
略。其中在记载登瀛集的文字的段尾,用小号字体添注"详征信
录"四字⁴⁰,说明嘉善县编订有登瀛集征信录。

四是民国二十四年版《临海县志》。据该志卷五《建置志》在
记载完临海县宾兴局的新、旧宾兴田田亩、租谷数额之后,并于段
尾用小号字体添注"征信录"⁴¹三字,表明县志此段文字是从《征信
录》中征引而来。

当然,"征信录"虽然是在清代中后期的社会慈善活动中以公
开财务收支、接受社会监督为目的而形成与发展起来的财务监督
较为普遍的称谓,但并非所有因同类目的而编纂的文献都是以
"征信录"为名,它们还存在着其他不同的名称。这些宾兴文献一
般编印于宾兴的创设或增设期间,属于宾兴事件汇编册,往往被称
为"×册"、"×图册"、"×录"或"×谱"等。这些宾兴簿册既具申
报存案的作用,也有向社会公众公开捐输情况的作用。它们既可
以被看作是宾兴专志,也可以被看作是宾兴征信录,具有专志与征
信录的双重属性。

在地方志的记载中,此类宾兴簿册颇为常见。如湖南桂东县
自乾隆二十五年(1760)邑绅李敷蕃捐田 51 石资助乡试资斧后,
嘉庆六年全县倡捐 365 石增入其中。据同治《桂东县志》载,新捐
宾兴田的"界止、坵亩、条规、粮饷,俱载《宾兴簿》内"⁴²,县志本身
也详细记载了新旧宾兴田的具体地址、坵亩、租额以及捐户姓名。
福建连城县知县杨环于乾隆五十五年(1790)将原培元书院田租
拨为津贴乡会试公车之费,刊有《乡会试卷资图册》,亦称《培元图

册》[43]。福建光泽县于道光二年（1822）"广乡会试资田租二千余石"，后陆续扩充，据光绪《光泽县志》卷九《学校略》载，该县各项试资田中有2770都已经在《试资便览》中，而续捐的100余硕则"尚未登《试资便览》"[44]。福建清流县"科举公租"每年可收田租约60石，据民国《清流县志》，该项宾兴的具体内容及"应完科举粮租，俱详《科举印簿》"[45]。

　　江西萍乡县于嘉庆六年（1801）捐设兴贤庄，"广置田租，为阖邑宾兴试费，刻有图册备考"，道光六年（1826）捐设了育才庄，"置买田租，资士子试费，刻有图册为据"。咸丰、同治年间捐设的乐英庄、乐泮庄、尚宾庄、劝贤庄、联记乐英庄等宾兴，也都"刊有图册"[46]，只是这些图册分别叫什么名称，县志没有明确说明。浙江宣平县嘉庆九年（1804）捐设文运堂、嘉庆二十五年（1820）捐设文明堂，光绪末年编纂有《宣平宾兴义录》[47]。浙江永嘉县宾兴始于嘉庆九年（1804）邑人陈遇春捐钱2800千文设立的文成会，刊刻有《文成纪事》。此后道光、咸丰、同治、光绪年间先后捐资扩充，其事迹"俱刊入《续文成纪事》"。另同治十二年（1873）本县内阁中书叶浚等奉谕续捐文成会，除缴郡1000千文外，剩余500千文，乃将其存入"状元桥各行生息，分给南乡应试诸生"，并刻有《南乡文成纪事》[48]。浙江龙泉县嘉庆二十三年（1818）邑绅蔡士豪等劝捐铜钱2500串"存典生息为赴试川资"，刊有《宾兴义举录》，"备载原委并逐款规条"[49]。江西万安县于嘉庆二十三年（1818）设立"老宾兴"，后邑绅何振衢又倡捐"新宾兴"，"有《崇文录》记其事"。同治年间，知县周之镛于乱后整顿宾兴，又编纂了《广崇文录》[50]。广东海阳县于嘉庆二十五年（1820）捐建"扶轮堂"，分送文科士子花红、川资、册金；同治十二年捐建"鹰扬堂"，分送武科士子花红、川资、册金。据光绪《海阳县志》说明，该志所记载的有关这两种宾兴的内容,都是"据扶轮堂册修"、"据鹰扬堂册修"[51],说明该县曾编纂有《扶轮堂册》和《鹰扬堂册》。湖北崇阳县知县赵秉淳于道光四年(1824)倡捐兴贤庄,刊有《崇邑宾兴场费册》,道光二十六年知县金云门倡议续捐,刊有《再续捐宾兴场费册》。同治元年,经战乱后整顿,邑绅杨一鹗主持编纂了《云路先资册》[52]。浙江丽水县宾兴田原置于明万历年间,道光八、九两年捐资扩充后,分别编纂了《北乡宾兴录》、《崇文义举录》以记其事[53]。江苏上海县于道光九年(1829)倡捐设立"乡试宾兴会试计偕经费",存典生息,董事管理,分别资助乡会试考生,"刊有《艺林盛举》,通详立案"[54]。湖南攸县宾兴称为"兴贤堂",建于道光十四年(1834),其田产的记录簿册称为《兴贤堂谱》。同治二年,该县又捐田租3000余石、钱2000余串,设立采芹会,议定"日后另行刊谱,以垂久远"[55]。浙江永康县在道光、咸丰、同治年间先后捐设了"恩科乡试卷资田"、"童试卷资田"、"乡会试卷资田",光绪年间"恩科乡试卷资田"刊有《宾兴田册》,"乡会试卷资田"亦"另刊《义田录》"备查[56]。浙江上虞县道光年间捐设的"公车路费田"、咸丰年间捐设的"童试卷结田"均载入《五美录》[57]。湖南衡阳、清泉两县与清初同属一县,故其宾兴长期合二为一,共有"成名公田"、"宾兴田"、"印卷公田"三种,统称为"三学公田",每年可收田租2437石。县人为此编纂《试事公款录》,"具载其田亩、岁租、支放之目"[58]。广东遂溪县有多项宾兴,其中康熙四十九年(1710)的文昌阁田被称为"旧宾兴租",道光《遂溪县志》较为详细地记载了其产生、发展的大致情形;而另外一项"新捐宾兴租",县志则未予刊载,只注明"另详《宾兴簿》"[59],说明该县已经为新捐宾兴田租编纂了相关簿册。山西代州于光绪六年(1880)由知州俞廉三倡捐设立宾兴后,并"令诸君岁司笾纳,条列事宜,刊册颁行"[60]。

2007年天津科举学会议期间,北京科举博物馆展出的科举文献中,有《代州宾兴章程》一书,所载内容除管理章程外,还有知州俞廉三的禀文、捐输者姓氏两项内容。

清代宾兴征信录及其他以册、录为名的宾兴文献,其功用依然是为了保存史实,以便将来出现问题时有案可查。如江西乐安县"乐庠庄",乾隆五十一年(1786)知县严安儒倡捐设立,并为之"酌定垂久规条,萃编成帙,付诸剞劂,散给在庄有名各家,俾世世子孙得互相稽查维护于勿替焉"[61]。又如江西万载县宾兴堂于光绪七年(1881)刊有《万载具宾兴堂册》,分上、下卷,上卷内容为序文、申报呈文、条规、知单、捐助者姓名,下卷内容为田契、经费汇总、跋文。卷上收录了一篇《道光二十三年续捐修册小引》,叙述了道光二十三年(1843)万载县在嘉庆六年(1801)创设宾兴的基础上再次劝捐扩充的经过,并说当时曾"依都啚次序彙辑付梓,印刷册据,按现载捐名各发一册,余册存值年首事处,以备校对"[62]。两县刊印宾兴册的目的与前引道光年间广西郁林州刊印宾兴专志的目的可谓如出一辙。

由于宾兴征信录、图、册、录等一般在宾兴发展过程中随时刊印,而地方志则一般相隔一定年份才修订新版,故《征信录》往往成为地方志资料收集的重要来源。如江西奉新县,同治《奉新县志》第三卷《学校志二》专门记载本县的会馆、登瀛集和乡集,其中在记载乾隆五十一年(1786)原任浙江温州府同知涂锡盛所捐"乡试田"时,修志者增入了一句按语,即"田亩土名,旧志未录,今据嘉庆十八年刊册采入。其存案卷宗及两江总督议准章程不及备录",说明之前各版《奉新县志》均未载各类宾兴,而同治版县志所记载的相关宾兴史迹均是从嘉庆十八年(1813)所刊宾兴专册采纳的。又如福建邵武县,民国《重修邵武县志》卷十四《学校志》在记载该县宾兴时,则云"兹据《乡会试资便览册》,节录大要,至地有肥硗,岁有丰歉,业有断续,增减随时,及《乡会小试规条》,俱详便览册,兹不赘"[63],说明在县志作者看来,《乡会试资便览册》具有与县志同等的保存史实的功能,《便览册》已经记载的内容,县志便可不必赘述;同时也说明,《便览册》是县志资料采辑的来源之一。

本章结语

我们所讨论的清代宾兴的外部管理机制,不管是政府立案管理,还是立碑、入志、刊刻宾兴专志或征信录,它们都不是各自独立的监管方式,而是相互结合相互协调形成一个系统的整体,这也意味着同一项宾兴往往会同时采用数种监管方式进行监管。如浙江庆元县于光绪三年(1877)归复卷田,知县史恩纬根据士绅的呈请,乃"将各宪批示暨原禀、续增各条款,额粮、额租、田段、坐落,逐一饬董刊入县志,复勒碑于明伦堂侧,以垂久远"[64]。山西平遥县于光绪六年(1880)倡捐12000余两建立"宾兴文社",便采取了"详宪立案,并寿诸贞珉,笔诸邑乘"[65]三者结合的监管方式。前引广东会同县"吴公宾兴田"不仅在设立之初便循例申报立案,其资产管理也是登记在册,交首事收执,同时"并令刻志、勒碑,以垂不朽"。前引广西郁林州建立宾兴馆时,申报广西学政批准立案,同时"取醵资名氏及学使批准各规,镌于麗牲之碑,且命剞劂氏寿之枣梨,俾得家执一编",说明同时采取了立案、立碑、编订宾兴册的监管方法,而这些史料也正是从地方志里查阅到的。另外,尽管来自上级政府的立案较之来自基层社会的立碑、入志、刊行征信录似乎更为正式、严肃,但事实上有些地方官在审批宾兴申报呈文时,甚至认为"入志"的形式比立案更为稳妥。如前引同治《奉新县志》所载第三份申报呈文,南昌知府批示说让奉新知县"径详省志局宪核示",而不是循例上报分守道、布政司、巡抚、总督衙门,其用意无非是当时正在修纂光绪版《江西通志》,而循例总督、巡抚例应名列一省通志的监修,学政例应名列"总阅",其余布政使、按察使、道台等例应名列"提调",各府知府、直隶州知州例应名列"采辑"。因此如果奉新县捐设登瀛集、广华堂的事情能够编入省志,则无疑具有与取得各衙门分别批准立案的同等效果,因而不必再向各衙门逐一呈报立案了。

　　需要指出的是,在清代宾兴的外部监管机制中,无论是存案、立碑、入志还是编印征信录,它们都不是清代宾兴实施监管的独有形式,而是清代各类社会公益事业的共有形式。不过,目前对清代社会慈善、公益活动研究较为深入的相关学者如梁其姿、周秋光、夫马进等均未就此问题进行详细论述。本文对于清代其他社会公益事业的监管机制的考察应该说是具有参考意义的。

注　释

1　该碑最左边左下角还有一行小字,照片上看不清楚。该碑文的内容,清道光七年(1827)马步蟾、夏銮撰修的《徽州府志》卷三之一《建置志·学校》亦有录存(成文出版社,1975,第251页),个别文字与碑上有所出入。

2　(清)徐淦、李熙、王国宪《民国琼山县志》卷十八《金石志》,上海书店出版社,2001,第716—717页。

3　(清)章寿彭、陆飞《乾隆归善县志》卷八《学校志》,成文出版社,1967,第92页。

4　董秉清《民国永泰县志》卷五《学校志·学田及宾兴费》,成文出版社,1967,第119页。

5　(清)薛元钊、王效尊《光绪续太原县志》卷上《学校志·书院》,凤凰出版社,2005,第12页。

6　葛韵芬、江峰青《民国婺源县志(一)》卷六《建置志三·学校》,江苏古籍出版社,1996,第136页。

7　卢少泉、庄陔兰《民国重修莒志》卷十九《经制志·教育》,凤凰出版社,2004,第232—233 页。

8　(清)刘诰、徐锡麟《光绪丹阳县志》卷十《学校志》,成文出版社,1983,第410 页。

9　刘玉玑、张其昌《民国临汾县志》卷二《教育略·学田》,成文出版社,1967,第148 页。

10　张亘、萧光汉《民国芮城县志》卷三《学校志上·宾兴》,成文出版社,1968,第195 页。

11　(清)朱潼、徐彦楠《同治安仁县志》,成文出版社,1967,第681 页。

12　(清)朱荣实、傅如筠《同治石首县志》,江苏古籍出版社,2001,第63 页。

13　(清)舒化民、徐德城《道光长清县志》,成文出版社,1976,第629—632 页。

14　(清)关培钧、刘洪泽《同治新化县志》,成文出版社,1975,第852—864 页。

15　(清)陶寿高、杨兆熊《同治竹溪县志》,江苏古籍出版社,2001,第57—60 页。

16　(清)沈恩华、卢鼎峋《同治南康县志》,江苏古籍出版社,1996,第596—603 页。

17　(清)何庆朝《同治武宁县志》卷三十三《艺文志·记》,江苏古籍出版社,1996,第522 页。

18　19　徐锦、胡鉴莹《民国英山县志》卷十三《艺文志》,江苏古籍出版社,2001,第407、439 页。

20　(清)于卜熊、史本《乾隆海丰县志》卷四《学校志》,上海书店出版社,2003,第564 页。

21　64　(清)林步瀛、史恩纬、史恩绪《光绪庆元县志》卷四《学校志》,江苏古籍出版社,1993,第642 页。

22　(清)英启、邓琛《光绪黄州府志》,成文出版社,1975,第356 页。

23　(清)管贻葵、陈锦《光绪罗田县志》卷四《政典志·宾兴》,江苏古籍出版社,2001,第301—310 页。

24　(清)朱偓、陈昭谋《嘉庆郴州总志》,江苏古籍出版社,2002,第626 页。

25　(清)杨铭、伍濬祥《同治綦江县志》,巴蜀书社,1992,第421 页。

26　(清)明谊、张岳松《道光琼州府志》卷七下《建置志·书院》,成文出版社,1967,第197 页。

27　(清)陈述芹《嘉庆琼东县志》,成文出版社,1974,第165 页。

28　(清)江召棠《上高县宾兴堂志》,光绪二十年(1894)刻本。

29　（清）李镇湘《宁乡县宾兴志》，清光绪四年（1878）刻本。

30　《高要县宾兴馆产业四刻》，民国三十四年（1945）铅字排印本。第 5 页。

31　（清）覃瀚元《光绪黄梅县志》，江苏古籍出版社，2001，第 114 页。

32　（清）徐淦、江普光《同治醴陵县志》，成文出版社，1975，第 281 页。

33　（清）玉山、李孝经、毛诗《同治常宁县志》，江苏古籍出版社，2002，第 345 页。

34　（清）邱育泉、何才焕《同治安化县志》，江苏古籍出版社，2002，第 373 页。

35　（清）王惕庵《新化学田志》卷三《善后章程》，清光绪二十二年（1896）刊本。

36　（清）黄文琛《光绪邵阳县志》卷四《学校志·宾兴公费》，成文出版社，1975，第
　　132 页。

37　（清）冯德材、文德馨《光绪郁林州志》卷二十《艺文志·记》，成文出版社，1967，第
　　304 页。

38　（清）彭润章、叶廉锷《光绪平湖县志》，成文出版社，1970，第 442 页。

39　（清）王树荣、潘履祥《光绪罗店镇志》卷三《营建志下》，上海书店出版社，1992，第
　　242 页。

40　（清）江峰青、顾福仁《光绪嘉善县志》，台北：成文出版社，1970 年。第 120 页。

41　张寅、何奏簧《民国临海县志》，成文出版社，1970，第 441 页。

42　（清）刘华邦、郭岐勋《同治桂东县志》卷五《学校志·宾兴田》，成文出版社，1975，
　　第 510 页。

43　王集吾、邓光瀛《民国连城县志》卷十四《学校志·书院》，民国二十八年（1939）维
　　修书局石印本。

44　（清）钮承藩《光绪光泽县志》，成文出版社，1974，第 760 页。

45　林善庆《民国清流县志》，上海书店出版社，2000，第 309 页。

46　刘洪辟《民国昭萍志略》卷二《营建志·公所》，江苏古籍出版社，1996，第 54—
　　58 页。

47　何横、邹家箴《民国宜平县志》卷六《教育志》，成文出版社，1970，第 609 页。

48　（清）张宝琳、王棻、孙诒让《光绪永嘉县志》卷三十五《庶政志》，《续修四库全书》
　　第 708 册，上海古籍出版社，2002，第 204—206 页。

49　（清）顾国诏《光绪龙泉县志》卷五《学校志·义举》，成文出版社，1970，第 322 页。

50　（清）欧阳骏、周之镛《同治万安县志》卷六《学校志·宾兴》，江苏古籍出版社，
　　1996，第 609—615 页。

51　（清）卢蔚猷、吴道镕《光绪海阳县志》，成文出版社，1967，第170—171页。

52　（清）高佐廷、傅燮鼎《同治崇阳县志》，江苏古籍出版社，2001，第136—138页。

53　李钟岳、孙寿芝《民国丽水县志》卷二《学校》，成文出版社，1975，第124页。

54　（清）应宝时、俞樾《同治上海县志》卷九《学校志》，成文出版社，1970，第702页。

55　（清）赵勷《同治攸县志》卷十五《学校志》，江苏古籍出版社，2002，第111页。

56　（清）李汝为、潘树棠《民国永康县志》卷二《建置志·书院》，成文出版社，1970，第113页。

57　（清）唐煦春、朱士黻《光绪上虞县志》，成文出版社，1970，第694—695页。

58　（清）彭玉麟、段家俊《同治衡阳县志》卷六《典礼志十五》，成文出版社，1970，第421页。

59　（清）俞炳荣、赵钧谟《道光遂溪县志》，成文出版社，1974，第313页。

60　（清）俞廉三《代州宾兴经费记》，（清）俞廉三、杨笃《光绪代州志》卷五《学校志》，凤凰出版社，2005，第357页。

61　（清）严安儒《乐庠庄序》，（清）朱奎章、胡芳杏《同治乐安县志》卷十《艺文志·序》，江苏古籍出版社，1996，第272页。

62　（清）郭赓平《万载县宾兴堂册》，清光绪七年（1881）刻本。

63　秦振夫、朱书田《民国重修邵武县志》，上海书店出版社，2000，第914页。

65　（清）恩端、武达材、王舒萼《光绪平遥县志》卷四《学校志·宾兴》，凤凰出版社，2005，第100页。

第 五 章

清代宾兴公益基金的组织管理形式

　　乾隆三年(1738)，江苏扬州府甘泉县人汪应庚在捐款 47000 多两白银修建扬州府学和甘泉县学之后，又捐资 13000 余两购置田产近 1500 亩，每年所收的田租钱，除支给两所儒学岁修之费外，剩余部分全部用于"分助文武试士资斧"。刚刚在扬州盐运使衙门与惠栋见面的著名学者戴震应邀为之撰写了《汪氏捐立学田碑》，针对汪应庚之孙汪立德、汪秉德主动将所捐田产的管理权交给官府管理的行为发表了自己的看法。戴震指出：

　　　　事无小大，亘古今无豫为杜弊之法，其所恃以无自开者，盖有故。凡事之经纪于官府，恒不若各自经纪之责专而为利实。然不可已，既归之官府矣，居官者诚能恻然有所恤，至于久久，犹以新意持之，虽侵渔之吏、馋墨之夫千百环视，御之如发蒙振落，咸无所肆其诈巧。或不然，则以侵渔馋墨者之肩比踵接。而临御其上目居官为传舍，不专任责，及夫既堕乃后起废锄根，使实利之日侵月削以几于亡者，整之还其旧，虽致力百倍，于始事者且无济也。此吾所以谓终之实难也。[1]

　　戴震认为，汪氏子孙将捐产的管理权交给儒学管理，虽然精神可嘉,但从各方面考虑倒不如由捐助者自己管理来的可靠。因为捐产一旦归之于官,则吏胥往往如逐臭之蛆,群起而侵夺之。遇到好一点的地方官,可能还能任以专人,善为经营;万一不幸而遇到一心只想升官发财的地方官,则必将逐日侵渔,难免消亡,宾兴最终之存废实难逆知。

作为当时的知名学者,戴震虽然科举之途并不算顺畅,但学术文章却是人所共见的。拿了人家的润笔,却还是要说这样的"丧气话",除了戴震,恐怕再没有人敢于这样下笔了。尽管如此,戴震的担忧却也并非杞人忧天:公益资产被无良官吏侵夺私饱的案例并不鲜见。但值得戴震欣慰的是,除了他所看到的两种管理方法,在他去世之后,清代宾兴又发展出了越来越丰富、越来越严密的管理方式,从而令宾兴公益得以嘉惠士林,延绵普施。道光末年,台澎兵备道徐宗幹在台南倡议设立宾兴,并作《劝捐乡会试公费约》一文号召绅耆踊跃捐献。文中提到,解决台湾士子赴试盘费的唯一办法,就是"设法劝设公费,集少成多,由公正绅士妥议章程,积存生息报官存案,不必官为经理";"事不经官,必无后累……如或有必须官为主持之处,不妨随时禀请,酌核饬遵,但捐项丝毫不得交进衙署"[2]。从两地的事例可以看出,清代各地宾兴的内部管理有"捐者各自经纪"、"官为经理"和"绅为经理"三种选择,但由绅士自主管理宾兴的选择,日渐得到包括地方官在内的社会各界的普遍认同。

第一节　捐助者与清代宾兴的组织管理

也许人们都会认为,宾兴的捐助者理所当然地对其享有管理权,或者最起码享有一定程度的管理权。他们应该成为宾兴管理组织的领导者,或者起码应该成为该组织的管理成员。但通过考察清代宾兴的组织管理形式,我们却发现并非如此。在清代宾兴活动中,捐助者直接成为管理者的例案虽然总量并不少见,但所占比例却并不大。捐助者参与宾兴公益基金的管理,在清代各地主要体现为捐助者独立负责宾兴的管理与捐助者部分参与宾兴的管理这两种形式。

一、捐助者独立管理宾兴

捐助者自行独立管理所捐宾兴的资产,这在明代早有先例。如明代万历年间,安徽绩溪县胡廷杰捐献田地山塘 35 亩,用于资助儒学生员,其收租管理最初本是归之本县儒学,后来则转由捐助者胡廷杰自行管理。据嘉庆《绩溪县志》记载:"此项租银原系学中收租,后系廷杰派丁收租,以半交学中,半存为三年宾兴之费。"[3]

进入清代,捐助者自主管理宾兴资产的案例依然存在。如云南石屏州有"科举田",原系本县宗人府府丞罗凤彩捐置田租 80石所设,"作乡会试卷金、科举之费",其管理方法即为"本人经收,变价分送"[4]。又如浙江上虞县有"会试公车路费",系道光十二年(1832)邑绅徐迪惠捐田 119 亩所设,用于给发新旧举人进京会试路费以及优拔贡进京朝考、副贡进京就职等费。据光绪《上虞县志校续》转引《五美录》的记载,该项宾兴田产"仍归徐氏经理,收花积算"[5]。

由多人合力捐助的宾兴资产也有采取推举捐助代表进行管理的案例。如湖南祁阳县,同治七年(1868)因"观光人众,资斧钱轻",本县举贡生监乃倡行"宾兴义举",捐田收租,资助全县考生赴考旅费。其管理方式为"公择捐资人内殷实公正者封契轮管,三年一届"[6]。全体捐助人员的姓名均在濂溪祠内刊碑立石。

个别地方的宾兴捐助者不仅参与基金收益的管理、发领,甚至亲身耕种自己捐献的田地。如山西孝义县有"宾兴席饯"地亩租银,本为康熙十二年(1673)县人霍焜所捐"城东义冢余地"。据乾隆《孝义县志》记载,该项田地"历系霍姓子孙耕种,岁纳银五两零"[7]。

二、捐助者部分参与宾兴管理

清代中后期,宾兴资产的管理日益组织化、规范化,成立宾兴组织并推举首士值年轮管的方式日益普遍。有些地方的捐助者也部分参与到宾兴资产的管理之中。

江西万年县有"崇文堂"、"兴贤堂"、"贵贵堂"、"辅文堂"等多项宾兴,其中崇文堂由邑人方自越捐置于嘉庆十二年(1807),组织管理形式为"设立章程,事归公理",而"兴贤堂"、"贵贵堂"则均为乡绅汪九泽于道光年间捐置,其组织管理形式为"首士慎请诚笃者,廪堂一位,城乡各一位,月俸扣钱十八千文,三年一换。而岁杪清账及三年另请首士、查勘田亩,需捐资家一人同理"[8],即由廪堂、城、乡各选一名首士负责宾兴的日常管理,捐助者则参与年末财务清算、查勘田亩和首士换届选举工作。

江西乐安县有"乐庠庄"、"乐试庄"和"府试卷资义田"等三项宾兴。其中"府试卷资义田"是在道光十五年(1835)由乡绅"东川陈蠲堂封翁"捐田所设,每年可收田租"八百乡石"。据同治《乐安县志》录存县人邹峰贤的《府试卷资义田记》记载,该项宾兴采取值年轮管的方式进行管理,其中"值年轮管首事又兼本家一人"。邹峰贤认为,之所以采取这种管理方式,是因为"此虽公产,仍不能不以己业视也。纵有滑手,岂能上下?且翁之子孙又皆贤明,可永保有利而无弊"[9]!捐助者较之他人更有责任心,从而有利于防止营私舞弊行为的发生。

出于同样的考量,湖北京山县惠山书院宾兴田租也吸纳捐助人参与管理。该县宾兴章程规定,包括宾兴田产的查勘、义庄日常公务等在内的各项事务,都应该由首士协同原捐业主共同办理。假如遇到意见分歧、无所适从需要协商定夺时,则"应由原捐查宦及其本支亲属主政会商公保,以免筑室道谋,且自护义举,必慎得人"[10],认为捐助者较之普通人更为关心宾兴资产的健康发展。

三、捐助者享有优先管理权

文献记载表明,在清代初期,捐助者对于所捐公产享有优先管理权。据同治《(湖南)鄞县志》卷八《学校志·宾兴》录存《宾兴始事由》一文记载,该县宾兴最早是由恩贡生谭显名在雍正十三年(1735)捐设的。在申报立案的过程中,由于恰逢谭显名"领咨赴京,不能分身",因而选举"老成生监"为首事进行管理,但是却被湖南巡抚、学政怀疑是否存在地方官"勒派情弊",并翻查了雍正十三年(1735)十二月"愿捐义田等项,仍听本人身自经管,胥役主豪不得干涉"[11]的定例,要求湖南布政使司、衡州府、鄞县各衙门逐级核实上报。这一事件的发展过程表明,捐助者如果不自动放弃所捐资产的管理权,其他官绅人等根本无法直接插手宾兴的管理。

正是由于享有公产管理的优先权,捐助者在选择是否独立管理公产时便拥有了更多的选择。如浙江新城县(今浙江富阳市新登镇)"宾兴田"原是本县武举陆宏于乾隆二十年(1755)捐田30余亩所设,约定以三分之二的田租收益分给岁科试童生资助卷价,以三分之一的田租收益资助乡试诸生盘费。嘉庆五年(1800),陆宏之子陆介眉向地方官建议将其改归"本邑殷实绅士经理,并将岁科两试应给银两停止,统作乡试诸生盘费"。两年后,其建议获得批准,"选近田亩衿绅沈瓒、袁锡昌协同陆介眉经理"[12]。

不仅如此,捐助者还有权对公产的使用途径进行变更。如安徽英山县(今湖北英山县)宾兴除了有设于乾隆年间的"兴贤馆"外,在道光年间本县安氏宗族的"德三公"、"诗咏公"两房又先后捐出田租106石、花稞80斤设立"南闸卷田"宾兴,先是安氏自行管理,建立"安德本堂","每科备资,在金陵分发卷费"。后因租银收益扩充,乃改归"三里董事领管"。光绪三十一年(1905)由于科举停废,经费使用无门,安氏乃决定"将所有稞项尽行拨捐入本邑高等小学堂",并呈明立案。知县郭集馨批准:"如科举开复,该田仍作卷烛费,以遂其初。"[13]

在宾兴遇到经营困境、绝境的时候,有些捐助者甚至可以将其重新收归己有。如浙江诸暨县"宾兴田"共有3处,其中之一为康熙间候选州同知郭君所捐,共有田产100亩。在太平天国起义过程中,这项宾兴资产便被"捐裔据为私产,不复归公"[14]。不过,田产捐出经过百余年后又收了回去,这毕竟不是什么光彩的事情,光绪《诸暨县志》的修志者因此对其采取了"隐其名而不书"的记载方式。

从地方志的记载来看,无论是捐助者独立管理宾兴的个案还是捐助者部分参与管理宾兴的个案,在清代早、中、晚期均有出现,它们和本章接下来要讨论的宾兴的其他管理方式并没有时间上的相互取代或继承关系。

第二节　基层主管部门与清代宾兴的组织管理

清代各地宾兴因其所属地域级别的不同而有服务范围的广狭

之分。不同服务范围的宾兴公益基金,其归属地均有相应的基层主管部门。除了可以选举乡绅成立专门管理组织实行自主管理,有些宾兴也采取过交由其基层主管部门实行管理的方式,其中又主要包括由行政主管部门即府州县衙门和由教育主管部门即府州县儒学实行管理两种类型。

一、行政主管部门与宾兴的组织管理

在清代,县(包括散州、散厅)是最低级别的行政区划,县级宾兴也是各地宾兴中最多的一类。同时清代宾兴公益基金的最高层级基本上只到府一级,故府衙、州衙、县衙等相关部门也是与宾兴的组织管理形式发生关系的最主要的行政机关。

江西泰和县有南宫会、宾兴局、采芹会等各项宾兴,均由各会、局绅董值年轮管。该县较早时期则有"岁科试生员花红并乡试醵魁"经费田,亦属宾兴范畴,据县志记载系明万历二年(1574)由本县严德亨之妻郭氏捐田租约 500 桶所设,据同治《泰和县志》记载,该项宾兴系"由明至今,礼胥征收"[15]。所谓"礼胥",即县衙"礼科"或"礼房"的办事人员。礼房是清代各府州县专门管理文教案卷的机构,举凡岁科试童试时的县试考试均由其负责具体承办。

浙江处州府儒学有三项学田,最初为通判许有襄等于明末崇祯年间捐设。据雍正九年(1731)田亩清丈字号册的记载,这些学田均在本府丽水县境内,故其管理也是委托给丽水县相关胥吏,其中委托括苍驿驿丞"管征"71 亩余,委托丽水县典史"管征"79 亩余,"俱解存府库,给宾兴之用"[16]。处州府儒学的这三项经费虽然被载为"学田",实质上是专款专用的宾兴,由丽水县典史及本县括苍驿驿丞代为征收田租。

安徽舒城县各项"公田",包括了学田、书院田、宾兴田、各公所岁修田、县府院三试结单及学印田、县府院三试礼房办考经费田、武试经费田、义学田、育婴堂田等名目。其中除宾兴田外,县府院三试结单及学印田、县府院三试礼房办考经费田、武试经费田等与科举考试有关的公益资产也都属于宾兴的范畴。据县志记载,这三项经费中的"县府院三试礼房办考经费田"原本是从书院经费中拨出若干银两支付,在同治初年改为利用书院预拨经费购置田产约 360 石,其中拨田租 300 石,支付办考费用;拨田租 14 石,支付岁科试生员试卷费;拨田租 45 石,支付县府院童试卷费。前一项经费由礼房负责经管,后二项经费均由卷房负责经管[17]。

也有一些地方文献对官管宾兴的具体管理部门不作详细交代,而是笼统地说是由知县经管。如福建永福县宾兴田亩,系乾隆二十五年(1760)教谕张方高捐资购置,每年约收田租 3400 觔,其管理方式为"由县令督收"[18]。具体操作则是每年收租折价银"寄贮县库",每三年乡试之期,则"县移到学",按照参加乡试的考生人数平均分发,作为往福州赴考的盘费。又如山东长清县乡会试宾兴费,系道光八年(1828)知县舒化民捐资号召百姓捐资设立的。据其拟定的管理章程第一条有"无论正、署,一体经理"[19]之语,即无论正式担任还是代理知县,均有权在其任期内管理该项宾兴。山东陵县、山西忻州的宾兴公益基金尽管不是由地方官独力捐设,但其管理章程中也有与山东长清县相同的内容。陵县在光绪元年(1875)由官绅捐资 1000 串存典生息,设为宾兴公益基金,其管理章程也是规定"无论正、署,一体经理"[20]。忻州在代理知州张其恕任内由其捐资 1000 缗为倡,号召全州士绅捐资共成 6750 缗,"发商生息,为乡会试资",其章程第一条中也规定,此项宾兴"无论正、署,一体经理"[21]。再如广东高明县原于顺治年间由乡绅莫御捐渡船 6 艘,以其每年摆渡收入的 80% 支付乡会试考生旅费,称为"阖邑宾兴饷渡"。后同治十一年(1872)阖邑绅士倡建"新设宾兴",支付文武新进学师印金、义学山长修金和文武举人会试及优拔贡朝考三项经费,并"议定条例,每年由县官汇收支发"[22]。所谓"县官汇收支发",指的当然不是由知县老爷去处理钱谷收支杂务,而是指由县衙某部门经手负责。

二、教育主管部门与宾兴的组织管理

作为一种教育公益基金,宾兴的组织管理往往与儒学发生不可分割的联系。一方面,有些地方的宾兴本身就是附属于学田之中或归属于儒学,其管理势必与儒学师生发生联系;另一方面,清代宾兴的直接受益对象是科举考生,而清代科举必由学校,儒学学生无论廪生、增生还是附生便都是宾兴的实质性资助对象,因而也往往直接成为了宾兴公益基金的管理者。那些专门资助乡试考生的宾兴则尤其如此。

有些地方的宾兴系由学师负责管理。如福建仙游县,自顺治十六年(1659)耆民谢世美捐田 137 亩,每年收租资助乡试卷金之后,康熙、乾隆年间耆宾刘鸣岐、教谕陈嘉璧、大宾李长华等先后捐献田产,亦作乡试卷金,其管理为"皆学师催收"[23]。

有些地方的宾兴由学师和在学即将成为贡生的廪膳生共同管理。如江西安远县于乾隆二年(1737)将邑绅捐资增修学宫所余银两购置田亩,每年可收田租 28 桶,公议将其中的 21 桶留为宾兴用费,支付岁试、科试、乡试考生卷资之用。其组织管理形式最初是"佃人送租至学宫,议正贡与陪贡生员经收稞谷,于本年考期将近,经学师照时价发卖"。所谓"正贡"、"陪贡",均指儒学中食廪年限最长、最有资格成为贡生的前两名廪膳生。此项宾兴的管理后改为"于通学中绅士不拘正贡、陪贡公举一二人经理收粜"[24]。

不过,更多地方的宾兴是直接交由儒学生员管理,尤其是那些专门资助乡试考生考费的宾兴,由于直接施惠于儒学生员,因而管理人员也多从他们之中选举产生。其资格条件主要有岁科试考试名次、家产厚薄、品行能力等。

有些地方是交由儒学生员中在岁科试考试中名次前列的几位生员负责管理。如江西玉山县有"科举仓"、"乡会仓"和"资会仓"三项宾兴,其中后两项均由"八起公局"实施管理,而科举仓则由儒学生员管理。该项宾兴是在嘉庆五年(1800)本县乡绅李晋藻嗣母冯氏捐田150余亩所设,以每年所收租谷粜卖银钱,资助本县考生参加乡试的旅费。其组织管理方式为"归每届岁科试一等三名各生员管理"[25]。又如广东丰顺县于同治九年(1870)借捐资重修学宫、建立书院之机,将剩余银两2000余元购买8间瓦铺,出租取息,除支付书院祭祀用费,其余均作"大比之年匀给乡会试士子盘金";另提督丁日昌捐银1000元购置4间瓦铺,租银亦作全县士子"南、北闱应乡会试水脚之费"。建立"登瀛堂"作为管理场所,其组织管理形式则是"议定交岁科试取列优等前二名秉公经理"[26]。再如浙江上虞县曾有多项宾兴,其中"乡试路费田"为乾隆二十七年(1762)钱必迈、嘉庆七年(1802)叶向宸、道光七年(1827)杨光南先后捐田300余亩所设。其组织管理形式,嘉庆年间为"专责是年顶贡并第二、三名廪生,及岁、科一等首名文生协同经收经散",后光绪年间改为"统归顶贡、次贡及岁、科试一等首名协同经理收稍存典"[27]。

有些地方规定选取儒学生员中家道殷实者进行管理。如安徽望江县,雍正六年(1728)知县黄鹤鸣将县中籍田田租收入的60%拨为乡试考生费用。乾隆十一年(1746)在儒学明伦堂建立石碑,刊载耤田管理章程,规定交由儒学生员轮管:"每逢宾兴,齐集明伦堂,议附近在城殷实公正生员六名内,阄三名同管三载,毋得推诿。"[28]福建龙岩州雍正年间便有"乡会盘费馆租",系坐北向南店房一座,将其租给盐商,每年租金 80 两。其管理为"通庠公举殷实廪增附三位,次年、三年照例签举,约共九位以董其事"[29]。福建尤溪县,乾隆六十年(1795)知县曹寿新捐资购田设立"连科中"宾兴,议定公举城内董事一人经管。至嘉庆七年(1802)因本县书院被火烧毁,学政恩普令儒学全体生员共同讨论,将其田产归入"连科中"中,而管理组织则改为"举殷实生员三人合办,一轮三年"[30]。

有些地方则是综合考虑候选人的考试成绩与家庭状况选取管理成员。如广东归善县,乾隆四十八年(1783)举人陈鹰扬、监生李骏发等捐资设立"佐宾兴租",其管理方式即为选取"近乡殷实在学者"以及"岁科两试案首"进行轮值管理[31]。

有些地方则不论管理者之具体身份,而对其道德品质及管理能力有更多的要求。如江西长宁县乡绅曹引晃于乾隆十三年(1748)捐田一千把设立"乡试路费田",用于"赡邑之贡监文武应乡试者",其管理形式是"择学中老成公正者一二人主其事。或二年,或三年,议另择交兑"[32],说明该县的管理形式并不严密,包括管理成员的组成、管理者任职期限等均没有严格的规定。

也有个别地方的宾兴采取抓阄的方式从在学生员中选取管理人员。如广东海阳县在明代末年便出现了宾兴,嘉庆二十五年(1819)、同治十二年(1873)又分别新建"扶轮堂"、"鹰扬堂"两座文、武宾兴公所,其中"扶轮堂"选取的管理方式是"经理之人,由岁科考列优等生员依发案名次,县学优等前三名,府学本邑优等前一名,共司厥事",而"鹰扬堂"选取的管理方式则是"经理之人,由众武生阄拈四人共司厥事。一年一换,每年二月十五日核数,查无弊端,即交新拈四人经理"[33]。

当然,严格来说,清代基层教育主管部门的权力代表应该是儒学教官,具体可包括教授、学正、教谕和训导等,而廪生、增生、附生等儒学在学生员则属于被管理者。不过,由于被选为宾兴资产管理者的在学生员往往是生员中的相对优秀者,代表了全体生员的利益,故而在一定意义上也可以被归入基层教育主管部门的范畴。

第三节　书院管理者与清代宾兴的组织管理

清代绝大部分书院都与科举有着紧密联系。在各级各类书院中,不仅为尚未取得功名的童生提供了就学机会,更是已经取得了生员身份的乡试候选者进一步学习提高的进修场所,有些地方甚至为举人专门建造书院,供其食宿、考课,切磋琢磨,同时还资助其赴京会试的旅费。正如清代大名知府裕长在其所撰《大名书院宾兴记》中指出的,地方官往往"于膏火之中,默寓宾兴之意"[34],这里的"膏火"即是书院发给学生的生活补助费。在为本地科举考生提供帮助这一共同目标下,清代宾兴的管理也往往与书院的管理发生重叠。

一、拨书院经费作宾兴用途

有些地方往往直接从书院资产的增值项中给发考生考试费用,此类宾兴经费自然是由书院首事或董事、经理等予以管理。其中又可包括三种类型。

一是将书院资产中的某一部分的收益用于资助考生赴考,从而具备了宾兴公益基金的属性。如山东昌乐县嘉庆三年(1798)修造了营陵书院,至光绪二十四年(1898)扩充经费,议定管理章程,其中第六条为:"捐项京钱两千串,专为宾兴旅费。每逢大比之年,由监院取折,向该当取息,以八成半为乡试旅费,以一成半为会试旅费"[35]。又如广西北流县铜阳书院资产中二项田产,每年可收田租 101 石。道光十七年(1837)知县陈颖涵将其拨为宾兴经费,其中一半拨为"文诸生乡试水脚之费",另一半拨为"文会试公车、拔、优贡朝考,及文举人宿京等费"。据光绪《北流县志》记载,由于"此项设在未起宾兴馆之前,故仍归书院管理收支"[36]。

二是直接从书院的全部收益中给发考生赴考经费。如福建龙溪县于康熙六十一年(1722)修建锦汀书院,数年间陆续购置田产,每年可收田租 518 石、租银 80 余两,这些经费的用途为"半以充芝山、丹霞两书院膏火,半为本书院祭祀、延师及大比宾兴等费"[37]。又如贵州水城厅,光绪元年(1875)通判陈昌言倡议捐资扩充凤池书院经费,事后议定,所有书院资产收益的经费支出项目除书院山长束脩、学员膏火及书院日常考课诸费外,还包括"每科宾兴、公车各款",即乡试、会试各项费用。其管理则为"慎择城乡殷实老成、素行端方、急公好义者,经管学中一切公件,曰斋长。正副各一,协同承办,凡章程各项应给钱谷银两,皆经手支发"[38]。再如四川崇宁县书院建于乾隆年间,至道光年间邑绅捐重金扩充资产,共计有田 400 多亩,所收田租除发给山长修金、考课奖赏及岁科试考费外,还规定资助赴京参加会试和朝考的文武举人与优、拔贡生,分别为:"乡试新中文举,每名送北上银五十两,新中武举每名送北上银三十两,优拔贡每名送北上银三十两"[39]。

三是从书院膏火费中拨若干月份作为考生赴考费用。如福建浦城县乾隆二十八年(1763)创建南浦书院,历年资产颇称富饶。光绪年间重议章程中规定,"每遇乡试及恩科年份,即将本年七八九十月八课膏火颁给宾兴"[40]。又如河南唐县道光十五年(1835)

创建唐岩书院，其管理条规中规定，“遇有科场之年，文乡试诸生在院肄业者，每名发给三个月膏火，作为盘费，不在院肄业者，同文武会试及武乡试武生，均照在院肄业之生员每名所得之数减半给予”[41]。再如广东广州府同治年间由布政使王凯泰创建应元书院，其经费除发给山长修金、举人膏火及正科会试举人赴京盘费外，还议定“每遇会试年甄别，以六月为始，其二、三、四、五个月膏火饭钱、卷价等项，留为津贴恩科会试盘费之用”[42]。这种类型在清代各地书院中较为常见，也是我们在统计清代宾兴的时空分布数量时较难把握的一类。

有些地方则将原本由县衙统一发领的国家制度性宾兴经费也交由书院管理。如贵州天柱县于道光二十二年(1842)由知县俞汝本主持捐修凤山书院后，并购置田产，议定章程，其中一条规定：“宾兴义举，旧例每年纹银九两，系县署地丁项内存留，合三年算共有二十七两。今议每年加制钱八十千文，由值年首士勤谨生息，届科交公正殷实者具领，到省按文武名数分给。赴武闱者务于六月二十日后、七月初一日前，专信送经管首士，于文场分银时照派。如不先行送信，至派定后无银分给，不得归咎首士。”[43]这是在清代全国其他地方极为少见的情况。

二、书院首事带管宾兴

清代宾兴与书院发生联系，更多的情况是由书院首事带管宾兴公益基金。如湖南酃县宾兴自雍正十三年(1722)由谭显名捐设田产之后，历年不断得到士绅的捐助扩充。据同治十二年(1873)所修县志记载，酃县共有两项宾兴，其一为“洣泉宾兴义田”，由“宾兴会”负责管理，谭显名所捐田业赫然居于所有产业之首；其二为“梅冈宾兴义田”，田产来源包括“宾兴会各户卷资买置田亩"和"各户所捐田亩"两类,约定"均归梅冈书院首事经理"[44]。广东丰顺县在同治九年(1870)建立"登瀛堂"之前,即已经由知县张邦泰捐银100元,购置田产收租,作为本县士子"乡试场买卷资",议定其组织管理形式也是"交书院士子经理"[45],只是在建立登瀛堂后,才改为"公举管理",不再依附于书院。

其他由书院首事代管宾兴的案例还有很多。如甘肃狄道州,嘉庆三年(1798)纵司烨与州人李尚德等共捐银1500两,发商行息,其中以1000两的息资"为乡会试及拔、优贡生朝考资斧"[46],以500两的息资给发生童膏火费,系由书院董事进行管理。湖北恩施县宾兴最早于道光十五年(1835)由知县陈肖仪利用修塔余款创设,同治元年知县许光曙拨设防、修造余款约6000元补充其中,并改建宾兴馆。据同治《恩施县志》记载,许光曙将此款所置买田产每年收益的"六成作膏火,四成作宾兴",并议定"出入账目仍归书院首士经管"[47],而该县宾兴馆也是附设于麟溪书院。湖南绥宁县宾兴会自道光九年(1829)苏万举捐输田产后,至同治年间共有"宾兴佃户八名,共租谷一百七十八石六斗",据同治《绥宁县志》记载,宾兴会田产与虎溪书院田产一样,都是"归书院首事经管"[48]。贵州婺川县宾兴共有三项,一为"宾兴义举",拨价值1000两之田产资助乡试旅费,二为"岁科两试文武生童报名填册贽见等项",拨价值2600两之田产资助生员岁科试考费,三为"童试卷费",拨价值800两之田产资助童生府试、院试考费。这三项经费均由"书院董事四人轮流分管,一人止管一年,周而复始"[49]。四川岳池县宾兴于道光末年由知县白汝衡捐资创建,后知县武尚仁捐资扩充。在同治十二年(1873)之前,一直由"费局"兼管。是年冬,知县吴培棠认为"宾兴事关学校",因而改定章程,将其"归并书院经理"[50]。山西乡宁县宾兴出现于同治年间,系邑人阎时康、王建极分别遵循先父遗命,各自捐钱 1000、500 千文,发商生息为乡试宾兴之费。据民国县志记载,该项基金"由书院代管"[51]。安徽休宁县"乡试旅资",系监生汪国柱捐资 5250 两设立的,其本金与增值利息的管理方式为"一并缴交经管书院董事"[52]分派县中各典铺分领生息。江苏娄县童生试卷田设于乾隆六十年(1795),时本县原任保定通判周厚基捐田 30 亩,每年收租资助文科童生县试阶段的府试、院试正场试卷买价。后因被胥吏侵蚀,松江知府赵宜喜因于嘉庆五年(1800)命娄县知县陈观国全面清理,共查出田产、田租若干,并议定由"书院董事带征田租"[53]。

有些地方的书院首事不仅兼管宾兴,同时还兼管更多的教育经费。如广东四会县三学租额和本县绥江书院田租、印金局一起,均由本县"书院总理"兼管。其中三学租额是在道光二十年(1840)由知县姜大猷拨津口下郭苏沙每年租银 120 两所设立的,其用途是支付书院、乡试宾兴和会试公车三项费用。此项基金道光后期由知县朱甸霖拨入每年收租银 35 两、租谷 12 石的另外两处田产予以扩充。"书院总理"兼管全县各类教育经费,其产生方式及人员组成为"子、午、卯、酉年十二月初八日合邑同人集议,公举一人专管收支事"[54]。这三项教育经费虽然管理者相同,但管理章程则各不相同,其中"书院章程、印金局章程皆有专刻,三学章程附书院章程后"。湖南芷江县道光年间各项教育经费同样均由书院首事统一管理。道光二十六年(1846),知县谢廷荣倡捐田产 700 亩,合新旧田产每年可收田租 1700 余石,其中拨田租 460 石为书院膏火、奖赏等费,拨 480 石为新设 12 所官学的学师薪资,拨 124 石存作乡会试盘费。其组织管理形式,议定"由绅士公举殷实公正首事二人经理,年终由县另派一二绅士,与礼书协同该首士核算造册,赍县报销,不得丝毫浮冒"[55],每年各从田租中拨谷 40 石作为薪资。

有些地方的宾兴则直接由书院首事创办,如湖北巴东县便是如此。咸丰十年(1850)书院首事附生朱秉南、柳慎修利用书院田产多年剩余资金,购买铺屋一所,"作合邑宾兴费";同治五年(1866)书院首事贡生谭春华、监生谭宏平采取类似办法,利用书院剩余资金购买一份水旱田,"添作合邑宾兴费"[56]。

事实上,由于宾兴、儒学、书院同属清代教育公益资产之大端,其受益对象也都是本县士子,故其管理人员亦往往身份重叠。如湖北均州宾兴与书院膏火都是始设于道光末年,其组织管理亦交书院首士一手办理。据其议定的《膏火宾兴章程》,负责宾兴、膏火资产管理的经理首士的产生方式与具体职责为:"择学校中历练老成、为人正派、兼任劳怨、遇事维持者,为之领袖;并择一二英年端谨、细密小心、勤勤恳恳者,专司登记账目出入;再择家道殷实、善于守财、丝毫不苟者,专司存储。各有责成,勿得参越,和衷共济,勿得相猜"[57]。这说明由于清代儒学、书院、宾兴均与科举密切相关,名称虽异,服务科举的职责则同,故而其管理人员也都是选取与科举有关的地方绅士,其中大部分都是张仲礼所说的下层绅士,属在学生员一类,仅有部分为上层绅士。

第四节 地方士绅与清代宾兴的专设管理组织

清代中后期,士绅逐渐在地方公共事务管理中获得了更多的机会,在宾兴的组织管理方面亦开始扮演越来越重要的角色。在地方志中,清代各省宾兴除了直接被记载为"宾兴"、"宾兴田""卷价田"等外,还有更多被载为宾兴会、宾兴社、宾兴局、宾兴馆、宾兴公所,以及闱费局、卷局、思乐堂、登云会、登云集、登瀛局、梯云集、文运堂、文明堂、兴贤堂、公车会、兴贤庄……等诸多名称,它们都是宾兴资产的专设管理组织。

一、清代宾兴专设管理组织及其管理场所

从清代中后期开始,各地宾兴逐渐形成了较为成熟的由绅董自主运作的组织管理模式,其标志则是专门的宾兴管理组织甚至专门的宾兴管理场所的出现。

如湖北崇阳县,道光四年(1824)知县赵秉淳首次倡议捐设宾兴,当时共有 28 家响应号召捐献钱款,共集资 1500 千文,存典生息;十年后,知县王观潮倡议续捐,此次捐助者共 29 家,捐资 1500 千文。到道光二十六年(1846),知县金云门第三次倡议捐资,响应者 36 家,集资 1850 千文,不仅重新议定管理章程,还"始建宾兴馆"[58],即建立了专门的宾兴管理场所。据县志记载,该县宾兴馆系购买汪姓房屋改建,共有三重,中厅新设两龛,奉祀文昌帝君神位,两边墙壁"俱嵌石镌序文及先后捐户姓名"。

湖南衡山县培文馆、成文公所、翼文公所均为专门的宾兴首事办公场所。其中"培文馆"建于道光年间,系县人利用捐建考棚的剩余资金所建,同时购置田租 300 余石,"为考棚岁修资及县府试科场卷费、会试资斧",该馆规模较大,功能分区明显:"右为大厅,奉祀文武两圣,左侧上下屋六间,为首事办公处";"成文公所"系嘉庆十年(1805)乙丑科状元彭浚所建,道光十三年(1833)他在顺天府府丞任上向家乡捐田租 360 余石"为文乡会试及岁考资斧",并建立公所,作为"首事公办处";"翼文公所"建立于同治八年(1869),系知县陈焯墀捐资购买田租 120 余石为"为文乡会试资斧",该公所同样也是"首事办公处"[59]。

江西奉新县登瀛集是一种专门资助本县会试举人旅费的宾兴

公益基金,系由本县探花、御史帅方蔚等于道光二十一年(1841)倡捐建立的,当时共捐银2.5万余两,捐田300余石。其组织管理为"十三乡每乡公举首事二人,值年轮管,分为三班。县市、从善、建康为一班,奉新、南乡、北乡、进城为一班,新安、新兴、法城、奉化、同安为一班",并共同约定"首事务择公正、殷实之人家,无担石之储者不与是选"。为便于宾兴议事及财务管理,县中公议在县城大街修建一所房屋,作为管理场所,"门以内东西厢各三楹,又内为耆德祠五楹,又南迤东为文昌宫三楹。南向左为小蓬莱馆三楹,西向右为广华精舍五楹,东向又南为仓。"同时议定,除了每年二月祭祀捐资木主时首事在登瀛集集会进行首事换届、财务交接工作之外,这些房屋平时只允许"首事因本集公事来县听其居住",而其他非本集事务,均不得"藉端借寓"[60]。

江西万载县宾兴堂捐设于道光五年(1825),不仅置买多处田产,所捐银钱更多达3万余。考虑到"资产生息,度支出入,不可无经理之人,尤不可无经理之地",阖邑士绅乃商议鼎建宾兴堂。堂中除了供奉乐输姓氏木牌外,还"构屋数重,为会计栖息地"[61]。另据当时编纂的《万载宾兴堂册》载有《知单》一篇,其中亦言及"公议兴工建堂,为经理栖息之所"、"所捐乐助务期踊跃交局"、"首事诸公目前来局构堂置产,公同调办千秋盛举"[62]等语,说明该县发起捐资设立宾兴的组织合称为"宾兴局",而其管理处所则称为"宾兴堂"。

广西北流县咸丰元年(1851)创设宾兴,并申报立案,创建宾兴馆,议定管理章程,其中第一条便规定:"馆内产租,公举邑中殷实绅士三人管理收支,三年一易,于子、午、卯、酉年五月十六日祭祀时,经众清算交代"[63]。

浙江平湖县宾兴称为"登瀛会",其管理士绅办公的场所则称为"登瀛局"。登瀛会创立于咸丰七年(1857),系由候选布经历胡良佐、候选同知胡良俊合力捐田 900 余亩所设。至光绪四年(1878)邑人合议修建管理公所,地基由职员胡沣及胡乃樑、胡乃槐捐献,建筑经费则从田租收入中提钱 100 元支付。该局除作为管理绅董的办公场所,也同样供奉所有为登瀛会的创立作出贡献的捐输者的木主[64]。

安徽宿松县宾兴始于道光二十年(1840)刑部郎中石砺金捐钱 4000 缗,发典生息,为全县乡会试文武士子旅费。咸丰年间,太平军入城,存典钱款尽被抢走。直至同治三年(1864),因曾国藩下令安徽全省清查废寺田产归公所有,宿松知县刘奎光乃与士绅商议,将所清查到的所有废庙基址田亩,编造清册,呈文报请"悉归宾兴会,慎择公正董事,分乡经管,年终公同结算"。这一"以公济公"的请求,得到从安庆知府到安徽布政司、学政、巡抚及两江总督曾国藩的一致批准。光绪十八年(1892),宾兴会还利用公费,从刘姓购买了一座房屋,"坐北朝南屋一镇,计二重,共十三间,东边大院一所,厕屋在内",改造为宾兴会的办公场所,即宿松县宾兴馆[65]。

各地宾兴管理组织的办公场所,往往也是宾兴田产的租谷存放场所。如广东德庆州,嘉庆二十四年(1819)知州朱有莱设法设置宾兴田产,并建成宾兴馆,议定章程进行管理,其中有关佃户缴租,规定"各佃交租,早造以七月二十日,晚造以十一月十五日,不得零星碎交。过期不交,合众议罚。挑租来馆,守者通报司理及众绅,齐到议价,即交质库收储,注明总簿,毋得私贮"[66]。

二、管理人员的身份资格

作为一种社会公益事业的管理者,清代各地专设宾兴都要求其管理首事必须具备人品优秀、家资丰厚等条件。如山西长治县登云会要求其管理人员必须是"公正绅士"[67]。山东莒州知州周秉礼于光绪十一年（1885）创办宾兴，并与士绅议定将其交由绅耆经理，其管理章程中规定"择定众所信服、诚实办事之绅董八人轮流管理，以三年为度"[68]。浙江平湖县登瀛会管理人员（1862）分司岁、司账、司查等数类，其中关于司岁的要求是"品行端方殷实可托之人"，司账需是"布衣之士，老成练达，兼有殷实两人作保"，司查则需为儒学生员[69]。江西奉新县登瀛集要求"首事务择公正、殷实人家，无担石之储者不与是选"[70]。江西新喻县（今江西新余市渝水区）宾兴堂规定，"经理之人，三年一替，必择品行素端，殷实勤恪者，以专责成"[71]。湖北荆门直隶州绅士邓贻美、民人高志泉等于道光年间捐银2000两整，设立宾兴。咸丰年间因战争被提拨军饷，同治元年绅士谢元礼等呈请拨还，并议定章程，规定"择具家道殷实可靠之绅士承领生息"。该州所辖当阳县宾兴馆亦规定"交殷实公正绅士经管"[72]。四川南充县宾兴局规定，该局局士需由全县绅耆一起推选"殷实廉洁"者担任[73]。四川梁山县卷局规定管理成员由总理和值年共同构成，其中总理"务择老成谙练，学术纯正者，方堪胜此重任"，而值年则"不拘城乡远近，惟择精明强干、正直端方者为尚。勿得勾连闲当，希图漏吞。倘属临事退缩、存心贪污者，虽殷实亦不准报"[74]。广西桂平县宾兴馆也规定，管理成员分在局总理和司数组成，其中总理"择合邑中名望尊重明达公正者举之"，并特别注明应系"优、拔以上及曾仕教职以上者"，司数"就里中择身家殷实廉俭稳练者举之"[75]。

有些地方特别要求宾兴管理首事必须是科举出身。如江西崇仁县公车会始设于嘉庆二十三年（1818），同治元年（1862）续捐扩充，并重新议定管理章程，其中规定"所派管首，责任甚重。务要公举孝廉、生贡内正直、廉能四人同管"[76]。湖北均州的《膏火宾兴章程》规定，经理该项公益资产的经理首事需"择学校中历练老成、为人正派、兼任劳怨、遇事维持者，为之领袖；并择一二英年端谨、细密小心、勤勤恳恳者，专司登记账目出入；再择家道殷实、善于守财、丝毫不苟者，专司存储"[77]。湖北大冶县兴贤庄在道光八年（1828）以前"原议岁科试超等前三名经管取租"，道光八年之后议定改为"在城诸生就近分蒲、桂、腊三季，季派六人轮流局收"[78]。广东琼州府定安县教谕梁廷佐于康熙二十五年（1686）购置宾兴田，约定"交近城诸生轮管"；同府会同县教谕吴隽于康熙二十五年（1686）捐置宾兴田，约定"公举本学殷实生员六人管理"[79]。广东遂溪县文昌阁科举资田规定，管理绅士必须从"岁科新进文生择取人品端方，身家殷实者"[80]中产生。广西平乐县于同治二年（1863）捐资1000余两购置田产，"为乡会试宾兴及岁科试院考文武童头场填册费支用"，其管理场所称为"学校公所"，章程规定"选举在学绅士二人董理其事"[81]，也就是由儒学生员管理。

　　有些地方强调管理者需要官方出面聘请，以昭隆重。如前引浙江平湖县登瀛会，其中关于司岁者的产生方式，章程特别规定："漕条租米出入之事，设司岁管理，由士林公保品行端方殷实可托之人，禀县延请"，而司账、司查则不需官府出面聘请。山西阳城县宾兴文社要求其管理人员应该"端方有力"，在人选确定后还需要地方官"萃绅士，踵门延请，导以鼓吹"[82]，以示郑重其事。湖南黔阳县"新宾兴"管理章程规定："首士公举四人，一总其成，余则分理钱谷，别司账项。均择公正殷实者，三年一换，由官谕派，不得滥及外学"[83]。贵州绥阳县于光绪元年（1875）捐设黉田，其管理章程规定"值年首事二人，每届三年换一人，留一人，以资熟手，由地方公举，禀官下札办理"[84]。

有些地方强调需由捐助者共同参与管理。如安徽休宁县《乡试旅资规条》规定:"收支生息银两,必须经理得人。每值乡试之年,捐输之家同经管书院董事于五月初间,邀集在城绅士,公举人品端严者一人司事,再捐输之家乡试子弟及乡试亲友诚实者一人,同办省中给费事件。"[85]又如四川黔江县,咸丰七年(1857)知县钱棠倡捐3000余串购置田产,"作三年乡会试费"。其管理章程中规定:"会中产业及收存银钱谷石,遴选公正殷实绅士二人、粮户二人经收管理,每至年终,将经管一年出入银钱数目,逐一算明,开造清册,禀官查核。另选绅粮各二人,交替接管,不得亏短分文。"[86]所谓"粮户",也就是捐资之家。又如湖南祁阳县同治七年(1868)捐设宾兴后,议定"公择捐资人内殷实公正者,封契轮管,三年一届"[87],也就是管理者必须从捐助者中选举产生。另如江苏上海县罗店镇朱氏宗族在道光十六年(1836)捐钱1000串作为"乡会试公费",并议定管理章程,其中规定该项宾兴的"存款账目,朱姓一家轮流经管,每科带至南京,或转托公正人,准于八月初三日按名给发"。光绪九年、十一年改订章程后规定,"支息折据及账目,议由朱姓轮流经管,每逢转息、支息,会同镇董分别办理"[88]。显然,作为此项宾兴的独力捐助者,朱氏宗族认为身肩管理之任系属义不容辞。

三、管理者的人员组成与轮替年限

清代宾兴一般都规定其管理人员应由一定成员组成,并必须在若干周期内进行轮换。

大部分宾兴均规定三年一替,如前引湖南黔阳县、山东莒州、贵州绥阳县均是如此。前引江西崇仁县公车会规定,"始事之初,置买产业,事务纷繁。一、二人难以支持。酌派举人二位,贡二位,生监二位,三年以后,酌于孝廉内择派二人,生贡内择派二人,三年一换",也就是第一届选举6人为董事,此后各届均为4人,每3年一轮换。江西万年县兴贤堂规定管理首士需"慎请诚笃者,廪堂一位,城乡各一位",同样"三年一换"[89]。湖南善化县卷局章程规定,"值年首事每届须择老成廉明六人,城乡兼派","移交以三年为度,举报须凭公议"[90]。四川长寿县宾兴始于同治初年,其管理章程规定,"每三年公举绅士经管"[91]。四川新都县学田局章程规定,学田公举首士四人收支钱谷,分为正、副两班,3年一报,以均劳逸。轮换年份,以原副作正,新选首士为副[92]。广东琼州府琼山县有新旧宾兴田,其田租俱交经理首事催收,作为乡会试卷资,规定"首事公举殷实者二人经理,三年轮替"[93]。广东遂溪县文昌阁科举资田于嘉庆十二年(1807)议定交由岁科新进文生之中3名"人品端方、身家殷实者"进行管理,"每三年而一代"[94]。广西北流县宾兴馆管理章程规定,所有宾兴资产"公举邑中殷实绅士三人管理收支,三年一易"[95]。广西贺县知县黄作霖于道光十六(1836)倡议捐设宾兴,至光绪九年(1883)知县任玉森采取"按租酌捐"的办法,扩充宾兴,共得捐款"五千金有奇",议定"其出入数目,派首事四人董之,三年更代"[96]。江西泰和县规定,"南宫为合邑公事,自应合邑绅士公同经理。千秋大乡,公举老成公正绅士二人,其余一乡一人,会同经理。于六乡经理绅士内挨次另派专管绅士二人,专司领本生息、收利给发公车盘费等事"[97]。清代宾兴之所以大部分都以3年为周期更换管理董事,是因为科举考试每3年一届,发领相关助考经费也是3年一届(如果没有遇到恩科乡会试)。诚如安徽英山县兴贤馆所规定的,管理首事"务择殷实老成,又必三年轮流,庶与三年一宾兴之意隐相吻合"[98]。

除了3年一换,清代全国各地宾兴的管理者还有其他轮替方式。有的宾兴规定管理首事一年一替,如山西平遥县宾兴社规定,由最初发起捐设宾兴社的 20 位"襄事者"担任董事,"分为四班,轮流值年,周而复始。日后随缺随补,公举为准"[99]。又如湖北竹溪县《宾兴条规》规定,"举城乡首士轮流经管,每年二人同事,于冬月二十日凭城乡众绅士清算推报"[100]。

有的宾兴规定 5 年一替。如江西靖安县观光集规定"二十九都各都公举首事二人,每年六都十二人,分作五年轮管"[101],并通过抓阄的方式确定轮换顺序。相对于其他各县的宾兴管理方法,靖安县观光集的一班管理人马是实力最为强大的。

有的宾兴规定 6 年一替。如湖北江夏县田氏乐荆堂于道光十三年捐田 300 余石,设立宾兴。其管理章程规定,"公举精明公正者三人同管正科二届,六年中挨换一人",目的在于"不惟熟者退生者熟,即三人中有事故,亦不致缺"[102]。

有的宾兴规定管理人员不限定轮替周期,准许在前任出现身体不适或贪污腐败时,当即选举新任者接替前任。如山西代州宾兴章程规定,经理绅士由地方官员"博采公论,选举充应。既系公正之人,而所管账目三年一算,事不烦琐,可以毋须更替。有事辞退者,准其随时保选接充"[103]。又如山东宁海州宾兴章程规定,"原举城乡董事十六人,每逢乡试届期,呈请州官催当商呈缴息钱,示期决科,按乡襄理,分散考费。董事人如有中会及有事故者,公举报补"[104]。又如湖南安化县道光十六年(1836),邑人两江总督陶澍捐田租 202 石,资助乡试考生,称为"陶科举田"。其管理规约规定,管理董事"务须公正廉明,为众所信服者,城乡共六人,每年公同经管",但不需要周年轮值,只需"遇有事故,或经理未善,随时公同更换"[105]。

四、管理者的薪金报酬以及杂役人员的工钱

当代公益基金往往由专业人士进行管理,如青少年发展基金会、红十字会等公益、慈善组织的管理人员甚至都是国家公职人员。清代宾兴也是公益基金,但其管理者是否领取薪金报酬,则各地所在不同。

有些宾兴只设少量管理人员,不领工资,也不雇杂役,只开销少量经费作为平日食宿差旅补贴。如江西奉新县登瀛集规定,管理首事不开工资,每年下乡收租所开销的轿夫盘费"均据实开销公费";在登瀛集办公时所花费的"夫价火食",也都从公费开支,但必须"于簿内注明某月日某事来县,几人夫价若干,几日火食若干,以便稽查"[106]。山西代州宾兴章程规定,择公正绅士4人管理钱款收支,他们只在乡试、会试算账时分别领取5千文和3千文的"饭食钱","平素无事,一概不支薪水"[107]。浙江上虞县"叶氏乡试公费章程"规定,管理董事由顶贡、次贡及岁科考一等首名合计3人协同经理,董事不取薪水,只在办事之时临时开销以下三项经费,即"收稍价盘缠费每年七千文"、"董事及本家贲寓伙食伙工钱共廿四千文"和"解钱到省盘费钱及贲钱包捆索效力人钱共四千文"[108]。

有些宾兴不招聘杂役,只设少量管理人员,但领取工资或劳务费。江苏娄县知县金福曾于同治九年(1870)详准从每年"冬漕公费项下每收米一石提钱十文",设立官捐宾兴。其所议定的管理章程规定,设"经董"二名,除了每年各给薪水钱10千文,乡试年往南京分发乡试帮费时还发给舟盘钱二十千文[109]。湖北江夏县道光二十三年(1843)议定的田氏乐荆堂宾兴田管理章程规定,所举三名经管董事,每人"取辛俸钱八千文"。此外,经管者"赴庄车马一切费用"每年报销12千文,乡试发钱日"饭食杂用钱"支取2千

文[110]。江西泰和县南宫会章程规定,"专管绅士有领本、收利、开销、登簿、结账之责,每人定给夫马钱二十千文。如有公事请六乡经理绅士合议及年终会同结账,准开销经理绅士夫价饭食,其余非定章所准者,不准开销,以示撙节"[111]。江西南康县宾兴馆《经理章程》规定,"经理绅士薪水钱八十千文,节仪钱十二千文,轿费钱八千文"[112],广西桂平县宾兴馆《公定条约》规定,"值年局长一人,局副一人,束脩银各八十两。司数二人,薪水银各五十两"[113],报酬可谓非常丰厚。

有些宾兴设管理人员,不领取工资,但雇佣杂役,并发给工资。江苏上海县于道光九年(1829)捐资 3600 千文,存典生息,作为"乡试宾兴、会试计偕经费"。其管理章程规定,管理人员分成司总、司账二类,其中司总6人,其中2人"管典息、房租、各折出入银钱,年终报销",4人"分稽出入",司账二人"专管收租、修理等事"。司总"俱地方绅士,不取辛资",而司账则"在正项下每人每年支销薪水三十六千文"[114]。浙江平湖县登瀛会三类管理者中,司岁一人,负责管理"漕条出入之事",账伙(即司账)一人,负责"登记账目及收租等事",司查十人,负责"稽查账目",其中仅司账"酌送辛俸伙食每月钱六千文"。另外登瀛会还聘请"常用栈工"一至二人,负责"踏田催租",每月发给工食钱 3 千文[115]。

也有一些宾兴同时聘请管理人员,并招募杂役,二者均给发工资或劳务费。江西万年县兴贤堂规定,3 名管理首士均领取月薪,每人月俸钱 18 千文。此外,兴贤馆其他日常支出费用还包括,每年岁末算账酒费扣钱 2000 文,踏田 3 年一届每届扣车脚 2000 文,巢谷火食扣钱 1000 文,首士送县考火食钱 2000 文,院、府两考交廪堂首士,每考扣盘缠钱 2000 文[116]。江西靖安县观光集共设值年首事 12 人,每年每人支给舆资、饭食钱 10 千文,遇到查散卷资时,每人支给盘费钱 8 千文。此外,观光集每年择看守一人,专司集中祠宇供奉香火及清洁工作,每年支给工食钱 20 千文;聘请 2 名诚实可靠者看禾收租,每人每年支给工资 6000 文;每年会集各都首事开局算账,历时三日,每名首事每日开饭食舆资 500 文,另聘请杂役二人,每人每日开茶水工资 500 文[117]。

清代宾兴专设管理组织的出现、专设管理场所的建立、管理人员产生标准与轮替方式的制度化以及管理人员工作报酬的薪金化,体现了宾兴管理组织日趋规范化的发展趋势,说明清代宾兴正朝着近代意义的公益基金逐步迈进。

第五节　发展中的清代宾兴组织管理形式

以上从四个方面,对清代各地宾兴的管理方式进行了简要概括。不过,由于有些府州县往往不止有一种宾兴,并分别采取不同的管理形式;有些宾兴的管理形式则并非一成不变,而是处于不断发展变化之中。不管采取何种管理形式或者出现了何种发展变化,它们都体现了各地官绅为使宾兴长久延续而进行的防弊杜害的努力。

有些地方同一时间的不同宾兴采取了不同的管理形式。如四川资阳县有"老宾兴会"与"新宾兴会"两项宾兴。老宾兴会始于道光十九年(1839)东乡义士周绍元捐田价 2400 串"作文生科场宾兴之费",其管理形式为县衙礼房与儒学斋长合力管理。其中礼房负责"每年经理出票收租",斋长采取值年制,负责"向典铺算明共有本利钱若干,携至省城,于录遗后除监生、武生及一切捐职不分外,统计文生若干名,按名照钱之多寡分给",此外,斋长还需兼理招佃收租事宜。新宾兴会始于咸丰初年知县范涞清倡捐银钱

购置田产,每年可收租钱 1000 串,用于资助从童试到岁科试、乡
试、会试以及贡生朝考等各类考试费用。其管理由县衙礼房与协
义局首事合力实施,其中礼房负责"每年出票经理收租",协义局
首事负责管理"每年收租、纳粮、支应各项",同时还需将非科举年
份的租钱存典生息,于"交替时集众清算明确,备案登簿移交。若有
丝毫浸亏,惟经收首人问赔,按数追缴"[118]。到光绪初年,新宾兴会
的管理形式再次发生变化,改为"另设局士住文昌宫"[119]进行管理。

有些地方同一宾兴采取了多方协作的管理形式。如河北望都
县"科举学田"采取了县衙书吏与儒学生员联合管理的方式。该
项田租系由知县张京瓒于康熙四十四年(1705)捐资购买设置,作
为"三年宾兴士子盘费之资",其管理方式为"委老成书吏,司其出
纳。复令诸生中齿高而品重者,出次司会计,以防侵渔"[120]。又如
江西万安县"老宾兴"采取了由县衙、学师和宾兴会董事三方进行
协作管理的组织管理形式。该宾兴始设于嘉庆年间,此后借修理
考棚的机会倡捐扩充,共有存典生息款项 4000 吊,发领文武县、府
试挨、认保戳记、乡会试程仪等项费用,同时还为云兴书院生童发
领膏火费。到同治十年(1871),知县周某利用行政权力,从每年
收漕留县办公经费项下按每征米一石抽钱 15 文的方式划拨经费
增入宾兴。这笔款项每年的征收方式,系由:

> 宾兴局设立大柜四只,请县着户库收存封固,其钥匙交学
> 师正斋经管。每届自开征始按月责成户科经书结明有钱若
> 干,开载一条,先送县署核验,随送交学署收存。两学师即着
> 可靠书斗到户库查点数目与条相符,眼同囤入柜内封固,俟十
> 二月值年首事发书院膏火时,来局到学署请出,按月存条与户
> 科清算一次。

在三方合作的组织管理体系中，县衙户科负责征收、保管所收银钱，宾兴会首事负责入城设局，发领考试经费及书院膏火，首事的产生方式为"照依老宾兴向章，每逢岁科录取县、府学文庠一等前四名，轮流承管"，而学师则负责"存放簿据、盘查数目并诸多烦劳之事，实为首事领袖"[121]。同治年间，广东嘉应州知州周士俊拨款440两，发交本州4家当商生息，资助州中参加乡试考生的购卷费用。其管理为"责成董理科举会绅士经管，并着科考取列超等一、二名生员协同办理"[122]，也就是管理者中既有考试成绩优秀的儒学生员，又有由绅士组织的科举会董事。

清代各地往往有同一宾兴在不同时期选择不同的管理方式的案例。

山东掖县儒学学田附有宾兴用项，其组织管理形式的演变较为复杂。该县平度州唐头学田150亩，原系周、胡二宦之产，顺治十八年（1660），因互争涉讼，知府郑其心将其判归儒学，每年征租谷45石，作为莱州府儒学和掖县儒学膏火费。康熙二十六年（1687），该田被豪猾士绅盗卖，四年后才由海防道丁蕙捐俸赎回，约定除缴纳国课、支付儒学春秋二祭及周、胡二公祠祭费外，所余银两的三分之一用作府学、县学学宫修缮费，三分之二用作"宾兴之用"。据乾隆《掖县志》记载，此项基金的征收管理，"先属平度州吏目，后改府经历，又改掖县典史，最后改府县两学，如今规"[123]。

云南腾越州"卷价田"经历了由"学"管理向由"州"管理的转变。该项宾兴初为本州进士胡连于明代末年向黄、尹、兰、段四姓购置的田产，其孙胡成将其捐入文庙，仍由原卖四姓子孙耕种，缴租作为本州"卷价田"。到乾隆三年（1738），由于州学教官学正戎大靖与训导邱培南为征收田租问题发生争论，乃议定改为"归州经管"，"除完粮并发给卷户外，余剩寄库，以为诸生省试卷价之资”[124],而经管的具体部门则是腾越州“礼房”。

福建连江县“膏颖田”经历了由官府管理向学官管理的转变。雍正十一年(1733)邑人郑霄捐田租 3200 觔,作岁科两试卷资。其田租“向经胥斗收办”,乾隆二十二年(1757)春季改为“归两堂老师共司其入”[125]。

广东高州府高文书院宾兴经历了由“道署礼房”管理向礼房与绅董合力管理的转变。该项宾兴的设立源自道光初年高文书院接受了分巡高廉道叶申万的 2000 两“宾兴本银”的拨款,并于道光六年(1826)发给商人生息。其利息收益除分给廉州府用项及给发高文书院膏火、奖赏外,余银 320 两作“正、附课生监赴科宾兴”。这项费用最初由官府管理,最终因为“向由官发,花费太多,难沾实惠”,举人许汝韶等乃于光绪十四年(1888)禀请照廉州事例,“每科举年五月初一日,由道署礼房请出银两,交绅董带省分发”[126],同时书院的膏火、奖赏费用也由绅董分发。

广东信宜县宾兴经历了由官府管理向绅士管理再向专门机构管理的转变。该县“乡试宾兴田”始于乾隆五十三年(1788),原有拨自养正书院田租 96 石,十余年间经过官府划拨、民间捐资扩充至 620 余石。其所拨书院田产,“向系官司出纳,胥吏侵渔,不免法久滋弊”,改拨宾兴之后,乃“与旧租并责成绅士随时举人管理”。到光绪七年(1881),该项宾兴与会试宾兴田一起,都改为“归印金总局经理”[127]。

浙江松阳县“文云开义田”经历了儒学管理到董事轮管、学官监督的协作管理的转变。乾隆二十三年(1758)松阳知县吴凤章垦田 33 亩,设立“文运开户”完粮,由学师管理收租。乾隆五十年(1785)学师陈琴川、胡秉谦建议让附籍童生将例应捐助入学之田改为捐入“文运开义田”中,并议定“捐田立簿,分交董事司其事,以便稽查"。不久,因学师孙咸宁"争收此租",知县韩清乾接到董事公禀后,呈文上报,经浙江布政司衙门批示:"查此案以董事司其事,学官核其成,法良意美。仍着董事秉公经理,不必官为吊核,致滋烦挠,等因,饬遵在案。"[128]

广东遂溪县"旧宾兴"经历了"归学管理"向"归绅士管理"的转变。该县共有新、旧两项宾兴。新宾兴捐设于道光年间,由"宾兴书室"士绅梁挺秀、高成梓、全焞、陈正彪、梁川等董其事;旧宾兴原为文昌阁田,每年合收田租 298 石,后被人冒占。康熙四十九年(1710)生员郑、王、尹等赎回其中的 102 石,知县曹谌将其拨归儒学管理,改作"科举资费"。但此后的近百年中,因管理人员"浮开费用,科资绝少",全体生员乃于嘉庆十二年(1807)"公同具呈藩司断归绅士管理"[129]。经广东布政使司、雷州府知府等批示依议办理。遂溪知县章廷桦认为,"通邑之田,专责于一、二人,久必有弊,欲其无弊,莫若于每科学院试毕,将岁科新进文生择取人品端方、身家殷实者三人管理,每三年而一代",采取这种管理方式,一来可以"掌管轮选,无容擅据",二来可以"积而即泄,无容自壅",三来则"时日未久,人事未迁,无容侵吞"[130]。这一建议得到了士绅的广泛赞成。章廷桦乃命人"清丈田亩",并与士绅"酌定条例,立碑于文昌阁前"。很显然,遂溪县旧宾兴的组织管理形式之所以能出现这样的转变,原因即在于官绅均认为后者比之前者更能起到防弊的作用。

四川井研县杏花庄经历了由捐助者管理向首事管理的转变。杏花庄初设于道光二十八年(1848),候选从九吴世耀是主要捐助者,故最初由其主持管理。到了咸丰四年,吴世耀年岁已高,乃"遴选首事曾志春接管"。五年后的咸丰九年(1859),管理首事举人王鸿训等因其管理条规不够详尽,乃重新议定章程,其中规定

"首事三年更替",说明其管理方式已经完成了从捐助者管理向首事值年轮管形式的转变。又光绪二十六年(1900)三月,吴世耀的曾孙吴廷相因见历年来管理章程变化太多,乃"撰划一规条四则,禀请立案"[131],说明即使是实行首事值年轮管的时候,捐助者对于捐产管理依然有建议权。

安徽霍山县宾兴宾兴经历了董事管理到书院董事管理再到董事管理的转变。该县宾兴会"始于西乡千笠寺等八保,旧存公田淮斗租百石",最初由董事实行管理,每逢乡试到期,即"由八保董事黎世朝、何建瑞、李元、李镛等将租变价,携至江宁,分给士子,名曰科费"。嘉庆年间以后,八保将此项田产"捐缴书院派人送江宁分给",也就是转由书院董事管理,"其事悉附于宾兴条目,而取给于书院"。咸丰年间战乱之后,宾兴之事无人问津,至光绪十八年(1892),方有附生吴贤扬倡集儒学全体生员,向知县程仲昭建议将儒学原有贫生田190石拨为宾兴会田,"别检能者司之,与书院旧田各为簿领,名曰新宾兴"[132],宾兴与书院资产再次分开管理。

湖北宜城县经理由士绅分别管理到宾兴组织统一管理的转变。据光绪《宜城县续志》卷上《学校志》记载,宜城县有很多个人捐设的宾兴田产、钱款,但由于"宾兴不一处,经理部一人",因而"积久弊生,无从稽察"。为此,光绪六年(1880)代理知县刘秉懿谕令改变宾兴管理方式,即由"城内首士总其成,以八人作两班轮流值年",并"刊刻章程,以垂永远"[133]。

本章结语

总体来说,清代各地宾兴涉及的管理方式主要有捐助者个人管理、官府管理、儒学管理和地方士绅管理四种类型。地方士绅管理又可分为书院首士、儒学生员、个别绅士、绅士组织管理四类情

形。从社会身份上来看，书院管理首士、儒学生员、个别绅士和宾
兴管理组织中的绅士，他们在本质上都是相同的，即他们一般都具
有一定的科举出身，包括生员、监生、贡生等，有些甚至具有举人身
份。但前三者一般侧重于管理者的个人身份，而绅士组织则更加
体现的是一种监督精神或监管机制，它令宾兴管理从注重管理者
的个人品行、办事能力等步入制度化、章程化管理时代。

　　此外，有些地方的宾兴还有其他一些不太常见的组织管理形
式。如山西凤台县，其宾兴为附设于本县"敬惜字纸局"中。光绪
二年（1876），泽州府知府卓熙泰捐钱3300串，存典生息，以其息
钱"收买字纸，每月朔望派董事人焚化"，建立敬惜字纸局进行管
理。收买字纸剩余资金，用于"津贴士子乡会试、朝考、出贡之
资"[134]。另如山西曲沃县，康熙元年（1661）邑绅兵部尚书贾汉复
捐资购买房产2所，每年出租可得租金87两，议定"交隍庙公直经
理，积三年租入，每逢乡科，分给诸生"[135]。福建漳浦县，其宾兴为
康熙二十八年（1689）乡绅黄性震捐银310两购置田产，每年收租
谷180余石，资助县中本籍士子乡试费用。其管理为"每科邑中
领乡荐者主之，新旧相代"[136]，即由新科举人作为宾兴的管理者。

注　释

1　桂邦杰《民国甘泉县续志》，成文出版社，1975，第677—678页。

2　（清）徐宗幹《斯未信斋文集》，丁曰健《治台必告录》卷五，《台湾文献丛刊》第17
　　种，台湾银行经济研究室，1959，第371—373页。

3　（清）清恺、席存泰《嘉庆绩溪县志》卷五《学校志·学产》，江苏古籍出版社，1998，
　　第444页。

4　（清）管学宣《乾隆石屏州志》卷二《沿革志·科举田》，成文出版社，1967，第68页。

5　108　（清）储家藻、徐致靖《光绪上虞县志校续》，成文出版社，1970，第2650—2651、
　　2654页。

6　87　（清）陈玉祥、刘希关《同治祁阳县志》卷十九《学校志下》，成文出版社，1975，第1733页。

7　（清）邓必安、邓常《乾隆孝义县志》卷七《学校典礼》，凤凰出版社，第497页。

8　89　116　（清）项珂、刘馥桂《同治万年县志》卷三《建置志·公廨》，江苏古籍出版社，1996，第93页。

9　（清）朱奎章、胡芳杏《同治乐安县志》卷十《艺文志·序》，江苏古籍出版社，2001，第278页。

10　（清）沈星标、曾宪德、秦有鍠《光绪京山县志》卷七《学校志》，江苏古籍出版社，2001，第327页。

11　44　（清）唐荣邦、杨岳方《同治酃县志》，成文出版社，1975，第538、552页。

12　徐士瀛、张子荣《民国新登县志》，成文出版社，1970，第817页。

13　98　徐锦、胡鉴莹《民国英山县志》，江苏古籍出版社，2001，第439、407页。

14　（清）陈遹声、蒋鸿藻《光绪诸暨县志》卷十四《学校志·学田》，江苏古籍出版社，1993，第263页。

15　97　111　（清）宋瑛、彭启瑞《同治泰和县志》，江苏古籍出版社，1996，第175、181、181—182页。

16　（清）潘绍诒《光绪处州府志》卷七《学校志·学田》，成文出版社，1970，第226页。

17　（清）吕林钟、赵凤诏《光绪续修舒城县志》卷十七《食货志》，江苏古籍出版社，1998，第517页。

18　董秉清《民国永泰县志》，成文出版社，1967，第119页。

19　（清）舒化民、徐德城《道光长清县志》，成文出版社，1976，第630页。

20　（清）沈淮、李图、戴杰《光绪陵县志》，凤凰出版社，2004，第131页。

21　（清）周人龙、窦谷邃《乾隆忻州志》，凤凰出版社，2005，第277页。

22　（清）邹兆麟、蔡逢恩《光绪高明县志》卷七《学校志·学田》，成文出版社，1974，第436页。

23　（清）王椿《乾隆仙游县志》，成文出版社，1975，第492页。

24　（清）黄瑞图、欧阳铎《同治安远县志》卷四《学校志·学田》，江苏古籍出版社，1996，第448页。

25　（清）黄寿祺、吴华辰、任廷槐《同治玉山县志》，江苏古籍出版社，2001，第564页。

26　45　（清）葛洲甫《光绪丰顺县志》卷二《建置志·宾兴》，成文出版社，1967，第

274、276 页。

27　(清)唐煕春、朱士黻《光绪上虞县志》卷三十四《学校志·书院》,成文出版社,1970,第 694 页。

28　(清)郑交泰、曹京《乾隆望江县志》卷四《学校志·学产》,江苏古籍出版社,1998,第 439 页。

29　(清)彭衍堂《光绪龙岩州志》,成文出版社,1967,第 40 页。

30　卢兴邦《民国尤溪县志》,成文出版社,1975,第 439—440 页。

31　(清)章寿彭、陆飞《乾隆归善县志》,成文出版社,1967,第 92 页。

32　(清)沈次山《捐赡乡试路费田记》,(清)沈镕经、黄光祥《光绪长宁县志》卷四《艺文志·记》,江苏古籍出版社,1996,第 714 页。

33　(清)卢蔚猷、吴道镕《光绪海阳县志》卷十九《建置略三·学校》,成文出版社,1967,第 170 页。

34　程廷恒、洪家禄《民国大名县志》卷九《教育志》,成文出版社,1968,第 403 页。

35　王金岳、赵文琴《民国昌乐县续志》卷十四《教育志》,成文出版社,1968,第 399 页。

36　63　95　(清)徐作梅、李士琨《光绪北流县志》,成文出版社,1975,第 368、370、370 页。

37　(清)吴宜燮《龙溪县志》卷四《学校志》,成文出版社,1967,第 42 页。

38　(清)陈昌言《光绪水城厅采访册》,巴蜀书社,2006,第 322—323 页。

39　陈邦倬、易象乾、田树勋《民国崇宁县志》卷五《学校志·书院》,巴蜀书社,1992,第 88 页。

40　(清)翁天祜《光绪浦城县志》卷十七《学校志下·书院》,成文出版社,1967,第 266 页。

41　(清)陈咏、张惇德《光绪唐县志》卷四《学校志》,成文出版社,1968,第 427 页。

42　(清)王凯泰《应元书院志略》《章程》,清同治八年(1869)刊本。

43　(清)林佩纶、杨树琪《光绪续修天柱县志》卷四《学校志·书院》,巴蜀书社,2006,第 222 页。

46　(清)陈士槐、涂鸿仪《道光兰州府志》,成文出版社,1976,第 212 页。

47　(清)多寿《同治恩施县志》卷五《学校志·宾兴》,成文出版社,1975,第 280 页。

48　(清)方传质、龙凤翙《同治绥宁县志》,江苏古籍出版社,2002,第 381 页。

49　(清)夏修恕《道光思南府志》卷五《学校门·书院》,巴蜀书社,2006,第 183—

184 页。

50　（清）何其泰、吴新德《光绪岳池县志》卷七《学校志·宾兴》，巴蜀书社，1992，第
　　107 页。

51　赵祖抃、吴庚、赵意空《民国乡宁县志》卷七《学制记》，成文出版社，1968，第 306 页。

52　85　（清）何应松、方崇鼎《道光休宁县志》，江苏古籍出版社，1991，第 70、72 页。

53　（清）宋如林、孙星衍《嘉庆松江府志》，成文出版社，1970，第 352 页。

54　（清）陈志喆、吴大猷《民国四会县志》编二上《建置六·书院》，成文出版社，1967，
　　第 172 页。

55　（清）盛庆绂、吴秉慈、盛一楳《同治芷江县志》卷十二《学校志·义学》，江苏古籍
　　出版社，2002，第 178 页。

56　（清）廖恩树、萧佩声《同治巴东县志》，成文出版社，1975，第 396—397 页。

57　77　（清）马云龙、贾洪诏《光绪续辑均州志》卷五《学校志·书院》，江苏古籍出版
　　社，2001，第 85 页。

58　（清）高佐廷、傅燮鼎《同治崇阳县志》，江苏古籍出版社，2001，第 135 页。

59　（清）李惟丙、劳铭勋、文岳英、胡伯第《光绪衡山县志》，江苏古籍出版社，2002，第
　　442—443 页。

60　70　106　（清）吕懋先、帅方蔚《同治奉新县志》，江苏古籍出版社，1996，第 476—
　　496、496、496 页。

61　（清）陈文衡《创建宾兴堂记》，张芗甫、龙赓言《民国万载县志》，江苏古籍出版社，
　　1996，第 660 页。

62　（清）郭赓平《万载宾兴堂册》卷上《知单》，清光绪七年（1881）刻本。

64　69　115　（清）彭润章、叶廉锷《光绪平湖县志》，成文出版社，1970，第 437—438、
　　442、443 页。

65　（清）俞庆澜、刘昂、张灿奎《民国宿松县志（一）》，江苏古籍出版社，1998，第 426—
　　428 页。

66　（清）杨文骏、朱一新《光绪德庆州志》，成文出版社，1974，第 563 页。

67　（清）陈泽霖、杨笃《光绪长治县志》，成文出版社，1976，第 603 页。

68　卢少泉、庄陔兰《民国重修莒志》，凤凰出版社，2004，第 232 页。

71　（清）文聚奎、祥安、吴增逵《同治新喻县志》卷三《建置志·公廨》，清同治十二年
　　（1873）刻本。

72　（清）恩荣、张圻《同治荆门直隶州志(二)》，江苏古籍出版社，2001，第 45 页。

73　李良俊、王荃善《民国新修南充县志》，巴蜀书社，1992，第 275 页。

74　（清）朱言诗《光绪梁山县志》，成文出版社，1976，第 764—765 页。

75　113　黄占梅、程大璋《民国桂平县志》，成文出版社，1967，第 857—858、857 页。

76　（清）盛铨、黄炳炎《同治崇仁县志》，江苏古籍出版社，1996，第 682 页。

78　（清）胡复初、黄昺杰《同治大冶县志》，江苏古籍出版社，2001，第 135 页。

79　（清）明谊、张岳松《道光琼州府志》，成文出版社，1967，第 196、199 页。

80　94　（清）俞炳荣、赵钧谟《道光遂溪县志》，成文出版社，1974，第 1006 页。

81　（清）全文炳、伍嘉犹《光绪平乐县志》，成文出版社，1967，第 112 页。

82　（清）赖昌期、潭浭、卢廷棻《同治阳城县志》，成文出版社，1976，第 232 页。

83　（清）陈鸿年、杨大诵、易燮尧《同治黔阳县志》，江苏古籍出版社，2002，第 316 页。

84　胡仁、李培枝《民国绥阳县志》，巴蜀书社，2006，第 282 页。

86　（清）张九章、陈藩垣、陶祖谦《光绪黔江县志》，巴蜀书社，1992，第 101 页。

88　（清）王树棻、潘履祥《光绪罗店镇志》，上海书店出版社，1992，第 240—242 页。

90　（清）吴兆熙、冒沅、张先抡、韩炳章《光绪善化县志》，江苏古籍出版社，2002，第 133—134 页。

91　卢起勋、刘君锡《民国长寿县志》，成文出版社，1975，第 329 页。

92　陈习删、闵昌术《民国新都县志》，巴蜀书社，1992，第 723 页。

93　（清）李文恒、郑文彩《咸丰琼山县志》，成文出版社，1974，第 452 页。

96　梁培煐、龙先钰《民国贺县志》，成文出版社，1967，第 149 页。

99　（清）恩端、武达材、王舒萼《光绪平遥县志》，凤凰出版社，2005，第 100 页。

100　（清）陶寿高、杨兆熊《同治竹溪县志》，江苏古籍出版社，2001，第 57 页。

101　117　（清）徐家瀛、舒孔恂《同治靖安县志》卷四《学校志》，清同治九年(1870)活字本。

102　110　（清）王庭桢、彭崧毓《同治江夏县志》，成文出版社，1975，第 302 页。

103　107　（清）俞廉三《代州宾兴章程》，清光绪六年(1880)刻本。

104　（清）舒孔安、王厚阶《同治重修宁海州志》，凤凰出版社，2004，第 387 页。

105　（清）邱育泉、何才焕《同治安化县志》，江苏古籍出版社，2002，第 372 页。

109　（清）汪坤厚、张云望《光绪娄县续志》，成文出版社，1970，第 306—307 页。

112　（清）沈恩华、卢鼎峋《同治南康县志》，江苏古籍出版社，1996，第 594 页。

114　（清）应宝时、俞樾《同治上海县志》，成文出版社，1970，第703页。

118　（清）范涞清、何华元《咸丰资阳县志》卷八《学校考·宾兴》，巴蜀书社，1992，第383—385页。

119　佚名《民国资阳县志稿》卷一《建置志·宾兴局》，巴蜀书社，1992，第658页。

120　（清）王锡侯《乾隆望都县志》，《四库禁毁书丛刊》史部73，北京出版社，2000，第172页。

121　（清）欧阳骏、周之镛《同治万安县志》卷六《学校志·宾兴》，江苏古籍出版社，1996，第609—615页。

122　（清）吴宗焯、温仲和《光绪嘉应州志》，成文出版社，1967，第269页。

123　（清）张思勉、于始瞻《乾隆掖县志》卷二《学校志·学田》，成文出版社，1976，第296—298页。

124　（清）屠述濂《光绪腾越州志》卷五《户赋·民田》，成文出版社，1967，第68页。

125　曹刚《民国连江县志》，成文出版社，1967，第119页。

126　（清）杨霁、陈兰彬《光绪高州府志》卷十四《经政二·书院》，成文出版社，1967，第195页。

127　（清）敖式樋、梁安甸《光绪信宜县志》卷三《经政志三·公款经费》，上海书店出版社，2003，第495—496页。

128　（清）支恒春《光绪松阳县志》卷三《学校志》，成文出版社，1970，第365—366页。

129　（清）俞炳荣、赵钧谟《道光遂溪县志》卷三《学校志·学租附志》，成文出版社，1974，第312页。

130　（清）章廷桦《文昌阁科举资田租记》，（清）俞炳荣、赵钧谟《道光遂溪县志》卷十一《艺文志》，成文出版社，1974，第1006页。

131　（清）叶桂年《光绪井研县志》卷十《学校志》，巴蜀书社，1992，第326页。

132　（清）秦达章、何国佑《光绪霍山县志》，成文出版社，1974，第400—401页。

133　（清）姚德莘《光绪宜城县续志》，成文出版社，1975，第26页。

134　（清）张贻琯、郭维垣《光绪凤台县续志》卷一《学校》，凤凰出版社，2005，第459页。

135　（清）张坊、胡元琢、徐储《乾隆新修曲沃县志》卷九《学校志》，凤凰出版社，2005，第63页。

136　（清）陈汝咸《光绪漳浦县志》卷九《学校志·学田》，民国十七年（1928）石印本。

第 六 章
清代宾兴公益基金组织的管理章程

　　"章程"是当代各类社会组织开展日常活动的主要依据,也是社会公益部门在设立之初必须预先讨论、拟定的重要事项。清代宾兴及其管理组织尽管与当今社会公益部门存在各种区别,其管理章程也与当代基金会管理章程存在较大的差异,但在宾兴设立之初便需拟定章程以便日后开展工作方面,则其精神并没有什么不同。

第一节　清代宾兴章程的文献保存情况

　　"章程"是清代各类文献中常见的名词,多指民间社会组织的办事条例。清代宾兴活动在其申报立案时,往往被要求将拟定的管理章程附录在申报文书后面,请求予以审批立案。我们在《中国方志丛书》、《中国地方志集成》所收地方志以及各单行本地方志、宾兴专志中收集了 120 则宾兴管理章程。这些宾兴章程分别产生于清代除顺治、雍正之外的 7 个帝王时期,具体分别为康熙时期 1 则,乾隆时期 6 则,嘉庆时期 11 则,道光时期 20 则,咸丰时期 12 则,同治时期 23 则,光绪时期 42 则,另时间待考者 5 则。从地域分布来看,分布于除今天河南、甘肃、宁夏以及东三省、内蒙古、新疆、西藏、青海之外的 18 个省市的 78 个府州县,其中安徽 5 个,福建 1 个,台湾 2 个,广东 8 个,海南 3 个,广西 3 个,贵州 2 个,湖北 8 个,湖南 6 个,江苏 5 个,上海 1 个,浙江 4 个,江西 10 个,山东 4 个,山西 4 个,陕西 1 个,四川 11 个,云南 2 个。

这些宾兴管理章程,除了用"章程"命名外,"规条"、"条规"、"条款"、"公议"、"事宜"、"定例"等也是常见的名称。其中使用"章程"来命名的共有 77 则,使用"规条"来命名的共有 17 则,使用"条规"命名的有 7 则,使用"条款"命名的有 3 则,使用"定例"、"条约"、"事宜"命名的各有 2 则;使用"公议"、"定规"、"规约"、"成规"、"公规"、"规例"、"公决议案"命名的各有 1 则。另外,台湾凤山县凤仪书院直接称为"宾兴木碑",广东长乐县称为"宾兴租谷支销款项",浙江兰溪县则称为"文武乡会试旅费"。

这 120 则宾兴管理章程,每则所议条规数量各不一致,合计共有 1108 条,平均每则 9.23 条。其中,条规数量最多的是光绪十二年(1886)议定的广西桂平县《宾兴育才公定条约》,共有 28 条,最少的是云南宣威县《童试册费定例》和《童试卷结定例》,分别议定于道光十年(1830)和道光二十四年(1844),均未分段,合为一条。

有个别宾兴管理章程由于所在地方志版本的不同而内容稍异。如浙江上虞县各乡试路费田管理章程,光绪十七年版和光绪二十五年版《上虞县志》均有记载,分别见于卷三十四《学校志》和卷三十七《学校志》。其中光绪十七年版《上虞县志》仅记载了《叶氏乡试公费章程》(共 11 条)和《杨氏乡试公费章程》(共 11 条)二份章程[1],而光绪二十五年版《上虞县志》则记载了《钱氏乡试公费章程》(共 8 条)、《叶氏乡试公费章程》(共 14 条)和《杨氏乡试公费章程》(共 15 条)三份章程[2],二部地方志所载宾兴章程不仅种类不同,而且相同标题的宾兴章程依然有条款数量的不同。

　　有些章程的名称和儒学、书院联系到一起,如广东新兴县的《学校各经费事宜》和湖北京山县《惠山书院宾兴章程》、湖北均州《膏火宾兴章程》,这是因为这些地方的宾兴都或多或少和儒学、书院经费牵扯在一起,其管理者、管理章程也都相互联系。四川各地章程多和学田相联系,这是因为清末张之洞督学四川时,常见教官为束脩与新进生员争多论少,殊辱斯文,因而命各地设立学田。各地在执行时,所设学田不仅支付教官束脩,其余岁科试考试过程中考生需要缴纳的相关费用均一概代为缴纳,这已经超出了传统儒学学田的范畴,而更接近于各地宾兴中的册金、印金、印卷等费用,属于科举经费的范畴。

　　由于历史文献记载的详略不同,有些地方的宾兴在其文献记载中只是简略提到当时曾经议定了相关管理章程,而详细条规则已经无法得知。如江苏高邮州于乾隆后期由学田董事先后购置田产81亩作为“闱卷田”,给发乡试卷烛、会试公车等费,据县志记载“经前州牧吴瑷详定章程,载入报销册内”[3]。新阳县“闱费局”系士绅顾有伦等于嘉庆二十四年(1819)捐田253亩余设立,至道光十二年(1832),经管董事徐坰等“募捐置产充经费、旅费,有定章”[4]。安徽霍邱县“乡会试盘费”最早始于县人广东肇罗道宁国华于嘉庆元年(1796)捐银1000两,后历经扩充。同治年间全面整顿,西乡、东乡、城内分别选举绅董经理,“经各绅董妥议章程”、“章程极为妥善”[5]。山西襄垣县登云会设立于咸丰八年(1858),系知县孙福清倡捐得钱若干缗存典生息“设立章程,择公正殷实绅士,典司其事”[6]。陕西三原县“兴贤文会”系学政吴大澂于光绪二年(1876)谕令从永远公局每月提钱100串存典生息,三年为期,为全县会试公车费,议定“绅为经理,官为稽查,立章存案”[7]。

浙江永康县"乡会试卷资田"系同治三年（1864）胡凤韶捐助,以岁收所入为正科乡会试卷资,"章程均另刊《义田录》备查"[8]。浙江景宁县"义学宾兴田"设于道光五年,道光三十年（1850）由知县曹建春"据邑绅士公请,议定章程"[9]。江西万年县有"崇文堂"、"兴贤堂"、"贵贵堂"、"辅文堂"等多项宾兴,其中仅兴贤堂在同治十年版《万年县志》中收录了管理章程。但据县志记载,最起码崇文堂曾"设立章程,事归公理"[10]。江西瑞昌县"联奎文会宾兴馆"建于道光二十九年（1849）,咸丰四年（1854）时将所购置的田产及"一切章程,刊有实录"[11]。湖北孝感县道光十六年（1836）知县赵振清筹资6000两设立宾兴之后,咸丰年间因各典"遭寇焚掠,银项无存"。光绪元年,经文、濮、蔡等三任知县的努力,再次筹钱1万串,交典生息,并"与城乡绅士公议章程,通禀各宪"[12]。四川铜梁县于同治九年（1870）官绅合捐钱3000余缗,资助乡会试资斧、文武小试卷价,"条目另梓有《详定章程》一书"[13]。四川资州直隶州于道光十九年（1839）倡捐宾兴,资助文生乡试、文举会试经费,"严立章程,禀详藩、道大宪,立案刊碑,以垂久远"[14]。广东东莞县知县史藻于嘉庆元年（1796）筹银1000两,存典生息,资助会试路费,并为之"立善后章程,勒碑明伦堂"[15]。这些地方的地方志中均提到本地曾经议定宾兴章程,但县志本身并未收录。

第二节　清代宾兴章程的主要内容

章程作为宾兴及其管理组织日常活动的指导准则,其内容的详略度与合理性是否恰当,便显得极为重要。2005年8月30日,中国民政部根据2004年3月8日国务院颁布的《基金会管理条例》和其他相关法律规定,制定了《基金会章程示范文本》,供全国各类公、私募基金会参照使用。该《文本》共七章54条,其中第一章"总则"6条,第二章"业务范围"1条,第三章"组织机构、负责人"21条,第四章"财产的管理和使用"18条,第五章"终止和剩余财产处理"4条,第六章"章程修改"1条,第七章"附则"3条。这一文本是我国根据近30年的改革开放自我实践经验、参考国外基金会管理规范而制定的较为成熟的基金会章程示范文本,对于当今基金会的发展具有较大的指导作用。《文本》为我们分析清代宾兴管理章程也提供了很好的参照系。

总体来看,清代宾兴章程大致具备了《文本》所限定的第一、二、三、四章的内容,而《文本》中第五章"终止和剩余财产处理"、第六章"章程修改"以及附则部分,则是清代宾兴章程基本上都不具备的内容。

一、总则

总则是《文本》的第一章,主要内容包括基金会的名称、性质(公募或私募)、宗旨、处所、原始基金的数额与来源、登记与业务主管机关。清代各地宾兴章程中,只有一部分具有与之相应的内容。

有些宾兴章程有相对较为完整的"总则"部分。如安徽休宁县在嘉庆年间由监生汪国柱捐银5250两,设立"乡试旅资"助考基金,并议定了一份共计9条的《乡试旅资规条》,其第一条内容为:

> 本县职监汪国柱捐输本邑士子乡试盘费生息九五九六本色本银五千两,遵发典商领运。查休邑典铺现开三十五典,照捐分领,均有零尾。今该职监加捐银二百五十两,连前共捐银五千二百五十两,业据各典分领,每典领去银一百五十两,照

海阳书院规条,每周年一分二厘行息,所有息银,至乡试之年,按季计利,总交司事绅士汇收,余非乡试年分,息银存典,不必交付。若有新开典铺,各典将本均派,应扣若干,付与新典,一律生息。如有歇典,将原领本银及该付利息一并缴交经管书院董事,随即分派现在各典领运,总以交接同时,庶无迟延,息亦不缺。[16]

这条宾兴章程属于整份章程的总则部分,它阐明了该项基金的性质(民间捐助)、宗旨(资助乡试士子)、原始资金的来源与数额等内容。不过,由于此项宾兴采取存典生息、临期取款赴省分发的办法,没有建造专门的首事办公场所,故此条中不包括有关处所的内容。对于该项基金的登记与主管机关,此条亦未作说明。

又如广东潮州府海阳县宾兴始设于明代万历年间,入清后历经坎坷延续发展,嘉庆年间建立扶轮堂,同治年间建立鹰扬堂,分别作为文、武宾兴的管理组织。光绪二十六年版《海阳县志》刊载的扶轮堂、鹰扬堂章程对两者的基金会名称、性质、宗旨、处所、原始基金的数额与来源等做了较为详尽的规定,其中第一、二条可以视为扶轮堂的"总则":

　　一置文公所一座,颜曰:扶轮堂。旧在城东竹木门街,嘉庆二十五年,知县谢邦基率绅士邱步琼、陈观等倡建(提学顾元熙为序,不录)。光绪十三年,邑绅杨淞等购买英聚巷民屋三间,另移建。

　　一买置产业自道光元年起至光绪十六年止,共置铺大小一百四十余间,每年租银约共四千两,除享祠办祭外,所有存款俱寄当商生息,以为文武场各款之用。[17]

第一条交代了基金会的名称:"扶轮堂"、性质:绅士或邑绅捐建、宗旨:"文武场各款之用"、处所:旧在城东竹木门街,光绪十三年(1887)移建英聚巷、原始基金的数额与来源:共置铺大小一百四十余间,每年租银约四千两。鹰扬堂的总则内容与扶轮堂基本一样,也是用了两条的篇幅作了交代。

又如湖北归州,光绪初年知州沈云骏从田房契税项下抽收钱款,设立"新宾兴"助考基金,并议定了一份详尽的《宾兴收发各章程》,共计16条。该章程前面数条可以认为是其"总则":

> 一旧宾兴向归丹阳书院给发,与武乡试无涉。仍照旧章分给文生,不得与新宾兴牵混。
>
> 一新宾兴在田房税契项下抽收,无论民、屯,每两照旧章外,加收三文,即遇新旧任交替之际,税契正项间或从宽减价,惟此项宾兴不得稍减,庶几多多益善。
>
> 一新宾兴钱文分存王恒发、孙春和两店,如本月王恒发,下月则存孙春和,照此轮流。各店各立一京折存署内。
>
> 一新宾兴钱文,由户、库两房于正税之外,一并照收,每月月底由署内领取京折,将所收钱文佟数交经管。此项店内收存登折,其折仍缴还署内。
>
> 一新宾兴钱文分存王恒发、孙春和两店,该店俟收有五十千文,按月八厘起息,嗣后按月按数计息。[18]

这几条宾兴章程的内容,首先说明了"新宾兴"与该县旧有书院宾兴的区别,因之也说明了该项宾兴的名称(新宾兴)和基本宗旨(文武兼助),并说明了该项基金的原始资金的来源与性质(抽收田房契税,每两加收3文)。由于该项宾兴没有建造专门的绅董管理场所,故章程特别说明所到的钱款系直接存入王恒发、孙春和二店生息。

　　有些宾兴章程勉强具备"总则"部分。如广东琼州府会同县在康熙二十五年（1686）由教谕吴隽捐资设立宾兴，资助本县文武乡试士子盘费。乾隆三十九年（1774）知县于煌清查整顿该项基金后，与儒学师生共同议定了"宾兴义田永远遵行成规"，共计10条，其中第一、第二、第三条关于此项宾兴田产的地址、数目、田赋、收租等的条文，可以算作是章程总则应该具备的"名称"、"性质"、"处所"和"原始资金的数额"的内容，但对于其宗旨、登记与主管机关则未作说明。

　　又如安徽凤阳县道光年间设立乡试公费，并议定了一份只有5条的《乡试公费规条》，其中只有第一条中有两句内容可以勉强算作是"总则"内容，即"本钱三千五百串，存典生息"[19]，交代了此项宾兴的"原始基金的数额"；其他四条半基本都是关于经费如何生息、领取和发领的内容。

　　有些宾兴章程几乎没有"总则"部分。如湖北罗田县宾兴馆原名"兴贤庄"，创建于乾隆五十年（1785），专门资助"士子乡试之费"。同治九年知县蔡炳荣谕令邑绅移建于万寿宫左，并改名"兴贤庄"。乾隆五十四年（1789）知县姜廷铭与绅士郭地焕、叶福泽等讨论通过了一份"公议规条"，作为兴贤庄的管理章程，全篇仅4条，全文如次：

　　　　一兴贤庄责成岁科批首轮流专管，并于每案内慎选一人公同收放，每月一分五厘行息。如批首丁艰，二名充管。

　　　　一应举盘费在省开发一半，余于十一月初三日赴兴贤庄补领。遗才较正案减半。未入场者不给。批首各得二股。府批亦得二股，但不得经管庄事。

　　　　一岁入租稞等项，各佃于十一月初二日按时价至兴贤庄交兑。

一契图另溆一卷存公,照缮一册,付批首轮管。[20]

这份宾兴章程,第一条便介绍基金管理者的产生方式,根本没有总则的概念,第二条是经费的支出方式,第三条是收租方式,第四条是案卷的保管。与民政部《基金会章程示范文本》的相关规范相比,罗田县兴贤庄的管理章程显然太不随意、太不专业了。

清代宾兴章程之所以很多都存在"总则"缺失的问题,是因为宾兴章程大多是官绅所撰写的宾兴立案呈文、禀稿的附件部分,本身并非一个完整的整体,章程的名称、性质、宗旨、登记与主管机关乃至于原始资金的数额往往都已经呈文、禀稿的正文部分作了说明,故而很多宾兴章程便"直入主题"地条列经费发领、首事责权、资产详请等内容。因而当很多宾兴章程被单独拿出来阅读时,就变成了一个不完整的文件。

二、业务范围

《文本》第二章为"业务范围",规定必须具体明确。清代宾兴章程在这方面虽然都有交代,但基本都不是以专门的条目形式出现,而是在别的条目尤其是有关经费发领门类的条目中体现该项宾兴的业务范围。如前引广东海阳县扶轮堂、鹰扬堂宾兴章程是通过其中的分送花红和分送川资的条目体现其业务范围,主要包括两个部分,一是向参加乡试和会试的文武士子提供经费资助,二是向新中式的文武生员、文武举人、文武进士以及诸元、鼎甲等赠送花红。又如湖北归州新宾兴章程,其第一条为"旧宾兴向归丹阳书院给发,与武乡试无涉。仍照旧章分给文生,不得与新宾兴牵混",说明新宾兴与丹阳书院管发的旧宾兴不同,它不仅资助文科乡试,还资助武科乡试。从接下来的条目中,我们可以发现该项宾兴除了资助文武乡试士子,还向参加会试的文武举人、赴京朝考的优、拔贡生、赴京教习的恩、副贡生等提供路费支持,是一种职能全面的综合类宾兴。

少数设有专条介绍其业务范围的宾兴章程,其用意也基本不在说明业务范围,而是为了阐明别的意图。如始设于道光二十八年(1848)的广东琼州府宾兴文会,在其管理章程中便有"琼郡宾兴之举,专为文举人及优拔贡公车而设,别项不得动支"的规定,而这一条款的主要意图,不是为了说明"琼郡宾兴"是专门为文举人会试及优拔贡朝考而设的宾兴,而是为了强调"别项不得动支"这一经费发领原则[21]。又如浙江平湖县"登瀛会"创立于咸丰七年(1857),其管理规条中规定,"是项田亩专为在庠诸生及正途贡、监应本省文闱乡试而设,一切公事不得移借"[22]。又如湖南安福县在同治元年(1861)由生员蒋明章捐资购置宾兴田,其所议管理定规仅由三条,其中第一条内容为"此项经费专为文乡试而设,凡武生赴闱者不得派分"[23],虽然其中也介绍了此项基金的业务范围,即"专为文乡试而设",但其主要意图还是在于强调"武生赴闱者不得派分"这一经费发领原则。

三、组织机构、负责人

《文本》第三章对基金会的组织机构及负责人进行了规定,其中包括理事会、理事、监事等相关主体的资格、义务与权利。

如前所述,清代宾兴的组织管理形式颇为多样,其中由全体士绅推举代表实施管理的类型中,被推举者一般被称为"首事"、"首士"、"经理"、"绅董"、"董事"以及"经手人"等。此类宾兴的章程,一般都会对管理者的产生方式与权利义务进行界定。前章在论及专设宾兴组织的管理形式时已有详细说明,此不赘述。

当然,也有个别宾兴的章程篇幅很短,内容简略,甚至对管理者的产生方式与权责范围也没有加以说明。如前引安徽凤阳县《乡试公费旧规条》共有 5 条,其中便没有任何一条是专门说明管理者的,只在第二、第三、第四条说明经费增值与经费发领的条款中顺带提到了这些事情均由"经手人"负责完成,但对于经手人的产生方式、人员数量等都没有说明[24]。又如浙江庆元县育英庄、储英庄分别始设于康熙三年(1664)与八年,嘉庆二十五年(1820)知县吕璜对其进行整顿后,曾议定管理章程。至道光十二年(1832),贡生吴埔、生员吴恒晶分别捐田扩充,当时共同讨论通过了一份"增议规条"共有 6 条,但基本上都是关于如何发领资助经费的,没有哪一条与两项庄田的管理人员有关[25]。

四、财产的管理和使用

作为一种以助考为目的的公益基金,有关资助经费的类别及其发领数额等细节问题,往往是宾兴管理章程中最为详细的内容。

如安徽建平县光绪元年利用抽收田赋的方法设立宾兴,其议定的管理条款共有 8 条,其中除第一条("经理宾兴出入账目,由城乡公正绅士请示选谕,三年一更")外,其余 7 条均为经费发领的内容:

> 一乡试宾兴在金陵给发,量人数之多寡,按支派给;
>
> 一乡试中式文武举人,酌给花红洋钱三十圆;
>
> 一举人会试,文酌给宾兴洋钱三十圆,武酌给宾兴洋钱二十圆;
>
> 一优拔副贡生酌给花红洋钱十五圆;
>
> 一优拔贡生朝考,酌给宾兴洋钱二十圆;
>
> 一乡试录科遗落者,酌给宾兴半资;

一会试中式文武进士,酌给花红洋钱四十圆。[26]

这 7 条条规,分别是关于乡试生监、会试举人和朝考贡生的助考经费发领与中式者的花红贺礼方面的资助数额,占了该宾兴章程全部 8 条条规的绝大部分。

又如云南广南府自嘉庆十五年(1810)由本府廪生将岁科试廪保费捐出,设立宾兴,"以作乡会试等卷金、程仪之费",到道光年间扩充至存银 787 两。其管理章程共有 14 条,基本上都属于经费发领事宜,全篇内容如次:

一每年乡试卷金每名送银二两,候积蓄稍多,再为增补;

一新中式举人,会试程仪每名送银五十两,其有本科不能会试者,下科照五十两之例送给;

一陈科会试举人程仪,每名送银十两,有原住京者,照例送给;

一会试中式进士帮费每名送银二十两;

一殿试入选庶常及外部用者,每名送银三十两;

一拔贡进京朝考程仪每名送银二十两,不进京者不送;

一恩、优、副、岁贡有志进京者,每名送银二十两,不进京者不送;

一武闱乡试卷金每名送银一两;

一庚子公议,武举会试程仪,每名送银二十两,下次会试无;

一旧例因此项卷金原系庚午、癸酉两年廪生画押钱捐积,故曾有捐积之廪生或出贡或中副,即不进京,均送银十两。自今除曾有捐积画押钱人等日后或出贡,或中副榜,照例送给外,即将此例停止。其已经出贡时送给过者,后即中副榜亦不

再送,其进京者仍照前例送银二十两;

一除庚午、癸酉捐积画押钱之廪生出贡、中副榜,照例送给外,有补廪在前而画押时未经捐积,虽后复有功德,只于乡会试、殿试及恩、拔、副、岁、优贡进京,照例送给,其不进京而出贡或中副榜,亦不送给;

一此项卷金,既众捐功德,则日后凡有志上进者,自应件件照例送给,以昭画一,不得挟私掯勒不送。

一道光四年,阖郡捐积银三百两,以作赴科马脚之费。现在酌议置产生息。

一每逢帝君魁神圣诞,使费银七两。[27]

这份宾兴章程除了最后两条与发领助考经费关系不大外,其余 12 条全部与助考经费的发领有关,其门类主要有乡试卷金、会试程仪、五页程仪和新进士与新进士入选庶吉士、分发各部主事者的贺银。

第三节 清代宾兴章程的修订

中国民政部《基金会章程示范文本》的第六章"章程修改"规定,基金会如需修改其章程,必须经过理事会表决通过,并需在 15 日内报业务主管单位审查,经其同意方可报登记管理机关核准。作为一种教育公益基金,清代宾兴在人们的努力维持下,往往会存在较长的时间。尽管目前尚未发现有哪一处宾兴的管理章程中议定了关于章程修改的条款,但随着时间的推移,各地宾兴往往会根据时势变化调整章程内容。尤其是在遇到重大变故时,甚至会变换其组织管理形式,并因之重新议定出新的管理章程,这便使得宾兴管理章程出现了不同的版本。

　　有些地方宾兴章程的修改是因为资产扩充、管理形式转变的需要。如浙江平湖县，咸丰七年（1857）候选布经历胡良佐、候选同知胡良俊兄弟合捐田地荡 900 余亩，"创立登瀛会，通详立案"，以其田租作为本县士子乡会试经费。到光绪五年（1879），经胡氏家人职员胡沣、胡乃樑、胡乃槐捐基建造办公公局，称为"登瀛局"；同时发动劝捐，三年之中共计增加田产约 150 亩。到光绪八年（1882），胡沣乃和相关士绅"会议局规，禀县奉准局归绅董管理"[28]。胡沣所议条规仅有 4 条，后生员马树业等又补充议定 8 条，"禀县核准，照章办理"。从出胡氏宗族管理的"登瀛会"到由绅董管理的"登瀛局"，其管理章程经历了重大的改变。

　　有些地方宾兴章程的修改是因为宾兴遇到较为重大的整顿或重建。如浙江庆元县，据嘉庆《庆元县志》记载，康熙三年（1664）、九年知县程维伊分别捐俸购置田产，建立育英庄、储英庄、储贤庄等宾兴公益基金，其管理章程虽未经详细记载，但按照常例则应该不会缺失[29]。嘉庆初年，因庄屋毁坏，育英、储英二庄只能合二为一进行管理，而储贤庄则已经不见记载于光绪版《庆元县志》。嘉庆十八年（1813）知县吕璜为育英、储英议定条规，申报立案，交董事进行管理。至道光十二年（1832），教谕沈镜源为恐积久弊生，乃"公集议定"，将吕璜"条规所未及"的经费管理与发领问题，增加 6 条，从而成为该县宾兴的第三版管理章程[30]。值得附带指出的是，光绪《庆元县志》还记载了"续增育英、储英二庄章程"共计 4 条，虽然志中没有说明其议定的时间，但据其中所言"洋价昂贵"之语，可以肯定应该是同治至光绪年间所补议的条款，这可以算是该县宾兴的第四版管理章程了。又如江西万年县宾兴初设于嘉庆年间，系利用捐建考棚余款存典生息，给发文武县试卷资及乡会试盘费。太平天国战争期间"递遭兵燹，一切公项荡然无存"。经地方官及士绅十余年的努力整顿和倡议捐助,该项宾兴得以重建,为此官绅"俱仿照昔年初起宾兴条议,参酌现在时宜稍为变通"[31],议定了一份共计18条篇幅多达5000余字的新的管理章程。

有些宾兴章程的修改是因为之前所议定的条款不够妥当,因此补议若干条增入其中,从而形成新的版本。如上引浙江庆元县除育英、储英二庄宾兴田产外,同治年间知县彭润章还拨"山岱匪产"为岁科考文武童县试及生员院试卷资,称为"卷田"。不久,该田被知县汪斌拨作育婴堂垦荒经费。光绪三年(1877),知县史恩纬根据廪生蓝世珍等的请求,将其归复为卷田,并议定章程,通禀立案。据县志记载,原始禀稿中附粘的章程一共有8条,儒学师生认为仍不够完整妥当,又续增4条,对收租方式、经费分配等都作了补充说明[32]。

又如湖北竹溪县《宾兴条规》,咸丰二年(1852)九月知县金玉堂任内议定的初版共15条,其中对钱款的增值方式、经费的发领对象与数额、组织管理与财务管理等均作出了规定。从条款数量来说,竹溪县这一宾兴章程相对于其他各时、各地的宾兴章程还是比较详尽的。不过,到了同治五年(1866),时任竹溪知县陶嵩经过与终绅商议,又在原议章程中增入7条,针对原版章程的相关缺失,主要对值年首士的选举方式、基本职责及工资薪水作了补充规定。

又如福建尤溪县"连科中田"原由知县曹寿新捐田租20余石设立,本有立案及管理章程。至嘉庆七年(1802),福建学政恩普命将该县废弃书院田租100余石增入,由儒学全体师生共同议定章程,报学政批示立案。据县志记载,最初由恩普裁酌定议的条款一共有8条,主要对"连科中田"的收租、账目、防弊等进行了原则性的规定,由于"尚有未周到之处,阖学士子公商再议九款",对其中的一些细节问题如经费发领的具体数额等加以限定。到道光二年(1822),知县孙大焜又增入 2 条,分别对贡生考费与进士、翰林的贺仪加以规定[33]。

再如山西太原县,咸丰十一年(1861)知县贺澍恩倡捐 1500 余吊发商生息,购置田产设立"培英义庄",作为春秋两闱时城乡绅董的议事场所,并"泐碑纪其事,规条镌列碑阴"。至光绪六年,知县揭傅淇"以旧立规条未尽协,集绅士妥议,更易数条,为经久计"。新议定的章程共计 15 条,主要对经费发领、董事人员薪水等进行了说明[34],并规定培英义庄交由文昌社绅董轮流经管。

有些地方的宾兴管理章程因意见不一,因而不断更改前议,为此产生了新的章程版本。如四川井研县"杏花庄",系从九吴世耀于道光二十八年(1848)捐千金购置田产所设,主要资助"科贡诸人应朝考、就礼部试之费"。捐助次年,"奉缴契约,请详立案",此时该庄尚由吴世耀自行经管。到咸丰四年(1854)因吴世耀年届老迈,乃重新遴选首事接管。咸丰九年(1859),举人王鸿训等"以条规参差,未归划一,始酌为通变章程,以资遵守",说明此前杏花庄虽然已经存在了十年,但管理章程一直不够成熟,有重新审定的必要;但是,新议定的章程虽然增加为 8 条,也只是对经费资助对象与数额进行了规定。据光绪县志,杏花庄在此次议定章程之后,"章程历有更改"[35],而县志所收录的则是咸丰九年的"初章"。直到光绪二十六年(1900)三月,吴世耀的曾孙吴廷相还因为"章程纷更,参酌旧议,撰划一规条四则,禀请立案",这一新的条规依然只是规定了经费发领对象、数额及首事办事原则等问题。

地方志在记载、收录本地宾兴章程时,大多都只是照录某一版章程的原文,而对于新、旧章程之间的区别则不加分析。只有民国四川《南充县志》与众不同,该志卷七《学校志》收录的《南充宾兴局新订章程》不仅原文照录了这篇共计 12 条的新章程的内容,并在几乎每一条规条的末尾都用小字号注明了新、旧章程的区别。如第 1 条的注语为"此条仿三费局旧章,互有增益";第 2、9、11 条的注语为"此条新增";第 3 条的注语为"此条与旧章互有增损";第 4 条的注语为"此条与旧章稍有增损";第 5、10、12 条的注语为"此条照旧章有增益"、第 8 条的注语为"此条较旧章另有增益"[36]。其中第 6 条的注语"此条仿岳池章程新增"尤其值得关注,因为光绪四川《岳池县志》虽然记载了该县宾兴的由来,但叙述内容却极为简略,而对于宾兴管理章程更是只字未提。《南充县志》所载宾兴局章程的这一注语,对于了解岳池县宾兴无疑具有参考作用。

有些民国年间修纂的地方志不仅记载了清代宾兴的管理章程,还收录了民国年间使用途径改变之后的新订宾兴章程,为我们了解清末民初宾兴的发展演变情况提供了鲜活的史料。如民国广西《桂平县志》不仅收录了一份"阖邑宾兴馆最先公定条约",即最早版本的宾兴馆章程,并且还收录了民国年间议定的一份"阖邑宾兴馆续订章程"。桂平县宾兴馆尽管出现的时间较晚,即在光绪十二年(1886)才被设立,但其管理章程却极为完整、全面。当时举人黄榜书与全县其他士绅共同议定的宾兴馆管理章程共有 28 条条款,民国版县志将其中前 15 条记载于第 23 卷《纪政·学制上》中,后 13 条则记载于第 27 卷《纪政·民治》中。而民国年间议定的新章程不仅详细规定了宾兴馆经费资助的对象与数额、董事的选举与基本职责、田产的管理与收租、财务收支与职员薪水等内容,而且对于祭祀捐助者木主、县书读法、族党礼仪等都议定专条进行详尽说明。科举废后,桂平宾兴馆成为近代教育的重要经费支持力量。其续议管理章程在"道与时为变通,旧章改作,非纷更也"、"旧章可存者,或师其意,或采其辞,不敢湮没"的指导思想下,不仅保留了原有宾兴馆捐资助学的教育公益基金属性,更添入了新的元素,即不再像之前宾兴章程那样全都采取"一……;一……"的条列方式,而是改用分章编排体例,将该章程分为 5 章 59 条,其中第一章名为"通则",共 11 条,第二章"选举职员法"共 12 条,第三章"职员之权责"共 14 条,第四章"取缔田产及收支宣布"共 12 条,第五章"款项之用途"共 9 条,最后 1 条为"附则"[37]。桂平县的这两则宾兴馆管理章程,见证了清代宾兴在清代、清末及民国时期曾经肩负的不同使命,让我们通过一个侧面加深了对清代宾兴的了解。两则章程在体例上的变化,从小处而言体现了宾兴由资助科举向资助近代新式教育的转变,从大处而言则体现了时代由旧而新的转变,教育由八股而学堂的转变,人才由科举而科学的转变。然而,社会捐资助学的传统却通过宾兴馆这一不变的载体在这种种转变中得以延续。

本章结语

与当代基金会管理章程相比,清代宾兴的管理章程具有很多不够完备的地方。

首先,章程思想尚不成熟。尽管我们在各类地方志及宾兴专志中已经发现了很多宾兴的章程或规条,但是从总体来看,当时的人们并没有将章程看作是一个具有法定约束力的文书。从各地宾兴管理章程中,我们看不出时人是在遵循一个约定俗成的格式来拟定章程。由于清代宾兴在正式开展助考活动之前,都需经过向政府申报审批请予立案的程序,而申报立案的呈文、批复则往往变成最有法律效力的文书,宾兴活动均需在其范围内进行,因而作为申报呈文中的附属文件,宾兴管理章程的法律效力往往是通过立案文书来付诸实现。很多地方志往往将宾兴产生的缘起与章程混在一起记载,或者将历年资产增加的情况与宾兴章程条款并列刊载,这说明地方志的纂修者没有将宾兴管理章程看作是一个独立的个体,反映出当时的人们尚未赋予章程一种严肃的使命。

其次,章程体例不够清晰。由于人们对章程的独立属性认识不足,故而章程往往没有一个统一的体例。就本文检索所及发现,清代各地宾兴的管理章程中没有任何一个采取了如民国年间广西桂平县宾兴馆那样的章节或章条的编排体例,甚至没有哪个地方的宾兴章程是按数字序号编排的。几乎所有的宾兴章程都是采用"一"、"一"的并列式编排方式对所议条款进行逐条罗列。并且,对于章程内容的编排顺序,各地宾兴章程也没有一个较为统一的标准。比如有些宾兴章程开篇便罗列田产地段,然后列出管理、发领方法,有些宾兴章程则把管理组织与管理方式放在最前,而将资产列在最后面。宾兴章程的种种"不规范"处,在很大程度上限制了其应有的逻辑性与严谨性。

再次,章程内容不够完备。正如前文所述,大部分宾兴章程都仅对资产增值、经费发领、管理董事等内容作了规定,而对于基金会如遇活动终止时应该如何处理剩余财产都没有做出说明,尤其是对于修改章程需具备何种条件亦未作明确限定。大多数宾兴章程也不具备今天组织章程里的"总则"部分的内容。这便为清末废科举、兴学堂政策出台后宾兴公益基金各不相同的转型方式埋下了伏笔。

注　释

1　(清)唐煦春、朱士黻《光绪上虞县志》,成文出版社,1970,第694页。

2　(清)储家藻、徐致靖《光绪上虞县志校续》,成文出版社,1970,第2653—2655页。

3　(清)范凤谐《道光高邮州志》卷五《学校志·学田》,成文出版社,1970,第807页。

4　（清）金吴澜、汪堃《光绪昆新两县续修合志》卷四《学校志·新阳县》，成文出版社，1970，第 82 页。

5　（清）陆鼎敉、王寅清《同治霍邱县志》卷四《学校志》，江苏古籍出版社，1998，第 143 页。

6　（清）金昀善《登云会记》，严用琛、鲁宗藩、王维新《民国襄垣县志》卷六《学校表》，成文出版社，1976，第 517 页。

7　（清）焦云龙、贺瑞麟《光绪三原县新志》卷二《建置志》，成文出版社，1976，第 77—78 页。

8　（清）李汝为、潘树棠《民国永康县志》卷二《建置志》，成文出版社，1970，第 113 页。

9　（清）周杰、严用光、叶笃贞《同治景宁县志》卷五《学校志》，江苏古籍出版社，1993，第 361 页。

10　（清）项珂、刘馥桂《同治万年县志》卷三《建置志·公廨》，江苏古籍出版社，1996，第 86 页。

11　（清）姚遹、冯士杰《同治瑞昌县志》卷四《学校志》，江苏古籍出版社，1996，第 451 页。

12　（清）朱希白《光绪孝感县志》卷四《学校志》，成文出版社，1975，第 374 页。

13　（清）韩清桂、陈昌《光绪铜梁县志》卷四《学校志》，巴蜀书社，1992，第 660 页。

14　（清）刘炯、罗廷权、何衮《光绪资州直隶州志》卷四《学校志·宾兴》，巴蜀书社，1992，第 104 页。

15　（清）瑞麟、戴肇辰、史澄《光绪广州府志（中册）》卷七十二《经政略三·各学公项》，成文出版社，1966，第 243 页。

16　（清）何应松、方崇鼎《道光休宁县志》，江苏古籍出版社，1991，第 72 页。

17　参见（清）卢蔚猷、吴道镕《光绪海阳县志》，成文出版社，1967，第 170—171 页。

18　（清）李炘、沈云骏《光绪归州志》，成文出版社，1975，第 227—228 页。

19　24　（清）于万培、谢永泰、王汝琛《光绪凤阳县志》卷八《学校志·书院》，江苏古籍出版社，1998，第 340 页。

20　（清）管贻葵、陈锦《光绪罗田县志》，江苏古籍出版社，2001，第 303 页。

21　（清）徐淦、李熙、王国宪《民国琼山县志》卷十八《金石志》，上海书店出版社，2001，第 741 页。

22　28　（清）彭润章、叶廉锷《光绪平湖县志》卷四《建置志下·义庄》，成文出版社，

1970,第442、438页。

23　（清）姜大定、尹袭澍《同治（湖南）安福县志》卷十四《学校志》,江苏古籍出版社,
　　 2002,第194页。

25　32　（清）林步瀛、史恩纬、史恩绪《光绪庆元县志》,江苏古籍出版社,1993,第
　　 639、642—643页。

26　（清）胡有诚《光绪广德州志》卷二十四《学校志·宾兴》,江苏古籍出版社,1991,
　　 第352页。

27　（清）林则徐、李熙龄《光绪广南府志》,成文出版社,1967,第43—44页。

29　（清）关学优《嘉庆庆元县志》卷四《学校志》,成文出版社,1983,第202—203页。

30　（清）沈镜源《续捐育英、储英二庄田记》,（清）林步瀛《光绪庆元县志》卷四《学校
　　 志》,江苏古籍出版社,1993,第638—639页。

31　（清）欧阳骏、周之镛《同治万安县志》,江苏古籍出版社,1996,第609—615页。

33　卢兴邦《民国尤溪县志》卷四《学校志下》,成文出版社,1975,第437—446页。

34　（清）薛元钊、王效尊《光绪续太原县志》卷上《学校志·书院》,凤凰出版社,2005,
　　 第12页。

35　（清）叶桂年《光绪井研县志》卷十《学校志》,巴蜀书社,1992,第325页。

36　李良俊、王荃善《民国新修南充县志》卷七《学校志》,巴蜀书社,1992,第275—
　　 276页。

37　黄占梅、程大璋《民国桂平县志》卷二十七《纪政·民治》,成文出版社,1967,第
　　 865—888页。

第 七 章

清代宾兴公益基金
组织的财会管理制度

不论何种基金组织,运行良好的财会管理制度均是其长期存在与发展的重要保证,清代宾兴自然也不例外。作为一种向本地科举考生免费提供旅费、卷费等经费资助的教育类公益基金,清代宾兴的财会管理不仅涉及初设时的相关产业申报存案事务,更因它是以资产增值收益资助各类考生,因而亦需涉及产业增值、经费的收支等方面的财会管理问题。本章主要讨论清代宾兴公益基金的账簿管理、记账方法和财会监督手段等问题。

第一节　账簿复本制度

财会管理离不开财会记账,账簿的设置、存放、监管也因此成为宾兴财会管理不可或缺的环节。清代宾兴一般都实行账簿复本制度,即预先设定二本或二本以上的账簿登记财产、收益的资产变动情况,每部账簿分由不同的管理者负责保管,遇有相应财务变更,每部账簿的记录情况必须相互吻合,并需相关人员签章或画押。各地宾兴的登记账簿究竟编制几本复本,则因地因时因人而异。

有些地方的宾兴组织设计的账簿复本是 2 本。如河北望都县"科举学田地"共有旱地约 30 亩,为知县张京瓒于康熙四十四年捐俸购置。除了购买田地的契约交县礼房收存外,"另有印册二本,一存礼房,一付科举首执掌"[1]。广东揭阳县"史公宾兴卷资"共有存典生息银 300 两,为乾隆五十八年(1793)知县史藻捐俸设立,交五名科试考列一等生员经理,"并给印簿二本,一存董事处,一存当商祃首处,遇支利息时,眼同登记盖戳"[2]。山西平遥县"宾兴社"章程中规定,"账簿宜清晰也。每年以七月初五日为账期,立账二本,一归值年字号,一归值年社董。至期,值年社董请在社人齐集,收出分明。二本一律年清年款"[3]。

有些地方的宾兴账簿复本是 3 本。如山西长治县登云会,其管理章程中规定,"应立一样账簿三本,将章程列于篇首,送府骑缝盖印。县署、当商、经管各存一本"[4]。山西长子县宾兴由士绅轮流经管,议定"立合同账簿三本,一存礼房,一存儒学,一存当行"[5],以防日久弊生。江西长宁县(今寻乌县)乡绅曹引晃所捐"乡试路费田",其财会登记也采取 3 本账簿的复本制度,即"立簿三本,一存县,一存学,一给司事之人",每年年终结算及司事者前后交接时,均需"注明岁入若干,分给若干,存留若干,作何生息,一一注明"[6]。福建尤溪县"文生乡试盘费"管理章程规定,每次乡试年八月,所有资金变动情况均需"一样造册三本彚送学师,一本存案,一则由学师转报学院衙门,一则由学咨县存案"[7]。

有些地方的宾兴账簿复本是 4 本。如湖北通城县于同治四年(1865)重整宾兴时,"添监收首事四人,各领总簿一本,定期于十二月十八日公仝清算登簿"[8]。广东南雄府知府张栐于康熙五十五年(1716)为保昌、始兴两县扩充"贡租",规定"绘形粮号四本,卖

主亲立四契,佃户认耕四本,一发本府礼房立案,一发保昌县礼房
存案,一发本府儒学立案,一发应贡者轮流交接,毋令日后无稽"[9]。
该项宾兴的簿册并非田产、契约、佃户认耕契约各制作4本,而是
三者合一统一制作成4本,这样才能由府礼房、保昌县礼房、府儒
学和应贡者各领一本,而不是各领3本。

　　有的地方的宾兴账簿复本是5本。如湖北石首县宾兴馆议定
由管理首士负责账务管理,首士三年一更。乡试前一年腊月,将
"首士账簿一样五本"上下交接,其中"城内城外共一本,四乡各一
本","每年课租息钱,所领官租及存用数目,均登首士账簿"[10]。广
东德庆州知州朱有莱于嘉庆二十四年(1819)倡建宾兴馆,其章程
规定,宾兴馆"进支总簿分四本,交专理分执。如遇支发,须司理
汇簿同至质库,注明某事,方得支取。另设总簿一本,交前经首事
十四人内一人存管"[11]。

　　有些地方的宾兴账簿复本是8本。如广东澄迈县道光三十年
(1850)捐职通判李崧与父亲前云南永昌府知府李恒谦共捐钱
14000,为全县文武生参加县试前三场缴纳试卷费,交由5位家道
殷实首士挨次轮流管理,财务记账则由"每年司事复粘呈租簿,一
样七本,又总数一本,请用印分别存饬发各人收领,上交下接,呈
请注案"[12]。

　　湖南安化县培英公局的管理账簿共有9本。嘉庆年间,该县
士绅因"院试结费綦重,倡议集资",置买田产若干亩,称为"结谷
田",并建"培英公局",由首事蒋群芳等四人经理,约定"九乡订簿
九本,公同蓄积,每逢县试会同清算"[13]。

　　江西奉新县登瀛集的管理账簿多达13本。道光二十一年
(1841)该县捐资建立登瀛集后,约定从全县十三乡每乡推举首事
2人,分作三班,值年轮管;管理的账簿也相应为13本,每乡首事

各执一本,"所有本集产业及每年出入,详悉登载,除文契借帖另行收管外,其租帖、佈约均交值年首事轮流管理"[14]。

有的地方的宾兴账簿复本数量文献记载不详。如福建尤溪县,嘉庆七年(1802)该县儒学全体生员根据福建学政恩普的意见,将原正学书院捐产44亩余增入乾隆六十年(1795)知县曹寿捐资100千文购置的"连科中田"中,并共同议定了管理章程。其中有关账目核实登记报销部分,规定"凡出入各项,设立总簿一本,按年增入。别设分簿数本,随时随事,详细登录。值年董事俱各手书花押,印用图章,毋得惮烦忽略"[15]。

清代宾兴财会管理采取的账簿复本制度,其目的自然在于加强财会监督,防止因财会记账集于单个管理董事之手而产生的欺瞒、贪污现象的发生。

第二节　财务记账方法

从地方文献的记载来看,清代各地宾兴的财会记账方法各不相同,其中较为典型的有四柱簿和循环簿两种。

一、四柱簿

所谓"四柱簿",是指在财务登记簿上将财务收支情况分为"旧管"、"新收"、"开除"、"实存"四类来记录经费变动的一种财会记账账簿。其中"旧管"主要是指此前剩余钱款,"新收"主要指当下收入钱款和田租,"开除"指当下支出的钱款,"实存"为经费变动后剩余的钱款。每次记账时,后一次记录的"旧管"和前一次记录的"实存"应该完全一致。这四类钱款或田租,体现在财会簿册上便是四列,仿佛四根柱子,故而称为"四柱簿",采取四柱簿记账的方法称为"四柱簿记法"。这种财会记账方法,在各省地方志的记载中均有发现。

台湾澎湖厅通判王廷幹于道光二十二年(1842)劝捐宾兴,共得捐银1000元,约定每科乡试,每人给银20元,要求管理董事"每年底开造四柱清册,送官查核"[16]。江西南康县在嘉庆年间借捐修文庙之机,利用剩余捐款购置田产,收租给发乡会试卷资,设立宾兴。同治年间分别议定了《给费条规》与《经理章程》,其中《经理章程》规定:"宾兴公项,银钱、租税二款,设立旧管、新收、开除、实存四柱簿据,呈县钤印"[17]。江西泰和县于咸丰元年(1851)捐设南宫会,同治六年(1867)知县田大年与乡绅共同议定的《南宫会条款》中规定,从六乡管理绅士中轮流另派二人专门负责"领本生息收利,给发公车盘费等事",其财会记账为"于印簿内按照四柱分款登记,按年给算"[18]。湖北均州在道光二十六年(1846)全面清查儒学学山界址,经湖北布政使衙门批复,将其地租全部拨转设立宾兴。光绪年间,知州王培厚借生员贾三芝捐款5000串之机整顿书院、宾兴资产,重订管理章程,其中规定宾兴资产的财务簿记采取"每于年终公同核算,分立四柱汇报存案"[19]。湖南安化县卷局经理章程亦规定,"公局刷总簿十本,每本百页,请学师盖印,公局一本,九乡各一本,均逐件登记详册。每年十月会算公批,随将公局暨九乡所造四柱清册各十二本,由总首集订成部"[20]。四川彭水县于咸丰年间捐设"蔚文堂",管理并支付卷价、宾兴月课、书院山长修金和书院添购器具四项经费。其管理章程规定,"结算四项账目,务将何项共收若干,共支若干,现存若干,逐一分晰开载印簿,送县过硃,发还存执。如有遗漏含混,由县查究"[21]。四川南充县咸丰年间设立宾兴局,光绪二十九年(1903)武科停废后,士绅重订章程,其中规定,"每年正月会同城乡绅士,将上年收支各项逐款算清,分别旧管、新收、开除、实在,具呈报销,并将各数榜示局门,俾共见闻,以昭核实"[22]。

对于四柱的名字,各地偶有不同。如湖南善化县称为"出"、"入"、"除"、"存"。该县"卷局"管理章程规定,从城乡士绅中推选六名老成廉明者充任卷局值年首事,其中银钱账项概由来自县城的殷实首事管理,每年的"岁修、祭祀、考试,以及各项开用,或另有添置、变售、起造,另立四柱印簿,照章部署。每年春祭后凭算账目,将出、入、除、存结清,各同事亦照簿登记,以资查核,而分责成"[23]。江西清江县称为"收"、"付"、"存"、"该"。该县绅商在同治三年(1864)合力捐资数万两,设立宾兴公益基金,称为"宾兴会"。为记录历年经费变动情况,管理士绅编纂刊行了《清江县宾兴全集》,其中完整体现了"四柱簿记"的财会记账方法。据光绪十九年(1893)版《清江县宾兴全集》,清江县宾兴会在财务登记时采取的"四柱簿记"法,是将每一次的经费收支情况按照"收"、"付"、"存"、"该"四类加以登记。每年定期公开核算时,将账目清单向全县公布,同时上交官府备案。例如,"收"的钱款项目包括如"收旧存银千壹百捌拾两壹钱分玖厘正"、"代收崇德质铺缴府积谷公款息烟平银壹百贰拾七两八钱正"等;"付"的钱款项目包括如"付买钱银千五百七十贰两八钱三分正"、"付章山书院旧存息银四十两零零七分正"等;"存"的钱款项目包括"存现花边壹千百五十壹元四毛贰丝五厘正,照时价约钱壹千百贰拾串文"、"存放出生息银花边八千贰百元正"等;"该"的钱款项目包括"该章山书院存款息银贰拾四两正二共银约钱五千零四十串文正"、"该樟镇水龙局存款钱壹百六十贰串四百拾伍文正"等。

值得指出的是,清江县宾兴会是清代全国各地中较为特殊的一种宾兴,它不仅采取地租、存款等方式进行资产增值,更自办当铺运营生财;其公益活动的服务对象,除了科举考生,还包括如书院、考棚、保甲、修城、庙祀、育婴会、水龙局等各类地方公益。正如徐萍的研究指出的,清江县宾兴已经"从一个资助教育和科举的基金组织逐渐演变为具有综合权能的地方权力组织"[24]。

二、循环簿

"循环簿"又称为"流水循环簿",是清代各类经济组织记录资金或资产变动情况的一种账簿。目前仅在江西、湖北少数州县的地方志中发现相关记载,其具体的记账方法则尚无法得知。

江西德化县在道光十三年(1833)建立宾兴公益基金,称为"宾兴庄"。同治年间重订章程,规定宾兴庄由首士负责财会管理,采取了"四柱簿"和"循环簿"相结合的记账方法。其管理章程规定:"应各领流水循环印簿二分,四柱循环总簿二分。每簿以一分存署,一分交首士登注。每年定期于二月初一日至城会算,某某一年收钱若干,存某铺生息若干,按数登注印簿,公呈本道、府核对用印,仍发房存案"[25]。

湖北蒲圻县在道光年间设有"宾兴"、"卷价"两项宾兴公益基金,合计有存款公费3万多串。太平天国年间其存典生息银两因典铺歇业而遭损毁。为此,咸丰九年(1859)知县林嘉善命令各典铺赔缴收回9500多串,将其中一部分购置田产,另一部分"存公生放",并"立有循环簿"记录资产变动情况[26]。

江西靖安县观光集规定,"每年用账由值年经手公立流水簿,分别账目登记,不得笼统错杂。至交接时上手将一年收付钱谷开具四柱清账誊入大簿,交代下手当即盘查,果系清楚,即亲书上手用存总数,接收管理。不得虚出通关,致有亏短,查出着赔"[27]。

清代各地宾兴采取的"四柱簿"和"流水循环簿"的财会记账

方法,目的在于理清自身的经费收支状况,避免出现财务管理的混乱状况,为其达成公益目的、实现社会价值提供有力保障。

　　除了四柱簿和循环簿两种财会记账方法,各地宾兴还偶见有其他财务收支管理方法。如广西桂平县宾兴馆因其资产多为田租,而"田远租繁,仓储难靠",时间一长则"催收出粜,终不免上下其手之虞,积弊已多,众心携二,势难持久",故而合议"将租谷折收上期租银",以租银代租谷进行征收。为免空口无凭,宾兴馆还采取"并设三连租单,一给佃人,一付里董,一存总局"的方法进行财会监督,借此"彼此稽核,互相维系,以期经久"[28]。这种"三连租单",当与今天的三联单收据颇为相似。

第三节　财会监督手段

　　清代各地宾兴在力求选择当时最为流行的财会管理制度的同时,也力求通过严格的财会监督手段,以保证其本金与利息不被相关人员私吞、侵蚀,使有资格获得资助的士子得到帮助。前文在论及宾兴的社会监督机制时,已经对入志、立碑、刊印征信录等监督手段作了简要论述。此处略举数例,对张贴财务报表的财会监督方式略作陈述。

　　前引湖南安化县卷局经理章程规定,每年十月将所有财务变更情况编制开单,"遍帖公所、通衢,庶人人咸得稽察,冒滥、侵蚀,两无所藏";四川南充县宾兴局将财会报表"榜示局门",均系实行财会公开,全民监督。江西靖安县观光集规定"每年收付账值年于交代时照大簿逐条开一长单,张贴本集厅壁,俾众人共见共闻,以为后来榜样"[29]。

　　浙江平湖县人候选布经历胡良佐、候选同知胡良俊兄弟在咸丰七年(1857)捐出"田地荡九百余亩",创立宾兴——登瀛会,光绪五年(1879)其弟职员胡沣又捐资建造"登瀛局",作为管理者办公场所。在登瀛局的"局规"中,有两条是专门为财会监督而议定的:"立稽查生员十人,自霜降日始,分执天干字戳,按日轮挨,务于己、午两时到局监收田租,稽查账目,核对后盖用戳记,旬终交司岁总核,盖用图章。司岁、司查逐年于中秋节交卸"、"收租立日收两册,流水两册,一册司账收执,一册留于账桌,不准收藏,俾诸生互相查阅"[30]。这两条局规,第一条是从内部自身监督的角度,通过安排10名专门的"司查"生员到登瀛局收租现场进行查账,避免司岁、司账者与佃户串通舞弊,私吞田租,第二条则是从外部社会监督的角度,要求将相关账簿放在登瀛局的公共场所,以便全体士绅都可以翻查监督。

山西长治县光绪年间捐资设立宾兴公益基金,称为"登云会"。其管理章程不仅规定了选择6名士绅分成两班轮流经管的管理方法,在账簿副本方面也规定,每到乡会试结束后,都要将财务收支情况开载清楚,并悬挂于书院大门外,让人们都可以成为监督者:"择公正绅士六人,分为两班,轮流经理,应立一样账簿三本,将章程列于篇首,送府骑缝盖印。县署、当商、经管各存一本。将每年所收息银、转发生息、每居乡会试后收发实存,一同注载清楚。悬榜书院大门,俾众共知。并由县开单详府存案,永远遵行,不得有违。"[31]

山东莒州光绪十一年(1885)知州周秉礼倡捐筹资6000贯,发商生息,设立宾兴。其管理章程中规定,此项基金由众人共同推举8位"众所信服、诚实办事之绅董"共同管理,每三年选举替换二人,"四人分管钱项账目,凡此三年内所入息钱,暨支用宾兴卷价各若干,盈余若干,公同核算,榜示通衢。录一底账,送州存案"[32]。即不仅从本身绅董中派 4 名分管钱项账目，以便相互监督，并且所有经费收支情况均要誊抄副本交给莒州衙门存案，而且还将全部内容"榜示通衢"，也就是在交通要道张贴布告，以便社会全体人士共相监督。

浙江青田县康熙年间创设"养士田"，至咸丰年间被县令取为己有。光绪八年（1882）经邑绅联名上告方才得以恢复。孙衣言应邀撰《青田县复养士田记》一文以记其事，在文中孙衣言建议："今而后，宜谨为之籍田之所在与其顷亩形状、受田者之姓名里居与其租数，必具书于籍，择学之士公而明者，使主其籍，期岁则必择而易之。一岁之租入，与所用之少多，复条别以登于籍，岁终则会其出入之数，以授后之人。又大书以揭于校官之堂，使一学之士，皆得以订其是非，则庶乎可久存也。"[33]孙衣言是浙江瑞安县人，历任安庆知府、湖北布政使、江宁布政使，他的建议主要包括三条，一是推举首事值年轮管，二是用日常流水簿、年终四柱簿进行财会记账，三是年终张贴财务报表接受公众监督。孙衣言的这一建议无疑是集合了当时各地宾兴管理情况的经验之谈。

本章结语

周密严谨的财会管理制度是清代宾兴资产管理与经费发领得以顺利完成的基础，而公开透明的财会监督手段的实施，是清廉无弊、健康运行的有力保障。相对于当代财会监管制度，尤其是当网络涵盖了现代社会的方方面面，清代宾兴所采取的财会监管方式看上去无疑显得有点落后。不过，这种"落后"是与清代社会经济发展水平相适应的。换一个角度来说，清代宾兴采取了当时最为先进的监管机制。这不仅体现了清代宾兴管理者勇于面对公众监督、立志杜绝徇私舞弊的决心，更加折射出了清代宾兴的社会公益基金的本质属性。从这一角度来说,清代宾兴较之当代某些公益基金组织显得更为"先进"。

注　释

1　(清)王锡侯《乾隆望都县志》卷二《学校志》,《四库禁毁书丛刊》史部73,北京出版社,2000,第45页。

2　(清)王崧、李星辉《光绪揭阳县续志》卷一《建置志·公租》,成文出版社,1974,第83页。

3　(清)恩端、武达材、王舒尊《光绪平遥县志》卷四《学校志·宾兴》,凤凰出版社,2005,第100—101页。

4　31　(清)陈泽霖、杨笃《光绪长治县志》卷三《学校志·宾兴》,成文出版社,1976,第603页。

5　(清)豫谦、杨笃《光绪长子县志》卷六《学校志·乡会试宾兴仪》,成文出版社,1976,第443页。

6　(清)沈次山《捐赠乡试路费田记》,(清)沈镕经、黄光祥《光绪长宁县志》卷四《艺文志·记》,江苏古籍出版社,1996,第714页。

7　15　卢兴邦《民国尤溪县志》卷四《学校志下》,成文出版社,1975,第440页。

8　(清)郑燊、杜煦明、胡洪鼎《同治通城县志》卷十《学校志下·宾兴》,江苏古籍出版社,2001,第512页。

9　陈及时《民国始兴县志》卷七《经政略·学款》,成文出版社,1974,第582页。

10　(清)朱荣实、傅如筠《同治石首县志》卷二《营建志·学校》,江苏古籍出版社,2001,第63页。

11　(清)杨文骏、朱一新《光绪德庆州志》卷七《经政志第二·学校》,成文出版社,1974,第563—564页。

12　(清)陈朝翙、陈所能《光绪澄迈县志》卷二《建置志·宾兴》,上海书店出版社,2001,第59页。

13　(清)邱育泉、何才焕《同治安化县志》卷十八《学校志·公田》,江苏古籍出版社,2002,第373页。

14　(清)吕懋先、帅方蔚《同治奉新县志》,江苏古籍出版社,1996,第496页。

16　(清)林豪《澎湖厅志》卷四《文事》,《台湾文献丛刊》第164种,台湾银行经济研究室,1963,第 109 页。

17 (清)沈恩华、卢鼎峋《同治南康县志》,江苏古籍出版社,1996,第 594 页。

18 (清)宋瑛、彭启瑞《同治泰和县志》,江苏古籍出版社,1996,第 181 页。

19 (清)马云龙、贾洪诏《光绪续辑均州志》卷五《学校志·书院》,江苏古籍出版社, 2001,第 82 页。

20 (清)周锡晋《(安化县)培英堂志》卷一《经理章程》,清光绪二十年(1894)斯文堂 刻本。

21 (清)庄定域、支承祜《光绪彭水县志》,巴蜀书社,1992,第 222 页。

22 李良俊、王荃善《民国新修南充县志》,巴蜀书社,1992,第 275 页。

23 (清)吴兆熙、冒沅、张先抡、韩炳章《光绪善化县志》,江苏古籍出版社,2002,第 133—134 页。

24 徐萍《〈清江县宾兴全集〉与晚清清江地方社会》,《华南研究资料中心通讯》,2003 年第 31 期,第 28 页。

25 (清)陈鼐、黄凤楼《同治德化县志》,成文出版社,1970,第 320 页。

26 (清)顾际熙《同治蒲圻县志》,江苏古籍出版社,2001,第 475 页。

27 29 (清)徐家瀛、舒孔恂《同治靖安县志》卷四《学校志》,清同治九年(1870)活 字本。

28 黄占梅、程大璋《民国桂平县志》,成文出版社,1967,第 854 页。

30 (清)彭润章、叶廉锷《光绪平湖县志》,成文出版社,1970,第 442 页。

32 卢少泉、庄陔兰《民国重修莒志》,凤凰出版社,2004,第 233 页。

33 (清)孙衣言《逊学斋续钞》卷三,《续修四库全书》第 1544 册,上海古籍出版社, 2002,第 485 页。

第 八 章

清代宾兴公益基金
组织助考经费的发领

　　清代宾兴是为各级科举考生而设置的,它们为考生所提供的助考经费的数额如何、经费发领采取怎样的方式、经费发领过程的监督、管理以及各类助考经费发领后的实际效果如何? 这些细节问题都值得我们关注。

　　从宾兴所服务的科举考生的类别,我们可以将其划分为童试宾兴、乡试宾兴、会试宾兴、贡生宾兴以及混合类宾兴等。其中童试宾兴虽然出现时间普遍晚于其他类型的宾兴公益基金,但对于科举考生来说却是其一生科举旅途上最早遇到的助考公益基金,且其资助情形也更加复杂,故本章首先讨论童试宾兴助考经费发领的相关问题。

第一节　童试宾兴助考经费的发领

　　童试宾兴主要为参加童试的考生提供经费资助。从童试考试的级别类型及其运作流程来看,童试宾兴提供的助考经费主要有二大类。一是童试进行阶段发生的各种费用,主要包括卷价、盘

费、廪保费和杂费四种。二是童试录取阶段产生的相关费用,主要包括学官束脩、学宫杂费和学政衙门费用等三种。见下表1:

表1　童试阶段助考经费的种类

童试进行阶段	1	卷价:向县、府承办县试、府试、院试的礼房、兵房代缴试卷费用。或全部代缴,或代缴某一场;或统一代缴,或按人数合算
	2	盘费:考生差旅、住宿、饭食之用,一般按名发给
	3	廪保费:或统一代缴,或按名发送
	4	杂费:向礼房、兵房代缴纸笔、朱墨、茶点等费;考试结束后备办酒席钱
新生入学阶段	5	学官束脩:向府学、县学教官代缴束脩钱,或统一送给田租、银钱,或按人数合算
	6	学宫杂费:教官的贽仪钱、印卷钱;学书、门斗的见面礼、手续费
	7	学政衙门:院署薪水,即新生复试时向院署交杂役杂费

在这7种童试阶段产生的考试经费中,卷费、盘费、廪保费、学官束脩等4种在清代各省州县中均有单独设置的案例,其余3种则往往包含在各综合类童试宾兴的助考经费门类中。

由于为生员在学期间提供考费资助而单独设立的宾兴较为少见,生员在学期间的助考经费往往由童试宾兴资助,故本节亦讨论生员在学期间的宾兴资助问题。

一、童试进行阶段的助考经费及其发领

(一)童试卷价

清代童试最初由负责办考的提调官员负责备办试卷,考试报名时,考生需向提调官缴纳购卷之费,一般都称为"卷价",各地尚有"卷费"、"卷结"、"卷金"、"元卷"等各种名称。雍正十一年(1733),因多有提调官私自招立卷户、明目张胆索要高价等弊端,考生意见极大,因而朝廷特意下旨,要求"嗣后府州县以及院试,无论大、中、小学,每本试卷定价三分,令该提调官自行置办,不许再招卷户";乾隆十一年(1746)更下旨,"行令各省,将卷价永行禁止",为避免书役人等营私舞弊巧取豪夺,乃要求负责考试的提调官不得染手卷价,改由考生"自行置卷投交"[1]。然而,童试考卷需要格式统一,圣旨要求各地童试试卷由考生自行置卷投交,但如果真由考生自制,则必然千人千面,规格无法统一。为此,各地考生"自行置卷投交"事实上演变成了由府州县礼房、兵房出面置办试卷,原先考生需向考试提调官缴纳卷价,变成了向礼房、兵房缴纳卷价。提调官属下的书役会借机盘剥考生,府州县礼房、兵房吏胥未必就能信守清廉。到了后来,由乡绅捐资设置的各类宾兴尤其是童试宾兴肩负起了配合礼房、兵房吏胥为考生置办试卷的任务。作为考生的利益代言人,各地童试宾兴一般能从平等协商的立场,不卑不亢,据理力争,与礼房、兵房执事人员达成和平共识。

有些童试宾兴仅资助某几场或一场卷费。如江苏松江府娄县童试宾兴仅资助童试各阶段正场卷费,对于各阶段复试卷费则不予资助。该童试宾兴始设于乾隆六十年(1795),最初只有不到30亩田产。嘉庆五年(1800)经府、县衙门联手整顿,一面将田产改交书院董事带征田租，一面将所追缴的佃户历年欠租共计106千文存典生息。每逢岁试、科试，由县衙派人向书院董事及典铺领取租息、典息，帮助全体童生购买府试、院试正场试卷之费。议定试卷每本定价80文，按应试童生人数汇总缴纳[2]。又如湖南安福县"卷资田"仅资助童试县试阶段正场、二场、三场、四场卷费，而此后发生于府试、院试阶段的卷费则不予资助。该童试宾兴设于咸丰九年（1859），约定"每逢县试送交礼科钱200串，议免文童初、二、三、四场卷资"，县试第五场即"末场"的卷费由考生"听其自备"。除此之外，"州、院试未曾议及。武童虽县试不与焉"[3]。

　　有些童试宾兴对童试阶段各项卷费都予以资助。如贵州兴义府各县均捐设有各种童试卷费田，其中既有仅资助童试某一阶段卷费的种类，也有童试各阶段卷费全部予以资助的种类。前者如道光八年（1828）兴义县百姓邓子秀之妻黄氏捐银500两购置田产作为"县试卷田"、道光二十二年（1842）兴义府知府张锳利用捐建试院余款500两购置田产设置兴义县"府、院试卷田"、道光二十一年（1841）安南县生员郭正奎倡捐银497两购置田产设置"府试卷田"、道光二十四年安南县人合力捐银380两购置田产设置"县试卷田"。后者如道光十二年（1832）普安县百姓陈三策等捐银525两购置田产设置"科岁试卷田"、道光二十二年知府张锳以贞丰州捐建试院余款1000两购置田产设置贞丰州"岁科试卷田"[4]。

　　清代各地童试考试卷费的汇算方式，大致包括按人头计算和按届次总算两种方式。下表2为根据文献记载所及绘制的清代童试宾兴考费资助情形例表，大致可以反应不同地区童试宾兴考费资助的基本情形。由于童试均在各府州县地面上举行，不存在如会试宾兴距京路程远近的对比因素，故而每个地方之间都存在一定的可比性。表中第一栏为地方及其宾兴名称,其中宾兴名称系据地方志所载原文照录,其性质或属专门的童试宾兴,或属综合类宾兴。第二栏列出了各项宾兴的大致规模,有的列出的是田产,有的则是每年所收田租,有的是存款数额,有的则是每年所得增值利息;有的则由于历代资产变化颇大,地方志记载头绪繁多而未能列出准确数字。第三栏是各宾兴给发的童试卷费数额,有的是列出各分场数额,有的则列出全部数额,均为根据地方志原文所载略加节录而成。第四栏列出的是各项宾兴发领相应数额的卷费资助时的年代,不能确定的则列出大致时间,或直接加注"未详"以示存疑。

表 2　清代童试宾兴卷费资助情形例表

地名及宾兴名称	大致规模	发领类别与数额	年代
江苏吴江县宾兴	490 亩	县试正场卷资合计 20 千文	同治年间
安徽寿州互结费存息	存款 530 千文	州、府、院试每次 20 千文,另院试每次印卷费 16 千文	光绪九年
江西崇仁县卷局	田租 759 桶,店租 65 所,存钱 9840 贯	文童卷资县试 70 千文、府试 60 千文、院试 30 千文;武童县试 30 千文、府试 24 千文、院试 12 千文	嘉庆十年
江西奉新县登瀛集	捐银 2.5 万余两,田 300 余石	文童卷价每届 100 千文;武童卷价每届 80 千文	道光二十一年
江西会昌县宾兴	每年收租 290 石,折合租钱 870 余吊	府、院试卷资 115 吊	咸丰元年

江西泸溪县宾兴	田租 900 余石	童试正场卷资每人 400 文	道光十七年
江西南康县宾兴	田租 800 余石，存钱 34546 串	县试文武童生每名卷价 40 文，按场照给；府试文童正场每名卷价 33 文，初复、二复每名 40 文，三复每名 50 文，末复每名 100 文，武童每名卷价 100 文按场照给；院试文童每名卷价 33 文，武童每名 100 文	同治五年
江西万年县兴贤堂	田产 149 亩，每年收租 200 余石	府试文场给县礼房钱 37 千文、府礼房试卷每名 33 文；院试文场给县礼房钱 37 千文、府礼房试卷费 17 千文；府试武场给县兵房钱 18.5 千文、府兵房试卷钱 18 千文；院试武场给县兵房钱 18.5 千文、府兵房试卷费 18 千文	道光七年
江西武宁县宾兴馆	捐款数万金	文武童生每名给卷价钱 1 千文	道光年间
江西兴国县	未载	文武童生院试卷资 80 石；文武童生府试卷资 140 石；文武童生县试卷资 200 石	未详
江西靖安县观光集	随粮生息钱 13670 千文、田租 1766 石、存典钱 5800 吊	文童卷价，县礼科共支 170 千文，其中县试、府试各 50 千，院试 70 千；府试府礼房支 40 千；武童县府院试卷价共支钱 110 千文	咸丰二年
江西靖安县观光集	随粮生息钱 13670 千文、田租 1766 石、存典钱 5800 吊	文童县试卷价给礼房 200 石；武童县试卷价给兵房 90 石；文童府试复试全场卷价 40 千文，武童 30 千文	咸丰十一年

江西南昌县考棚公局	存典银5.96万两	岁考文童卷费县试付县礼房130串,府试付府礼房120串,院试付县礼房150串;岁考武童卷费县试付县兵房26串,府试付府兵房24串,院试付县兵房30串	同治年间
湖北当阳县州院卷费田	存钱500串田产预支稞钱521串	文童州试头场县结州票共需钱90串,二场48串,三场36串,四场19.2串,末场12串,通共计钱205.2串。武童县、州、院三场,每次需钱100吊	光绪五年
湖北南漳县童试卷费	书院、宾兴两款项下拨给	岁科试每次礼房钱130串;岁试兵房钱100串	道光年间
湖北兴国州岁科试卷费	每年铺房等租金收入约九十钱600串	岁、科试州考文童卷价各320串,府试、院试文童礼房卷价300串;岁试武童州考卷价40串,府试、院试兵房卷价100串文[5]	光绪八年
湖北宜城县童试考费	水旱田地80亩	县、府、院试每名卷费钱100文,按名缴纳	同治五年
湖南安福县县试初、二、三、四场卷资田	田产种88.5石,存钱5100串	县试送礼房钱200串	咸丰九年
湖南安化县卷田	岁租95石	岁试给礼房银28两、兵房银10两;科试给礼房银28两	康熙五十五年
湖南善化县卷局	房租622.8千文,田租100石	岁科试文童卷费县礼房561.9千文,府礼房250千文;武童岁试兵房100千文	同治八年

续表

湖南湘阴县卷费	相继由文庙公产、宾兴田、兴贤局给发	县试卷价每本 5 文,按人数多寡预备	道光二十八年
四川崇宁县书院宾兴	书院田产约 300 亩	岁科试每次帮礼房棚费 100 两,科试帮兵房棚费 50 两	光绪初年
四川綦江县文童义卷	资产总值 6812 串	岁科试文童县试各预备试卷 3400 本,计卷资 81.6 千文	道光十五年
四川资阳县新宾兴会	置业 20 余处,约收租 1000 缗	院试文武卷价钱礼房 160 串,兵房 120 串	咸丰九年
四川资州文童岁科院试卷资	水南街炭行每年捐钱 160 串	水南街每年捐钱 160 串作为文童岁科试院试卷资	同治十年
台湾澎湖厅小宾兴	合计捐资 2500 余千文	每人给钱 3 千文作为考费	道光二十六年
云南昭通县小卷金	存银 130 两	文童应试每名卷金 0.5 两	未详
贵州仁怀厅卷田	购置田产费银 1800 多两	文童学考(按,相当于县试,武童学考同)、院试各给学官书斗卷价钱 146 千文合计 292 千文;文童厅考给礼房卷价钱 142 千文,岁科试合计卷价 284 千文;武童学考每届学官书斗卷价 60 千文,厅考每届给兵房卷价钱 80 千文	道光二十五年
江西庐陵县坊廓乡宾兴文课	未载	童试卷资每人 600 文	道光二十五年

(二)童试盘费

盘费是乡会试级别的宾兴为考生提供的最主要的资助门类,在童试阶段则较少出现,这是由于童试考试地点一般是县城和府城,考生赴考路途较之乡试、会试无疑近了很多;而且童试每场考试的时间相对更短,不需要在考场中过夜,故而路费、住宿费等类开支也便相对较少,很多童试宾兴一般都不提供此类经费资助。但也有不少例外。下表 3 是地方志中明确记载了盘费资助额度的几个童试宾兴。

表 3　清代童试宾兴盘费资助情况例表

地名及宾兴名称	大致规模	发领类别与数额	年代
湖南麻阳县书院宾兴	出自屯田	童试,录书院正课者各得赴考盘费 6 石	嘉庆年间
湖南凤凰厅苗籍童试卷资	1000 亩	府、厅、县考试每人盘费银 1 两	嘉庆十四年
湖南湘乡县宾兴堂	田产 900 亩	府试备送考费钱 40 千文,头场毕按人均分	咸丰十年
江西靖安县观光集	随粮生息钱 13670 千文 田租 1766 石 存典钱 5800 吊	文童赴省府、院试,每名给费 1.4 千文,按 300 名算共计 420 千文;武童赴省府、院试每名给费 1.4 千文,按 40 名计算共计 56 千文;	咸丰五年
江西靖安县观光集	随粮生息钱 13670 千文、田租 1766 石、存典钱 5800 吊	文武童生府试、院试,每名给川资 0.8 千文	咸丰十一年

江西奉新县登瀛集	捐银 2.5 万余两,田 300 余石	童生每人帮考费 600 文	道光二十一年
江苏泰州姜堰镇励材堂	未载	府试给童生川资钱 20 千文,按本镇应试人数摊给	道光十六年

　　以上共列出 7 个州县的提供考费资助的童试宾兴。其中湖南麻阳县系书院宾兴提供的童试赴考盘费,并仅提供给在书院肄业并在历次考试中名次列前因而得以取得"正课"资格的学生。湖南凤凰厅童试盘费银有 1 两之多,与江西南昌府靖安县观光集提供的考费基本相当,但较之同样重视科举且捐设有多种宾兴的江西奉新县登瀛集的童试盘费资助要多。另外,湖南湘乡县宾兴堂和江苏泰州姜堰镇励材堂都按某一规定数额向应试考生平均分发旅费,而其他四个州县则均统一标准统计考生人数后汇算支给。这和清代各地童试宾兴的卷费资助方式基本一致。

（三）廪保费

　　童生参加县试,例需 5 人结成互保,同时共同约请一名廪生为其作保,担保其并无冒籍、枪替、丁忧等违规情况,称为"认保";府试、院试时则又需多加一名廪生作保,称为"挨保"。被保童生例需向认保、挨保廪生付给报酬,称为"廪保费"。这项费用因系童生与廪保自愿结成认保关系而产生,其间常常涉及亲朋情谊,或多或少很不统一,故而亦非所有童试宾兴都会包含的资助项目。下表 4 共列出了 9 个州县的廪保经费,大略可见清代童试宾兴提供廪保经费资助的情形。

表4　清代童试宾兴廪保经费例表

地名及宾兴名称	大致规模	发领类别与数额	年代
江西崇仁县卷局	田租759桶，店租65所，存钱9840贯	文童与保廪生县试、院试各每名廪生1.5千文，府试每名1.2千文；武童与保廪生县、府、院试每届各16千文，计人数均分	嘉庆十年
江西靖安县观光集	随粮生息钱13670千文 田租1766石 存典钱5800吊	文童县府院试廪保钱按300名算共70千文，县试10千，府、院试各30千；武童县府院试廪保钱每名童生0.8千文，按50名计算共40千文	咸丰二年
江西万安县宾兴	存钱2000千，按月1.2分行息	文武童生县府院试挨保、认保费，文童合帮36吊，武童合帮24吊	同治十年
湖南湘乡县宾兴堂	田产900亩	县试廪保每次每人舆费钱600文，以三场计算；府试送考费钱40千文，按照人数均分	咸丰十年
湖南善化县卷局	房租622.8千文，田租100石	院试童生每人派保费钱100文，县礼房收存，交廪保均分	同治八年
湖北兴国州岁科试卷费	每年铺房等租金收入约九十钱600串	岁、科试州考廪保饭食钱各20串	光绪八年
四川简州学田	50余亩	廪保岁试文场90串，武场80串，科试90串，照数均分	光绪十八年
贵州湄潭县黉仪	未详	廪保每届送贵平纹银200两，10名廪保生员均分	光绪二十四年
贵州八寨县岁科试规费	未详	厅、府、院试廪生津贴谷50石	同治十一年

从以上 9 个州县的案例我们可以看出,童试宾兴提供的廪保费资助也是按两种方式,一是每名廪生各发给某一较小数额,二是廪生按人数平分某一较大数额。如江西崇仁县卷局和湖南湘乡县宾兴堂均是按每位廪保生员每保一场发给若干经费,湘乡县宾兴堂甚至按每一单场(县试、府试、院试除了正场之外,均还有若干场复试)计算,其他 7 个州县均按每场发给某一总数的廪保费,由参保廪生均分。

对于廪保费的称谓,各地亦多有区别。表中江西两县均直接称为"与保廪生钱",湖南善化县称为"保费钱",湘乡县称为"舆费钱"和"考费钱",舆费即坐轿子的钱,类似今天的交通补贴,湖北兴国州称为"饭食钱",类似今天的误餐补贴。廪保费的数额也各不相同,如贵州湄潭县黉仪章程中规定,全县共有 20 名廪生,每次岁科试全部文武童生仅需 10 名廪生出面担保,人均可得廪保费 20 两。而江西崇仁、靖安两县的廪保费每场只有不到 2 千文,三场合计最多不到 6 千文。

(四)童试杂费

除了以上 3 项童试考试中常见的经费项目,各地童试考试中还常会出现其他与考试有关的经费项目。据《钦定学政全书》记载,雍正十一年(1733)议准承办府、州、县、院试的吏书人等,其饭食、杂费不列入正项奏销之内,全部从卷价的剩余钱款中支付。这道圣旨,是清代童试考试费用中出现杂费的法律依据。清代各地宾兴中亦有为童试考生提供杂费资助者。

江西万年县兴贤堂是一处专门的童试宾兴,道光七年(1827)县人汪九泽捐建,共有田租 149 亩,每年收田租 200 余石,资助童生县试、府试、院试三个阶段全部的考费。其《公议章程》中规定

的考费支出项目共有以下8项(序号为笔者所加):

江西万年县兴贤堂《公议章程》(节录)

1. 首士送县考火食钱二千文,院、府两考则交廪堂首士,每考扣盘缠钱二千文。

2. 县考文场卷结首士自办,逐场照名交礼房盖印,分派一切供应油烛纸张银硃等费,给钱七千文。

3. 终场酒席八千文,学书收结钱一千文。

4. 府考文场给县礼房送考杂费及火食路费收结钱三十七千文,府礼房头场照名每卷三十三文,互结纸张在内。以后每卷三十文外,扣终场酒席饭食等件钱十五千文。

5. 院考文场给县礼房送考杂费及火食路费收结钱三十七千文,府礼房试卷供应杂费共大钱十七千文。

6. 县考武场卷结,首士自办,逐场照名交兵房盖印,分派一切修道、垛子、造册、纸张、银硃等费,结钱四千五百文,终场酒席钱八千文,学书收结钱一千文。

7. 府考武场给县兵房送考杂费及火食路费收结钱十八千五百文,府兵房试卷供应杂费钱十八千文。

8. 院考武场给县兵房送考杂费及火食路费收结钱十八千五百文,府兵房试卷供应杂费钱十八千文。[6]

这8条章程条规所涉及的经费中,除了第二、四、五、六、七、八条中分别包括的文武县试、府试、院试试卷费用(文武县试试卷由兴贤堂值年首士自行造办)之外,还包括了几种杂费:第一,兴贤堂、廪堂首士等宾兴办事人员的路费;第二,文武童参加县试、府试时,县礼房、兵房在试卷上盖章索取的人工费;第三,文武童参加院试时,县礼房、兵房的送考路费、食宿费;第四,文武童县试、文童府试结束时的终场酒席钱。兴贤堂的这些童试杂费,其他地方志中少有记载。下表5大致可以反映出清代各地童试杂费的整体情况。

表5　清代童试宾兴资助杂费例表

地名及宾兴名称	大致规模	发领类别与数额	年代
江西南昌县考棚公局	存典银 5.96 万两	岁考文童县府院试结费钱 80 串;岁考武童县府院试结费钱 20 串	同治年间
湖北兴国州岁科试卷费	每年铺房等租金收入约九十钱 600 串	岁、科试州考印红钱各 12 串	光绪八年
湖南善化县卷局	房租 622.8 千文,田租 100 石	岁科试文童县试每人报名钱 120 文、府试报名钱 80 文、院试每人报名费 100 文;岁科试两学师送考每师给酒席轿费书门办册送考辛资钱 40 千文,学书备办生员试卷并办文编号等钱 8.1 千文	同治八年
湖南湘阴县卷费	相继由文庙公产、宾兴田、兴贤局给发	县试礼房规费 27.1 千文,府试礼房亲供册结规费 45 千文,院试礼房清册结规费 45 千文;兵房规费 47.5 千文	道光二十八年
湖南安化县卷费	存款 1738 千文	县学两学师及书门送考费,岁试 60 千文,科试 60 千文,挑覆 20 千文;府学学师及书门送考费,岁试 8 千文,科试 6 千文	光绪十九年
湖南龙山县造士局	田租 377.5 石	学师县府院试每考送学结费 80 串今改 50 石	同治十二年

四川綦江县文童义卷	资产总值6812串	县试文童每岁科试礼房食费辛苦钱 16 千文，印红钱 50 千文，看卷束脩钱 50 千文，场内外一切杂费并终场酒席费 120 千文；院试礼房辛苦食费及领卷投册一应杂用共钱 70 千文，座号费每人 3.2 分，按人合算；小礼银 8 两	道光十五年
四川简州学田	50 余亩	县学岁试送考，两学师每人 40 串，科试送考每人 20 串；岁科试办考，学攒岁试办考费 48 串，科试办考费 24 串；学书 2 名岁考辛力钱 8 串，科试辛力钱 4 串，门斗 4 名、跟丁 2 名，岁试各辛力钱 4 串，科试各 2 串	光绪十八年
贵州仁怀厅卷田	购置田产费银1800 多两	岁科试文童厅考各给礼房印红钱 8 千文；岁试武童厅考每届给兵房印红钱 4 千文	道光二十五年
贵州八寨县岁科试规费	未详	厅、府、院试厅署文墨规费 200 石，学书门斗津贴谷 80 石	同治十一年

　　清代各省童试杂费，其名称、数额均各不相同，往往被归为"规费"。规费并非国家法定的缴费项目，但它因长期存在约定俗成，演变成为一种无法可依但却有例可循的缴费项目。规费包括的项目很广，看得见的如纸张、笔墨、印泥、簿册等物品制备费，看不见的如办事人员的送考费、交通费、误餐费、住宿费、辛苦费，考试结束后的终场酒席费等，涉及的部门与成员包括官学教官、官学杂役（有学书、门斗、跟丁、学攒等名目）；县、府礼房、兵房胥吏；学

院胥吏等等。这些费用，随着童试各阶段程序的展开而逐步出现。有些童试宾兴往往将其合在一起统一汇算，有些则仅资助其中某几种规费，有些则可能不资助任何一项规费。

二、童试录取阶段的助考经费及其发领

童试院试考试结束后，按照礼部核准的各官学招生名额，学政确定录取考生名单，由儒学教官负责将录取童生登记造册并送学政复试，以及组织童生注册入学。在此过程中，便产生了因录取、进学而有的各项经费支出，可以概括为学官束脩、学宫杂费、学政衙门即学院杂费三种，它们往往也是各类宾兴所提供资助的经费门类。

（一）学师束脩

清代地方官学一般称为"儒学"，每府、州、县均配备两名学官，其中府学为教授、训导，州学为学正、训导，县学为教谕、训导。儒学教官虽然在品级上与知县相差不大，每年的俸银也相差不多，但其实际收入却极为悬殊。如据光绪《海阳县志》卷23《经政略》记载，该县教谕、训导每年的俸银为"各四十两"，知县每年的俸银是"四十五两"，年薪只相差了5两。但是，知县除了45两的俸银，每年还有"养廉银一千两"，此外还有"心红纸张银三十两"作为日常办公经费[7]。两相对比，学官的清贫可见一斑。为了让生活好过一点，各地学官只能向自己掌握的唯一资源——学生——伸手要钱，其中不仅包括新生入学、老生补廪、补增、出贡、选优等类事件的喜金，还包括出外游学、报请丁忧、报请除服等并非喜事的规费。而其中最大的一笔，便是新生入学时缴纳的束脩。

新生入学之有束脩，由来已久。"束脩"之名，源自《论语·述

而》篇孔子语"自行束脩以上,吾未尝无诲焉"。学生入学之初拜见教官,送钱些许以申诚敬,本无伤大雅。然清代重科举轻学校,儒学教官日益荒敝,渐至有名无实,教官既不教学,又反借束脩为贪利之手段,束脩之行便发展成为新生入学的一大负担。正如光绪《当阳县补续志》所言:"士无赘不见,礼有明文。自世风日下,礼教也遂变为利途矣。后生入学谒师,借束脩为口实,每揣家资之肥瘠,以索贽敬之多少。师道不尊,非一日也。"[8] 当阳知县李元才分析束脩昂贵的原因时则认为,"学师一席,本冷署耳。盘餐苜蓿,润色无资。揣肥瘠而量厚薄,探箧叩囊,动多掣肘。故寒畯之家,每视诗书为畏途",儒学教官不像知县等亲民官有各项灰色收入,唯一的经济来源便是学生的束脩。挑肥拣瘦,争多论少,无良学官创之于前,社会大众随流于后,风气败坏,自然在所难免。为了改变这种师生对立的教育环境,唤醒人们记忆深处的美好情感,代考生缴纳束脩的宾兴便应运而生。李元才指出,宾兴可以使"获售者循例簪花,既可安心以肄业,后起者兴言采藻,群起奋志而观光,为师儒立廉隅,为生徒激志气"[9],对于净化教育环境,鼓舞学生学习热情,促进人才的健康成长,都具有重要的意义。

清代各地宾兴为岁科试录取的文武童生向儒学教官代缴束脩,在清代中后期是一种极为普遍的现象,但从总体而言,各地又呈现出不同的特色。就清末、民国年间地方志记载的情形来看,清代"学师束脩"类宾兴的地域特色主要体现为以下几个方面:

首先,"束脩"是此类助考经费最为普遍的称谓,在江西、江苏、浙江、湖南等省尤为常见。其中既有由综合类宾兴提供资助的类型,也有成立专项基金代送学师束脩的类型。如湖南宁乡县士绅在光绪初年捐资设置宾兴,其《学租公车经理章程》中规定:"向来文武新生入学,必须赴学师衙门誊写亲供,备送束脩。今既由通县捐款买置田业,公议县学每年每斋送谷四百八十石,印色小礼一概在内"[10]。浙江诸暨县在道光二十八年(1848)由岁贡生徐渐逵等倡议捐资,购置田产,收租资助新进童生"两试束脩之资"。次年,该项宾兴在绍兴府城建立公局,中厅悬挂"肄雅堂"匾额[11]。据光绪《诸暨县志》记载,肄雅堂先后得到民间捐款购置田产多达2246亩。而早在乾隆年间,诸暨县人钟添玉便捐田120亩设置童试卷资田,其时仅足代缴"县试正、覆场试卷"。肄雅堂成立后,县人何重九、佩九兄弟又捐田100亩"承办府试正、覆场试卷",寿惟任捐田44亩"承办院试正、覆场试卷",均交由肄雅堂代为管理。又如江西奉新县,道光三十年(1850)县绅在籍御史帅方蔚在发起捐设综合类宾兴"登瀛集"后,又倡议民众捐助设置"广华堂",所置田产每年收租1000余石,除了代缴岁科试县学"文武生束脩之费",拨府新进文武童生则每名代送府学学师"束脩钱共二十千文"[12]。与诸暨县一样,奉新县早在乾隆年间便已经出现了"魁会"、"乡试田"等乡试宾兴,嘉庆、道光年间又先后捐设了"府、县试田"、"武乡试、县试田"。道光二十一年(1841)同样由帅方蔚倡议捐设的登瀛集则是规模县中规模最大的一处综合类宾兴,共捐集银两25000余两,田租300余石。

其次,湖北、湖南部分州县称为"印卷"。如湖北南漳县有"学师印卷费",系光绪二十二年(1896)诰职张庆荣、监生周辅堂等倡募捐钱6万余串,购置田32处,"岁科两试新生印卷费,县学每名六十串,府学每名七十二串"[13];与之同属襄阳府的襄阳县有"学师印卷费",系光绪六年贡生刘荣逵捐钱16700串,存典生息,每逢岁科试代缴新生每名9.6串的院费外,还代缴每名37串的"印卷费"[14]。湖南桂东县有"新进印卷田",系道光十一年(1831)全县捐田租460余石,代缴包括"学师印卷束金"(每年310石)在内的

新生入学各项经费[15]。湖南龙山县造士局设置于咸丰十年
(1860),最初议定每年送给两学师 900 串作为"岁科试印卷费",
同治十二年(1873)改为每月送谷 16 石[16]。

　　湖南、湖北部分州县宾兴的"印卷",与"束脩"其实是名异而
实同。据同治《衡阳县志》卷六《礼典志》记载,"印卷者,提学试童
生取入附学,当复试,而学官典其事,纳卷无印则不得入试,以防奸
弊。学官因以为利,令新生先来见,而重其贽,浸久则议多少如市
贾执券取偿,若负重责,一名或至数百金,极贫者犹十余金。新生
患之,或求乞负欠,许而不与。此皆无礼至陋之事,然提学明知之,
无所可否。当唱名时,印卷未定,乃坐待半日以为例云。印卷既为
学校之弊,县人乃置田取租,岁纳谷四百石于教谕以赡学官,令无
得与新生议价。"[17]又如据同治《攸县志》卷十五《学校志》记载,湖
南攸县在同治二年(1863)"官绅共捐租三千零石,捐钱二千余
串",发起设置"采芹会",议定"东西两斋每年束修各五百一十串,
小礼各五十串,按月缴钱,闰月不计。逢岁科试晋省,各送伙食钱
四十串。每年书、门共给笔墨费三百串"。并特别强调,"新进生
员不印卷,惟初谒学师,各自备贽敬一串,书、门礼八百文,茶礼各
一百文"[18],说明在湖北南漳、湖南桂东等县颇为流行的"印卷",在
攸县则公议"不印卷",但不印卷并不意味着不必缴纳新生入学
费,而是以"束修"的形式出现。因此,"印卷"本意是新生入学时
在复试卷上盖章,由于它是新生成为生员的关键环节,教官往往借
机索取高额报酬,发展至后来此种缴费便被称为"印卷费"。"印
卷"之名,在江苏、浙江、江西等省较为少见。

　　再次,广东很多州县称为"印金"。如和平县"印金"捐设于光
绪十七年(1891),当时为建造考棚合计捐银 10800 两,其中考棚
工料费银 4100 两,其余 6800 两均存典生息,"以为岁科两考支送

东西两学印金之需"，缴送数额为每新生一名代缴印金 28 两[19]。
揭阳县有"方公印金"，系同治十二年（1873）广东水师提督方耀拨
款 10000 两所设，购置潮州府城店铺 11 间，每年收租银 724 元，
"永为岁科两试新进文童备送两学师印金经费"，约定每新生一名
代缴印金银 35 元[20]。英德县"印金"系光绪十八年（1892）筹捐设
置，约定文武新进庠生"每名送赆仪印金及书斗杂费共银三十三
两二钱一分正"[21]。而香山县、西宁县则有"印金局"，如西宁县印
金局设于县城西隅的兴贤书院，系光绪十三年邑绅李锦波等劝捐
集款 8000 余串，购置田租 100 余石，议定除了为岁科试新生每名
代缴"两学印结金"10 两之外，还为补廪、补增、出贡及文武乡会试
士子提供册金、卷资或舟车费[22]。其他如普宁县有"琢玉堂"，每届
岁科两试取入文武新生由该堂董事统计学生人数，"每名送两学
印金共银 48 元"[23]；丰顺县，同治十三年（1874）水师提督丁日昌、
方耀合议拨款 3000 串，在汕头购置店铺 10 间，每年收租生息，交
由"登瀛堂"首事管理，"为岁科两试文童印金之用"，其约定的数
额是每新生一名代缴印金银 24 元[24]。信宜县"新进印金"，系光绪
五年（1879）全县士绅倡议捐资筹集"新进生员生员印金公费"，议
定每新生一名代缴两学师印金银 12.2 两。高明县"新设宾兴"资
助经费类别中包括文武举人会试及优拔朝考费，送给县学两学师
印金则为每新生一名代缴印金银 24 员，府学两学师按每名新生
30 元的标准支付[25]。南海县儒学宾兴设于同治五年（1866），全县
公捐银 15000 余两，发商生息，议定每新生一名由宾兴代缴学师印
金 30 元[26]。石城县"小宾兴"亦提供印金资助。同治八年，全县共
捐钱 41874 千文，其中以 30800 串置买田产设置"小宾兴"，每年
所收田租 1453 石"为新进送学师印金费"，议定每岁科试新生一
名代缴"两学师印金、赆仪并书斗随封共银三十六两"[27]。海阳

县"册金"提供县学新生、老生各类入学、升等、出学相关费用，其中包括为府学、县学新进文童每人代缴"两堂学官印金银二十四元"[28]。

广东各县"印金"和江西、浙江、湖南等省的"束脩"、"印卷"一样，都是各类宾兴在新生入学时代其向学师缴纳的入学费用。如据光绪《茂名县志》卷三《经政志》记载，"新进文武童执贽见学师，酌题修脯，曰印金。贫富不齐，太劳词费。同治十三年，邑人议案家资派捐，为公送印金费"[29]，"印金"其实就是"修脯"，"修脯"也就是"束脩"。

最后，四川各州县普遍设置"学田局"。四川学田的创设，与清末洋务大臣张之洞有很大的关系。同治十二年（1873）七月至光绪二年（1876）十二月，张之洞在派任四川乡试主考官后，又被任命为四川学政。在任期间，张之洞着力整顿四川科举之弊，其中很重要的一笔，便是撰写了《劝置学田说》一文，倡议各州县创办"学田"。据民国《达县志》记载，"清光绪二年，学使张之洞见川中州县岁科考试取进新生，每于大覆日，学官计较致币、投册各项，动必取盈，有足为寒畯疚心者，乃作《劝置学田说》一篇，言其利特详"[30]。不过，光绪初年的张之洞虽贵为学政，但毕竟职衔不高，对于他的倡议，四川各州县罕有即刻遵行者。直到光绪八年以后，张之洞先后担任山西巡抚、两广总督、湖广总督等职，封疆大吏，位极人臣，当年他的《劝置学田说》才被人看重。加上朱善祥、瞿鸿禨等继任学政的大力推行，四川部分州县遂先后或由士绅捐资、或由官员拨款设置了规模不等的学田，其管理机构则多被称为"学田局"。

较早设置学田的有绥定府渠县、达县。渠县学田光绪八年（1882）举人刘读藜等倡捐设置，按照"载粮一斗捐钱一铒"的方法广为募捐,共筹集银款 20000 余两,置买田产 30 处,每年收租 322 石、佃钱 2880 串,其资助门类包括"本县学署帮费、文武学岁科两考卷费、举人公车费、诸生宾兴诸津贴"等各项与科举考试有关的费用[31]。达县学田光绪十二年(1886)举人张晟等士绅倡捐设置。系"仿照巴州、渠县办法"组织募捐,得到遂定知府增贵、知县陈庆源的支持,除城乡殷实士绅捐钱 38000 余缗外,并拨清风、明月、翠屏、宝芝、垂虹等庵寺田产,前后所置学田每年可收田租 1940 余石[32]。

较晚设置学田的有成都府简州、保宁府阆中县、眉州直隶州彭山县。光绪十八年(1892)学政瞿鸿禨"通饬川属设学田",简州知州召集士绅设局募捐,设置学田,"支给两学师每月各钱五十铀,与学宪署内杂费、岁科两试文武新生每名各给院费银八两。其余每岁学署书役每考应用诸杂款,亦不下四、五百金"[33]。阆中县,光绪二十一年(1895)通过"派粮民捐资"置办学田,当时共筹集钱款 55450 余千文,购置田产,收租以供"入学差费"[34]。彭山县学田设于光绪二十一年至二十六年。据民国《彭山县志》卷四《学校志》,在学田设置之前,"新入学者,教官恒重索其赞,为寒畯苦"。张之洞劝设学田,州县多先后仿行,而"彭山以地瘠,终不能举"。直至知县康售桐莅任,苦心经营,学田才得以设置,其资产包括钱 473 千文、银 40 两,荒、熟山、沙田地四百余亩[35]。相对其他州县,彭山学田规模相对较小。

绥定府大竹县、太平县(民国改名万源县)、成都府新都县学田的管理机构为"学田局"。光绪十六年(1890)大竹县知县玉启"奉朱学宪札",召集全县绅耆商议设置学田,"其法,神庙会所每租田百石,拨租五石,人民租田百石,捐银四两,照此累进递加,计提拨及新置之业,岁收谷一千余石。又拨三费局年提积谷二百石,以补不足"[36]。同年,新都县知县曾传缙任命邑绅魏孝儒等为总办首士,劝令县中各庙及百姓踊跃捐输,共筹集捐银 12800 两,购置学田 482 亩,每年收租 601 石[37]。光绪二十年(1894)太平县知县杨汝偕筹捐巨款,禀准成立学田局。其资产共有存银 6000 两,田地房屋山林 15 份,当押田地房屋 13 份,约定"以所收入作岁科三案文武新生及拨取府学文武新生认号册费、印红等费、文武生帮增、起复、报丁、游学、欠考、补廪、出贡、举优、选拔,并乡试起文帮费,学师送考及学书帮费,学署月薪伙食,院试提调处规费等用"[38]。

重庆府南川县设置学田的具体年份不详。据民国《南川县志》卷七《学校志》所录知县黄际飞《创置学田序》称,南川县地瘠民贫,每届岁科试取进 20 余名文武新生"大率寒畯居多",而儒学教官"薪俸无几,全赖新进诸生束脩以资薪水"。黄际飞认为,教官向学生索取束脩之费,本属"取之固不伤廉,与之亦不伤惠",但因为士子贫寒者居多,往往不胜其苦。为此,黄际飞与举人徐大昌、骆国恩等士绅商议,决定"欲得一举两得之策,莫如创兴学田",乃"传殷实绅粮,当面开导,使其量力酌捐",最后购置的田产每年可收租谷 1400 小石,"从此多士之游庠、食饩、出贡、起复、录遗等事,贫富均不费钱"[39]。记文没有交代设置学田的时间,而同书卷三《职官志》中亦未载黄际飞。

此外,则有重庆府荣昌县"学校公费"。光绪六年(1880)代理知县何钟相根据士绅的建议,从"税厘项下每月致送学署钱二十钏,凡邑中文武新生转案,岁科两考卷资、乡试录遗起文,以及四季课卷、报丁、起复办文各项,均不取给本生钱文,每年共需公费钱二百四十钏"[40]。该项公益基金虽不以学田为名,但其所提供资助经费的门类则与学田完全一致。

　　有些州县曾努力创置学田,但最终却未能如愿,如资州直隶州井研县。道光二十九年(1849)井研县知县郑霖溥动员县人王浚源捐款购置田产设置"义卷"代缴童试印卷费,其资助对象包括"岁科考试文武童试卷之费,县、州、院印卷心红银及各场棚费"。不过,井研县人认为,川省"方州大县"多设置学田局,本县义卷较之邻县学田局"远不逮矣"。光绪二十二年(1896)知县叶桂年"提索所团底钱置产二所,为兴贤局",但因其"岁入无几,亦未果行"[41]。

　　四川各州县设置学田虽然以代新生缴纳学师束脩等费为最初目的,但其资助的经费项目却远不止学师束脩一种。甚至可以说,本节所讨论的童试宾兴资助的所有经费门类,除了童试考试进行阶段的卷费、路费、杂费等之外,其他入学阶段及生员阶段各类费用,四川学田都有涉及。

　　需要特别指出的是,清代末年四川各州县所设学田,与传统意义上的学田有较大区别。如重庆府江津县也有"学田公产",始设于康熙二十二年(1683),其基本职能最初是专为"贫士"而设,后来则"归两儒学收作津贴"[42]。又如据民国《宣汉县志》卷九《教育志》,"宋仁宗时赐各郡学田,至明太祖始定为制,分府、州县学为三等,凡学租入官者悉归于学,以供祭祀及师生俸廉。嘉靖初沐川土官亦捐三十户田为学田。清初令直省各置学田,专供修学及贫士之用,吾县垂二百余年无成"[43]。到了清末光绪十九年(1893),由于新生入学必须向教谕"填册"(即注册),而教谕往往视学生的家资情形任意索取,富者数百两,贫者数十两。由于入学填册费用太高,有些贫士相戒不应考,甚至有"贫士入学不敢见其父兄,见必责打之",东乡(民国改名宣汉县)知县田广恩、张兰、曾传晋有鉴于此,乃奉四川学政札命,劝捐置产,"凡县、府、院三试,一切考费及填册等,均由局支给,生童惟自备卷子钱二百文及廪保盖戳钱二百文而已"。显然,该县前后两个阶段的学田的功能存在很大的差别。

(二)学宫杂费

清代岁科试文武新生入学,不仅要向学官缴纳一笔数额颇大的束脩费,以及贽见钱、开门礼、小礼钱等小额费用,对学宫其他杂役人等,亦需缴纳相应规费。各地士绅在捐助设置宾兴为新生代缴束脩的同时,往往也会留出部分钱款代缴此类规费。

按照清代职官制度,各地儒学除了教官外,还有其他杂役人员。如据广东光绪《丰顺县志》卷三《赋役志》记载,本县支给儒学各款除儒学训导俸薪银 40 两外,还有"门斗一名工食银七两二钱,遇闰加六钱"、"斋夫一名工食银十二两,遇闰加一两"和"膳夫二名,工食银十三两三钱三分三厘三毫四丝,遇闰加一两一钱一分一厘一毫"[44]。又如据江西民国《南昌县志》卷十一《赋役志下》记载,本县编订的俸禄银两中,府学除了教授、训导年薪分别为 45 两和 40 两之外,还编订有"斋夫二名,工食银二十四两(原编六名,银七十二两,裁四十八两);门子三名,工食银二十一两六钱(原编五名,银三十六两,裁一十四两四钱)";县学除了教谕、训导年薪各 40 两之外,还编订有"斋夫三名,工食银三十六两(原编六名,银七十二两,裁三十六两),门子三名,工食银二十一两六钱(原编五名,银三十六两,裁一十四两四钱)"[45]。该志并注明南昌府学最初还编订有膳夫 2 名工食银 40 两、学书 1 名工食银 7 两 2 钱,南昌县学最初编订有膳夫 2 名工食银 40 两、书办 1 名工食银 7 两 2 钱,后均全裁。从对若干地方志文献的考察来看,清代各地儒学的杂役人员的数量与类别往往会因地因时而异,因而各地宾兴对儒学杂役的资助门类与资助数额也往往有所不同。从杂役人员分类来看，主要包括学书、门斗、学攒、跟丁、膳夫等，其中学书、门斗最为常见；从经费用途分类来看，主要包括印红、油红、纸札、造册、申文、工食、夫马、辛力等，其中造册、工食、辛力等较为常见。

　　对学官的赘见、随封等小额规费以及儒学杂役人等经费的资助，有些宾兴将其包含在致送学师的束脩或印金之中一体合送。如广东高州府茂名县于同治十三年（1874）按家资派捐，公送印金费，议定代县学新生每名缴送每位学师16.5千文，其中包括三项杂费，即赘见银2.8两，随封钱1.5千文，学书、门斗饭食钱1千文；又代府学新生每名缴送每位学师17.8千文，其中也包括三项杂费，即赘见4.2两，随封钱1.8千文，学书、门斗饭食钱1千文[46]。广东潮州府揭阳县同治十三年设置的"方公印金"，约定每名新生代缴印金银35元，其中包含了"书、斗工食在内"[47]。同属潮州府的丰顺县登瀛堂光绪元年（1875）亦规定，岁科试录取的新生，不论府学、县学，也不论是广额录取的一次性名额或永久性名额，均每名代缴两学师印金银24元，其中"连印朱、随封、书斗复试卷册在内"[48]。

　　有些宾兴则将学师、杂役的经费分开缴送。湖南宁乡县光绪初年"仿照湘乡、湘潭、长沙等县公捐款项"之例，购置田产，代每届岁科试新进文武新生缴送学师束脩，议定县学每位学师每年送谷480石，"印色小礼一概在内"，学书、门斗每年共送谷400石；府学则每位学师送谷60石，同样强调"印色小礼在内"，学书、门斗每年共送谷50石[49]。湖南龙山县造士局章程规定，除了每届岁科试送给县学学师印卷费900串之外，其随丁每月再给谷五斗，学书、门斗每月合给谷2.6斗；府学学师除每届岁科试给印卷费300千文外，随丁、学书、门斗每届合给工食钱54千文[50]。湖南桂东县于道光十一年(1831)阖邑共捐租谷 460 余石,设置"新进印卷田租",议定以其中的 310 石作为"学师印卷束金",以 96 石作为"学师跟随及书、门小礼",其余 50 石作为"文武新进院内额规并完粮两项"[51]。湖南武冈州采芹公项同治五年(1866)规定,每月送给州县两学官 50 千文,学书、门斗薪资钱 30 千文。至同治九年,因增加了支出项目,故而将每月送给州县两学官的钱款提高到每月 64 千文,学书、门斗的工食钱也相应增加到每月 38.4 千文[52]。江西兴国县诰职黄大猷道光二十二年(1842)捐资代缴文武新生入学诸费,其中包括学师薪水每名学生 5 串、学师印红钱每名学师 2.5 串,而县学书斗饭食则另外捐田收租致送[53]。

有些宾兴最初分别计算、致送各项费用,后来则改为合起来计算一并代缴。如江西万载县于道光三十年(1850)捐置田产数千亩,外店房数所,以其租息为岁科试文武新进公费。据县志记载,这些公费具体包括:"县学文武新进每名给发两斋及随封钱十六千文,府学每名十六千八百文;县学印卷及书斗册费钱六千文,府学七千四百文;县学棚内办考人等饭食钱六千二百四十文,县学两斋赞仪钱各一千文,府学一千文;县学小礼各钱一百文,府学朱礼钱二百文。另府学酒席钱各一千二百文"。同治四年(1865)以后因加广学额改订章程,其中规定"县学不论名数,送学师束脩、印卷、赞仪、小礼钱各四百二十千文,外每名书、斗册费钱二千文"[54],拨府学新生则依然按照此前章程办理。

(三)院署规费

岁科试录取新生名单确定后,例需由各府州县学教官召集新生填写亲供,注册入学,然后汇送各府、直隶州学政行署。在此过程中,新生例需缴纳一定的注册费用,类似于当今的"工本费"。

据光绪《宁乡县宾兴志》所载《学租章程》，各地宾兴之所以要为学生代缴此类院署杂费，是因为"向来文武新生入学誊写亲供，必须备钱三千文，由学师呈缴学院衙门，以作挂牌、编号、封筒之费。又巡捕茶尖费一千文，随封钱一百文，辕门更夫小费钱四百文，书、门纸笔共钱一千四百文，礼房花红钱四百文，久成定例"[55]。这些费用数额较少，一般均由新生自行解决，但也有一些宾兴将其纳为自己的资助项目之一。

如湖北襄阳县光绪八年（1882）贡生刘荣逵捐钱 16700 串，同时襄阳府、县共同筹拨经费 1500 串，均存典生息，每年共收息钱近 2000 串，其用途除了代考入府学、县学的襄阳县籍新生代缴每名 37 串的学师印卷费外，还代缴"新生院费钱每名九串六百文"[56]。湖南桂东县道光十一年（1831）捐设的"新进印卷田租"，每年可收田租 460 余石，议定拨 50 石有奇"交宾兴首士帮文武新进院内额规并完粮两项"；同治元年（1862）邑绅黄达德等又合力捐置田租 202.5 石，每逢岁科试代缴"文武新进每名发洋银九元"，由新生自己缴送儒学，由学师代为缴纳新进院署规费[57]。江西永丰县同治八年（1869）州同吴璧捐钱 4000 缗购置田产，其职能是"代文武新进童生每名交院费钱八千八百文"[58]。四川武胜县为参加岁科试的文武童生专门设置"棚费"、"册费"、"院费"等田。其中棚费是"文武童府、院试修理重庆考棚，添补桌凳及灯烛、纸札等杂费"，册费是"武新生红案册须取油红"，院费则是"学宪取进文武新生皆有院费"，即院署规费。其缴纳程序为"由本县教官按照学额名数，呈缴学宪"。由于录取名单确定之后，两学教官往往借机"任意苛索，富者取银一、二百两，虽极寒士必四五十两"，故而光绪年间知县何国璋倡议按粮摊捐，购置田产 400 亩，约定每名新生代缴院费 12 两，合计岁试共代缴银 300 两，科试共代缴银 144 两[59]。广东香山县印金局设于同治五年（1866），系邑绅刘元贞等倡议捐资设置，议定每名新生由印金局代缴印金 20 两，其中包括了学政初覆、汇覆的卷册纸张、笔墨、油硃以及书斗投文、缴册等各项杂费[60]。江西南昌县考棚公局章程规定，岁科试录取的新进文武童生，由公局代缴"招覆覆开门礼每名钱六千四百五十文，照府、县学名数交门斗送院呈收"[61]。

个别宾兴将院署规费与学宫杂费合在一起缴纳。如江西会昌县欧阳致和于咸丰元年（1851）捐资设置童试宾兴，除代缴府试、院试卷资钱外，还为考入府学、县学的 13 名岁科试新生"每名缴院及两学书斗薪水各十三吊"[62]，合计 169 吊。

三、生员在学期间相关助考经费的发领

童生通过童试考试被录取进入儒学，其身份便成为生员，有资格在科举之途继续攀升。在通过乡试考中举人之前，生员例需经历一系列的考试，并为之付出相应的考试成本。从文献记载来看，清代各地为生员参加各类考试而设置独立的宾兴以代缴相应费用的案例极为少见。据本文对清代宾兴时空分布的考订，各省专为生员岁科试而设的宾兴仅有两处，一为安徽舒城县"岁科生试卷费"，有田产 19 亩，规模极小[63]；二为浙江浦江县有"张氏文武生员岁考路费"和"朱氏文武生员科考路费"，各有田产 50 亩[64]。其他各地则是在综合类宾兴或者童试宾兴中附带议及资助此类经费，故本节在此做一简略介绍。

（一）文武生员岁科试费用

童生成为生员之后，在考中举人之前，文生员例需参加学政主持的岁试、科试，武生员则仅需参加岁试。文武生员岁科试考试与

童生岁科试的院试同时进行,同样需要缴纳一定的卷费钱和规费钱。由童试宾兴资助此类经费的案例较少,目前仅见于四川各县学田的资助门类中。如四川新都县学田局管理章程中规定,文武生员参加岁科考试,除自缴 200 文的"认识备卷钱"外,其他经费则"岁试由学田局帮贴卷费银二十两,科试帮贴卷费银十两"[65]。又如简州学田《支应章程》规定,"文武生员岁科两试院署编号费,概归学田照章送缴,每生员一名,该银三分七厘,按人数多寡算给。外有落卷领一两小礼钱八两,均缴送县属,两学师免送"[66]。但并非四川各州县学田都会资助此类经费,如东乡县(今宣汉县)学田章程便规定,"县、府学文武生岁科试自备卷资钱二百文"以及"岁科两试生童应经古考者自备卷资钱二百四十文"[67]。而简州学田《支应章程》也规定,"岁科两试文武生正场卷资每名议钱二百文,文生、文童古学场卷资每名议钱四百文,均由本生自备"。对于这类州县的文武生员来说,学田对他们最大的帮助也许不在于获得了考试经费的资助,而是由学田局议定了所需缴纳的考试经费的额度,免除了被吏胥盘剥的困扰。

(二)文武乡试遗才册金

文武生员如想参加乡试考中举人,必须参加学政主持的乡试预备考试,文生员为科试,武生员以岁试作科试。未能在文生科试、武生岁试中取得乡试考试资格的考生,还可以到省城参加乡试之前由学政主持的遗才考试,称为"录遗"。赴省之前,各生例需向所在儒学请教官开具文书,表明身份、目的,称为"起文";赴省途中,例有路费;赴省之后,例有卷费。各地宾兴间亦有代为缴纳此项费用者。

如广东丰顺县登瀛堂章程规定,文生员科试报考遗才,由堂代缴"每名册金银一圆,带加钱三百文"[68]。广东海阳县"册金"章程规定,"乡试生员报考遗才,新生向章每名册金银三元,两堂杂费在内,旧生每名册金银一元,并带铜钱三百文,两堂杂费在内,统照向章永无增减"[69]。广东香山县印金局管理条款规定,"文生科考、武生考遗才册金,府学定式新六员,旧三员。县学前由印金计折,初次每十两计一员,以后折半。兹议除前照式外,以后每名初次册金二员,后一员。两无增减,以昭画一"[70]。贵州仁怀厅光绪十二年(1886)捐置的"红银赞仪"经费管理条规中规定,"廪生、增生、附生、武生乡试录遗由学起文送钱三十千文,学书、门斗钱五千文"[71]。

(三)生童经古册资

据《钦定学政全书》,乾隆元年(1736)上谕指出,科举考试四书五经,内容主要以朱熹等人的讲解为主,这与清圣祖康熙皇帝纂集《性理大全》时折中自汉迄明两千多年的群儒之说相比差距较大。故此,乾隆帝要求各省学政在每届岁科试时,额外加开一场,由各儒学教官访求生童中合格者造册报送,考试成绩突出,原系童生者可以直接录取为生员,原系生员者可取得乡试资格。这一考试一般称为"取录经解",亦称"经古考"或"考经古"。各地宾兴中资助经古考费的案例相对较少。如前引广东海阳县"册金"规定,"府县学生员报考经古,向章每名册金铜钱六百文。两堂杂费并招覆在内,永无增减"[72]。广东香山县印金局管理条款规定,"生童经古,册资每名一元,卷资每名一钱九分,俱照向章,学署毋得加增"[73]。

(四)生员阶段内身份变动经费

清代生员如不能由乡试考中举人,则其在生员阶段内还有其他身份变动的可能。一种是通过岁科试考试成绩达成的身份提升,包括增生升为廪生,称为"补廪",附生升为增生,称为"补增";原属廪生、增生、附生,后因岁科试考试成绩不理想被降低等级甚至发社,继而在后来的考试中再次升为廪生、增生,称为"复廪"、"复增"及"开复"。另一种是获得资格可以免于参加岁科试的身份变化,又分为三种情形,一是成为五贡,包括廪生因资格最老被递推为岁贡或恩贡,称为"出贡",或考上优贡或拔贡,称为"举优"、"选拔";二是援例捐纳监生或入仕,经由报捐、保举、出学、告给等程序,可以告别生员时代,无需再参加岁科试考试;三是国家规定可以不参加岁科试的丁忧、患病、告故、游学等。由于教官是生员的直接管教者,以上种种生员阶段内身份变动,均需教官出具相关文书,加盖学官印戳,方能实现,故而教官往往借机索取相应的纸张费、笔墨费、印戳费等等名目。在有些宾兴来说,这些经费也是他们资助的对象。

如湖南安化县培英堂《卷费章程》规定,除资助本县岁科试童试考试费用及代缴府学、县学学师束脩等费外,所有"文武新生初谒学师,及补廪、出贡、考优拔、捐职、保举、出学"各项,均由培英堂代送"东西斋赞仪钱各一千文,随封钱各二百文,书门亲供、册结纸笔费钱共八百文,补增赞仪钱各二百文,书门文费钱共二百文,举优文费钱共一千文"。此外,如生员遇有"更改册名、丁忧、起复、报故"等项,每项无论贫富均只给钱 400 文,由各生自己缴纳[74]。广东丰顺县登瀛堂章程规定,"廪生报考恩、岁贡起文,每名送银一十大圆,府县学两堂俱照送,杂费在内"、"增、附补廪起文注册,送银八大圆,杂费在内"、"廪、增、附生报考拔贡、优贡,每名送银三大圆,杂费在内"[75]。

表 6　清代宾兴资助新生入学暨生员在学费用例表

地名及宾兴名称	大致规模	发领类别与数额	年代
浙江诸暨县肄雅堂	田产 2246 亩	岁科试新生束脩,数额未详	道光二十九年
江西奉新县广华堂	购置田租 1003 石	县学每名教官 800 石,府学新生每名 20 千文	道光三十年
江西会昌县宾兴	每年收租 290 石,折合租钱 870 余吊	新生每名缴学政及府、县学学书、门斗薪水 13 吊	咸丰元年
江西南丰县采芹	存银 5000 元	新进生员每人助束脩银 10 两	光绪年间
江西南康县宾兴	田租 800 余石,存钱 34546 串	文武新进生员院署薪水每名公缴 5.4 千文;文武新进生员每名公缴学师束脩 20 千文;一次额取进新生每名束脩钱 10 千文;文武新进每名公缴贽仪钱 800 文、随小钱 80 文;补廪每名公缴院署部费饭食银 7.2 两、学师束脩钱 10 千文	同治五年
江西万安县宾兴	存钱 2000 千文,按月 1.2 分行息	文武新进生员,县学每位学师公缴钱 300 吊;府学每名生员帮送 13.333 吊	同治十年

江西万载县乐泮堂	置买田产数千亩	县学文武新进每名代送两斋束脩及随封钱16千文,府学每名16.8千文,县学印卷、书斗册费6千文,府学7.4千文;县学棚内办考饭食钱6.24千文,县学两学师赞仪钱各1千文,府学1千文。县学小礼钱每名100文,府学朱礼钱每名200文,府学酒席钱各1.2千文	道光三十年
江西万载县乐泮堂	置买田产数千亩	每名学师束脩、印卷、赞仪、小礼钱420千文,另每名书斗册费钱2千文	同治四年
江西武宁县宾兴馆	捐款数万金	文武新进开门礼每名6千文;文武新进每名公缴学师轿资、印色钱3.6千文;	道光年间
江西兴国县	未载	县学文武新进每名薪水钱5串、印红钱2.5串;府学每名2.4千文	道光二十二年
江西永丰县	捐款1.2万缗	文武新进束脩钱每名8.8千文;文武新进院费钱8.8千文	同治八年
江西靖安县观光集	随粮生息钱13670千文 田租1766石 存典钱5800吊	原议两学师合送束脩500石,后改为每新进一名送束脩钱16千文,文武新进24名合计384千文;府学按名照送。岁试文武童入泮赞见、印卷、开门礼等钱每名12千,连府学合计17名共204千文;科试文童入泮赞见、印卷、开门礼等钱每名12千,连府学合计9名共108千文	咸丰二年

江西靖安县观光集	随粮生息钱13670千文 田租1766石 存典钱5800吊	岁科试文武新进入泮连府学每名给钱11.2千文 儒学新进文武束脩共送租500石,由两学师自行管理收租;广额取进每名由集另给16千文	咸丰十一年
江西南昌县考棚公局	存典银5.96万两	文武新进学院招覆开门礼每名6.45千文 文武新进学师束脩钱每名每师8串 文武新进谒同善祠、贤尹祠,每名送纹银3元,牌一面重三钱	同治年间
湖北南漳县童试岁科新生院费	水田309亩,洲地70亩	每名9.6串	光绪十六年
湖北南漳县学师印卷费	捐钱6万余串	县学每名60串,府学每名72串	光绪二十二年
湖北襄阳县童试院费、学师印卷费	存钱16700串	岁科两试新生院费钱每名9.6串,印卷费每名37串	光绪八年
湖北枝江县宾兴	水田、湖田、荒地305亩,庄房12间	入泮每人钱10串	道光七年
湖南安福县束脩田(含补廪出贡)	田产种88.5石,存钱5100串	每年供东西学师钱各500串,谷各48石	同治五年

湖南安化县卷费	存款 1738 千文	县学两斋每月各 40 千文,学书钱共 13.5 千文,门斗钱共 16.5 千文; 武新生拨府学每名钱 60 千文,补廪、出贡送学师贽仪及书门随封钱每名 24 千文; 文武新进初谒学师、补廪、出贡、考优拔、捐职、保举出学,每项东西贽仪钱各 1 千文,随封钱 200 文,书门亲供、册结纸笔费 800 文;补增贽仪钱 200 文,书门文费 200 文,举优文费 1 千文; 文武新生院房各费,每名巡捕官钱 1.1 千文,院属房费 1.3 千文; 岁科试给县礼房、兵房解费钱各 5 千文; 院试给府礼房杂费 8 千文,学书造册纸笔费 2 千文; 乡试文场给县礼房杂费 16 千文,武场给县兵房杂费 8 千文	光绪十九年
湖南桂东县新进印卷田	田租 460 石	310 石为学师印卷束脩,96 石为学师跟随及书门小礼,三股均分;50 石作新进院署额规	道光十一年
湖南衡阳县印卷公田	田租 2437 石	每年给教谕 400 石为印卷束脩	同治年间
湖南龙山县造士局	田租 377.5 石	学师每届岁科印卷费原为每年 900 串,今改每月 16 石;学师随丁每月给谷 0.5 石,书门每月给谷 2.6 石;府学师每届印卷费议 300 千文今改每年 100 千文,府学书门随丁每届工食钱原议 54 千文今改每年 18 千文	同治十二年

湖南宁乡县宾兴	每年田租 3205 余石	文武新生束脩印色小礼每年每斋 480 石,岁科试年份各加 30 石,作送考夫马费;两斋书门每年共谷 400 石;府学两斋各送束脩印色小礼 60 石,书门共谷 50 石	光绪四年
湖南武冈州采芹公项		两学师束脩每月各 50 千文,书门薪资每月 30 千文	同治五年
湖南武冈州采芹公项		两学师束脩每月各 64 千文,书门薪资每月 38.4 千文;府学新进每名备送两学师束脩赞仪钱各 24 千文,书门共给薪水 14.6 千文	同治九年
湖南湘潭县宾兴堂	田产 4006 亩	两学师岁租 420 石,学书门斗 320 石,赞见房费 9.4 千文	同治年间
湖南湘阴县兴贤堂	田 155 亩和田产每年收租约 240 石	县学学官每年廪谷各 400 石,书门半之;府学印卷费每岁科试合致送钱 192 缗	同治四年
湖南攸县采芹会	田租 3000 余石,存钱 2000 余串	县学东西两斋每年束脩各 510 石,小礼各 50 串,书门笔墨费每年 300 串	同治二年
四川崇庆县学田	捐钱 38000 余缗,置田租 1940 石有奇	岁科试县学文武新生每名帮银 12 两,合计 48 名,共帮银 576 两;岁科试拨府学新生共 26 名,每名 12 两,共 312 两;县学师每月送钱 40 串;县学师到任、解任各夫马钱 10 串,府学师各 6 串;府县学院考试杂费 36 两	光绪十八年

| 四川简州学田 | 50余亩 | 县学：
岁科试新进文武生员75名，每名缴院费油红银8两，巡捕小费银1两，提调释菜印红每名2两。岁科试合计825两；
州学学师每月每人送公费钱50千文，每年支合公费钱1200串；
岁试送考，两学师每人40串，科试送考每人20串；
学攒1名每月给文案、纸札、口食、辛力钱8千文；学书2名每月各给工食钱2.4千文，门斗4名每月各给工食钱1.5千文，跟丁2名每月各给辛力钱1千文；
岁科试办考，学攒岁试办考费48串，科试办考费24串；学书2名岁考辛力钱8串，科试辛力钱4串；门斗4名、跟丁2名，岁试各辛力钱4串，科试各2串；
乡试年提调札提认识士子，给学书旅费钱8串；
学书、门斗、跟丁1千文；填院造册备卷送覆给钱400文；廪生辛力钱1千文；
岁科试文武新生入学，自备两学师贽仪钱各800文，学攒辛力钱400文，学书2名共给200文，门斗4名共给240文，跟丁2名共给160文；
文武新生转案每名贽仪纸札印红等钱3千文，按名致送； | 光绪十八年 |

四川简州学田	50 余亩	文武生员岁科试院署编号费每名银3.7分,按人合算;领落卷1两,小礼钱8两; 岁科试文武新生学院吏科房册费每名200文,育贤房结费每名200文,茶厅小费钱岁试8串,科试5串; 廪保岁试文场90串,武场80串,科试90串,照数均分; 岁科试礼房、兵房学院衙门棚费每场各帮100串; 府学:两学师每岁科试拨府学一名送院号、提调、巡捕、吏科、育贤、结、册等费44两,学书、跟丁共8两; 府学新生转案一次每名赞仪纸札印红等项3千文	光绪十八年
四川南充县宾兴局		生员丁忧起复办文给县学两学师每月各2千文,小费钱每月各800文;府学两学师每月各1千文,小费钱每月各400文;乡试年生员起文、欠考、补考,给县学两学师各钱82.5千文,学书、门斗、跟丁等小费钱33千文,给府学两学师各钱30千文,学书、门斗、跟丁小费钱12千文;起文之钱,考前7月16日靠后8月24日各给一半;贡监生乡试起文,每人1.6千文	光绪二十九年

四川綦江县文童义卷	资产总值6812串	县试:文童每岁科试预备试卷3400本,计卷资81.6千文;礼房食费辛苦钱16千文,印红钱50千文,看卷束脩钱50千文,杂费120千文; 院试:礼房辛苦食费及领卷投册一应杂用共钱70千文,座号费每人3.2分,按人合算;小礼银8两	道光十五年
四川荣昌县学校公费	拨自税厘项下	每月致送两斋各20串,遇闰照加	光绪六年
四川新都县学田局	捐银12800两,置买田租600余石	两学师每月各谷10石,闰月照加;学攒、书斗、膳夫每月共谷4石; 文武新生院费每名8两,总计12名共96两,官生编号、领童生落卷、加平等杂费每届48两; 岁科试两学师上省送考,岁科试各共帮旅费银34两,书斗旅费岁试15两,科试9两; 拨府新生每名油红号费银40两,书斗小费银12两; 岁科试廪保每次30千文,按廪生人数均分; 岁科试文武生各备认识备卷钱200文; 文武生岁试卷费20两,科试卷费10两	光绪十六年

四川东乡县学田局	未载	岁科试新进认号、印红等每名12两； 拨府学新生每名50两； 县学师每月各送钱70串，到任、解任各送夫马钱10千文； 院试县学师送考共银60两； 学院辕门规费共8两； 县学攒书每年共给钱80千文，门斗钱20千文，跟丁每年20千文； 府学攒书每年共给钱12千文，门斗4千文，跟丁2千文	光绪十九年
广东丰顺县登瀛堂	捐款6000余元购置铺屋18间，另田租约12石	岁科试新进文童每名送印金银24大圆，含印珠、随封、书斗、复试卷册在内； 科试遗才每名册金1元，带加钱300文； 新生每名册金2元，加钱600文； 廪生出贡、岁贡起文，每名送银10元； 增、附补廪起文注册，每名送银8元； 廪增附生报考拔贡、优贡每名送银3元	光绪元年
广东高明县新设宾兴	未详	文武新进县学每人送两学师印金银24元，书斗银3元；府学每人送两学师印金共30元，书斗在内；	同治十一年
广东南海县儒学宾兴	公捐银15000余两	岁科试文武新进每名送学师印金30元	同治五年

广东海阳县册金	未详	岁科试府县学新进文童每名公送学官印金 24 元,含印红、随封、书斗卷册等费	同治六年
广东和平县印金	存银 6700 余两	岁科试文武新生公送 28 两	光绪十七年
广东揭阳县方公印金	每年租银 724 元	岁科试新进每名送两学师印金 35 元,书斗工食在内;乡试年学师送考程仪 100 元	同治十二年
广东茂名县印金	每年收租 700 余石	文武新生县学学师每人印金银 16.5 两,其中包括贽见每名每师 2.8 两,随封 1.5 千,书斗饭食 1 千; 文武新生府学学师每人印金 17.8 两,其中包括贽见每名每师 4.2 两,随封每名每师 1.8 千,书斗饭食 1 千	同治十三年
广东普宁县琢玉堂	未详	文武新生每名送两县学师印金共 48 元; 文武新生每名送两府学师印金共 48 元	同治十三年
广东石城县小宾兴	捐钱 41874 千文,置买田租 1453 石	岁科试文武县、府学师印金贽仪并书斗随封每名共银 36 两,补廪出贡送两学师印金随封每名共银 4 两、钱 2 千文	同治八年
广东西宁县印金局	捐钱 8000 余串	文武新进每人额送两学师印金 10 两	光绪十三年

广东香山县印金局	捐银 2 万两	岁科试文武新进每人送学官卷册印金银 20 两,其他杂费一切在内; 乡试遗才册金府学生员旧生 3 元、新生 6 元;县学生员新 2 元、旧 1 元; 生童经古册资每人卷资 1.9 钱	同治五年
广东信宜县登瀛楼	田租 1100 余石	文武新生每名公送每学师赟仪银 4 元(合银 2.8 两)、印金银 12.2 两,学书随封 3 两	光绪五年
广东英德县印金	未详	文武新进每名送赟仪印金及书斗杂费共银 33.21 两	光绪十八年
广西北流县宾兴馆	田租 1550 多石	岁科试新进每名送结修银 15 两,赟仪每师 200 文,小费钱 40 文,文新生结二张共钱 400 文,武新生结二张共 800 文	咸丰元年
云南昭通县小卷金	存银 130 两	文童应试每名卷金 0.5 两	未详
贵州八寨县岁科试规费	未详	簧案谷 300 石,亲供册费谷 120 石,学官月食谷 10 石; 厅、府、院试廪生津贴谷 50 石,府、院试兵房、礼房试卷谷 120 石,厅署文墨规费 200 石,学书门斗津贴谷 80 石	同治十一年

贵州湄潭县黉仪	未详	两学师黉仪合送 600 两,两学师按月均分;上州送考每师 30 两; 廪保费纹银 200 两,照人均分; 文武童生县府院试三次盖戳每次 0.1 两; 文武童生岁科试两学书斗 100 两,学书、门斗各 50 两; 文武岁科试新进黉卷费礼房、兵房合银 70 两,礼房 2 成,兵房 1 成; 岁科试县、院试各场卷价谷 90 石,礼房 55 石,兵房 35 石	光绪二十四年
贵州仁怀厅卷田	购置田产费银 1800 多两	文童学考、院考各给学官书斗卷价钱 146 千文合计 292 千文; 文童厅考给礼房卷价钱 142 千文,印红钱 8 千文,岁科试合计卷价 284 千文,印红钱 16 千文; 武童学考每届学官书斗卷价 60 千文,厅考每届给兵房卷价钱 80 千文,印红钱 4 千文	道光二十五年
贵州仁怀厅红银赘仪	每年收田租 174 石,木、酒、纸、灰等帮每年捐银 30 两	廪生、增生、附生、武生岁考、科考、补考正场、复试送卷价钱 30 千文,学书、门斗钱 5 千文; 廪生、增生、附生、武生乡试录遗由学起文送钱 30 千文,学书、门斗钱 5 千文; 科考学书门斗 16 两;岁考学书门斗银 24 两; 每考送学师赴遵路费钱 30 千文,书门钱 15 千文;	光绪十二年

续表

贵州仁怀厅红银赀仪	每年收田租174石,木、酒、纸、灰等帮每年捐银30两	文童由学政报名过府试每名200文,按人数合算; 文武童院试考古正场、复场,新生复试、草榜复试送学师卷价钱30千文,书门5千文; 廪生、增生、附生、武生,岁考、科考、补考,正场、复场,送卷价钱30千文,学书门斗钱5千文; 廪生、增生、附生、武生乡试录遗,由学起文,送钱30千文,学书门斗钱5千文	光绪十二年
贵州绥阳县簧田	每年收租371.8石	岁科试新进文武生员学师赀仪、红银、印仪、入学复试各费,县学24名每人15石,合计360石;府学4名,合计60石;科试文生赀仪、红银、印仪、入学复试各费与岁试同,计县学12名,府学4名,共210石	光绪元年
江西庐陵县坊廓乡宾兴文课	未载	童试卷资每人600文	道光二十五年

　　童试宾兴是清代各地宾兴中的重要门类,在全部宾兴中所占比例颇大。由于文献记载的详略不同,上表6没有将地方志中未予记载具体资助额度的童试宾兴引入讨论。总体来看,清代童试宾兴既有资助门类极为单一的种类,也有资助门类相对全面的种类。其中单一类型的童试宾兴开始出现专门化的发展趋向,如前文提到的浙江诸暨县肆雅堂、江西奉新县广华堂、湖南攸县采芹会等等,均以专门代缴学师束脩为基本职能。

　　全面资助各项经费的童试宾兴则出现了两种极端发展趋势。一种是四川各州县学田局的出现，它们以全面资助士子在童生、生员阶段的各类费用为其基本职能，对士子乡会试以上的各类经费则完全不予考虑，四川各州县学田是其典型代表。另一种则是一些资产规模较大的综合类宾兴开始越来越多地将童试经费纳入自己的资助门类中，体现了清代宾兴功能日趋多样化的发展趋势。如江西奉新县道光二十一年（1841）捐置的登瀛集，对本县参加童试、乡试、会试及贡生朝考的各类考生均予以资助。其中对于童试阶段考生的资助项目有：童生考费，每人帮钱600文，均凭院试浮签于场后次日散给；新生帮费，每人12千文；文童卷价，因此前已有两项童试宾兴，即嘉庆十二年（1807）新兴乡众置买田租80石专门代缴县试文童正场卷费和道光二年（1822）职员陈世瑜与监生陈世珂兄弟购置田租230石专门代缴县试招复至末复及府试正场卷费，故登瀛集仅资助府试招复至院试全场，每届合计"九五钱"100千文；武童卷价，因县试全场已有道光三年（1823）武举甘孔椿妻赵氏捐田30石专门代缴县试全场卷资，故登瀛集仅资助府试、院试全场，每届合计80千文[76]。

　　湖南安化县绅民于光绪十三年（1833）合力捐钱购置"卷田"，所议定的《卷费章程》共16则，其中既包括代新进生员缴纳束脩、岁科试学师送考费、补廪出贡费等项外，间亦涉及文武乡会试相关费用。该《卷费章程》的条款较为详备，足以一窥清代各级各类科举考费之全貌：

湖南安化县《卷费章程》（十六则）

　　一、九乡地甚辽阔，山多田少，公议分乡劝办捐置卷田，每年变租缴钱。常丰乡二百六十千文，归化乡二百九十五千文，常安乡二百九十五千文，丰乐乡一百五十千文，一都二百四十七千文,二都一百六十三千文,三都一百九十二千文,四都六十四千文,五都七十二千文。爰建培英堂于县城西,择举总首三人,轮流接管,以归画一。局用并酌取其中。

一、文武新进束脩暨补廪增、出贡、考优拔等项贽仪,今总列为卷费。每月县学东西斋钱各四十千文,学书钱共一十三千五百文,门斗钱共一十六千五百文。定双月二十六日六次送给,不扣,不计闰。其新旧交卸,即按卸事、到任月日扣算。或现任兼理,以藩宪委札到日起支。若学师非奉公离署不送。所有闲款均充文武庙岁修。

一、县学东西斋及书、门送考食用夫马,岁试送钱六十千文,科试送钱五十千文,岁科试挑覆费钱二十千文,均于起程时由培英堂公局领给。

一、府学岁试送考费钱共八千文,科试送考费钱共六千文。武新生拨入府学每名钱六十千文,补廪、出贡每名钱二十四千文,书门随封一概在内,均由培英堂总首解缴。

一、生童考古自备报名费钱二百四十文,文武生岁科考自备县、府学贽仪钱各一百文,书门引牌费钱共一百文。取古复试前奉学宪陆现奉学宪张牌示,由本生备卷亲投寓署外,无贽敬。文武取列一等,均照前示。

一、俊生应试,现奉学宪张牌示,由本生赴学报名,以凭造册申送,所有注册等费不准收受分文。院吏、学书亦不准另立名目,裁革在案,自当永远遵行。

一、县府学已公送卷费外,文武新生初谒学师,及补廪、出贡、考优拔、捐职保举出学各项,东西斋贽仪钱各一千文,随封钱各二百文,书门亲供、册结纸笔费钱共八百文,补增贽仪钱各二百文,书门文费钱共二百文,举优文费钱共一千文。凡更改册名、丁忧起复报故，文费钱四百文外，无赘敬，均本生自备，无论贫富，不得增减。

一、县府学文武新生院房各费，仿长沙、湘潭、益阳各县成案，按名照缴巡捕官钱一千一百文，院署房费千三千文。县府学东西斋钱各一千文，书门钱共一千文，补廪房费银十八两，出贡房费银二十二两，均本生自备。

一、岁试给县礼、兵房解费钱各五千文，科试给县礼房解费钱五千文，由培英堂公局给领，不得向县首再取。

一、县府学文武新生均由县学门斗走报，新进家一宿两餐给喜钱三千六百文，或新进不愿走报，在省给钱二千八百文，廪贡优拔均同，捐职保举出学不报。

一、院试送场，书门承办引牌八，小方灯四，文星街大洋灯二，坐棚大洋灯四，油烛工资、董事茶点并先刷发府考牌次名单，共钱八千文，学书造册纸笔费钱二千文，均由培英堂公局给领。

一、乡试文闱三场油烛引牌坐凳雇丁提篮披褂执旗等项，给钱一十六千文，武闱送场给钱六千文，书门礼兵房赴培英堂公局领办，按名派分。应试新员自给送考费钱一百文，遇监临派学师送场，旧有科举项下送钱二十千文，其自行录科者不送。

一、卷费自丁亥年起比即备送县学师钱各三百六十千文，书门钱三百千文，府学每名钱五十千文。后因裁抑规费，照前章增送，并加送考各项，九乡定议永为成额，不分水旱，不得短少，县府学书门亦不得另立名目，越章索取。

一、考优起文，光绪乙酉奉府宪刘札，定议县府礼房文费用印各项共钱四千文。越丙戌，邑绅禀请县宪李定议，考拔、出贡文费钱共四千文，乡试贡监职官录科文费钱共一千二百文，均遵在案，本生自备。

一、文武举人会试、优拔贡朝考公车费提用钱一百千文，每届正科北上诸君亲书领字，交本乡首事造册，十一月送至培英堂公局，总首按名分派，发给票纸，扣留解款，临行送交。

一、是举原为体恤寒士起见，现在家道殷实悭吝不捐，或已捐未缴足者，其子弟入学，不得以他人之捐款免伊等之印卷，由培英堂临时查出，开单送学，请饬传面议。[77]

据同治县志记载，安化县早在康熙五十五年（1716）便设置了卷田，由"邑先辈捐置田种六石五斗，派绅经管，召佃耕作，岁入租谷九十五石"，支付岁科试文童礼房、武童兵房诸费。此后，邑人两江总督陶澍、四川总督罗绕典先后在道光年间捐置田租资助乡试士子考费。光绪十三年（1887）发起的续捐卷费的活动，其实最早始于嘉庆年间，当时因为"院试结费綦重"，九乡乃倡议捐资设置"结谷田"，道光年间建立培英公局专门管理此项宾兴。中间经历太平天国起义，"簿注付之灰烬"，九乡乃重新倡捐，议定章程，恢复原有宾兴公益，并增加了以上章程中所规定的各项经费资助项目。

不断扩充与完善宾兴种类，以期对本地士子提供全面、充足的助考经费，这不仅是清代湖南安化县历代士绅的一贯追求，也是清代全国各地士绅的普遍愿望。

第二节　乡试宾兴助考经费的发领

乡试宾兴是清代宾兴的主体部分，其发领助考经费的具体细节问题，包括助考经费的发领地点与时间、助考经费的发领数额、发领助考经费的经办人员等，都是值得我们关注的内容。

一、发领地点与发领时间

清代各地乡试宾兴发领助考经费,一般分本地发领和省城发领两种。由于发领地点不同,其具体的发领时间也便略有差异。在本地发领乡试助考经费的,发领时间大多在乡试开始前或结束后若干天,一般视其离乡试所在地即省会的远近而略有不同;在省城发领乡试助考经费的,一般选择在乡试前后若干天发领。

(一)本地发领

除了部分以存款、店铺为资产增值形态的宾兴,其资产可能不在本州县(或乡里)范围之内,各地宾兴的资产尤其是田产形态的宾兴资产一般都在当地购置,其管理组织也往往建造于州县城邑或乡镇都图之中。因此,有些州县将乡试宾兴助考经费发领的地点定在与该助考经费有关的场所。具体而言,又有以下各类情形。

1.本地考前发领

儒学明伦堂发领。江苏如皋县规定乡试开考前两月在儒学明伦堂给发。该县宾兴始设于嘉庆十四年(1809),邑绅朱洪寿临终嘱托妻子方氏捐田211亩,设立专门的乡试宾兴,交县衙管理收租。规定每届乡试年份,由县衙将田租钱款移送儒学,"学预于六月十五日示知合学文生,有情愿乡试者,或系正案,或考遗才,俱令先期报名,查其实无力者,总计人数若干,应派若干,预先示知。定于七月初一日在明伦堂给发"[78]。由于科举必由学校,有资格参加乡试者除各类贡生外必定都是儒学生员,故而选择在儒学明伦堂发领经费。

县试考棚发领。江西万安县宾兴章程规定:"每届定以六月二十一日、二十二日、二十三日,在考棚设局开送"[79]。考棚是各州县举行县试的场所,是士子科举路途的发轫之地。在各位士子曾经连战连捷的考棚发领乡试助考经费,自然无形中极大地鼓舞了他们的士气。

　　由于地方志的记载详略有别,有些乡试宾兴助考经费的发领地点暂时难以断定。如湖北江夏县"程氏宾贤庄"管理章程由县议定,约定每年田租按每石租谷折钱 5.5 钱的价格变卖,将钱款存入典铺一分生息。据同治《江夏县志》记载,此项宾兴给发助考经费的时间是每到"乡试之年八月初四日,照有名科举名数多寡分发"[80]。江夏县是湖北武昌府的附郭县,因此也便是省会所在地,尽管八月初八便要开始乡试头场考试,但依然有充足的时间领取考费。该县"田氏乐荆堂"发领乡试考费则是在八月初六日,离开考更是仅有一日之隔。

　　2. 本地考后发领

　　考前发领助考经费,对领款后却不赴考的个别考生较难起到监管作用,因此有些地方便规定考试结束后回到本地再领考费。

　　山西忻州宾兴管理章程规定,"乡试试资若场前散给,不免冒滥。兹拟于场后以八月二十五日为度,由学官造具士子入场名册送州,届期会同学官赴公所按名均给"[81],并强调"录遗未入场者减半,代领者不给"。《忻州志》中虽然没有说明"公所"是在哪里,但忻州离省城太原只有 75 公里,而发领考费则在考试结束后 10 天,从常理推测,应该不会是在考试结束后还在省城逗留 10 天等待发领考费,而是从容返乡后到宾兴公所领取考费。

　　江西奉新县登瀛集规定对本县乡试士子不论文武均每人资助考费 2.4 千文,但均需考试结束后领款,其中文乡试规定在"场毕后照贡院点名册散给",武乡试则"照头场点名册散给"[82]。奉新县是江西省城所在地南昌府的属县,考后返乡较之省内其他州县要便利得多。

（二）在省城发领

乡试均在省城举行，在省城发领考费，一方面有利于应试士子集中、便利地领取考费，另一方面也是为了防止考生在本地领费后不赴考场之弊。如四川黔江县（区）宾兴章程便规定："给赴试资费银两，凡值年首士必须酌量交与赴试公正之人带至省垣，方准按名散给，以杜在县承领不去之弊"[83]。在省城发领助考经费，主要又可分为考前发领、考中发领和考后发领三种类型。

1. 省城考前发领

考前发领乡试助考经费，不仅对手头拮据的考生有经济上的实际便利，对于即将入场的全体考生，也是士气的一种鼓舞。在省城考前发领乡试宾兴助考经费，在各类宾兴中较为常见。

浙江兰溪县乡闱卷资田管理规例规定，"诸生散处四乡，势难分给。酌定七月下旬，司事者运送钱文至省，交本邑学师会同府县学前列诸生各一名，按照入闱人数分派，听其自行支领"[84]。

安徽凤阳县《乡试公费规条》规定，该项宾兴3500串本金的所有利息，在预留20%为会试助考经费、10串为选拔贡生朝考费用之后，其剩余部分由经手人"将钱更换足色宝银，带至金陵分给。以八月初一日为限，每人应分若干，令钱庄如数起条，交门斗分送。仍将换银清账、分钱清账带回查核"[85]。

安徽来安县堰塘公租管理章程规定："正案及录遗取送入场者，以卷票为凭，每名给纹银二两。定于八月初三日散给。"[86]。

福建尤溪县"连科中"章程规定，"其领公项，务于科举年八月初四日亲到省垣公所分领。或迟期在途阻风，须先寄确信托亲友报名，众等谅其必到，阄存学胥。或不及正场，值董事仍向学胥除本生名下买卷费用钱文外，其余之钱收回存公，以杜冒领之弊。"[87]

江苏上海县罗店镇宾兴章程规定,"乡试分送卷费,定于八月初三日。人数齐集后,按名匀派。如到省后有故不克入场,一律分送",另外还规定,"贡监由本籍起文应顺天乡试者,起程较早,议于截留款内提送,每人十千文,以文凭为证,于动身三日前送去。如截留款已遇恩科发讫,即于本省所发款内酌提,每人少不下五千,多不过十千。如因有故未入都者,当即缴还。如有本系在外不由本籍起文者,不送"[88]。

湖北归州新宾兴章程规定,文科乡试士子领取宾兴钱文"定于八月初六日,查验卷票照发"[89]。

江西德化县宾兴庄管理章程规定,庄中所收田租均存入典铺,每至乡试年份,即于六月二十日查明存款所得利息数额,一并取出换成银两,约定乡会试各分一半。其中"乡试之银,即于数人中公请一人带至省城,会同学师于录遗后齐集公所,照录取名数,无论生监,按名均匀散给"[90]。

山东陵县宾兴章程规定,"凡散给士子卷资,以入场应试者为准,定于考遗后散给。诸生赴学官公所亲领,代领者不给"[91]。"考遗"即乡试开始前的学政"录遗"考试,时间大约为乡试年八月初。

贵州水城厅凤池书院章程规定,"宾兴时,助士子赴省资斧,每年以所收租谷四十石,照时价变卖,换银存积,禀明存案。俟士子将赴省时算明三年所存银两数目,照数秤足,禀呈择与宾兴公正士子,当堂验封给票。饬带省城,于场前贴帖齐集,照人数多寡,将原银摊派,一一登账明晰。场后回厅,以原簿原票禀缴存案。其带银之人,于摊派时提夫价银三两,免致分零秤有不足之累"[92]。

个别地方将乡试助考经费分作两次分发给考生。如湖北竹溪县宾兴条规定,"遇宾兴之年,本年首士将此钱买纹银送至省垣,于七月二十日发给一半,八月初六日照人数全给"[93]。考试之前在省城分两次发领乡试助考费用,这在全国各地宾兴组织中极为少见。

2. 省城考试过程中发领

考试过程中发领乡试宾兴助考经费的州县较不常见。

山西平遥县宾兴社规定武乡试于考试过程中发给助考经费。其管理条规规定,"每乡试,公举应试廪、贡三人,武场亦公举三人,将应给银数运省。文则八月初五日,武则骑射后。京官教职贡监生员武生,亲到宾兴社寓,按投卷册给发。不得倩人代领。"[94]即文乡试考生是在考前发给助考经费,而武乡试考生则是在外场与内场之间发给。

文科乡试在考试过程中发领考费,目前仅见江苏句容县一例,该县宾兴规定在第二场点名入场时发领助考经费。光绪二十六年(1900)句容知县张绍棠通过每月捐钱 10 千文的方法设立宾兴,其管理章程规定,"宾兴有费,则正案与遗才人数必多,其有志观光者自应照人摊派,其中或有备卷不到之人,且有借钱来游者并不入闱。若凭册给发,虚縻实多,经管者易滋弊窦。兹定于二场点名时,凭卷给发。其考过头场,虽有犯贴、染恙不到者,一并分派,以昭体恤"[95]。说明选择考试进场点名时发领助考经费,主要目的还是在于防范领费而不入考场之弊。由于科举制度在光绪三十一年便宣布停废,而句容县在光绪二十六年才议定这一发领方法,因此其实际实行的时间并不长。

3. 省城考试结束后发领

乡试结束后在省城发领助考经费,对于防止冒领而不入考场之弊,其效果最为明显,同时贫寒士子也正好可以领费后作为返乡路费。

广东韶州府郡宾兴管理章程规定,由送考教官先分别统计本府各县入场考生人数,计算平均每人应领数额并汇算各县合计数额,再于乡试结束后的第二天由各县选派考生代表到儒学公馆领取本县考费总额,然后回去分发给每个考生:

> 送科两教官领汇银两到省,即贴红签知会合属士子,定于八月十七日分派。先于头场点名后,由七学送科各教官照龙门点名册,查开名单,并送韶州府学、曲江县学两教官公同查核,按照各县应试名数派定每名应给银若干两。至十七日,郡属各县由朴诚可靠之科生到儒学公馆,当堂照份按县一总领出,转给入闱士子[96]。

章程并规定,已经报名参加考试但临场患病不能入场者仍准领取考费,而已经报名却无故不入考场者则取消其领取考费资格。

浙江庆元县育英庄、储英庄管理章程规定,在省城发领助考经费,需"俟三场毕后按名派给",具体时间为"八月十六毕场后次日,齐集公所,照数派领",并强调"分者不得迟延,领者不准先支,以昭公平"[97]。

广东琼州府会同县吴公义田管理条规规定,每逢乡试年份五月十五日祭祀完义田捐助者教谕吴隽后,即由管理董事当众将前三年积累的租银全部结清,"以便交与赴科谨厚者带至省,场后支发"[98]。

安徽望江县知县章节在康熙五十九年(1720)捐俸倡捐了"科举田"。乾隆十七年(1752)由儒学全体生员共同议定的《科举程仪条规》中规定,科举田所收田租变卖后,于举行宾兴礼之后将其"公同封固,付与殷实公正生员二名带至省城。出闱后十六日赴公所,不论贡监、科举、遗才,一体均分"[99]。清代乡试第三场时间为8月14日晚点名入场,8月15日考试一天,当日或次日出考场。经过9天的紧张考试,考生精神彻底放松,此时发领助考经费,无疑像是拿到了一笔辛苦费或奖励金一般欢喜。

(三)因试而异,灵活规定

除了以上诸例宾兴分别按其章程在某地发领外,也有一些宾兴对士子领取考费的规定相对更为灵活。

1.文武士子在不同时间发领考费

前引山西平遥县宾兴社对乡试文、武两科士子分别采取考前和考中发领助考经费的方式,其他各地亦间有相似情形。如四川井研县宾兴章程规定文武发领考费时间不同,"给发文闱日期定于入闱前数日在省垣给领;武闱定于出闱后给领"[100]。湖北归州新宾兴章程也对文武乡试考生规定了不同的经费发领时间。其中文科乡试士子的助考经费考前在省城发领,而武科乡试较文乡试迟一个月才开考,发领经费的办事人员无法住在省城等那么久,故而规定武科乡试考费的发领要等到"诸生试竣回里后,携带卷票至经管宾兴号内领取"[101]。

2.参加南、北乡试的士子在不同时间领取考费

清代规定,各省就学于北京国子监的贡生可以在顺天贡院参加乡试。对于大部分北京以南的省份,便出现了南(本省)、北(顺天)乡试之别。对于这两个考场的本地考生,各地宾兴有不同的领费规定。如江西武宁县宾兴馆在道光二十二年(1842)全县士绅共同捐输数万金,设立宾兴馆。其《给费条列》规定,文场乡试生监每名给考费钱10千文,考遗已经被录取者与正案相同,考遗未被录取的给考费钱5千文,均于八月初四日发给;应北闱乡试者由考生亲属到宾兴馆凭卷票领取[102]。江西南康县宾兴《给费条规》也规定,文场乡试正案生监均在本县宾兴馆领取考费,考遗录取者八月初一日凭乡试卷票在省城给发,武场乡试士子于骑射结

束后在省城给发,参加北闱乡试者于考试结束后由其亲属凭卷票在宾兴馆给发[103]。

3.分本地和省城两次发领

如广西平乐县宾兴馆规定,"大比之年,董事先将人数核算,计有若干,按人多少,给以六成川资,存留四成,准八月初一日在省给发"[104]。湖北罗田县兴贤庄则规定,"应举盘费在省开发一半,余于十一月初三日赴兴贤庄补领"[105]。浙江庆元县育英、储英庄管理章程规定,所有助考钱款在县收齐核算后,"由学移县支领,每名各先给银三两,以帮路费。余银包封,交科试一等中诚实者二人,携带至省,俟三场毕后,按名派给"[106]。并规定,负责带钱发领的生员可以"另抽洋十元以酬赏带劳费",带钱赴省过程中如有遗失,亦由其全额赔偿。

二、乡试宾兴助考经费的发领数额

乡试宾兴对应试士子究竟能提供多少数额的经费?台湾淡江大学硕士学位论文林岳俊《清代科举旅费之研究——以宾兴组织为探讨之主轴》和成功大学硕士学位论文郑龙琪《清代科举考生的赴考旅费补助研究——以方志所见的宾兴活动为中心》都没有回答这个问题。从本书所接触到的地方志文献来看,清代各地乡试宾兴向应试士子发领助考经费主要分为两种方式,一种是按考生人数平均分发某一数额的宾兴增值钱款,另一种则是发领某一固定数额的钱款。

(一)按乡试考生人数平均分发宾兴公益基金的增值数额

按考生人数平均分发助考费用,其主要考虑的因素是每届应试考生的人数难以确定,以有限之钱款分发给不能预知之人数,采取平均分发的方式能够以不变而应万变。总的来说,平均分发考费的方法大致又可分作以下两种。

1. 平均分发当前全部增值所得

湖南安化县道光十六年(1836)、二十二年先后由县人陶澍、罗绕典捐资购置田产,收租资助乡试考生旅费,分别称为"陶科举田"和"罗科举田",每年合计收租235石,均交董事负责收租管理。据陶澍与士绅所议的管理章程第4条规定,每逢乡试年份,由值年董事领银赴省召集本县士子发领考费,要求"将谷价全用,不必存留"[107]。

广东南雄州儒学宾兴设置于嘉庆十六年(1811),其资产除典铺23间每年收租钱280余千文外,还有田租100石。其管理章程规定,每至乡试年份,由值年首事将所有存贮银两通盘算出,除了预留缴纳赋税、祭祀以及举人会试、五贡候选等盘费银约200两外,其余不论多少,"扫数带省,分派贡监文武生员资科之费"[108]。

湖南龙阳县在嘉庆二十五年(1820)捐修文庙,利用剩余钱款1000缗创立宾兴,每年存入典铺1.5分行息,3年可得息钱450缗。约定乡试文生均分其中的300缗,武生均分60缗,其余90缗留为举人会试"计偕"旅费,每人发给16缗[109]。

河北定兴县有"新置学田"8顷,系嘉庆十八年(1813)由邑人陈廷梁捐置,每年可收田租钱808千文,扣除缴纳赋税及支给"学官、书斗公用、贫士津贴",每3年大约可剩余1000余串,议定"每逢乡试分作宾兴路费"[110]。

以上各县因考生人数难以确定,故虽宾兴公益基金能够拿出来分发的乡试资助经费的总数可以预知,但平均每名考生可得若干则不得而知。

有些地方则通过预先设定赴考人数,平均分发助考经费。如山东宁海州宾兴章程规定,该项宾兴 2700 千文的本金均存入典铺,每年 1 分行息,3 年合计可得息钱 810 千文。这些钱款先扣除会试举人资斧钱 30 千文、礼房、工房杂务费 10 千文和宾兴酒宴钱 14 千文,剩余 726 千文,全部用于乡试诸生考费。其方法为"查历年文闱赴试者三、四十人,今以六十人为率,每名散给考费制钱十二千一百文。如不止六十人,则递减均散;不及六十人,则递加均散"[111]。

有的乡试宾兴规定了发领助考经费的最高上限。如江苏上海县罗店镇遗才卷资是一项专为本镇赴省参加遗才考试的生员、贡监设立的宾兴,其管理章程规定,"赴省应试,往往正科举多,遗才较少。故拟发遗才卷资每人不得过四千文"[112]。

2. 平均分发增值所得部分数额

平均分发全部息钱,虽然在公平上没有瑕疵,但对于宾兴资产的长远发展来说,却无法使其资产日积月累渐次扩充。为此,有些乡试宾兴便参照历年应试人数,预先估算所需助考经费的大致数额,在具体发领助考经费时,即以此数额平均分发。

河北大名府大名书院,同治三年(1864)大顺广道祝垲倡捐 3200 两扩充其办学经费,并规定每逢乡试年份为考生提供 120 两的乡试盘费。其领取方法为先由道宪召集所有通过了科试的诸生赴书院考试,称为"决科"。乡试盘费即由决科考试合格的考生"按人数计银均分,庶杜冒领之弊"[113]。

山东陵县宾兴章程规定,"乡试贡监生员不能预定额数,查历科进场者不过六七十人,今以百人为率,每名酌给卷资制钱三千文。如不止百人,则侭钱数核减。或不及百人,每人仍只给制钱三千文"[114]。

贵州仁怀厅《宾兴规条》规定,"厅属每科应试贡监生员约计三十名上下,今以三十名为率,毋论恩、正,每名给银六两。其或人数较多,均匀摊给。倘不足三十名,余银仍交首事存贮"[115]。

湖北归州有新旧两项宾兴,其中新宾兴系由地方官从田房契税项下按每两加收 3 文的标准抽收所设,其管理章程规定,发给文乡试宾兴经费,"文闱以五十名为额,贡监在内,每名各给钱八串,一届计发新宾兴钱四百串。武闱以二十名为额,武监在内,每名各给钱八串,一届计发新宾兴钱一百六十串。倘应试人数已逾额数,仍照额数之钱摊分。或不足额,仍每名给钱八串,所余之钱,原手携回退交原店生息,以备文武公车北上之资"[116]。

(二)每名考生发给固定数额助考费用

按某一数额给每名考生分发助考经费,往往以参照历年应试平均人数每人可领若干钱款为基础进行计算。它是乡试宾兴发领助考经费从平均分发全部增值所得向按固定数额发领助考经费的过渡阶段。

按固定数额发领乡试助考经费的案例很多。

河北承德府,道光八年(1828)知府海忠整顿振秀书院,一方面增加书院招生名额,一方面倡议辖境内各官员捐资扩充办学经费。同时决定资助科举考生,即从书院经费中拨银 18 两,加上"乡试年六、七、八、九四个月停课扣存茶饭银",作为宾兴之用。议定每逢乡试之年,由知府调集各属应试诸生,在六月初三日在书院进行考试,从中录取前列者 40 名参加乡试,"各给卷资银一两"[117]。

江苏嘉定县道光十年(1830)捐置"宾兴公车"助考基金,同治八年(1869)章程规定,"南北文武乡试每名给钱十千文,留京入场及外省起程者减半"[118]。

山西长治县光绪五年(1879)捐置乡会试宾兴,名为"登云会",其管理章程规定,由本县出发参加本省乡试的考生,"文闱乡

试者每人助银六两",对于在京城参加北闱乡试的士子则规定,
"贡监应北闱乡试者,每人助银十两"[119]。

江西武宁县在道光年间捐置宾兴会,其《给费条例》规定,"文
场乡试生监每名给考费钱十千文,考遗未录者给半,已录者照乡试
卷票于八月初四日全给。武闱给钱十千文,分作两次,骑射后给五
千,步箭后给五千"[120]。

江苏常熟、昭文县宾兴是全国各省中两县合作捐置宾兴不多
的案例之一。道光十九年(1839)两县知县常恩、王锡九各自向士
绅倡议捐输,合计捐置稻田、沙洲田、花田 3756.4 亩,并共同建造
宾兴局。议定除发给会试举人每人 36 千文外,其余乡试考生均按
统一标准发领助考经费,其中"正科举之贡监生员每名五千文,录
遗贡监生员每名七千文"[121]。

各地宾兴按固定数额发领乡试助考经费,是指在某一阶段发
给所有同类考生的经费是相同的,但在不同的时期则可能有所变
化,如四川大竹县老宾兴在咸丰年间正科乡试考生每名给钱 5 钱
至 8 钱不等,同治年间增至 1 两,同治九年再增至 2 两[122]。

清代乡试助考经费的发领数额,可参见表7"清代宾兴发领乡
试助考经费例表"。

表7　　清代宾兴发领乡试助考经费例表

地名及宾兴名称	大致规模	发领类型与数额	年代
河北承德府书院宾兴	附书院	决科出榜前 40 名每人卷资银 1 两	道光八年
河北大名府书院宾兴	附书院	决科出榜拨 120 两均分	同治三年

续表

河北定兴县儒学宾兴		三年积钱1000串均分	嘉庆十八年
河北定州书院宾兴	存银500两，常年九厘行息	三年积息135两均分	咸丰十年
河北广平府书院宾兴		决科前75名每人1两	同治三年
河北平山县宾兴	公捐宾兴钱600千文，每年利息90千文	三年共息钱270千文，均分为乡试卷资	嘉庆六年
江苏宝应县书院宾兴	附书院	以200千为科生烛炭费	道光十八年
江苏常熟、昭文县宾兴局	田产3750多亩	正科举每名5千文，录遗每名7千文	道光十九年
江苏嘉定县宾兴公车	未详	文武宾兴每名给钱14千文，外省起程及留京入场者减半	光绪五年
江苏江阴县书院宾兴	附书院	本年月课满10次者每人发给宾兴费银元3枚	光绪十一年
江苏句容县宾兴	三年利息约370千文	照人摊派	光绪二十六年
江苏娄县旧捐宾兴	218亩	乡试每人制钱2千文	道光八年
江苏娄县官捐宾兴	本金900千文利息108千文，合计1008千文	按人数均分	同治九年
江苏南汇县宾兴费	息钱700千文	按人数均分	同治十年

江苏青浦县乡试宾兴田	100 亩	每人给钱 2 千文	道光十四年
江苏青浦县乡试宾兴费	未详	每人加至 7800 文	同治九年
江苏上海县乡试宾兴会试计偕经费	宾兴存本 2100 千文	每人 7 千文	道光九年
江苏泰兴县宾兴经费	3200 千文,月息 1 分,每三年息钱 1152 千文;另盐旗每科送洋银 160 元	按考生人数分送	光绪十年
江苏泰州姜堰镇励材堂	未详	给诸生卷烛钱 40 千文,按本镇应试人数均分	道光十六年
江苏吴江县宾兴	490 亩	乡试占 60%	同治年间
江苏仪征县书院宾兴	附书院	正课生员每名 6 两,附课每名 4.5 两	嘉庆十五年
安徽霍邱县乡会试盘费	田租约 500 石	乡试分一半田租,按考生人数均分	同治七年
安徽建平县宾兴	1000 千文	按考生均分	光绪元年
安徽来安县堰塘公租	种 70.2 石	录遗每名先给 5 钱;正案科举、贡监、录遗每名给 2 两	道光八年
山西长治县宾兴	存银 2000 两	文乡试每人助银 6 两;北闱乡试每人 10 两	光绪五年

山西代州宾兴	存钱 13200 串	文乡试 50%，武乡试 10%	光绪六年
山西解州书院宾兴	附书院	各给银 4 两	同治十一年
山西辽州书院宾兴	附书院	按书院考试获得特等次数，两年半时间里有二十三四次者，准贴宾兴银十两；二十二次以下，准给银八两；十六次以下，给银六两；十二次以下，给银五两；十次以下，给银三两；五次以下，给银二两	光绪六年
山西平遥县宾兴社	存银 12000 两	文武乡试每人不过 10 两	光绪六年
山西曲沃县文武乡试资斧租	文乡试店铺三年租银 51 两武乡试店铺三年租银 36 两	乡试士子平分	康熙元年
山西芮城县宾兴	3000 两，每年 1.1 分生息	乡试得 2/3	同治年间
山西太平县宾兴	每年租银 129 两	乡试士子平分	道光三年
山西太原县培英义庄	每年提息银 140 千文	乡试士子平分	光绪六年
山西夏县宾兴	文乡试每年息银 207.63 两武乡试每年息银 86 两	乡试士子平分	光绪六年
山东长清县宾兴	息银 316 千文	每人 3 千文	道光九年

山东莒州宾兴	存钱 6000 串，1.5 分行息，三年利息 2700 千	每人 4 千文	光绪十一年
山东陵县宾兴	存钱 1000 串，1 分行息，三年利息 360 串	每人 3 千文	光绪元年
山东宁海州宾兴	存钱 2700 串，每年 1 分行息，三年得息钱 810 千文	共 726 千文，乡试诸生均分	道光三十年
陕西略阳县书院宾兴	附书院	每名给路费钱 5 千文	道光十一年
甘肃兰州府书院宾兴	附书院	每名 8.8 两	嘉庆二十四年
甘肃通渭县书院宾兴	宾兴钱 100 串	平分	光绪十八年
浙江兰溪县乡闱卷资田	每年收租 164 石	10% 归送考学师，90% 诸生平分	嘉庆四年
浙江庆元县育英庄、储英庄	每年实收大租 549 把	每人 3 两	嘉庆十八年
江西崇仁县卷局	田租 759 桶，店租 65 所，存钱 9840 贯	文武各 1 千文	嘉庆十年
江西奉新县登瀛集	捐银 2.5 万余两，田 300 余石	文武每人 2.4 千文	道光二十一年

续表

江西泸溪县宾兴	田租900余石	乡试每人4千文	道光十七年
江西南康县宾兴	田租800余石,存钱34546串	本省文武乡试每人8千文,各帮赁屋钱4千文;北闱乡试每人8千文;中式者每人津贴填亲供钱2千文	同治五年
江西宁都州乡会试卷资	200亩	260千文,按人数均分	乾隆年间
江西宁都州乡会试卷资	1200亩	文乡试400千文均分,恩科200千文均分;武乡试30千文均分	道光二年
江西铅山县宾兴	1145.6石	每名1.8两	道光二十六年
江西铅山县宾兴	1145.6石	每名1.8两	道光三十年
江西铅山县宾兴	1145.6石	每名2.1两	同治九年
江西上犹县乡会试租田	533石	文武乡试合占2/3,其中文八武二	乾隆十五年
江西遂川县儒学宾兴	附儒学	正案每名给银0.8两,遗才每名0.5钱	乾隆二十三年
江西万安县宾兴	存钱2000千,按月1.2分行息	每人3.2吊	同治十年
江西万年县崇文堂	每年租谷400余石	均分	嘉庆十一年
江西武宁县宾兴馆	捐金数万金	文乡试每人10千文,录遗未取者5千文,已取者10千文;武乡试每人10千文,分两次发领	道光二十二年

江西义宁州八乡宾兴	未详	每人给钱2千文	道光五年
江西靖安县观光集	随粮生息钱13670千文 田租1766石 存典钱5800吊	正科文生进场每名考费6千, 共支钱600千;正科武生进场每名考费6千共120千	咸丰二年
江西靖安县观光集	随粮生息钱13670千文 田租1766石 存典钱5800吊	正、恩科文武生进场每名给川资5千文	咸丰十一年
江西南昌县考棚公局	存典银5.96万两	文武乡试每名考费5串;北闱乡试每名考费5串	同治年间
湖北崇阳县兴贤庄	捐钱3000缗	正科乡试每人5千	道光九年
湖北归州新宾兴	抽收田房契税每两3文	文武各8串,如人数分别超过50、20名,则仍按400、160串平分;录遗未取者送2串,武生未完场送4串	光绪八年
湖北京山县书院宾兴	附书院	乡试费100千文按名分给	光绪年间
湖北松滋县宾兴	田租30多石	乡试各给费十余缗	道光年间
湖北利川县宾兴馆	未详	乡试诸生每人15缗	未详
湖北利川县宾兴馆	未详	乡试诸生每人20缗	光绪十二年
湖北麻城县宾兴	存钱1万串,年息1分	乡试按人分给	道光十二年

湖北枝江县宾兴	水田、湖田、荒地 305 亩，庄房 12 间	乡试每人钱 10 千文	道光年间
湖北竹溪县宾兴	存钱 5000 余串	30 千文乡试考生均分	咸丰二年
湖南耒阳县宾兴堂	田租 829.6 石		光绪九年
湖南龙阳县宾兴	存钱 1000 缗 1.5 分生息，三年得息钱 450 缗	文生 300 缗、武生 60 缗均分	嘉庆二十五年
湖南麻阳县书院宾兴	出自屯田	生监录书院正课者每人盘费银 6 两	嘉庆年间
湖南宁乡县宾兴	每年田租 3205 余石	儒学书门提送考篮脚力钱文生每人 100 文，武生合送书门伙食钱 5 千文	光绪四年
湖南平江县宾兴书院	田租 500 余石	文武乡试每人 3 缗	咸丰十一年
湖南湘乡县宾兴堂	田产 900 亩	每三年一年田租均分	咸丰十年
湖南新化县乡试卷资	存钱 200 千文	乡试每人卷费 500 文	咸丰七年
湖南大宁县宾兴		乡试每人 12 两	同治四年
四川大竹县老宾兴	岁收田租 60 石	咸丰时乡试正科五钱、八钱不等，同治间一二两不等	咸丰年间
四川大竹县新宾兴	田租 200 石	乡试每人较前加倍	光绪十五年

四川南充县宾兴局	未详	原议正科每人 3 两,恩科 1.5 两;新议无论恩正,每届拨银 1000 两,以 900 两按人平分,30 或 40 两备办公宴,余款 60 或 70 两作新举人、副榜花红; 监生北闱乡试,照本省两倍给发	光绪二十九年
四川彭水县宾兴月课	资产合计 5265.7 串	乡试文生每人 6 千文,武生每人 3 千文	咸丰十年
四川荣昌县宾兴	抽收税厘	每届于税厘、肉厘项下拨钱 300 串,文武考生平分	光绪六年
四川万县宾兴会	田租 133 石	乡试每人 8 千文	道光二十九年
四川万县元卷会	存钱 1300 千文	乡试每人 2 两	同治三年
四川资州宾兴	捐钱 3000 缗	乡试每人 4 串	道光十九年
四川资州宾兴	存款 7000 缗	乡试每人 6 串	光绪元年
福建福州府鳌峰书院宾兴	附书院	每人 4 两	嘉庆二年
福建福安县书院宾兴	附书院	乡试盘费每年 60 千文,考生均分	同治十二年
台湾凤山县书院宾兴	附书院	应试生员每人洋银 20 元	同治十二年
台湾苗栗县书院宾兴	附书院	乡试每名卷金 4 元	光绪十七年

广东长乐县宾兴	三年田租银664.6两	文生员乡试345.7两均分;武生员乡试148.8两均分;宾兴酒席银10两;儒学送考盘费银40两	道光年间
广东潮州府文会田	田产103亩,收租197.5石	107两,合府七学生员平分	乾隆二十六年
广东德庆州宾兴馆	田租约240石	文武乡试每人1元	嘉庆二十四年
广东海阳县扶轮堂	每年租银约共4000两	乡试生员每人20元;例贡赴北闱20元;五贡赴北闱70元	光绪二年
广东海阳县鹰扬堂	每年租银月800两	乡试每人14元	同治十二年
广东嘉应州乡试文闱卷价	筹银440两,每月1分行息,三年共息银158.4两	文乡试每人卷价0.3两,按名均分	同治五年
广东清远县文庙租银	附儒学,总约田组1120石	文武考生每人1.44两	同治年间
广东韶州府郡宾兴经费	存银6000两,年息6厘,每三年息银1080两	正科均分两年息银720两;恩科均分一年息银360两	同治十年
广东石城县大宾兴	捐银8400两	文武乡试正科每人15两,恩科每人8两	道光八年
广东石城县小宾兴	捐钱41874千文,置买田租1453石	文武乡试每人支川资银5两	同治八年

广西桂平县宾兴馆	共计捐银40500余两	岁科试文童小结文童每名8分,武童每名12分; 岁科试新进结金每名12.5两	光绪十二年
云南广南府会试卷金	捐款780两	文乡试卷金每名2两;武乡试卷金每名1两	道光四年
云南昭通县大卷金	未详	乡试每名卷金银3两	未详
贵州八寨县宾兴	未详	谷80石,均分	同治十一年
贵州仁怀厅宾兴田	每年收租43石	乡试每人给银6两,人多则按180两均分	道光二十一年
贵州兴义府书院宾兴	附书院	乡试每科400两,均分	道光十六年
贵州兴义县宾兴	田租150市石	乡试每人银4两	咸丰二年
贵州遵义县宾兴	田租878.6石	文乡试每人发银2、3两不等; 武乡试每届给银100两,均分	光绪元年
江苏上海罗店镇宾兴	存典钱1000串,按年1分行息,每三年300串	乡试分息钱250串,均分; 贡监顺天乡试,每人10千文	光绪九年
江苏上海罗店镇遗才卷资	存钱200串,月息1分	均分,每人不超过4千文	光绪六年
江西庐陵县坊廓乡宾兴文课	未详	乡试程仪每人6吊,折酒席钱1吊	道光二十五年

三、乡试宾兴助考经费发领的经办人员

（一）由值年董事负责发领

在建立了专设宾兴管理组织的地方，往往即由值年的管理人员负责经费发领事宜。

山西太原县培英义庄规定，"遇乡试恩正科之年，分给资斧，董事人亲诣省垣，定于八月初四日设一公所，合贡监府县学生员一并给散，总须本人亲领"[123]。并约定，赴省发领助考经费的义庄董事每人"准开销车价火食钱一十千文，不得多用"。

湖北竹溪县宾兴条规规定，发给乡试助考经费，由值年首士负责将钱息换成银两带至省城分发，首士可平均分得一份考费，但是"送银赴省之人，务于本年上忙钱粮同舟赴省。倘任意先后私自独行，以致失事，送银首士照数赔出"[124]。

湖南安化县"罗科举田"规定，每逢乡试年份，由"值年董事公赴县库领银，带至省城，照应举人数，公同酌数给发"[125]。

四川井研县宾兴章程规定，"首事先在本邑照市价买银，带至省垣，如应给钱五千，即以五千钱给发。其银价高低不一，均归公款核算"[126]。

四川南充县宾兴局光绪二十九年（1903）所议章程规定，由宾兴局首士负责将兑换银两1000两解送到省城。发领前一日，清点应试人数，在计算完每人应得银两数额后，在事先印制好的二联单上由经办人与考生分别签字："将在县所请连二印票各自书名于上，裁一半给本人，余一半给解绅"，次日发领钱款，考生凭单领款。如有考生迟到领款，则扣除一半以示惩戒[127]。

贵州黄平州"南宾兴"规定，每遇乡试之年，将宾兴田所收租

谷出售兑换银两，"由管理之人在省约集应试者照数摊分"[128]。

（二）由乡试考生顺带发领

由参加乡试的考生顺便带钱到省城发领考费，一般是出于节省费用的考虑。负责带钱往省的生员人数及其资格，各地并不相同。

有些乡试宾兴规定，带省发领助考经费的考生必须家道殷实、人品公正。如安徽望江县自康熙五十九年便由知县章节捐俸倡捐了"科举田"。乾隆十七年（1752）由儒学全体生员共同议定的《科举程仪条规》中规定，"议起送日将此项银两公同封固，付与殷实公正生员二名，带至省城。出闱后十六日，赴公所，不论贡监、科举、遗才，一体均分"[129]。又如湖北归州新宾兴章程规定，"文闱新宾兴钱文，遇乡试年份，由王恒发、孙春和两店选托殷实之家应试子弟，携带省垣。其有包绳及起下脚力盘堤船资，一并在内，每串派费钱四十文。倘有未发之余款，准其一律报销运费。如愿易银带省，或赚或折，归带者自认，与宾兴项无涉"[130]。再如贵州仁怀厅宾兴条规规定，"宾兴银两在厅封固，该生等务须本人到省，方能承领。其银先由首事在厅于应试之人择其殷实端方，确实保举，总领带省分给"[131]。

有些宾兴则注重经办人员的考试成绩，议定交由科试一等生员发领。如贵州湄潭县入籍宾兴章程规定，"每届宾兴，务择本籍科试一等中老成公正者带省分派，以杜弊端"[132]。山西长治县宾兴章程也规定，"宾兴前一日，按所报名册，由县署账房照分平就，封好封口，盖用图章，由科案批首暨一等中选择公正二、三人，赴县账房，随手挑取数分，平验银色数目相符，公出领状，分带至省。俟取遗进场之前，凭府县两学门斗认识，按分发给。有余，带回归公。

并将发过人名、银两数目,缮具清单,报县存卷,以备查考"[133]。

有些地方规定原则上由管理董事中有参加考试者带省发领,但如董事无人应试,则交由科试一等一名办理。如浙江兰溪县"文武乡会两试旅费"管理章程规定:"乡试旅费,由经管董事内有到考者,带省给发,俟正科到齐、录科取定,核数摊给。经管董事无人应试,即交本科考列一等一名者办理"[134]。

负责带钱往省分发的考生代表,一般都会得到一定的报酬。如山西长治县宾兴便议定带银至省的批首及其他2名生员,每人发给2两银子作为劳务费。广东德庆州宾兴馆章程也规定,"科举年,以七月朔日,司理在馆合众汇算,举殷实二人,携科费至省公派,人酬花红金一元"[135]。湖北均州南阳书院宾兴议定,每届乡试年份,由各乡试文生向县衙呈文请领经费,县令批准后,由值年管事遵照批文照数发给。具体方法为由知县"谕派妥慎诚实乡试士子四人分带赴省,俟录科人数既定,均匀分给"[136],这四名考生可以从钱款中扣除2%作为自己的水脚盘费。

(三)由县礼房或学官送省

各地贡监生员到省城参加乡试,府州县礼房多派人随往以备不时之需,而儒学教官往往有送考之责,故发领乡试助考经费也有请其顺便经办之例。

山东长清县宾兴章程规定,每逢乡试年份,由县官派人将息银算清,先预留送教学官钱14千文,会试资斧钱33千文,其余316千文"著礼房送省,或对会省垣钱铺,取其会票,交送场学官办理"[137],并议定如果是交由学官带省发领,则须"责令科试超等前三名及录遗第一名生员共司其事",以便稽查核实,避免影射蒙混。

　　山东陵县宾兴章程规定,每逢乡试时,由知县预留学官送考费12千文,其余326千文"派礼房送省,由县备文移知送场学官办理"。发领助考费用时,"责令科试一等前三名及录遗第一名生员共司其事"[138]。同时规定,除发给学官12千文的送考费,其余相关人员均可领取补贴,其中4名帮忙散发卷资的生员可以共领6千文的"茶食"钱,学书、门斗共领4千文的"纸笔饭食"钱,礼房带钱赴省者发给12千文的"车价"钱和4千文的"纸笔饭食"钱。

　　长清县宾兴是由知县舒化民独力捐资1000缗存典生息设立的,其申报立案章程里面议定即由长清知县"无论正署,一体经理"。陵县宾兴的捐助人除了知县戴杰所捐银、钱,主体部分是由邑绅许春田、李凤阁等捐助,采取存典生息的增值方式,其管理也是由知县"无论正署,一体经理"。当然,虽然议定由知县经理,但具体事务不可能由知县亲力亲为,负责本县文科科举事务的县礼房自然责无旁贷。

　　广东潮州府"文会田"乾隆二十六年(1761)所议章程规定,"每届大比,于七月望前遴委送科教职二员,照取定科试红案及新生前列有科举者,在会城均匀散给,造册报销。"[139]。

　　广东韶州府"郡宾兴"章程规定,"遇有科年份,应于是年六月二十日以前由韶州府学、曲江县学之送科教官,将应领正科息银七百二十两,或恩科息银三百六十两,备具文领,前赴南韶连道库领出,饬知朴诚可靠之科生,公同择一殷实铺户汇省支发"[140]。

　　潮州府文会田原捐于明末崇祯年间,康熙年间被老君岩僧人侵占,乾隆二十六(1761)才由知府周硕勋、知县金绅清理复原。韶州府郡宾兴最初由道光十年(1830)以来南韶连道杨殿邦、梁星源先后捐资1600两设立,咸丰年间为镇压太平间起义提作军饷,战后南韶连道林述训、知府额哲克申请拨相关公款重设宾兴。

四、乡试宾兴资助对象的身份资格限制

(一)限制入籍者领取考费

清代科举严禁冒籍应试,入籍外地应试者均需捐输一定的钱款或田产作为本县教育公益资产,方准入籍应试。有些宾兴在发领乡试助考经费时,也往往对入籍者严加限制。如山西平遥县宾兴社规条便规定,"凡本邑人入外县籍、外县冒本邑籍,及本籍人应顺天乡试者,概不准领"[141]。江苏上海县罗店镇宾兴章程也规定,"罗店镇四十四图内有迁居别镇者,与罗店镇无涉。由别镇迁居罗店镇者,曾经岁科两试,居已三年,准在罗店镇给发。别县迁居罗店镇者,与罗店镇无涉。自道光十六年七月起由本镇迁居别县者,三十年内准在罗店镇给发。计满三十年例入他籍,与罗店镇无涉"[142]。四川井研县宾兴章程规定,"计发宾兴钱文,必土著学籍,方许承领。如他县之人有舍无粮,有粮无舍,均不给发";并强调,"冒籍入学,皆由廪生滥保。以后遇有滥保廪生,图保冒籍,不惟冒籍者不给,即廪生亦永停给发"[143]。

(二)限制捐纳者领取考费

捐纳监生是清代朝廷获取额外财政收入的重要途径,也是富裕庶民阶层直接进入科举仕途的一条捷径。由于捐纳者往往家资丰厚,故有些宾兴出于公平的考虑,往往将其排除在经费发领对象之外。如安徽休宁县《乡试旅资规条》规定,"府学、县学恩、拔、岁、副、优、廪、增、附、监到省应试者,概行给与盘费。本籍入学及俊秀捐纳贡监赴省应试,均非不足之人,无庸给费"[144]。江苏上海县"乡试宾兴经费"规定,"寄居上海并捐纳职员俊秀贡监无须资

助外,所有府县学廪、增、附生,以及廪、增、附捐贡、监,并恩、拔、副、岁、优、廪、增、附之就职候选试用各员,一体分送"[145],同时对自愿放弃领取考费资助的人表示赞许:"若无需乎此,自愿缴还,即作某人捐项"。四川东乡县(今宣汉县)宾兴庄嘉庆末年议定的管理规条中规定,"是庄为贫士乡试而设,其有捐纳贡监应试者,不准分给"[146]。湖南黔阳县宾兴章程则规定,"科费定于到省录遗后亲领,其廪附贡生未录取者亦如数分给。至外途贡监未录取者不与"[147]。所谓"外途"贡监,即指通过捐纳获取国子监监生身份的考生。

台湾府凤山县凤仪书院宾兴甚至干脆对所有富裕考生均不予发领考费。据《凤山县采访册》所载凤仪书院宾兴木碑刻有宾兴经费六条,其中第三条规定,"应试生员每名给发洋银二十元。其家道实在殷实者,有志观光,尽可自备资斧,此项经费,概行扣给,以臻实惠"[148]。所谓"以臻实惠",也就是让实际受惠人群最大化,从而确保公益基金的公平性。

(三)限制录遗、教职、监生领取考费

学政巡视本省各府、直隶州举行岁科试,文生科试一二等及三等前列若干名、武生岁试一二等及三等前列若干名,均有资格参加乡试,称为"正科",其余考生如果仍想参加乡试,则可以参加学政在省城举行的录遗考试,入选者则被归为"录科"。由于录遗是在省城考试,往来跋涉均需有费,故而有些宾兴对所有参加录遗的考生不论是否入选均给予考费支持,但也有一些宾兴对未入选的贡监不予资助。如湖南安化县"科举田"规定,每逢乡试年份,由"其录遗未取之人,虽不入场,而跋涉已艰,究属志切观光,仍应分科举银两,给予二分之一,以资奖恤。至监生科举,惟与录遗者方准分给"[149]。广东潮州府"文会田"也规定,"其取有科举而不赴省及录遗,皆不与"[150],也就是规定所有录遗考生均不予资助考费。

又如浙江上虞县在乾隆二十七年(1762)邑人钱必迈捐田 30 亩、嘉庆七年(1802)邑人叶向宸捐田 200 亩,均予资助乡试士子路费。据光绪县志记载,此项宾兴在申报立案时,闽浙总督衙门曾批示:"此项路费以周寒畯,其教职、监生不得一例滥给"[151]。广西来宾县乾隆五十四年(1789)捐设的"乡试文场路费"亦规定,该项助考经费"意在体恤寒畯,资助乡试路费,声明捐纳贡监及应武科者,家资本丰,概不得与"[152]。各地宾兴对领款者所采取的贫富方面的各种限制,体现了宾兴公益基金的助贫特性。

(四)限制北闱乡试考生领取考费

清代科举制度规定,各省在国子监肄业的贡生及游学京师的生员,均可在顺天贡院参加北闱乡试。对于这一部分考生,有些宾兴给予同等待遇,一体资助发给考费。如山西长治县宾兴章程规定,"贡监应北闱乡试者,每人助银十两"[153]。但也有一些地方限制北闱乡试者领取考费。如江苏吴江县宾兴章程规定,"乡试盘费由县移交儒学带赴金陵分给,不论科举、录遗,以纳卷实到人数为凭,一体均送。应北闱者不给"[154]。

(五)其他限制条件

各地宾兴对发领乡试助考经费的相关限制条件还有其他类型。如浙江庆元县育英、储英庄章程规定,助考经费只发给从本县出发且向学官报名应试的考生,没有报名以及报名而托故不入考场者不予发领:"凡有在省生理,或因官司未经报名乡试,顺便进场者,不准派给","或有进头场后,实在患病,不能终场,及错误被帖者,准其派给。若故意推脱不入,不准支领"[155]。

五、发领乡试助考经费的相关操作细节

关于领取考费的具体操作细节,大部分地方志及宾兴专志均未作记载。据广西民国《桂平县志》卷二十三《纪政·学制上》所载《宾兴育才公定条约》,该县发领乡试助考经费主要包括以下步骤。

第一步,经管董事结算钱款。将3年以来所得各项增值所得汇总结算,除留出完粮、祭祀、津贴、小结、学结以及宾兴局办公经费外,所有剩余钱款分作21股,其中文武乡试助考经费占10股。

第二步,应试考生向宾兴局报名,编订名册。每至乡试年份,应试考生均应在六月上旬"将赴科衔名、里居报局编册"。

第三步,选派总理一人将助考经费带至省城。所有分派银两,由宾兴馆选取总理一人,负责"汇兑津贴银两至省"。

第四步,总理与本县各里代表核对入场考生人数,并计算每人应领考费数额。乡试结束后第二天即8月16日,总理需请本县各里应试者中人品公正者各一人,负责复核考生是否到省考试以及分派应发考费。是日,先将报名册所登记的考生姓名"开列衔名粘壁,俾众共核有无到省,并查对龙门牌数异同"。

第五步,考生凭卷票领取考费。考生亦于同日"各凭卷票"到场领取考费。卷票是考生试卷上贴的浮签,入场时按照浮签对号入座,出场后凭浮签查对张榜录取信息。发领考费时,要求考生"务须自到领取,亲笔注簿,以防假冒"。值事人员一面发钱,一面在考生"卷票书明'水脚付讫'字样",以免有人多次领费。

第六步,总理造册回局报销。考费分发完毕,总理人员将考生

签字领款的簿册带回宾兴馆存案,同时"仍将所发衔名按里开列,粘局备查。其有冒名领取,及冒开报销,查确追缴倍罚"[156]。

对于负责携带钱款及组织分发考费的经办人员,很多宾兴都规定给予相应报酬。广西桂平县宾兴馆规定,总理如果是特举赴省,发给公费银50元作为酬劳,如果是顺便赴省则仅给20元。

第三节　会试宾兴助考经费的发领

和乡试考试不同,清代政府对于各省赴京参加会试的文武举人,均有国家政策性旅费资助,其资助额度则随各省离北京的远近而有不同。不过,文献记载表明,举人会试晋京旅费往往不敷使用,从而促使各地纷纷捐设宾兴,从中分润部分经费用于资助会试举人,或设立专门的会试助考基金专门资助举人赴京会试。

一、发领地点与发领时间

和乡试宾兴助考经费的发领基本相同,清代各地宾兴发领会试助考经费也分两种类型,即本地发领和在京发领。

(一)本地发领

1.本地考前发领

由于会试是一种全国性最高级别的淘汰考试,各州县参加会试的举人人数往往有限。为了节省发领考费的劳务成本,大部分宾兴都选择在本地发领会试考费。

有些地方规定举人在赴京会试起程当日或起程前若干日发领。广西平乐县宾兴馆规定,"新公车赴京会试,每名送川资银五十两,嗣后每名每届送银二十两。以起程之日送给"[157]。江苏宝应县画川书院采取分别对待的方式发给乡会试资助经费:"乡试人数较多,路途尚近,赴试之人多寡数目未能预定,是以必需场后方能计数给发,且免冒领等弊。至会试人数无多,易于查察,而路途遥远,是以于临行时照数分派。"[158]山西长治县宾兴章程规定,"会试公车每人助银四十两。必俟起身前一、二日方准领取"[159]。安徽来安县"堰塘公租"管理章程规定,"举人会试、拔贡京考路费,每名给纹银二十两,于动身前三日支取,以咨文为凭"[160]。江苏上海县罗店镇宾兴章程规定,"会试公车定于起程前十日分送"[161]。

举行文会试前一年的十一月或十二月、武会试当年的三月份发领。江西奉新县登瀛集规定,文武会试举人均每人资助50千文,其中文举人"以上年十一月,照文凭散给",武举人"以本年三月,照文凭散给"[162]。江西泰和县南宫会管理章程规定,"定上年十一月初十日,责成专管绅士按名照数发给"[163]。山东长清县宾兴管理章程规定,"送会试举人资斧,不能预定,视其钱之多寡均匀分送。凡有志会试者,俱俟十一月内起文,县官亲送"[164]。山东宁海州宾兴章程规定,"凡会试者,俱俟十一月起文,州官亲送"[165]。山东陵县宾兴规定,"凡会试者,俟十二月内起文,赴县请领"[166]。江西崇仁县公车会嘉庆二十三年(1818)《公酌条规》规定,"每届会试之期上年十二月,各举人领咨北上,邑绅公同将每典息钱收齐,查会试人数多寡均分",同时强调,"有故不赴会试者,无得冒取"[167]。江西万安县宾兴章程规定:"文会试起程多在前一年腊月间,武会试起程多在本年春间,经管首事未便专为此事设局。凡北上者,将在籍所起文书呈学师验明,即着学书写一支领凭票,副斋用硃标明,正斋盖用官印,着书斗眼同会试家人,持票赴户科亲领。科内暂存票据,腊月应付者,俟腊底首事来县结总时登记印簿,注明支销;春间应付者,俟六月首事设局登记印簿,亦须注明支销"[168]。广东韶州府郡宾兴章程规定,"会试举人及朝考之拔、优贡入京资斧银两均须具领,亲赴道府署禀明起程日期,听候验领给发"[169]。具体程序是,所有入京会试举人、贡生等均应先在考前一年的十月到道署报知是否赴京,道署根据报名人数,确定所积钱款是否足够每人 50 两之数,如不敷使用,则按人数均分。每人应领钱款数额确定之后,道署再"届时传领"。同时还规定,"如留京会试者,准由该举人亲属禀领,自行汇京"。

领取北上咨文后发领。举人赴京会试,例需提前数月到布政司衙门领取北上咨文,称为"起文",领取咨文的同时并向布政司衙门报领进京旅费。有些宾兴便也在相应时间参考国家规定向会试举人发领赴京旅费。江西南康县宾兴《给费条规》规定,给发文武举人考费,均为"俟起文后,本乡殷实之人代具领字给发"[170]。江西武宁县宾兴馆给费条例规定,"文武会试给钱六十千文,俟起文领水脚银后,本乡殷实之人代具领字给发。或有事故而未及赴京者,或至京而未入场者,着代领之人追缴一半,余一半下届扣抵"[171]。四川资阳县新宾兴会管理章程中规定:"议邑文武会试举人,无论曾否注选,北上者务以领到咨文后,持文邀同临近亲友二人来局,给予京费。如第咨文领取京费而不赴试,惟该邻亲友是问"[172]。

2. 本地考后发领

考试结束后发领会试助考经费。如山西忻州宾兴管理章程规定,"会试试资照乡试例场后散给,以六月二十五日为度,投文未入场者,亦照乡试例减半散给"[173]。这种案例极为少见。

（二）京城发领

举人赴京路途辽远，因而会试宾兴助考经费的数额一般都颇为可观。有些举人惧怕关山险阻跋涉艰难、考场鏖战负多胜少，但又贪图考费多金，往往先行领取考费，事后则借端并不赴京。为防止此类情形的发生，各地宾兴便采取在京城发领考费的方法，以期对应试举人起到实际帮助的效果。

1. 京城考前发领

湖北江夏县"田氏乐荆堂"发领会试考费，其大致过程为先在会试开考头一年的十一月初一日取出息钱，"照实价换纹，由信行寄京，交本邑京官收存"，然后在会试正式开始之前分派助考经费，也就是"次年三月初一日在江夏试馆派分"[174]。清代会试头场考试为 3 月 8—10 日，3 月初 1 日发领考费，正好离会试还有大约一周时间。

山西平遥县宾兴社管理条规也规定，"会试、优、拔朝考，将应给银数汇京，俟应试者到京之日会齐分给"[175]，也就是会试还没有开始之前将考费发给应试举人。

2. 京城考后发领

江苏江宁府公车费章程规定，每科会试场后在京都上江会馆发领考费。该府定例，每届会试结束，由上江会馆值年京官邀请应试举子参加"接场宴"，所有会试助考经费即在公宴时发领。其大致程序为，"查明府属七县会试人数，以本科汇到银数，除由会馆值年者先提接场费银四十两备办外，即于是日取出寄到联票，请各举人自填姓名、某县、某科字样，逐一画押，按人分算均摊，各裁联票一纸，自赴汇银京庄照兑。京官会试者，一律照送。俟发竣，将票根及收回联票寄回金陵，交省城京官绅士查收，开册呈府备案"[176]。

江苏吴江县宾兴同治六年(1867)所议章程规定,"会试经费先汇寄江震会馆,司年京官于公车齐后,除外籍不应给外,不论在籍起身及留京、游幕到京者,一体均送。司年京官即将人数、钱数核知经董,以便报销"[177]。

四川南充县宾兴局章程规定,"会试之年,由局在县请连二印票,北上文举必亲填姓名籍贯于上,裁一半给本人,留一半由局绅,和银交重庆票号汇至会试之地,俟本人实到其地,各执银票,照验相符,由票号支发"[178]。

有些宾兴因文献记载较为简略,我们无法确知是在会试之前还是之后发领考费。如广西桂平县宾兴馆《公定条约》规定,文武会试举人领取考费,需在会试前一年的腊月向宾兴馆告知准备入京会试,"届期汇兑入都,酌付一人按派,不得在局预支。其公车宿京、京官会试、进士留殿、优拔朝考,均在此股派分,多者人不得逾七十两",并强调"未到京者不与"[179]。

(三)两地结合发领

有些宾兴选择在本地先发领一部分考费,等举人考完返乡后再领取另外一部分考费。江西新建县宾兴馆章程规定,"文举人进京,每人给盘缠银二十两。考后回程,再给卷价银二十两家用"[180]。

江西德化县宾兴庄管理章程规定,"会试之银,于冬月二十日齐集郡城,查明北上举人,酌定数目,验其咨文,领到按名先发一半。其余一半,由票号汇至京都,数人公举品望素著会试举人一二位,将汇票带京,邀请同乡最尊京官,按名散给。朝考之拔、优两贡,一律办理。有不到京者,将银寄回存公,作为收数。已领一半银两,照数追缴,以免糜滥"[181]

江苏上海县罗店镇宾兴章程规定,"会试卷费每科五十千文,按人分送。或是科无人会试,多积数科生息,则倍给一百千文,余留下科。议在动身前三日送去,或托公正人寄至太仓会馆。如系逗留别地,并未赴京者,回家时当缴还"[182]。

二、发领数额

和发领乡试助考经费一样,各地宾兴发领会试助考经费,一般也分按会试举人人数平均分配增值所得和定额发领助考经费两种类型。

(一)按会试举人人数平均分配

1. 平均分配当年积存的全部增值所得

江苏江宁府于同治九年(1870)经李鸿章谕令发湘平银4375两,存盐旗领运,每月1.5分行息,为全府7县文举人会试公车之费。其管理章程中规定,每届会试年份,由钱庄将所得利息汇寄到京,交京都上江会馆值年京官"按人分算均摊"[183]。章程还规定,遇有恩科年份时,也按照同样的办法平均分配此前积存的全部利息。另外,与其他各地宾兴不同的是,江宁府属公车费对于"京官会试者"也"一律照送"。

贵州水城厅凤池书院章程规定,会试举人发给公车费。将每年所收20石租谷按照时价售出,收款存积,遇到有人赴试时,"无论举人、拔贡、优贡,将节年所存全行支用。如数年内仅一人赴试,全数归一人得。如有多人,照数均分。如按科俱有人赴试,亦第照存数发给,不得争论多寡。中遇恩科亦然"[184]。

2. 平分某一数额的增值所得

这种发领考费的方式一般出现在复合型宾兴中。如湖南湘潭县宾兴堂共有田产4006亩，约定除预留资助乡试、童试士子的各类考费支出外，县人应会试者"正科粜谷千三百石，易银寄京师，按人均分之，多寡无常数，大要足资一行之费"[185]，恩科则按正科一半平均发给。

广西陆川县宾兴馆规定，从所有田产收租中"派三百石为乡试川资，二百石为会试川资"[186]，按举人人数平均发领。其他剩余田租则用于支付新生修贽、童生卷结以及春秋祭祀、纳粮等项费用。

有些宾兴在平均分发的基础上，还规定如赴考人数过少，则每人平均不得领取超过一定数额的钱款。如广西北流县宾兴馆章程规定，每至乡试年份统计上届三年所积累的地租钱款，在扣除"岁科童生卷结、新进结修、各项花红及管理薪水、纳粮、侍香、催租工人一切支用"之后，将剩余钱款分作三股，其中两股作为乡试考生旅费，一股作为会试公车旅费，按人数分派，但"仍示以限制，乡试每人不得过十两，会试每人不得过百两"[187]。

有些宾兴因规模太小，故其给费章程亦往往做出相应调整。如四川井研县杏花庄初设于道光二十八年(1848)每年获利不过90千文，故咸丰四年(1854)章程中规定，"会试举人无论新旧多寡，照数均分"，但不分给武科举人。光绪二十六年(1900)经过多次修订之后，该项宾兴的捐助人的曾孙吴廷相再次修改《经费章程》，其中规定，除了依然坚持不发给武科举人会试旅费外，所有钱款利息应该"必先发给新公车"，在没有新科举人时才发给旧举人。如仅一人会试，则一人全领，如有数人会试，则数人均分。而其他地方基本都会发给的岁贡、恩贡、副榜进京入监路费，杏花庄历来不予资助[188]。

平均分配某一数额的考费,是平均全部增值所得的分配方案向定额派送考费的过渡阶段。如湖北归州宾兴章程规定,"公车北上无论文武,每次额送钱一百串。倘余款未能及额送之数,祗照余款佽数给送"[189]。表明如果宾兴增值所得较为充裕,或文武会试举人人数较少,则每人可以领取100串定额的考费资助,但如果增值所得不足,或文武会试举人人数较多,则采取按人头平均分配的方案,每人所领取的考费便不足100串的定额。

(二)按固定数额发领

按固定数额发领助考经费,是清代乡会试宾兴发展到成熟阶段的标志。从表8"清代宾兴发领会试助考经费例表"可以看出,清代不同时期不同地点对会试举人的考费支持的额度极不一致。这一额度的划定取决于多种因素,常理推测,应该包括因距离京城远近而产生的实际旅费需求度、因物价变化而产生的实际旅费需求度以及因宾兴自身资产规模大小而产生的支付承受度等等。需要指出的是,有些宾兴对本地新科、旧科举人会采取不同额度的考费支持政策。如广西平乐县同治二年(1863)议定的管理章程便规定,"新公车赴京会试,每名送川资银五十两,嗣后每名每届送银二十两,以起程之日送给"[190]。有些则对文、武举人采取不同额度的经费支持政策。如安徽建平县光绪元年(1875)捐置宾兴后议定的《宾兴条款》便规定,"举人会试,文酌给宾兴洋钱三十圆,武酌给宾兴洋钱二十圆"[191]。

由于清代专项会试宾兴数量较少,大多数发领会试举人进京盘费的宾兴都属于综合类宾兴,因此有些综合类宾兴的管理章程中往往必须对如何分配增值所得做出规定。如江苏吴江县宾兴章程规定："乡会试所需盘费,须分别定数酌提,方昭平允。以路途而论,都中几四倍金陵;以人数而论,乡试且十倍会试。今拟将三年中所得田租典息若干,作为十成开派,以六成归乡试,以四成归会试。庶几多寡得宜,可免偏枯"[192]。

表8　清代宾兴发领会试助考经费例表

地名及宾兴名称	大致规模	发领类别与数额	年代
河北广平府书院宾兴	附书院	25 两应试举人均分	同治三年
江苏宝应县书院宾兴	附书院	以 80 千为公车程仪费	道光十八年
江苏常熟、昭文县宾兴局	田产 3750 多亩	会试每名 36 千文	道光十九年
江苏嘉定县宾兴公车	未详	文武公车每名给钱 70 千文,外省起程者减半	光绪五年
江苏江宁府公车费	存典本金 4375 两,每年利息 787.5 两	应试举人均分	同治九年
江苏上海县会试计偕经费	计偕存本 1500 千文,按月 1 分行息,三年约 540 千文	按人均分	道光九年
江苏上海县会试计偕经费	计偕存本 750 千文,三年得息约 200 千	每人 40 千文	同治三年

江苏泰兴县公车经费	3000 千文,月息 1 分,三年约 1080 千文	每人以 100 千文为限	光绪十年
江苏吴江县宾兴	490 亩	会试分田租的 40%,按人数均分	同治年间
安徽霍邱县乡会试盘费	田租约 500 石	会试分一半田租,按考生人数均分	同治七年
安徽建平县宾兴	1000 千文	文举人 30 元,武举人 20 元	光绪元年
安徽来安县堰塘公租	种 70.2 石	每人 20 两	道光八年
山西长治县宾兴	2000 千文	会试每人 40 两;新进士参加庶吉士朝考每人 60 两	光绪五年
山西代州宾兴	13200 串	文会试 20%,武会试 10%	光绪六年
山西解州书院宾兴	附书院	应会试者各给银 20 两	同治十一年
山西平遥县宾兴社	存银 12000 两	文武会试每人不过 60 两	光绪六年
山西曲沃县杏花红	200 两,每年息银 20 两,三年共 60 两	文武举人平分	乾隆二十七年
山西芮城县宾兴	3000 两,年息 1.1 分	会试、拔贡廷试占 1/3	同治年间
山西太原县培英义庄	提息银 140 千文	会试如仅一人给 70 千文,如过 1 人则平分	光绪六年

山东长清县宾兴	息银 33 千文	均分	道光九年
山东陵县宾兴	存钱 1000 串,1 分行息,三年利息 360 串	每人 20 千文	光绪元年
山东宁海州宾兴	存钱 2700 串,每年 1 分行息,三年得息钱 810 千文	共 30 千文,会试举人均分	道光三十年
甘肃通渭县书院宾兴	附书院	每人 30 串	光绪十八年
浙江浦江县郑氏会试路费田	100 亩	应试举人均分三年田租	康熙四十二年
江西崇仁县卷局	田租 759 桶,店租 65 所,存钱 9840 贯	文武会试程仪各 8 千文	嘉庆十年
江西崇仁县公车会	存钱 2000 千文,年息 1.2 分,每三年 792 千文;续捐银 1800 两购置田产、店业	会试文举人均分	嘉庆二十三年、同治元年各有章程
江西奉新县登瀛集	捐银 2.5 万余两,田 300 余石	文武举人每人 50 千文	道光二十一年
江西泸溪县宾兴	田租 900 余石	会试每人 40 千文	道光十七年
江西南康县宾兴	田租 800 余石,存钱 34546 串	文举人每人 150 千文,武举人每人 100 千文	同治五年

江西宁都州乡会试卷资	200 亩	1/3 归会试举人	乾隆年间
江西宁都州乡会试卷资	1200 亩	120 千文文举人平分	道光二年
江西铅山县宾兴	1145.6 石	文会试 100 两洋银,武会试 50 两,按人数均分	道光二十六年
江西铅山县宾兴	1145.6 石	文武会试举人每名 15 两	道光三十年
江西铅山县宾兴	1145.6 石	文武会试举人每名 20 两	同治九年
江西上犹县乡会试租田	533 石	文武会试合占 1/3,文武平分	乾隆十五年
江西泰和县南宫会	存钱 4000 两	文举人每人 50 两,恩、正相同	同治六年
江西万安县宾兴	存钱 2000 吊,按月 1.2 分行息	文武举人每人 24 千文	同治十年
江西万年县崇文堂	每年田租 400 余石	会试举人每人 20 两	嘉庆十一年
江西武宁县宾兴馆	捐钱数万金	文武会试每人给钱 60 千文	道光二十二年
江西新建县宾兴馆	捐钱 1.8 万缗	文举人每人盘缠银 20 两,卷价银 20 两;武举人盘缠银 20 两	道光年间
江西靖安县观光集	随粮生息钱 13670 千文 田租 1766 石 存典钱 5800 吊	新旧文武举人会试每名程仪 80 千,按 10 名计算共 800 千;另帮补赁会馆钱若干	咸丰二年

江西靖安县观光集	随粮生息钱13670千文 田租1766石 存典钱5800吊	文武举人会试每名川资钱70千文	咸丰十一年
江西南昌县考棚公局	存典银5.96万两	文武举人每名公车费50串;留京会试、北闱中式者会试,归局给钱50串	同治年间
湖北崇阳县兴贤庄	捐钱3000串	会试每人30串	道光九年
湖北崇阳县兴贤庄	捐钱4850串	会试每人50串	道光二十六年
湖北归州新宾兴	从田房契税项下每两抽收3文	文武会试每人100串	光绪八年
湖北黄冈县公车费	租谷232石	文武会试举人分给	同治十一年
湖北京山县书院宾兴	附书院	会试路费100千文按名平分	光绪年间
湖北松滋县宾兴	田租30多石	会试各给费50缗	道光年间
湖北麻城县宾兴	存钱1万串	会试每名24串	道光十二年
湖北枝江县宾兴	水田、湖田、荒地305亩,庄房12间	会试盘费每人80千文	道光年间
湖北竹溪县宾兴	存钱5000余串	每人给钱160千文	咸丰二年

湖南凤凰厅举贡入都盘费	道署屯防项下	每人盘费谷 200 石	道光二十八年
湖南龙阳县	存钱 1000 缗 1.5 分生息，三年得息钱 450 缗	会试每人 16 缗	嘉庆二十五年
湖南宁乡县宾兴	每年田租 3205 余石	文武举人公车费正科 600 石均分	光绪四年
湖南平江县宾兴书院	田租 500 余石	文武举人每人 30 缗	咸丰十一年
湖南黔阳县宾兴	文学科费田租 474 石，武科费田租 237 石	新科举人送谷 100 石，旧科举人 50 石	同治十年
湖南湘潭县宾兴堂	田产 4006 亩	会试正科粜谷 1300 石易银寄京师按人均分	同治年间
湖南湘乡县宾兴田	田产 900 亩	每三年一年田租均分，人少不过 100 石	咸丰十年
湖南湘阴县兴贤堂	田 155 亩和田产每年收租约 240 石	举人每人路费钱 40 缗	同治四年
四川崇宁县书院宾兴	书院田产约 300 亩	新科文举人每人路费银 50 两，新科武举人每人路费银 30 两	光绪初年
四川大宁县书院宾兴	附书院	会试公车每人 50 两	同治四年
四川大竹县老宾兴	田租 60 石	会试每人 10 两	同治二年
四川大竹县新宾兴	田租 200 石	会试每人 50 两	光绪十五年

四川隆昌县宾兴会	捐款 1000 多两购置田产	文武举人每人卷资钱 60 千文	道光九年
四川南充县宾兴局	未详	旧章每人 50 串,后增至 80 串;今议无论恩、正每名给银 100 两,约合钱 130 串	光绪二十九年
四川彭水县宾兴月课	资产总值 5265.7 串	文举人每人 60 千文,武举每名 30 千文;旧科减半	咸丰十年
四川蓬州宾兴		会试举人每人 50 千文	咸丰八年
四川荣昌县宾兴	税厘项下	每届于税厘、肉厘项下拨钱 300 串,按名均分,至多不过 100 串	光绪六年
四川射洪县书院宾兴	附书院	新举人每人 50 串,旧举人每人 30 串	光绪十一年
四川万县宾兴会	田租 133 石	新举人每人 80 千文,旧举人每人 40 千文	道光二十九年
四川万县元卷会	存钱 1300 千文	会试每人 10 两	同治三年
四川武胜县科甲宾兴田	未详	会试每人 50 两,后增至 80 两	道光年间
四川资阳县新宾兴会	置业 20 余处,约收租 1000 缗	文武举人每人 100 串	道光三十年
四川资州宾兴	存钱 7000 缗	文举人每名 200 串,人多则均分	光绪元年
福建福安县书院宾兴	附书院	会试盘费每年 20 千文,考生均分	同治十二年
福建尤溪县连科中	租谷 87 石	文举人不论新旧恩正每人 30 千文	嘉庆七年

福建台湾府宾兴	附书院	海东书院肄业新科举人每名银100元;当年入学连捷乡榜每名100元,新科举人每人60元,旧科举人每人40元	光绪九年
台湾苗栗县书院宾兴	附书院	新举人会试每人盘费洋银20元	光绪十七年
广东长乐县宾兴	三年田租银664.6两	文举人每人60两;武举人30两	道光年间
广东德庆州宾兴馆	田租约240石	文武举人公车费4元	嘉庆二十四年
广东广州府应元书院宾兴	附书院	书院肄业举人,内课30名每人公车费50两,外课20名每人公车费40两,附课50名每人公车费30两;书院新科举人,内课15名每人公车费25两,外课10名每人公车费20两,附课25名每人公车费15两	同治八年
广东番禺县儒学宾兴	附儒学	正科会试支公车盘费银500两,恩科支250两,均分	咸丰五年
广东高明县新设宾兴	未详	文武举人每人公车银21两	同治十一年
广东海阳县扶轮堂	每年租银约共4000两	会试每人250元	光绪二年
广东海阳县鹰扬堂	每年租银月800两	会试每人140元	同治十二年
广东化州旧宾兴义田	田租435石	会试文武举人每人30千文	乾隆四十年

广东揭阳县曹公宾兴学租	每年实存租钱113千文	会试举人每人程仪30元	咸丰六年
广东连州北上经费	存银750两,每年息银135两	会试举人每名150两	道光十八年
广东临高县书院宾兴	附书院	文武举人会试每人50千文	同治十三年
广东南雄州儒学宾兴	附儒学	文武新科举人会试每人24两;旧科举人会试每人16两	嘉庆十三年
广东清远县文庙租银	附儒学	文武会试每人公车银10两	未详
广东清远县文庙租银	附儒学	文武会试每人限领100两	光绪十六年
广东韶州府郡宾兴经费	存银6000两,年息6厘,每三年息银1080两	每人资斧银50两	同治十年
广东石城县大宾兴	捐银8400两	文武会试正科每人70两,后加至140两;恩科每人50两,后加至100两	道光八年
广东石城县小宾兴	捐钱41874千文,置买田租1453石	文武会试每人支川资钱50两	同治八年
广西平乐县宾兴馆	捐银1000余两	文武会试新科举人每人川资银50两,旧科举人20两	同治二年
云南广南府会试卷金	捐银780两	新科举人每人50两,旧科举人及留京会试举人每人20两	道光四年

云南昭通县大卷金	每年收租98.4两	新科举人每名30两,旧科15两	未详
贵州八寨县宾兴	未详	会试每名14石	同治十一年
贵州黄平州北宾兴	捐银500两	会试每人银20两	光绪年间
贵州仁怀厅宾兴	每年收田租43石	会试每人银20两	道光二十一年
贵州兴义府书院宾兴	附书院	会试每人银60两	道光十六年
贵州兴义县宾兴	田租150市石	会试每人银50两	咸丰二年
贵州遵义县宾兴	田租878.6石	文会试合计300两均分;武会试合计100两均分	光绪元年
江苏上海罗店镇宾兴	存典1000串,1分行息	会试每人卷费50千文;如数科无人,可领100千文	道光十六年
江苏上海罗店镇宾兴	存典1000串,1分行息	会试如仅1人,得50千文,如2人,分70千文,如三四人分100千文	光绪九年
江西庐陵县坊廓乡宾兴文课	未详	会试程仪每人60吊,折酒席钱10吊	道光二十五年

三、有关受资助者的资格限制

相比于发领乡试助考经费的颇多资格限制,各地宾兴在发领会试助考经费时的身份资格限制相对更少。从文献记载来看,主要体现为以下三个方面。

（一）对任教职等官职的举人的限制

清代科举制度规定，举人可以出任亲民官、教官和京城各官学教习等各类职务，亦可到地方官门下担任幕僚，其中除被选任为知县、通判等地方官的举人外，其他担任教官、教习的举人均允许继续参加会试，中式者即为进士，可以重新选择仕途。对于这些出任教职、教习的举人，个别地方的宾兴议有领费限制条件。如山西代州宾兴章程规定，"士子游学在外，以及在省、在京试用职官，应乡试、会试以后，许亲族呈明，取具同试人保结，补行给发。其由本籍愿应北闱者，亦照本省应领之数，一律发给。若在任人员，无论正、署，概不资助，以示限制"[193]。章程中虽未明言是担任何种官职，但显然不可能是亲民官，而只能是包括儒学教职、官学教习以及内阁中书等在内的各类官职。

（二）对是否从本地赴京者的限制

会试助考经费一般用于帮助考生解决旅费问题，因此对于并不从家乡出发赴京的留住京城的举人，由于并不存在旅费支出，有些宾兴便不予资助。如湖南黔阳县宾兴章程中规定，"新科举人及优拔贡朝考北上赆谷百石。旧科举人半之。其留京及赴选就便会试者不与"[194]。又如四川彭水县宾兴月课亦规定，所有助考费用，"留京、留省之举人、生员不得支领"[195]。

有些地方则宣布对此类应试者减少资助数额。如江苏上海县"会试计偕经费"在太平天国间因历经兵燹各典抢歇，原有1500千文的存款仅剩一半，三年利息不过200千文，为此除规定会试举人每人资助40千文外，对其他在京参加会试、北闱乡试者的领款资格加以限制:"除举人之现任官员六品以上之候选官,及外官州县以上、京官五品以上之子弟,毋庸分送外,其曾充教习、誊录未赴投供,由本县起文,本籍起程,一体均给。由上科留京者回籍盘费,除现充教习、誊录,本不出京外,仍酌送十分之二"[196]。

(三)对捐纳生监考中举人者的限制

各地宾兴对通过捐纳方式取得监生资格从而获取乡试机会的考生往往不予资助乡试助考经费。有些会试宾兴则进一步规定,这些捐纳人员如果考中举人,则其会试阶段的考费同样不予资助。如广东临高县书院宾兴章程便规定,"晋京水脚,不拘文举、武举、拔贡,每人帮钱五十千。捐纳者概勿论焉!"[197]

清代宾兴组织向本县举人发放会试助考经费,由于应试者数量一般较少,且均已是举人身份,与参加乡试的贡监生员人数较多、鱼龙混杂迥然不同,故其监督管理相对更易,办事成本也相对较低。正因为如此,目前所见各宾兴管理章程中对如何发领会试助考经费往往言之相对简略,尤其是对于发领此项经费的经办人员以及领款者的身份资格限制均较少见到更为详尽的规定。

第四节　其他类型宾兴助考经费的发领

除了童试、乡试、会试三类宾兴,清代各地还间有贡生宾兴、优拔贡朝考宾兴等各种非主流宾兴。它们的数量尽管不如前三类众多,但对于考察清代科举分级以及地方社会对不同科举身份者的重视程度,均有一定的参考价值。本节主要通过列表来对贡生宾兴、优拔贡朝考宾兴等专项宾兴以及各综合类宾兴中的贡生考试、优拔贡朝考的经费资助数额作一简略的展示。

表9 清代宾兴对优拔贡等助考经费的发领

地名及宾兴名称	大致规模	发领类别与数额	年代
江苏娄县官捐宾兴	每年冬漕项下拨钱300千	癸酉科拔贡何瑾、章末禀奉藩宪批饬,各给朝考盘费银12两	同治十二年
江苏南汇县优拔贡朝考费	存款200千文	人多则平分,1人则最多不过100千文	同治十三年
江苏娄县、金坛拔贡朝考费	13亩	每届酉年,娄县、金坛县学每人各赠30千文,府学每人60千文	光绪三年
江苏泰兴县公车经费	3000千文	优拔贡朝考每人30千文	光绪十年
江苏上海罗店镇宾兴	存典1000串,按年1分行息	贡监北上卷费每人30千文	光绪九年
安徽来安县堰塘公租	种70.2石	拔贡朝考每人20两;岁贡盘费每人10两	道光年间
安徽建平县宾兴	1000千文	优拔贡朝考每人20元	光绪元年
山西长治县宾兴	2000两	优拔贡朝考每人40两	光绪五年
山西长治县宾兴	2000两	岁科试出贡者助银10两	光绪五年
山西平遥县宾兴社	12000两	优拔贡朝考每人不过60两	光绪六年
山西平遥县宾兴社	12000两	儒学教官乡试送考或应试,送程仪60两	光绪六年

陕西绥德州廪生贡费	存钱122千文	以利息永作出贡之费	光绪十一年
甘肃通渭县书院宾兴	附书院	选拔贡生朝考每人送钱40串	光绪十八年
浙江庆元县育英、储英庄	每年实收大租549把	每科抽银10两汇存作选拔贡生北上路费	道光十二年
江西奉新县登瀛集	捐银2.5万余两,田300余石	优拔贡朝考每人25千文	道光二十一年
江西南康县宾兴	田租800余石,存钱34546串	优拔贡朝考每人150千文;贡生赴京入监每人30千文	同治五年
江西万安县宾兴	存钱2000千,按月1.2分行息	优拔贡朝考每人24千文	同治十年
江西万年县崇文堂	田租400余石	优拔贡朝考每人20两	嘉庆十一年
江西武宁县宾兴馆	捐钱数万金	优拔贡初次进京朝考每人60千文副贡、岁贡进京,每人给30千文	道光二十二年
江西新建县宾兴馆	捐钱1.8万缗	优拔贡进京每人盘费银20两	道光年间
江西靖安县观光集	随粮生息钱13670千文 田租1766石 存典钱5800吊	优拔贡进京朝考每人支费50千	咸丰二年
江西靖安县观光集	随粮生息钱13670千文 田租1766石 存典钱5800吊	优拔贡进京朝考每人支费40千	咸丰十一年

江西靖安县观光集	随粮生息钱13670千文田租1766石存典钱5800吊	恩、副、岁贡每名卷资16千文，税余每名50千文	咸丰二年
江西靖安县观光集	随粮生息钱13670千文田租1766石存典钱5800吊	恩、副、岁贡进京应试每名支费40千	咸丰十一年
江西南昌县考棚公局	存典银5.96万两	优拔贡朝考每人公车钱30串	同治年间
江西南昌县考棚公局	存典银5.96万两	孝廉方正给公车钱40串	同治年间
江西庐陵县坊廓乡宾兴文课	未详	优拔贡朝考程仪每人60吊，折酒席钱10吊	道光二十五年
湖北归州新宾兴	从田房契税项下每两抽收3文	优拔贡朝考、考教习者每名送50串	光绪八年
湖北归州新宾兴	从田房契税项下每两抽收3文	恩、副贡赴京考教习每人送钱50串，中者加倍，归家后凭卷票领取	光绪八年
湖北松滋县宾兴		优拔贡朝考各给费30缗	道光年间
湖北南漳县宾兴	田产约550亩	优拔贡朝考每人20串	道光年间
湖北枝江县宾兴	水田、湖田、荒地305亩，庄房12间	拔贡朝考每人80千文	道光年间
湖北竹溪县宾兴	存钱5000余串	优拔贡朝考每人给钱160千文	咸丰二年

湖北竹溪县宾兴	存钱 5000 余串	恩、拔、岁、副、优贡入监肄业，每人给钱 80 串	咸丰二年
湖南凤凰厅举贡入都盘费	道署屯防项下	拔贡朝考每人发给盘费谷 120 石	道光二十九年
湖南凤凰厅	1000 亩	乡试每人给银 10 两	嘉庆十四年
湖南黔阳县宾兴	文学科费田租 474 石，武科费田租 237 石	优拔贡朝考送谷 100 石	同治十年
湖南黔阳县宾兴	文学科费田租 474 石，武科费田租 237 石	副榜送谷 50 石	同治十年
湖南湘阴县兴贤堂	田 155 亩和田产每年收租约 240 石	优拔贡朝考、京官初次入京每人 40 缗	同治四年
湖南湘阴县兴贤堂	田 155 亩和田产每年收租约 240 石	恩贡、岁贡、副贡入京路费钱 20 缗	同治四年
四川崇宁县书院宾兴	书院田产约 300 亩	优拔贡每名送路费 30 两	光绪初年
四川井研县杏花庄	三年利息 270 串	优拔贡朝考每人 40 千文	光绪二十六年
四川隆昌县宾兴会	捐款 1000 多两购置田产	优拔、副贡北上，每人卷资钱 6 千文	道光九年
四川南充县宾兴局	未详	优拔贡朝考旧章每人 50 千文，今议给 100 两	光绪二十九年

四川南充县宾兴局	未详	恩、副、岁贡赴京考誊录每人给钱 60 串,北闱乡试给银照本省加倍	光绪二十九年
四川荣昌县宾兴	税厘项下	优拔贡朝考每人 100 串	光绪六年
四川射洪县书院宾兴	附书院	拔贡朝考每名 40 串	光绪十一年
四川万县宾兴会	田租 133 石	恩拔副岁优贡初次入京每人 40 千文,后则减半	道光二十九年
四川武胜县科甲宾兴田	未详	优拔贡朝考每人 50 两,后增至 80 两	道光年间
四川资阳县新宾兴会	置业 20 余处,约收租 1000 缗	优拔贡、恩贡、副贡进京每人给钱 100 串	道光三十年
福建尤溪县连科中	租谷 87 石	钦赐举人、副贡北上每人 10 千文;恩拔副岁优贡北上每人 10 千文	道光二年
广东化州旧宾兴义田	田租 435 石	优拔贡朝考每人 30 千文	乾隆四十年
广东化州旧宾兴义田	田租 435 石	恩拔副岁贡铨选教官、举人大挑借补教官每人 15 千文;廪贡捐教官每人 10 千文	乾隆四十年
广东高明县新设宾兴	未详	优拔贡朝考每人 21 两	同治十一年
广东海阳县扶轮堂	每年租银约共 4000 两	优拔贡朝考每人 250 元	光绪二年
广东揭阳县曹公宾兴学租	每年实存租钱 113 千文	优拔贡朝考每人程仪 30 元	咸丰六年

广东连州北上经费	存银750两，每年息银135两	优拔贡朝考每名150两	道光十八年
广东临高县书院宾兴	附书院	优拔贡每人50千文	同治十三年
广东南雄州儒学宾兴	附儒学	优拔贡朝考每人16两	嘉庆十三年
广东南雄州儒学宾兴	附儒学	恩拔副岁贡赴省每人盘费银4两	嘉庆十三年
广东石城县大宾兴	捐银8400两	优拔贡朝考每人50两，后加至100两	道光八年
广东石城县小宾兴	捐钱41874千文，置买田租1453石	优拔贡朝考每人50两	同治八年
广东清远县文庙租银	附儒学	优拔贡朝考每人限领100两	光绪十六年
广西平乐县宾兴馆	捐银1000余两	优拔贡进京每人送川资银20两	同治三年
云南广南府会试卷金	捐银780两	优拔贡程仪20两	道光四年
云南广南府会试卷金	捐银780两	恩优副岁贡进京每名20两	道光四年

　　表中可以领取助考费用的身份资格主要涉及优拔贡进京朝考、部选者，此外则有岁贡、恩贡、副贡以及在京任职的举人中书等类人员。优、拔贡由于选拔人数较少或选拔间隔时间长，且均必须进京参加朝考或部选，一来物以稀为贵，二来确实有考费资助的客

观需求,故不少宾兴对他们的资助额度均参照举人会试,如广东化州旧宾兴乾隆四十年(1775)规定,"文武举人会试、选拔朝考、举优复试礼部,各助钱三十千文"[198]。江西万年县崇文堂嘉庆年间亦规定,"会试及优、拔贡北上路费每名二十两"[199]。也有一些规定照举人会试资助额度的一半或一半稍多、稍少额度进行发领,如江西奉新县登瀛集道光年间章程规定,文武举人进京会试"帮费每人五十千文",而优拔贡进京则"视会试减半"[200]。广东南雄州儒学宾兴规定,"文武初会试者各赠盘费银二十四两"、"文武老会试者各赠盘费银一十六两"和"拔贡、优贡赴朝考者各赠盘费银一十六两",相比较而言,优拔贡朝考帮费与旧举人相同,但仅有新举人的2/3。广西平乐县宾兴章程中规定,会试举人进京,如系新科举人每名可领川资银50两,旧科举人每名可领20两,而"选拔、优贡进京每名送川资银二十两"[201],与旧科举人相同,较新科举人少了一半还多。

　　除了这些助考性质的经费支持,各综合类宾兴中还特意议定条款,专门对规定了向考试中式者发放贺金事宜。如江西武宁县宾兴馆道光年间议行的《给费条规》中便规定,"文鼎甲,省提塘报条每名给钱二十四千文,武鼎甲每名给钱二十千文。文场翰林、部属、中书即用者,每名给八千二百文。武场侍卫每名给钱十千文。会试文场中式每名给钱十二千文,武场中式每名给钱十千文。乡试文场中式每名给六千二百文,武场中式每名给三千六百文。优、拔、副贡每名给钱三千文,恩、岁两贡每名给钱二千四百文"[202]。湖北枝江县宾兴馆规定,除了乡试助考费用、童试岁科试新生束脩每人发给10千文,会试举人、拔贡朝考盘费每人80千文外,并约定"新科举人每人花红钱五十千文,中进士每人花红钱一百千文,点翰林每人花红钱二百千文,点小京官花红钱八十千文"[203]。如果说考生在历经磨难、囊中渐空的情况下获得助考经费是雪中送炭的话,那么新科举人得到的宾兴花红则属于锦上添花,它对于清代科举社会的进一步发展与稳固,起到了一定的思想催化作用。

第五节　清代宾兴助考经费发领的相关问题

清代宾兴发领助考经费,主要包括前面讨论的各种类型。而关于领取助考经费时的一些附加规定,虽然从总体来看不同宾兴多有不同,但也有一些规定是相似乃至相同的。本节在此结合各种不同级别类型的宾兴一起加以讨论。

一、有关追回未入场士子所领钱款的问题

各地宾兴管理章程一般都规定,领取助考钱款者必须真正参加了考试,未入场者则要追回所领费用。此类规定,各地略有不同。具体而言又可分为三种类型。

(一)追回全部钱款,并加倍重罚

山西辽州知州陈栋于光绪六年(1880)整顿书院,划拨宾兴经费,规定"如有冒昧赴考,得银而不进场乡试者,查明究追缴还,并加倍重罚"[204]。

山西平遥县宾兴社规条规定,"会试、优、拔朝考,将应给银数汇京,俟应试者到京之日会齐分给",假如有人胆敢冒领,则"加倍追罚"[205]。

四川井研县杏花庄章程规定,会试举人、优拔贡等如有"领钱不行,或中途无故自返者,加倍追还"[206]。

福建台湾凤山县凤仪书院规定,"冒领银两,并不赴省应试

者,查出加倍追回。其临时或有患病等事,不能应试者,应令告明监董,缴回领款,仍交郊行存储"[207]

江西万安县宾兴这方面的规定显然更为严厉:"乡会试已领程仪,或有事故未赴试者,即着门斗限催,一月内将原钱缴还,勿令推延。如不遵公议,即于领程仪簿内注明'某人冒领程仪未赴乡试,钱未缴还'字样,日后本身及子孙虽有应得宾兴钱文,永不给发,乡会试亦不开送程仪"[208]。

(二)追回所领全部钱款

有些地方对于领取了助考经费却不进考场的考生采取较为严厉的追回赠款措施。如江西德化县宾兴庄管理章程规定,资助会试举人的钱款按在县一半、京城一半发领,并规定,会试举人中"有不到京者,将银寄回存公,作为收数;已领一半银两,照数追缴,以免糜滥"[209]。江西泰和县南宫会管理章程规定,"如举人领过盘费,并不进京会试者,即将盘费如数追还。倘有不能交还者,即将该举人登明印簿,永远扣除,日后永不准给发"[210]。"永远扣除"和"永不给发",两个"永"字体现出民众对领取考费却不赴考的欺诈行为的无比痛恨与绝不姑息的态度。

有些地方则显得更为人性化,对于确有患病等特殊原因而不入考场的考生,采取免于追缴的措施。如福建尤溪县"连科中"章程规定,"其科考有名及考遗录取者,领过公项,若不赴场,众等务须查明,或果患病,或果家中有事赶回,可不必论。除此情外,即金禀学师追还存公。"[211]山东宁海州宾兴章程亦规定,"分散考费,代领者不给,决科不到事后补领者不给。或有已领不赴试,及途次病归者,着自行全数缴还。不缴者,移学追还。如有在省患病不能进场者,取具同试士子五人互结,免其缴还"[212]。

由于科举考生往往醉心科举、屡败屡战，即便暂时没有考中，下次则依然整装再考，故而有些宾兴便规定，如本次领取考费而不入考场，则下次赴考时应扣除相应助考经费。如江西南康县宾兴《给费条规》规定，文武会试举人领取考费，不需本人到场，由其"本乡殷实之人代具领字"代为领取。如举人领钱后并未入京考试，则由代领者负责追缴一半，其余一半则在下次会试入京时从考费中扣抵[213]。江西武宁县宾兴馆给费条例也规定，"文武会试给钱六十千文，俟起文领水脚银后，本乡殷实之人代具领字给发。或有事故而未及赴京者，或至京而未入场者，着代领之人追缴一半，余一半下届扣抵"[214]。江西奉新县登瀛集规定，会试文武举人如有"领费后仍不进京者"，需缴还所领钱款；如钱款已经用完无力缴还，则其下次进京考试便不能再次领取资助。咸丰年间，因太平天国起义导致道路梗阻，本县会试举人多有中途折回者。登瀛集绅董经讨论决定，对于本年会试举人所领助考经费，"路经过半者免扣；其未经半路折回者仍照旧扣除"[215]。

（三）追回一半钱款

有些地方规定，领取助考经费而不入场的考生只需归还一半的钱款。如山东长清县宾兴管理章程规定，乡试士子"已领而不进场者，着自行缴还一半。不缴者，着门斗追还"[216]。门斗指儒学杂役，乡试士子多为儒学生员，由儒学门斗负责追缴，较为便利。山东陵县宾兴章程的规定与长清县极为相似，同时还进一步规定了缴回钱款的处理办法："凡散给士子卷资，以入场应试者为准，定于考遗后散给。诸生赴学官公所亲领，代领者不给。或有已领而不进场者，自行缴还一半。不缴者，着门斗追还。所有未领及缴还之项，仍由礼房领回缴县存库。"[217]

为了查明领款考生是否确已入场考试,有些地方也采取了相关措施。如四川资阳县新宾兴会在咸丰年间续议章程中便规定,"举贡进京,各给京费钱一百钏,不得遽向局内支领。先倩亲友在别处暂借三月,俟该举贡启行,探听实系前往,该家属来局投明,首事探听的,始将此钱兑给,以还借头。其三个月一分五利,会内代认。倘首事不能查实,或该举贡躲匿在家、在外,未尝前往,以致误支者,着首事赔出,并罚扣三年费心钱,不得支领分文"[218]。

为了避免有人冒领钱款,节省追回冒领钱款的工作成本,有些地方便采取了较为先进的近代财务手段。如四川南充县宾兴局章程规定,资助会试举人的银两,均由重庆票号汇寄京城。考生领取考费,先"由局在县请连二印票,北上文举必亲填姓名籍贯于上,裁一半给本人,留一半由局绅和银交重庆票号汇至会试之地",举人到京之后,"各执银票,照验相符,由票号支发"[219]。这种发领方式,不仅排除了人工携带钱款的不安全因素,而且要求领款举人必须亲自到京才能领到钱款,避免出现此前的"退还之说,每难实行"的尴尬。

二、有关经费发领后的财务监督

发领钱款,必须发放、领取两相一致,才能避免虚开、冒领之弊。有些宾兴便采取措施,规定发领助考经费时,考生需在领款簿册上亲笔签名,事后由管理者汇总核算,交回总局或地方衙门,以便核查。

安徽来安县"堰塘公租"管理章程规定,值年董事在省城于考前发领完乡试助考经费后,应于"事竣统计名数若干,动支公项银两若干,照数登簿"[220],通过记录于账簿来实现财务监督。山东陵县宾兴章程进一步规定:"事毕后学官造具应试士子名姓清册。

其未进场者,于名下注明。并将收到钱数若干,散过卷资若干,开销若干,余钱若干,造册移县存案"[221]。不仅要记账,更要向地方政府造册存案。

江苏娄县于同治九年(1870)从冬漕公费中每年拨钱300千文,存典生息。遇有乡试年份,由经董将本、息一齐取出,带至南京,在查对完实际应试人数后,按考生姓名逐一填写票据,由娄县儒学送考杂役分别送交各考生。乡试八月初八日进场,八月初六、初七两日,考生需持票据向经董领钱。之后,为免舛混而滋弊端,经董在查明应试考生的人数与领款数额后,需刊印"征信单"若干份,分发给捐户及各士绅。征信单上必须详细登载领钱考生姓名,并需附注"历年本息若干"和"各项支销若干"[222],以便让翻阅者可以对历年财务收支情形一目了然。与安徽来安县向上申报地方政府造册存案不同,江苏娄县采取向下刊印征信录接受基层社会民众的监督。

三、有关设法节省发领成本

作为一种公益基金,宾兴资产的收益来之不易。在发领助考经费时,出于节省开支的考虑,往往会想方设法降低发领成本。

为尽力避免钱款折耗,有些宾兴便设法采取钱庄汇兑的方法,节约人工劳务费及银钱转换手续费等成本,同时可以避免钱款在路上遗失。如湖北黄冈县知县戴昌言于光绪八年(1882)拨修纂县志时士民所捐余银3000两,存典9厘生息,作为文举人公车旅费。约定"每届会试于上年年终算取息银,由银号汇交经管会馆京官,按到京人数分给"[223]。又如江苏句容县宾兴亦规定,宾兴每年所收捐钱均为"通足制钱",在带往省城分发的过程中,"并不折成洋银,以免出入低昂之弊",只需"届期先饬源裕典汇寄省典协隆兑付钱票,以便给散,且省解运劳费"[224]。而山东莒州宾兴章程也规定:"莒邑银价,较省垣常贵,宾兴钱文在本处支领,该士子固多沾实惠,惟有冒领滥领竟不乡试者,其弊难于杜绝。向下届乡试,先由州谕饬经管宾兴绅士,视息钱多寡,以钱买上好成色之银,按名平准,包封印记,带赴省垣,由司宾兴绅董按照卷票,择地发给。务于领卷所先期贴条告白。至给发宾兴绅董,每届择用二人,随时酌给川资,以酬辛劳。再或银价合算,由省易银换钱,以钱给发,更为平允,亦须随时斟酌"[225]。

由于银钱比价常有波动,且不同地点的银钱比价也各不相同,因而钱款在异地携带的过程中,如果变换币种,便常有盈利或亏损的可能。湖北归州新宾兴章程规定,选取应试子弟中家道殷实者将应发钱款带至省城发给考生,除规定可以按每串(1000 文)报销40 文的"包绳及起下脚力盘堤船资"外,还给予其可以灵活选择是否将铜钱兑换为银两的权力:"如愿易银带省,或赚或折,归带者自认,与宾兴项无涉"[226]。

四、有关对捐助者子孙给予特别优待

宾兴的产生往往来自某一位或某些位士绅富户的慷慨捐资,故而在其所议管理章程中,有时会看到对参加考试的捐助者子孙予以更大数额资助的规定。如江苏丹阳县梯云会初设于道光十五年(1835),当时全县士绅纷纷捐资,共筹集捐款 14000 余千文。太平天国起义爆发之后,为了筹集防堵经费,梯云会存典生息的钱款被"提拨已尽"。至同治六年(1867)县人丁裕善等捐助丁氏宗祠公产共计 1209 亩,又储文礼等捐田 166.5 亩、童梅氏捐田 19.9 亩,重建梯云会。知县陈鹏为之撰写记文,勒石明伦堂;孝廉方正徐锡麟被推举出来经理其事。其改议章程中规定,"丁氏捐数较多,子孙应试者照章倍给"[227]。不过,在全国各地宾兴中,类似的规定并不常见。

五、有关文武考生的区别对待

自宋代以来,科举考试一直都存在重文轻武的倾向。清代统治者虽然特别重视培养满蒙族民的勇武之风,但对于以汉民族为主的其他民族,则极力推行柔弱为主的文教政策,重文轻武,更甚于往昔。尽管从前文的乡试、会试助考经费列表中可以发现大多数地方并未采取文武考生区别对待政策,但在个别地方,因社会风习重文抑武,在宾兴上也存在文先武后或文多武少的特征,有些则明确规定武科不能沾惠宾兴。

(一)武科不能均沾其惠

有些地方的宾兴特别规定,武科考生不得分润助考经费。如山西长治县宾兴章程规定,"此项银两,专为培养文教设立,应武试者不得与"[228]。山西太原县培英义庄规定,发领助考经费仅限文科举考生,而"武乡试、武会试概不给发"[229]。湖南道州百姓何文安捐钱600千文购置田产,交由宾兴首士经管,收租作为本州士子助考基金。此项宾兴"助文不助武",理由是何文安认为"文多寒士,武则殷实者众,无待助也"[230]。

(二)武科分润少量钱款

由于清代各地普遍认为武科考生多数家境富裕,如雁平兵备道刘赓瀛《崞县宾兴碑记》一文便认为:"念乡会川资之维艰,议举宾兴,以奖多士。又思文事必有武备,而武富多于文贫,为之格外施恩,立武乡试,视文得十分之二;武会试视文得四分之一。"[231]而且清代武乡试、武会试录取名额一般都少于文科乡会试,故即便本地宾兴同样资助武科考生,其总体所占比例及单人获取的助考经费数额也往往较文科举考生为少。

如山西代州宾兴章程规定,"三年大比,计所得息钱数目,作为十成。以五成给文乡试,一成给武乡试,二成给文会试,一成给武会试。所余一成,留作恩科乡会试之用"[232]。湖南武冈州"会试宾兴公项"最初于道光二年(1822)由知州羊拱辰倡捐设立,只资助文举人进京旅费。到同治十三年(1874)县人候选道邓仁垣再次捐钱400缗予以扩充,才议定增发武举旅费,但其分配也是"以二百六十串为文举人北上资,以一百四十串为武举人北上资"[233]。湖南龙阳县宾兴创办于嘉庆二十五年(1820),共有资本金1000缗,每三年可得存典利息450缗,除了举人进京每人资助16缗外,资助乡试的经费为文武均分,其中"文生分三百缗,武生分六十缗"[234]。这三个州县资助文科乡会试考生的助考经费显然比武科要多,它们都是从资助总额上进行的限定。

又如广东长乐县共有"宾兴租谷"477多石,每三年可以实存白银660多两,分别资助文武考生乡试、会试路费。其中举人会试助考经费方面规定,"文举人京费银六十两"、"武举人京费银三十两"[235],同样的进京路线,武举人所得助考经费只有文举人的一半。四川彭水县蔚文堂也规定,"无论正科、恩科,乡试文生每名给路费钱六千文,武生每名给钱三千文"、"会试亦无论正科、恩科文举,每名给路费钱六十千文,武举每名给路费钱三十千文"[236],其会试助考经费的条款内容与广东长乐县完全相同。安徽建平县于光绪元年(1875)通过田地加捐的方式建立宾兴,其管理章程规定,"举人会试,文酌给宾兴洋钱三十圆,武酌给宾兴洋钱二十圆"[237]。这三个州县都是从单个考生的资助额度上对文武考生采取不同的资助政策。

由于宾兴对文武考生采取了不同的资助态度,导致武生往往因不服分配而引发诉讼。为了平息讼端、和睦乡里,一些地方的士绅便在文科宾兴之外,专门捐资设立武科宾兴。如湖北黄州府蕲水县有"兴贤庄",初设于明代崇祯年间,清代历经乡绅捐资扩充,其收益"俱为文生科举费"。康熙六十一年(1722),知县刘象贤因"年来武生争控",乃倡捐田租 63 石设立"吁俊庄",其收益专"为武生科举费"[238]。同府的蕲州、黄梅县的情况与之相同。蕲州既有专门资助"文生科举费"的"兴贤庄"田产近 500 石,也有专门资助"武生科举费"的"聚英庄"田产 150 余石[239]。黄梅县除有捐设于嘉庆年间的"兴贤庄"和捐设于道光年间的"琼林庄"外,清中后期最为著名的宾兴组织是"崇文堂"和"观德堂"。前者是"管理阖邑文考县、府、院试暨乡试正科卷资者",后者则是"管理阖邑大小武试卷资者"[240]。浙江永嘉县宾兴最早由县民陈遇春捐钱 2800 千文设立于嘉庆九年(1804),道光、咸丰年间历经扩捐,因其收益专为"文士乡会试旅费",故名为"文成会"。直至光绪初年,武举金镇魁等"以文成会经费数倍于前,而武生独抱向隅",经数年呈请,乃由温州知府张盛藻出面拨款 1000 千文设立"武成会",交由武生自行经理生息,以免辗转[241]。江西奉新县宾兴种类繁多,除了"登瀛集"、"广华堂"以及各类所谓"乡集"外,较早出现的宾兴均分作文武两类。其中资助文科考生的宾兴被直接称为"乡试田"和"府县试田",分别捐设于乾隆五十一年(1786)和嘉庆十二年(1807),而资助武科考生的宾兴则被称为"武乡试、县试田",是由武举甘孔椿之妻赵氏与其孙甘本烈在道光三年(1823)捐设的。另如四川越嶲厅宾兴出现较晚,并且只资助童试卷费,其基金亦分文武,各自管理。其中,资助"文童岁、科两试正场卷资"的称为

"卷局",相应资助武童岁科卷资的则被称为"武卷局"[242]。

本章结语

　　清代各类宾兴均系为科举考生而设,其对考生的帮助究竟有多大? 或者说它们所提供的资助能否根本解决考生的考费需求? 这个问题,可能因考试级别而异,同时也可能因地而异。一般而言,级别越低的考试所需考费越少,宾兴提供的资助额度便可能越低,级别越高的考试所需考费越多,宾兴提供的资助额度便可能越高。在同一综合类宾兴中,会试资助额度显然高于乡试,乡试资助额度也显然高于童试。大多数童试宾兴均由官绅根据当地考试需要共同商定资助额度,其出发点是能够满足县试考试的基本需要,故而其助考效果均相对较为显著。离考试地点越远,对资助额度的要求便会越高,因此在乡试级别,离省城越远的地方其宾兴提供给考生的资助便需越多,在会试级别,离京城越远的州县其宾兴提供给考生的资助同样也应该越多。总体而言,由于各地的经济发展水平各不相同,士绅的教育公益意识各不相同,宾兴的资产规模也便因地而异,其所提供的资助额度便往往不能按需分配,而只能量力而行,其中对于较高级别的乡试、会试宾兴则更是如此。

　　地方文献中对于某一宾兴提供给考生的资助是否足够这一问题很少有正面回答的,但从人们希望后来者可以不断扩充宾兴规模的热切期盼以及各地宾兴随着时间的推移不断扩充的事实,我们可以从中得出考生还需要更充沛的资金支持这一认识。个别文献的记载也印证了我们的猜测。如湖北崇阳县在道光四年(1824)知县赵秉淳倡议捐资 1500 千文设立"宾兴场费",道光十四年(1834)知县王观潮再筹捐 1500 千文扩充资产,道光二十六年(1846)知县金云门筹集 1850 千文再次扩充并建立宾兴馆,宾兴资产不断扩充。金云门在其所撰《再续宾兴场费册序》中提及，"崇阳去京师三千里，部试者挟三十缗，何足以济？"[243]认为从崇阳到京城仅靠30千文的助考经费是无法满足需要的。而续捐扩充后每位会试举人的考费增加到50千文，说明以道光二十六年（1846）的物价来说，湖北崇阳县举人进京会试至少需要花费50千文。

注　释

1　（清）素尔讷《钦定学政全书》卷十三《生童试卷》，沈云龙《近代中国史料丛刊》第三十辑，文海出版社，1968，第260页。

2　（清）宋如林、孙星衍《嘉庆松江府志》，成文出版社，1970，第352页。

3　（清）姜大定、尹袭澍《同治（湖南）安福县志》，江苏古籍出版社，2002，第196页。

4　（清）张镆、邹汉勋、朱逢甲《咸丰兴义府志》，巴蜀书社，2006，第259—262页。

5　按，据光绪《兴国州志》卷九《学校志·公产》，兴国州"阖州科岁费业"每年日常收取田租、支给考费均以钱计算，单位为"串文"，即"千文"，有些地方志中亦称为"缗"、"吊"、"千"。兴国州流通的"串文"又分两种，即"九十钱"和"九十二钱"，如表中所列各项卷费中，在县试时支付的都是"九十钱"，如"岁试州考文童卷价九十钱三百二十串文"，在府试、院试阶段支付的都是"九十二钱"，如"岁试府院考礼房文童卷价九十二钱三百串文"。（见光绪《兴国州志》，江苏古籍出版社，2001，第90—91页。）

6　199　（清）项珂、刘馥桂《同治万年县志》，江苏古籍出版社，1996，第93、90页。

7　（清）卢蔚猷、吴道镕《光绪海阳县志》，上海书店出版社，2003，第225页。

8　（清）李元才、李葆贞《光绪当阳县补续志》，江苏古籍出版社，2001，第532页。

9　（清）李元才《思乐馆序》，（清）李元才、李葆贞《光绪当阳县补续志》，江苏古籍出版社，2001，第622页。

10　49　55　（清）李镇湘《宁乡县宾兴志》卷一《禀稿》，光绪戊寅（1878）冬宾兴局刻本。

11　（清）陈遹声、蒋鸿藻《光绪诸暨县志》，江苏古籍出版社，1993，第265页。

12　76　82　162　200　215　（清）吕懋先、帅方蔚《同治奉新县志》，江苏古籍出版社,1996,第 500、475、496—497、496、497、496—497 页。

13　向承煜《民国南漳县志》,成文出版社,1975,第 311 页。

14　56　(清)恩联、王万芳《光绪襄阳府志》,成文出版社,1975,第 840 页。

15　51　57　(清)刘华邦、郭岐勋《同治桂东县志》,成文出版社,1975,第 516—518 页。

16　50　(清)符为霖、刘沛《同治龙山县志》,成文出版社,1975,第 161、161—162 页。

17　(清)彭玉麟、段家俊《同治衡阳县志》,成文出版社,1970,第 420—421 页。

18　(清)赵勷、万在衡、陈之骥、王元凯、严鸣琦《同治攸县志》,江苏古籍出版社,2002,第 111 页。

19　曾枢、凌开蔚《民国和平志》,江苏古籍出版社,2003,第 107 页。

20　47　(清)王崧、李星辉《光绪揭阳县志》,成文出版社,1974,第 93—94、94 页。

21　邓士芬、黄佛颐、凌鹤书《民国英德县续志》,上海书店出版社,2003,第 594 页。

22　何天瑞、桂坫《民国西宁县志》,江苏古籍出版社,2003,第 86 页。

23　(清)卢师识、赖焕辰《光绪普宁县志稿》,上海书店出版社,2003,第 197 页。

24　44　48　68　76　(清)葛洲甫《光绪丰顺县志》,成文出版社,1967,第 274、388、227、278—279 页。

25　(清)邹兆麟、蔡逢恩《光绪高明县志》,成文出版社,1974,第 436 页。

26　(清)瑞麟、戴肇辰、史澄《光绪广州府志(中册)》,成文出版社,1966,第 243 页。

27　钟喜焯、江珣《民国石城县志》,成文出版社,1974,第 354—355 页。

28　69　72　(清)卢蔚猷、吴道镕《光绪海阳县志》,成文出版社,1967,第 171 页。

29　46　(清)郑业崇、许汝韶《光绪茂名县志》,江苏古籍出版社,2003,第 112、113 页。

30　32　蓝炳奎、吴德准、王文熙、朱炳灵《民国达县志》,巴蜀书社,1992,第 172 页。

31　陈铭勋《民国渠县志》,成文出版社,1975,第 250 页。

33　66　林志茂、汪金相、胡忠阀《民国简阳县志》,巴蜀书社,1992,第 570、571 页。

34　(清)岳永武、郑钟灵《民国阆中县志》,巴蜀书社,1992,第 702 页。

35　刘锡纯《民国重修彭山县志》,巴蜀书社,1992,第 83 页。

36　122　陈步武、郑国翰《民国大竹县志》,成文出版社,1976,第 435、429 页。

37　65　陈习删、闵昌术《民国新都县志》,巴蜀书社,1992,第 722、724 页。

38　刘子敬、贺维翰《民国万源县志》,成文出版社,1975,第 583 页。

39　柳琅声、韦麟书《民国南川县志》,成文出版社,1976,第 659 页。

40　（清）文康、施学煌、敖册贤《同治荣昌县志》，巴蜀书社，1992，第94页。

41　100　126　143　188　206　（清）叶桂年、吴嘉谟、龚煦春《光绪井研县志》，巴蜀书社，1992，第323、324、326、325页。

42　聂述文、刘泽嘉《民国江津县志》，巴蜀书社，1992，第642页。

43　67　146　庞麟炳、汪承烈《民国四川宣汉县志》，成文出版社，1976，第1178、1181、1198页。

45　魏元旷《民国南昌县志》，成文出版社，1970，第183—184页。又，该志记载官员俸禄，均分别载明薪、俸各若干。如对儒学教谕、训导的俸银，志中有双行加注：原编俸各一十九两五钱二分，薪各一十二两，增加品级，共加四十八两四钱八分。

52　233　（清）黄维瓒、潘清、邓绎《同治武冈州志》，江苏古籍出版社，2002，第84、87页。

53　（清）崔国榜、金益谦、蓝拔奇《同治兴国县志》，江苏古籍出版社，1996，第68页。

54　（清）金弟、杜绍斌《同治万载县志》卷八《建置志·公署》，清同治十一年（1872）刻本。

58　（清）双贵、王建中、刘绎《同治永丰县志》，江苏古籍出版社，1996，第133—134页。

59　罗兴志、杨葆田、孙国藩《民国新修武胜县志》，巴蜀书社，1992，第494—495页。

60　70　73　（清）田明曜、陈沣《光绪香山县志》，《续修四库全书》第713册，上海古籍出版社，2002，第157页。

61　（清）陈纪麟、汪世泽《同治南昌县志》卷二《建置志上·考棚》，清同治九年（1870）刊本。

62　（清）刘长景、陈良栋、王骥《同治会昌县志》，江苏古籍出版社，1996，第430页。

63　（清）吕林钟、赵凤诏《光绪续修舒城县志》，江苏古籍出版社，1998，第517页。

64　（清）善广、张景青《光绪浦江县志》，江苏古籍出版社，1993，第175页。

71　（清）崇俊、王椿、王培森《光绪仁怀县志》，巴蜀书社，2006，第121页。

74　77　（清）周锡晋《（安化县）培英堂志》卷一《卷费章程》，清光绪二十年（1894）斯文堂刻本。

75　（清）葛洲甫《光绪丰顺县志》，成文出版社，1967，第278—279页。

78　（清）扬受延、马汝舟《嘉庆如皋县志》，成文出版社，1970，第728页。

79　168　208　（清）欧阳骏、周之镛《同治万安县志》，江苏古籍出版社，1996，第612页。

80　174　（清）王庭桢、彭崧毓《同治江夏县志》，成文出版社，1975，第 297、301 页。

81　173　（清）周人龙、窦谷邃《乾隆忻州志》，凤凰出版社，2005，第 277 页。

83　（清）张九章、陈藩垣、陶祖谦《光绪黔江县志》，巴蜀书社，1992，第 102 页。

84　134　（清）秦簧、唐壬森《光绪兰溪县志》，成文出版社，1974，第 547、548 页。

85　（清）于万培、谢永泰、王汝琛《光绪凤阳志》，江苏古籍出版社，1998，第 340 页。

86　160　220　（清）符鸿、刘廷槐、欧阳泉、戴宗炬《道光来安县志》，江苏古籍出版社，1998，第 373 页。

87　211　卢兴邦《民国尤溪县志》，成文出版社，1975，第 441—442 页。

88　112　142　161　182　（清）王树荣、潘履祥《光绪罗店镇志》，上海书店出版社，1992，第 241、242、241 页。

89　101　116　130　189　226　（清）李炘、沈云骏《光绪归州志》，成文出版社，1975，第 231、231、228—229、230、231、230 页。

90　181　209　（清）陈萧、黄凤楼《同治德化县志》，成文出版社，1970，第 320 页。

91　114　138　166　217　221　（清）沈淮、李图、戴杰《光绪陵县志》，凤凰出版社，2004，第 131 页。

92　184　（清）陈昌言《光绪水城厅采访册》，巴蜀书社，2006，第 324、325 页。

93　124　（清）陶寿高、杨兆熊《同治竹溪县志》，江苏古籍出版社，2001，第 57 页。

94　141　175　205　（清）恩端、武达材、王舒尊《光绪平遥县志》，凤凰出版社，2005，第 101 页。

95　224　（清）张绍棠、萧穆《续纂句容县志》，成文出版社，1970，第 310—311、311 页。

96　140　169　（清）额哲克、单兴诗《同治韶州府志》，上海书店出版社，2003，第 456、457 页。

97　106　155　（清）林步瀛、史恩纬、史恩绪《光绪庆元县志》，江苏古籍出版社，1993，第 639 页。

98　（清）陈述芹《嘉庆琼东县志》（旧名会同县志），成文出版社，1974，第 166 页。

99　129　（清）郑交泰、曹京《乾隆望江县志》，江苏古籍出版社，1998，第 440 页。

102　120　171　202　214　（清）何庆朝、刘镇《同治武宁县志》卷十六《学校志·宾兴》，清同治九年（1870）刻本。

103　170　213　（清）沈恩华、卢鼎峋《同治南康县志》，江苏古籍出版社，1996，第 593 页。

104　157　黄旭初、张智林《民国平乐县志》,成文出版社,1967,第 260 页。

105　（清）管贻葵、陈锦《光绪罗田县志》,江苏古籍出版社,2001,第 303 页。

107　125　149　（清）邱育泉、何才焕《同治安化县志》,江苏古籍出版社,2002,第 372 页。

108　（清）余保纯《道光直隶南雄州志》,成文出版社,1967,第 211 页。

109　234　（清）黄教鎔、黄文桐、陈保真、彭日晓《光绪龙阳县志》,江苏古籍出版社,2002,第 176 页。

110　（清）张主敬、杨晨《光绪定兴县志》,成文出版社,1969,第 97 页。

111　165　212　（清）舒孔安、王厚阶《同治重修宁海州志》,凤凰出版社,2004,第 387 页。

113　程廷恒、洪家禄《民国大名县志》,成文出版社,1968,第 405 页。

115　131　（清）陈熙晋《道光仁怀直隶厅志》,巴蜀书社,2006,第 140 页。

117　（清）海忠、林从炯《光绪承德府志》,成文出版社,1968,第 557 页。

118　（清）程其珏、杨震福《光绪嘉定县志》,江苏古籍出版社,1991,第 199 页。

119　133　153　159　228　（清）陈泽霖、杨笃《光绪长治县志》,成文出版社,1976,第 602、603 页。

121　（清）郑钟祥、庞鸿文《光绪常昭合志稿》,成文出版社,1970,第 793—794 页。

123　229　（清）薛元钊、王效尊《光绪续太原县志》,凤凰出版社,2005,第 12 页。

127　178　219　李良俊、王荃善《民国新修南充县志》,巴蜀书社,1992,第 276 页。

128　（民国）陈绍令、李承栋《民国黄平县志》,巴蜀书社,2006,第 271 页。

132　（清）吴宗周、欧阳曙《光绪湄潭县志》,成文出版社,1975,第 259 页。

135　（清）杨文骏、朱一新《光绪德庆州志》,成文出版社,1974,第 563 页。

136　（清）马云龙、贾洪诏《光绪续辑均州志》,江苏古籍出版社,2001,第 86 页。

137　164　216　（清）舒化民、徐德城《道光长清县志》,成文出版社,1976,第 630、631 页。

139　150　（清）周硕勋《光绪潮州府志》,成文出版社,1967,第 438 页。

144　（清）何应松、方崇鼎《道光休宁县志》,江苏古籍出版社,1991,第 72 页。

145　196　（清）应宝时、俞樾《同治上海县志》,成文出版社,1970,第 703、704 页。

147　194　（清）陈鸿年、杨大诵、易燮尧《同治黔阳县志》,江苏古籍出版社,2002,第 316 页。

148 207 （清）卢德嘉《凤山县采访册》，《台湾文献丛刊》第 73 种，台湾银行经济研究室，1960，第 350 页。

151 （清）唐煦春、朱士黻《光绪上虞县志》，成文出版社，1970，第 694 页。

152 宾上武、翟富文《民国来宾县志》，成文出版社，1975，第 358 页。

154 177 192 （清）金福曾、熊其英《光绪吴江县续志》，江苏古籍出版社，1991，第 348 页。

156 179 黄占梅、程大璋《民国桂平县志》，成文出版社，1967，第 794—795、795 页。

158 （清）孟毓兰、成观宣《道光宝应县志》，成文出版社，1983，第 361 页。

163 210 （清）宋瑛、彭启瑞《同治泰和县志》，江苏古籍出版社，1996，第 181 页。

167 （清）盛铨、黄炳炎《同治崇仁县志》，江苏古籍出版社，1996，第 682 页。

172 218 （清）范涞清、何华元《咸丰资阳县志》，巴蜀书社，1992，第 385、386 页。

176 184 （清）蒋启勋、赵佑宸、汪士铎《同治续纂江宁府志》卷十五《拾补》，江苏古籍出版社，1991，第 584 页。

180 （清）涂兰生《宾兴馆章程记》，（清）承霈、杜友棠、杨兆松《同治新建县志》卷七十五《艺文志》，清同治十年（1871）刻本。

185 （清）陈嘉榆、王闿运《光绪湘潭县志》，《续修四库全书》第 712 册，上海古籍出版社，2002，第 540 页。

186 吕春瑄《民国陆川县志》，成文出版社，1967，第 147 页。

187 （清）徐作梅、李士琨《光绪北流县志》，成文出版社，1975，第 372 页。

190 201 （清）全文炳、伍嘉犹《光绪平乐县志》，成文出版社，1967，第 113 页。

191 237 （清）胡有诚《光绪广德州志》，江苏古籍出版社，1991，第 352 页。

193 232 （清）俞廉三《代州宾兴章程》，清光绪六年（1880）刻本。

195 236 （清）庄定域、支承祜《光绪彭水县志》，巴蜀书社，1992，第 220 页。

197 （清）聂缉庆、桂文炽《光绪临高县志》，成文出版社，1974，第 398 页。

198 （清）彭贻荪、章毓湘、彭步瀛《光绪化州志》，成文出版社，1974，第 467 页。

203 （清）查子庚、熊文澜《同治枝江县志》，成文出版社，1975，第 553—554 页。

204 （清）徐三俊、葛附凤《光绪辽州志》，成文出版社，1976，第 1154 页。

222 （清）汪坤厚、张云望《光绪娄县续志》，成文出版社，1970，第 306 页。

223 238 239 （清）英启、邓琛《光绪黄州府志》，成文出版社，1975，第 352、353、357 页。

225 卢少泉、庄陔兰《民国重修莒志》,凤凰出版社,2004,第233页。

227 (清)刘诰、徐锡麟《光绪丹阳县志》,成文出版社,1983,第410页。

230 (清)李镜蓉、许清源《光绪道州志》,成文出版社,1975,第456页。

231 (清)赵冠卿、龙朝言、潘肯堂《光绪续修峄县志》,凤凰出版社,2005,第572页。

235 (清)侯坤元、温训《道光长乐县志》卷六《经政略》,江苏古籍出版社,2003,第294页。

240 (清)覃瀚元《光绪黄梅县志》卷十八《学校志·义庄》,江苏古籍出版社,2001,第114页。

241 (清)孙诒让《光绪永嘉县志》卷三十五《庶政志》,《续修四库全书》第708册,上海古籍出版社,2002,第205页。

242 (清)马忠良、孙锵《光绪越嶲厅志》卷五之一《学校志下》,成文出版社,1969,第390—391页。

243 (清)高佐廷、傅燮鼎《同治崇阳县志》,江苏古籍出版社,2001,第135—137页。

第 九 章

清代宾兴公益基金
组织的现实借鉴意义

从清末颁布"废科举,兴学堂"诏令至今,清代宾兴逐渐淡出历史舞台已经有 100 多年。研究这种曾经为科举考生服务了二三百年的教育公益基金,除了揭示其历史真貌的目的,我们还希望借古鉴今,从中发掘能够为今人所用的有益启示。

第一节　清代宾兴与当代公益基金会的监管机制

清代宾兴对当代中国的现实观照,主要体现为它对中国当代公益基金的历史借鉴方面。尤其是清代宾兴曾经施行过的全方位的监管机制,对于完善当代公益基金的监管体制具有直接的借鉴意义。

一方面,从国家和政府监管的角度,在公益基金申报立案时,政府应该为其提供更为灵活多变的审批渠道。正如资中筠在《财富的归宿——美国现代公益基金会述评》一书中所指出的那样,制约当代中国第三部门发展的一个重要因素,是注册难,因为按照规定所有申请注册的公益基金会都必须挂靠一个"主管单位",而很少有单位愿意做这种吃力不讨好甚至可能要担风险的主管单位,作者戏称为"为找不到婆婆而犯愁"[1]。资中筠指出,相对于中国对基金会准入的诸多限制,美国基金会具有较为完整的成立程序,包括注册制度,根据非营利机构法律,可在联邦国会、州议会或者地方政府注册,注册时必须提交章程。事实上,清代国家为宾兴设置的申报立案制度也正是如此。作为申报者,捐资设立宾兴的乡绅或负责管理的首士可以向包括州县、府、布政司、巡抚、总督、学政在内的相关地方政府或主管机构递交呈文请求立案,同时必须附上管理章程、管理人员名单以及所捐资产的具体细则。在获准立案之后,直接审批机构的批准文书便成为该项宾兴获得合法社会身份的法律保障,而所附章程则成为其开展日常活动的主要依据。如果中国基金会管理条例能让媳妇撇开婆婆当家作主,诸如李连杰"壹基金"注册难的闹剧便不会上演[2]。

　　另一方面,从社会监管的角度,当代公益基金应该实施更为公正、公开的监管方式。2011年6月,一位自称"中国红十字会商业总经理"的20岁女子郭美美在网络炫富,引发了众多网友对中国红十字会的非议。尽管事后经调查此女子并非"中国红十字会商业总经理",而是承接红十字会资金投资业务的中红博爱资产管理有限公司前董事王军的所谓"干女儿",但事件引发的负效应却一发不可收拾,民众纷纷质疑中国红十字会资金管理的公正、公开,并怀疑公益捐款被部分管理人员侵蚀私吞,用于满足其淫奢糜烂的个人私欲。事件带来的直接后果是,2011年7月份社会捐赠金额比6月少5.2亿元。同年8月,"卢美美事件"再次将中国慈善推到了民众质疑的风口浪尖。卢美美本名卢星宇,是注册于香港的私人顾问公司"世界杰出华商协会"执行主席卢俊卿之女。2010年,世界杰出华商协会与中国青少年发展基金会合作,通过向协会会员募捐善款,发起"中非希望工程",计划在10年内为非洲捐建1000所希望小学,耗资为20亿元。出任该工程的执行主席兼秘书长正是年仅24岁的卢星宇。恰在此时,有媒体报道了北京多所农民工子弟学校遭拆迁,近3万名学生无法读书的消息。两件事情的强烈对比,引发了网友及相关媒体对"中非希望工程"内幕的执着追问。有评论指出,郭美美、卢美美事件之所以被公众热议,舆论之所以一而再、再而三地质疑官办慈善组织,其实是源于这些组织深层的制度缺陷,比如缺乏透明度、缺乏监督、资金使用低效、甚至可能藏污纳垢,虽取之于民,但却没有可靠机制保障善款用之于民。而"两美"事件的共同之处,则是人们对"慈善买卖"的强烈反感与谴责,人们怀疑,作为营利企业,中红博爱资产管理有限公司和世界杰出华商协会假慈善之名逃避纳税牟取私利,而作为非营利公益组织,中国红十字会、中国青少年发展基金会却有意无意地放任私人企业借公益、慈善之名行牟利之实,目的只是为了能从所筹集的善款中抽取10%的管理费。显然,社会监督机制不健全是个别唯利是图者与公益基金会暗箱操作得以施行的主要原因。

反观清代宾兴,除了必须按规定向社会大众定期公布财务收支状况外,还形成了系统的社会监管机制。首先是入志,也就是将宾兴设置的经过及其资产的细节刊入地方志,有些甚至将申报立案的呈文、禀稿以及地方政府的批复文书也刊载在地方志里。作为由地方官主持编纂的地方历史文献,地方志无疑具有相当的法律效力,对于保护宾兴资产免受侵蚀具有重要作用。尽管当前我国很多社会公益基金都已经超越了县、省甚至国家的范畴,衍生为全国性、世界性的公益基金会,因而以县、省为单位的地方志一般都很难将其全面涵盖进去,但我国依然有不少区域性的公益基金,它们应该在地方志编纂过程中被纳入社会组织的章节之中。同时,对于一些本部设在本县、本市的公益基金会,当地地方志也应该酌情刊载。这在地方志编纂而言并非新创体例,如清代南河总督驻扎在江苏淮安府清江浦,分管黄河南部治理事务。而光绪十年版《淮安府志》专设"河防"篇共 3 卷(第 5—7 卷),记载包括清代在内的历代黄河、淮河、运河、海防等水患治理相关事务。并在卷 9—14 的《职官表》中详细记载了自明至清历任漕运总督及其管辖各官职的姓名与任职年限(第 10、12 卷)。公益基金会虽然不是职官,但依然可以援例编入所在城市的地方志中。

其次是编纂宾兴专志。地方志是官修信史,而宾兴专志则是地方士绅编纂的可靠史料。与地方志不同的是,宾兴专志除了更为翔实、全面地记载宾兴活动,而且往往被作为申报立案的附件呈交审批部门,因此也具有一定的法律效力。当代公益基金会其实也可以借鉴清代宾兴编纂专志的方法,不仅注重举办公益使其发挥社会实际效应,同时也应该注重保存与整理文献,借以反思过去总结经验,调整战略展望未来,并向更广泛的社会大众宣传自己的公益主张,介绍已经取得的成就。

再次是编纂宾兴征信录。所谓征信录,是指公益、慈善组织为求得公众信任而将财务收支情况刊印成册散发查考,它是中国民间公益、慈善事业实现社会监督的重要手段,不仅出现在宾兴活动中,在赈灾、恤孤、育婴、养老、掩骸等慈善活动中也经常出现。可以说,征信录是中国传统公益、慈善活动中最成功、最典型的社会监管方法,是中国传统公益、慈善事业的智慧结晶。它不仅在历史上曾经惠及千百万弱势群体,在今天依然被人们所沿用,比如马来西亚南方学院是第一所由大马华人捐资创办的民办高等院校,他们每年都会举行募捐会,并刊印征信录散发给全体捐赠人,以此接受大众的公开监督。中国各类公益基金会尽管规模不一,主旨各异,但在民族优秀传统的继承上并不需要有门户之见。编纂属于自己的征信录,不仅是接受大众公开监督的良好途径,同时也是保存文献薪火相传的良好途径。当然,科技在发展,社会在进步,当代公益基金会也应在前人的基础上不断进步,发展出更为快捷、便利、公开、有效的社会监管方式,从而杜绝腐败与侵蚀,让公益的雨露泽及四方,永永传承。

除了国家监管与社会监督两方面的历史启示,清代宾兴对当代公益基金会的借鉴意义还有很多。比如募集资金时对捐赠者的鼓励与回报,清代不仅从朝廷到地方均有相关政策规定予以赐衔、建坊、赐匾等旌表方式,基层社会也有撰文、立碑、入祀、入志等鼓励方式;又如管理首士的产生方式与任职年限,应该遵循"公举"的方式产生首士,在完成任职年限后应实行新旧更替,避免长期恋栈,对管理首士及办公人员的选择应不仅重视能力,更重视道德素养;又如管理者的薪酬应该予以明确规定,且必须从资产增值部分支付,而不能直接从民众捐款中按百分比抽取所谓的管理费,否则类似"两美"事件中的利益寻租现象的产生便不可避免;再如在进行资产增值时,为使基金会的资产安全、高效地实现增值,政府及各国有银行应尽可能地提供帮助。

第二节　清代宾兴与当代教育公益的拓展

清代宾兴尽管以资助科举考生为其基本职能,在一定程度上存在强化科举入仕的官本位社会心理的消极影响,但它在本质上是一种教育公益基金。从这一角度来看,清代宾兴与当代教育公益基金会之间存在更多的可比性、同质性,因而也对当代教育公益事业具有更多的历史启发与借鉴价值。

一、清代宾兴与希望工程

"希望工程"是1989年以来由中国共青团中央与中国青少年发展基金会以救助贫困地区失学少年儿童为目的联合发起的一项教育公益事业,以资助贫困地区失学儿童重返校园为活动宗旨,以援建希望小学与资助贫困学生为两大主要公益项目。成立20多年来,希望工程累计募集了56.7亿元善款,累计资助贫困学生346万人,援建边远山区、贫困地区的希望小学15940所。同时还援建了14000余所希望工程图书室、近2600套体育园地、200余套希望电影放映设备,培训农村小学教师520000余名等。希望工程的实施,改变了一大批失学儿童的命运,改善了贫困地区的办学条件,唤起了全社会的重教意识,促进了基础教育的发展;弘扬了扶贫济困、助人为乐的优良传统,推动了社会主义精神文明建设。

清代宾兴与希望工程相比,既有相同之处,也有不同之处。二者的差异显而易见,主要表现为六个方面。

第一,从公益职能来看,清代宾兴是科举教育时代专为科举考生而设置的教育公益基金,其主要职能是"助考";而希望工程则是当代教育环境下专为贫困儿童设置的教育公益基金,其主要职能是"助学"。清代宾兴更注重教育的效果,具有明显的功利性;希望工程则注重教育的过程,关注受教育者的长远发展。

第二,从级别类型来看,清代宾兴较希望工程更为复杂。从服务范围来看,清代宾兴多以州县为单位,但也有以府、乡、里、镇、图为单位;从服务对象来看,清代宾兴有专门为童生、生员、举人而设置的童试、乡试、会试宾兴,也有服务各级别科举考生的综合类宾兴。而希望工程则是一种全国性的教育公益基金,其服务对象涵盖全国各省贫困地区失学儿童。

第三，从资产规模来看，由于清代宾兴多由一州一县地方官筹资或士绅捐资设置，故而规模较小；而希望工程面向全国募捐善款，涓流汇海，经费数额颇形巨大。不过如果将清代各地宾兴资产汇合在一块计算，则其规模也相当巨大。

第四，从资产增值方式来看，清代宾兴多实行田产收租、银钱存款和店房出租等资产增值方式，而希望工程则除了存入银行获取利息这一最为安全稳妥的增值方式外，也采取委托投资等方式实现资产快速增值。

第五，从公益形式来看，希望工程较清代宾兴更为复杂。清代宾兴提供给科举考生的主要是资金资助，包括向考生提供旅费、代考生购买试卷、代考生缴纳考试费用等。而希望工程则不仅向贫困失学儿童提供资金支持，还直接在贫困地区建造希望小学、图书室、体育园地以及培训小学教师。近 10 多年来，希望工程的工作重点已经从最初的旨在救助贫困地区失学少年重返校园拓展为向广大进城务工农民工子女、农村贫困地区家庭经济困难的中学生、中等职业技术学校的学生和大学生提供帮助，其动员和服务方式责从单一的资金资助发展到"资金资助＋勤工俭学＋公益实践"以及心理援助、社工服务等多元化格局。

第六，从管理体制来看，清代宾兴在向地方政府申报立案的前提下，采取公举首士值年轮管的自主管理方式，力求脱离地方政府对宾兴资产管理的干预；而希望工程的资金虽来自社会捐赠，但却是由中国共青团中央掌握实际管理权，管理人员多为事业单位编制，而不是从社会大众中推举产生。

尽管由于时代背景相差较大而使清代宾兴与希望工程存在较大的差异，但二者同样存在较大的同质性。

　　首先,二者的性质相同,即它们都是教育类公益基金。尽管清代宾兴的主要职能是助考,而当代教育公益基金会实行的希望工程、奖学金、贫困生贷款等则均是以助学为目的,但它们都是在特定的教育制度背景下,针对被资助者最需要资助的教育环节提供经费支持。在科举时代的教育背景下,从教育成本的角度来看,清代文武学生在读书阶段的学习成本较为低廉,不仅不需要花费太多钱去购买教材或支付教师薪酬,日常学习尤其是进入科举考试阶段之后的学习也多以自学为主,而不像今天的学生必须进入学校按照课程循序渐进地进行学习,学费及日常生活开销均需父母筹备。而清代学生的考试成本则不仅需要缴纳考试报名费、购买试卷费,更需支付赴考交通费、考期食宿费等诸多费用。正如很多宾兴文献所提到的,很多考生往往每参加一次考试,便需付出一年的辛劳所得,而中产之家则往往因参加考试而破产。相比之下,当代学生花费在考试上的成本显然是微不足道的。

　　其次,二者出现的原因颇为相似,也就是它们都是源于"政府失灵"。清代宾兴出现的原因之一,是清代初年将地方财务预算中大部分科举经费拨为军饷,部分科举考试成本被清代政府直接推给了广大考生。希望工程实施的时代背景,则是转型时期中国经济社会发展的地区差异,沿海与内地、城市与山区,现实的差距在一开始便扼杀了不同地区孩子在教育面前的机会平等。从某种意义上说,希望工程其实是社会各界在用自己的善心来弥补政府为突出效率而牺牲公平所形成的"失职"——而不是"失灵"。也就是说,满足每个孩子受教育的需求,原本就是政府应该办到的事情。

　　第三,二者的社会基础相同,中国文化中崇学重教与扶危济困的传统元素是其得以发展延续的不竭源泉。清代宾兴的出现,是由于地方官员和有力乡绅不忍看到本地士子寒窗攻苦历年不辍，最终却因为囊橐萧然而放弃参加科举考试从而失去了起点公平，因而慷慨解囊或筹集资金，设置宾兴。希望工程的顺利推行，同样离不开中国传统文化中崇学重教、同情弱贫的兼济情怀。大眼睛女孩苏明娟、大鼻涕男孩胡善辉和小光头男孩张天义之所以能成为希望工程的宣传标志，是因为人们不忍心看到同样平等、可爱的孩子从一开始便被剥夺了受教育的机会，并因之一辈子无法发展自己、实现其人生的最高价值。

清代宾兴与希望工程的同质性，使其能够越过百年的历史大幕而呈现在当代社会民众面前，为希望工程提供切实的借鉴意义，促进希望工程的良性发展。

二、清代宾兴与高校贫困生助学贷款

希望工程主要解决的是贫困地区失学儿童重返校园的问题，而为了解决高校贫困生上不起大学的问题，我国高等教育实施了国家助学贷款政策。1999 年 6 月 17 日，国务院办公厅批准印发了由中国人民银行、教育部和财政部联合报送的《关于国家助学贷款的管理规定》，决定对大陆高校中经济确实困难的全日制本、专科学生提供国家助学贷款[3]，以帮助他们顺利完成学业。但是，由于贷款担保条件严格，贷款的审批程序较为复杂，这一政策最初的工作进展并不尽如人意。与下达的贷款计划额度相比，8 个试点城市中上海、重庆等市只贷出了很少钱款，个别试点城市甚至未能完成一笔助学贷款[4]。为此，2000 年初国务院办公厅对国家助学贷款的担保问题作了补充规定，并在 2004 年 6 月 12 日批准颁布了由教育部、财政部、人民银行和银监会四部门研究制订的《关于进一步完善国家助学贷款工作的若干意见》，通过投标改由中国银行承办国家助学贷款。尽管如此,国家助学贷款的实际运作依然存在颇多问题,如贷款总规模小,不能满足贫困生的就学需求;违约率居高不下,银行面临坏账风险;风险补偿金规定不合理,高校承担违约风险[5],反映出地方政府不够重视、信用监督管理缺位、高校不愿意承担过多风险等诸多弊端。

　　显然,当今高校贫困生助学贷款与清代宾兴之间并不存在多少相同之处。清代宾兴为科举考生提供无偿资助,虽然也欢迎回报,但主要是针对那些在科举考试及此后的官宦仕途取得成功的佼佼者,而国家助学贷款则是一种由商业银行提供的有息贷款,不仅要按常规借贷支付利息,而且要求贫困生在毕业后6年内予以偿还。有研究者主张中国高校应进一步扩大包括奖学金、勤工俭学、助学贷款、助学金和减免学费的学生资助工作体系中助学贷款的比例,使其成为高校贫困生资助体系的核心环节[6];但也有研究者指出,这种基于高等教育成本分担理论设置出来的国家助学贷款政策,并不属于教育公益的范畴。尤其是对于承接此项业务的中国工商银行和中国银行,其目的都不是做公益,而是做生意。更有研究者直言不讳,国家助学贷款之所以难以推进,根本原因就在于国家助学贷款与商业银行经营目标存在严重冲突。学者建议,政府应该制订相关法律法规,建立政府担保机制,依法行使调控权,化解教育公益与商业经营之间的冲突,以便实现制度目标,保障社会公平[7]。也有研究者主张应该改革现有的风险保障金制度,由政府而非高校承担主要风险。为此,应将国家助学贷款政策的执行纳入对地方主要领导的考核范围[8]。果真如此,则尽管依然没有改变国家助学贷款的商业性质,但却增加了政府在这一助学工作中的担当,无形中在一定程度上增强了国家助学贷款的公益性质。当然,如果按照清代宾兴尤其是包括四川学田局在内的童试宾兴的做法,则地方政府或社会公益组织应该将贫困生就学的全部责任承担下来,贫困生在毕业后可以自主选择是否偿还所得到的经济补助,从而将偿还国家助学贷款的商业性经济约束改变为偿还社会公益的道德性自我约束。这种想法虽然在当代社会现实面前显得很不合时宜,但未尝不是人们所乐见的事情。

三、清代宾兴与当代高等教育经费的多元化筹集渠道

近15年来,中国高等教育已经步入大众化发展阶段,高等教育规模的不断扩充,高等教育经费不足已经成为制约我国各层次高校建设和发展的最大难题[9]。当前我国高等教育经费之所以紧缺,首先是高校为满足扩招的需要而举债办学,加重了教育经费的负担。2007年9月我国高校的债务总计为2000多亿元,2008年3月则已经达到2400亿元左右,甚至有学者估计当时高校贷款规模已经超过了4000亿元;很多高校不要说偿还借款本金,就连支付利息都相当困难。其次是政府财政性经费投入增长不足,高等教育经费捉襟见肘。多年来,我国教育经费投入均未达到《中国教育改革和发展纲要》中提出的达到国内生产总值4%的比例。再次是学费提高受到收入瓶颈的制约。随着高等教育成本分担理论在中国高等教育中的逐步落实,高昂的学费日益成为低收入阶层和贫困家庭子女享受平等教育机会的巨大障碍,教育公平和社会公平在社会主义中国受到了严重挑战。最后是激励性财税政策的作用有限。一方面,我国高等院校自身筹集资金的能力尚有待提高,另一方面,国家也尚未通过立法为高等教育的发展向公众征收专门的教育税[10]。为此,有学者提出应采取多方位、多渠道的资金筹集办法,推动中国高等教育的发展。其中包括加大政府财政投入的力度、鼓励全社会向高等教育捐款、开征教育税以及发行教育

彩票等。而中国高等教育学创始人潘懋元则提出高等教育即将进入"对接资本市场"阶段,即教育集团、投资公司、股份制上市企业等采取形式多样的筹集手段举办高等教育¹¹。

　　清代宾兴的经费筹集方式对当代中国高等教育颇具启发意义的。首先,清代地方官员利用行政权力筹集资金设置宾兴的行为,对当代地方政府设法筹集高等教育经费具有借鉴意义。正如文献记载所揭示的那样,清代地方官员所划拨为宾兴的资产来源是非常多样的,既有涉讼没收的资产,也有不法僧侣及废弃寺庙的资产;有些来自同类性质的儒学学田或书院田产,有些则来自团练经费等地方公产。更有不少地方采取从农业田赋、商业获利中抽收某一百分比的方式设置宾兴,这和当代部分研究者主张的开征教育税的提议是完全一致的。其实和清代初期规定"盛世滋生丁口永不加赋"、清中后期内忧外患财政拮据导致地方可供动用的经费项目屈指可数相比,当前中国在经过30年的改革开放之后经济已经得到了高度发展,在沿海发达省份,随便一项财政税收都足以筹集到大笔资金,为当地高等教育注入新鲜活力。其次,清代基层社会个别乡绅或全体士民慷慨捐资设置宾兴的行为,对于当代通过民间公益力量吸收高等教育发展经费具有借鉴意义。正如文献记载所揭示的那样,清代宾兴既有个别乡绅慷慨捐资独力设置的类型,也不乏全体百姓量力捐资合力设置的类型,如各地普遍存在的"牌位宾兴"便是其中的典型代表。当代社会应该针对时代变化特征,发展适用于当代社会、受全体捐赠人欢迎的善款募捐机制。同时应拟定当代社会普遍接受的基金管理者薪资限额,以保证善款高效、快速地实现增值,并通过加强对善款投资、收益、使用过程的监管,使捐赠者对善款的去向明确、放心,让社会民众的公益之心得到应有的实质性回报。

本章结语

　　自 19 世纪末期清政府宣布废科举兴学堂至今已经过去了 100 多年的时间。曾经活跃在中国大地上为无数科举考生提供无偿资助的宾兴组织在经历近代转型之后早已消失在历史大幕之后，只在地方历史文献中保留了它们曾经或繁荣或冷寂的身影。清代宾兴为当代中国社会公益和教育公益留下了很多弥足珍贵的历史借鉴，它更深层的现实意义尚等待我们去整理和发掘。尽管百年之中波诡云谲世事匆匆，社会发展事易时移，但我们有理由相信，中国传统文化中崇学重教、穷达兼济、同情弱贫的公益精神不会变。服务于科举教育的宾兴不会回来，但服务于当代教育的"宾兴"一定会以新的面貌、新的方式重生于当代社会，将中华民族的传统公益精神永永相传。

注　释

1　资中筠《财富的归宿——美国现代公益基金会述评》，上海人民出版社，2006，第 347 页。

2　参阅陈敏《试论我国民间慈善组织的困境与出路——以"壹基金"为案例》，《黄石理工学院学报（人文社会科学版）》2012 年第 2 期、陈万群《非政府组织发展的困境及其对策的研究——以深圳壹基金为例》，《江西青年职业学院学报》2012 年第 2 期、张娟《从壹基金看我国民间公募基金会的发展困境》，《人民论坛》2013 年第 17 期等论文。

3　国务院办公厅国办发［1999］58 号文件转发关于国家助学贷款的管理规定（试行），《财会月刊》1999（09），第 63—64 页。

4　沈九林《国家助学贷款难以实施的症结及对策》，《江苏高教》2000（05），第 49 页。

5　崔来廷《高等教育成本分担语境下国家助学贷款探究》，《学术交流》2012（01），第 180—183 页。

6　胡锐、罗霄《关于高校贫困生助学贷款的再讨论》，《商业经济》2012（05），第 41 页。

7　陈锦红、郭景见《国家助学贷款中政府调控权的合法使用》,《湖南大学学报(社会科学版)》2010(03),第148—152页。

8　崔来廷《高等教育成本分担语境下国家助学贷款探究》,《学术交流》2012(01),第180—183页。

9　孔喜梅《高等教育经费短缺现状及解决途径》,《郑州大学学报(哲学社会科学版)》2006(04),第183—186页。

10　刘明《从财政视角看我国高等教育经费问题及其应对策略》,《华中师范大学学报(人文社会科学版)》2012(03),第154—159页。

11　潘懋元《对接资本市场——在民办高等教育与资本市场高级论坛上的发言》,《教育发展研究》2004(03),第15—16页。

主要参考文献

一、古籍

（东汉）郑氏注，（唐）孔颖达疏，龚抗云整理《礼记正义》，李学勤主编《十三经注疏（标点本）》，北京大学出版社，1999。

（东汉）郑玄注，（唐）贾公彦疏，赵伯雄整理《周礼注疏》，李学勤《十三经注疏（标点本）》，北京大学出版社，1999。

（唐）萧嵩《大唐开元礼》，《四库全书》第 646 册，商务印书馆，1983。

（元）马端临《文献通考》，《四库全书》第 610 册，商务印书馆，1983。

（清）乾隆敕撰《钦定大清通礼》，《四库全书》第 655 册，商务印书馆，1983。

（唐）杜佑《通典》，浙江古籍出版社，2000。

（宋）郑樵《通志》，中华书局，1987。

（元）马端临《文献通考》，中华书局，1986。

（清）嵇璜《钦定续通志》，浙江古籍出版社，2000。

（清）阎镇珩《六典通考》，江苏古籍出版社，1990。

（清）嵇璜《钦定续通志》，浙江古籍出版社，2000。

（清）礼部《钦定科场条例》，沈云龙《近代中国史料丛刊三编》第48辑，文海出版社，1989。

（清）昆冈、刘启瑞《钦定大清会典事例》，《续修四库全书》第800册，上海古籍出版社，2002。

（清）胡承琳《求是堂文集》，《续修四库全书》第1500册，上海古籍出版社，2002。

（清）罗汝怀《绿漪草堂外集》，《续修四库全书》第1531册，上海古籍出版社，2002。

（清）曾国藩《曾文正公文集》，《续修四库全书》第1537册，上海古籍出版社，2002。

（清）李元度《天岳山馆文钞》，《续修四库全书》第1549册，上海古籍出版社，2002。

（清）诸联《明斋小识》，《笔记小说大观》第28册，江苏广陵古籍刻印社，1983。

（清）黄六鸿《福惠全书》，罗琳《四库未收书辑刊》第三辑，北京出版社，1997。

（清）林伯桐《公车见闻录》，王德毅《丛书集成三编》第100册，新文丰出版公司，1997。

（清）文庆、李宗昉《钦定国子监志》，北京古籍出版社，2000。

（清）朱寿朋《光绪朝东华录》，中华书局，1984。

（清）丁曰健《治台必告录》，《台湾文献丛刊》第17种，台湾银行经济研究室，1959。

（清）刘璈《巡台退思录》，《台湾文献丛刊》第21种，台湾银行，1958。

赵尔巽《清史稿》，中华书局，1976。

张棡《张棡日记》，《温州文献丛书》，上海社会科学院出版社，2003。

张伟仁《明清档案》，经联出版事业公司，1988。

杨一凡、田涛《中国珍稀法律典籍续编》，黑龙江人民出版社，2002。

（清）李镇湘《宁乡县宾兴志》，清光绪四年（1878）宁乡县宾兴局刻本。

（清）俞廉三《代州宾兴章程》，清光绪六年（1880）刻本。

（清）郭赓平《万载县宾兴堂册》，清光绪七年（1881）刻本。

（清）陈汝咸《光绪漳浦县志》，民国十七年（1928）石印本。

（清）周锡晋《（安化县）培英堂志》，清光绪二十年（1894）斯文堂刻本。

（清）江召棠《上高县宾兴堂志》，清光绪二十年（1894）刻本。

（清）王惕庵《新化学田志》，清光绪二十二年（1896）刊本。

（清）胡祖荫《益阳县公产志》，清光绪三十二年（1906）刊本。

黄晃赓《龙江助学会第一周决算册》，民国三年（1914）铅印本。

谢济沂《东洲登瀛堂册》，民国三十二年（1943）刊本。

李景铭《闽中会馆志》，民国三十二年（1943）铅印本。

吴远基《高要县宾兴馆产业四刻》，民国三十四年（1945）铅字排印本。

二、地方志

《中国方志丛书》，成文出版社，1966—1985。

《中国地方志集成》,江苏古籍出版社,上海书店出版社,巴蜀书社,凤凰出版社,1991—2008。

(清)秦镛《崇祯清江县志》,《四库全书存目丛书》史部212,齐鲁书社,1996。

(清)王锡侯《乾隆望都县志》,《四库禁毁书丛刊》史部73,北京出版社,2000。

(清)吴篪、李兆洛《嘉庆东流县志》,《续修四库全书》第712册,上海古籍出版社,2002。

(清)陈嘉榆、王闿运《光绪湘潭县志》,《续修四库全书》第712册,上海古籍出版社,2002。

(清)田明曜、陈沣《光绪香山县志》,《续修四库全书》第713册,上海古籍出版社,2002。

(清)卢德嘉《凤山县采访册》,《台湾文献丛刊》第73种,台湾银行经济研究室,1960。

(清)陈淑均《噶玛兰厅志》,《台湾文献丛刊》第160种,台湾银行经济研究室,1963。

(清)林豪《澎湖厅志》,《台湾文献丛刊》第164种,台湾银行经济研究室,1963。

(清)夏修恕、屠英《道光高要县志》,清道光六年(1826)刊本。

(清)黄登瀛《同治高要续修志稿》,清同治二年(1863)刊本。

(清)益邑乐输局《(益阳县)乐输局章程》,清同治四年(1765)刊本。

(清)王凯泰《应元书院志略》,清同治八年(1769)刊本。

(清)徐家瀛、舒孔恂《同治靖安县志》,清同治九年(1870)活字本。

(清)陈纪麟、汪世泽《同治南昌县志》,清同治九年(1870)

刊本。

（清）何庆朝、刘镇《同治武宁县志》，清同治九年（1870）刻本。

（清）潘懿、胡湛、朱孙诒《同治清江县志》，清同治九年（1870）刻本。

（清）承霈、杜友棠、杨兆松《同治新建县志》，清同治十年（1871）刻本。

（清）江璧、胡景辰《同治进贤县志》，清光同治十年（1871）增刻本。

（清）金弟、杜绍斌《同治万载县志》，清同治十一年（1872）刻本。

（清）文聚奎、祥安、吴增逵《同治新喻县志》，清同治十二年（1873）刻本。

（清）姚敦诒《邵阳宾兴公款彙记》，清光绪二年（1876）刻本。

（清）赵霈、林嘉澍、余上富《光绪大邑县志》，清光绪二年（1876）增刻本。

（清）李维钰《光绪漳州府志》，清光绪三年（1877）刻本。

孟昭涵《民国长乐县志》，民国六年（1917）福建印刷所铅印本。

王补、曾灿材《民国庐陵县志》，民国九年（1920）刻本。

马呈图、吴远基《宣统高要县志》，民国二十五年（1936）刊本。

张汉、丘复《民国上杭县志》，福建省图书馆据民国二十七年（1938）刻本抄本。

王集吾、邓光瀛《民国连城县志》，民国二十八年（1939）维修书局，石印本。

朱之洪、向楚《民国巴县志》，民国三十二年（1943）刊本。

石有纪、张琴《民国莆田县志》，民国三十四年（1945）抄本。

三、今人论著

（一）著作

何炳棣《中国会馆史论》，台湾学生书局，1966。

毛泽东《毛泽东农村调查文集》，人民出版社，1982。

陈学恂《中国近代教育史教学参考资料》，人民教育出版社，1986。

钟毓龙《科场回忆录》，浙江古籍出版社，1987。

璩鑫圭、唐良炎《中国近代教育史资料汇编·学制演变》，上海教育出版社，1991。

朱有瓛《中国近代教育史资料汇编·教育行政机构及教育团体》，上海教育出版社，1993。

谢青《中国考试制度史》，黄山书社，1995。

王日根《乡土之链——明清会馆与社会变迁》，天津人民出版社，1996。

陈谷嘉、邓洪波《中国书院制度研究》，浙江教育出版社，1997。

邓绍辉《晚清财政与中国近代化》，四川人民出版社，1998。

邓洪波《中国书院章程》，湖南大学出版社，2000。

孙培青《中国教育史》，华东师范大学出版社，2000。

张文《宋朝的社会救济研究》，西南师范大学出版社，2001。

吴锦良《政府改革与第三部门发展》，中国社会科学出版社，2001。

梁其姿《施善与教化——明清的慈善组织》，河北教育出版社,2001。

周均美《中国会馆志》,方志出版社,2002。

资中筠《散财之道——美国现代公益基金会述评》,世纪出版集团 2003。

邓洪波《中国书院史》,东方出版中心 2004。

刘海峰《科举学导论》,华中师范大学出版社,2005。

李兵《书院与科举关系研究》,华中师范大学出版社,2005。

张亚群《科举革废与近代中国高等教育的转型》,华中师范大学出版社,2005。

毛礼锐《中国教育通史》,山东教育出版社,2005。

(日)夫马进《中国善会善堂史研究》,商务印书馆,2005。

资中筠《财富的归宿——美国现代公益基金会述评》,上海人民出版社,2006。

杨联陞《中国语文札记》,中国人民大学出版社,2006。

翁礼华《县官老爷:解读县史两千年》,浙江古籍出版社,2007。

吴洪成《重庆的科举》,西南师范大学出版社,2008。

(二)论文

杨联陞《科举时代的赴考旅费问题》,《清华学报》新 2 卷第 2 期,1961。

覃义炯《兴业宾兴馆沿革》,《玉林县文史资料》1983 年第 4 辑。

乔卫平《略论西周的选士制度》,《人文杂志》1984(03)。

邓杰《廉江宾兴简介》,《廉江文史资料》1985 年第 2 辑。

雷方圣《宾兴馆简说》,《湖北教育史志资料》,1985 年第 5—

6 期。

　　陈衍英《郁林县宾兴馆的建置和财产史略》,《玉林市文史资料》1986 年第 11 辑。

　　关勋《西宾兴公所》,《遂昌文史资料》1986 年第 3 辑。

　　王宝英《合浦宾兴馆珠瀛学堂》,《合浦文史资料》1987 年第 5 辑。

　　邹永祥《宾兴·公车·卧碑——漫话惠州宾兴馆》,《惠州文史资料》1987 年第 3 辑。

　　关立雄《漫述容县宾兴馆》,《容县文史拾零》1987 年第 2 辑。

　　韩美周《合浦宾兴馆和珠瀛书院》,《合浦文史资料》1988 年第 6 辑。

　　周树仁《谈谈兴宾馆》,《怀集文史资料》1988 年第 6 辑。

　　张文《新建县"宾兴会"考述》,《江西教育学院学报》1988 (04)。

　　杨海峰《宾兴:近代本县的"教育基金会"》,《桂平文史资料》1989 年第 2 辑。

　　陈其中《北流宾兴馆——清末至新中国成立前我县群众助学组织》,《北流文史资料》1989 年第 5 辑。

　　黄华强、杨武桓《钦县的宾兴馆》,《钦州文史资料》1989 年第 5 辑。

　　永兴县政协文史资料研究委员会《永兴文史》第 5 辑《教育史料专辑》,1990。

　　黄小红《高要宾兴馆与宾兴局简史》,《端州文史资料》1990 第 4 辑。

　　于隆森《原道书院与南乡宾兴》,《黄岩史志》1991 年第 7—8 期。

王日根《宋以来义田生成机制论》,《厦门大学学报(哲学社会科学版)》1996(02)。

王卫平《清代苏州的慈善事业》,《中国史研究》1997(03)。

王蕾、郑建明《台湾书院发展述略》,《台湾研究》1998(01)。

徐亦亭《土家族古代教育及汉文化的影响》,《民族教育研究》1999(02)。

张笃勤《明清武汉的淮盐市场与城市经济》,《盐业史研究》1999(02)。

国务院办公厅国办发[1999]58号文件转发关于国家助学贷款的管理规定(试行),《财会月刊》1999(09)。

陈山《我县曾有三座"宾兴"》,《陆川文史资料》2000年第11辑。

沈九林《国家助学贷款难以实施的症结及对策》,《江苏高教》2000(05)。

何增科《公民社会与第三部门研究引论》,《马克思主义与现实》2000(01)。

张莉、风笑天《转型时期我国第三部门的兴起及其社会功能》,《社会科学》2000(09)。

朱传一《非营利部门的作用及其在中国的发展》,赵黎青主编《非营利部门与中国发展:1997年7月北京国际学术会议论文集》,香港社会科学出版社,2001。

罗勇《一个客家聚落区的形成和发展》,《赣南师范学院学报》2002(01)。

党银平《唐代有无"宾贡科"新论》,《社会科学战线》2002(01)。

陈宝良《明代生员层的经济特权及其贫困化》,《中国社会经济史研究》2002（02）。

彭兆荣《人类学仪式研究评述》，《民族研究》2002（02）。

温锐《清末民初赣闽边地区土地租佃制度与农村社会经济》，《中国经济史研究》2002（04）。

邵鸿《清代后期江西宾兴活动中的官、绅、商——清江县的个案》，《中国社会历史评论》第四辑，商务印书馆，2002。

张世清《西北书院制度略论》，《兰州大学学报》2003（01）。

郑振满《明清时期闽北乡族地主经济》，《清史研究》2003（02）。

钱蓉《清朝学田的经营管理》，《内蒙古师范大学学报》2003（02）。

刘志铭《政府与市场之外：第三部门的发展与政府微观经济干预的制度边界》，《人文杂志》2003（03）。

胡甲刚《西周考选制度的特色及形成原因》，《湖北招生考试》2003（16）。

徐萍《〈清江县宾兴全集〉与晚清清江地方社会》，《华南研究资料中心通讯》第 31 期，2003。

宋德剑《试论客家民间社会保障以众会为例》，《西南民族大学学报》2004（03）。

潘懋元《对接资本市场——在民办高等教育与资本市场高级论坛上的发言》，《教育发展研究》2004（03）。

洪运玖《资治良鉴教化壶范——读清同治版〈房县志〉》，《中国地方志》2004（06）。

乔索玲《从地方志看土地争讼案件的审判》，《中国地方志》2004（07）。

冯必扬《社会和谐与第三部门的发展》，《江海学刊》2005

（02）。

阳信生《赵尔巽与湖南近代教育的发展》,《船山学刊》2005（02）。

申万里《宋元乡饮酒礼考》,《史学月刊》2005（02）。

刘正刚、魏珂《清前期台湾学宫建设探析》,《中华文化论坛》2005（03）。

凌兴珍《民国时期地方政府的助学贷款——1919—1939 年四川自费留学贷费政策探析》,《社会科学研究》2005（04）。

袁海燕《乡绅、地方教育组织与公共事务——以明清江西吉安府为中心》,《江西社会科学》2005（04）。

陈瑞《制度设计与多维互动:清道光年间徽州振兴科考的一次尝试——以〈绩溪捐助宾兴盘费规条〉为中心的考察》,《安徽史学》2005（05）。

李才栋《古代地方助学助考机构——宾兴会》,《江西教育学院学报》2005（05）。

李平亮《清末新式社团与士绅的转变》,《江西师范大学学报》2005（06）。

陈统奎《宾兴:科举时代"希望工程"》《新民周刊》2005 年第37 期。

李才栋《漫说"宾兴"》,刘海峰《科举制的终结与科举学的兴起》,华中师范大学出版社,2005。

（日）山口智哉《南宋乡饮酒礼考》,刘海峰《科举制的终结与科举学的兴起》,华中师范大学出版社,2005。

袁海燕、唐元平《清代宾兴会功能的演变——以江西吉安府为例》,《教育史研究》2006（01）。

罗晓辉《清初至道光年间漕运盐业与汉口的城镇经济》,《天府新论》2006（01）。

张自惠《论西周的"论德使能"制度及其特征》，《辽宁大学学报（哲学社会科学版）》2006（04）。

孔喜梅《高等教育经费短缺现状及解决途径》，《郑州大学学报（哲学社会科学版）》2006（04）。

周书灿《20 世纪以前的"周礼"学述论》，《河北师范大学学报》，2006（04）。

龚汝富《浅议中国传统社会民间法律知识形成路径》，《江西财经大学学报》2006（05）。

李世愉《清代科举经费的支出及其政策导向》，刘海峰《科举制的终结与科举学的兴起》，华中师范大学出版社，2006。

姚柯楠、刘绍明《南阳府衙宾兴馆建筑与功能考》，《古建园林技术》2007（01）。

毛晓阳《清代宾兴礼考述》，《清史研究》2007（03）。

林显材《制度安排与地方应对：民国时期公有款产清理研究——以南康戴善堂案为例》，《江西师范大学学报》2007（04）。

蔡志新《商人和近代南浔的地方自治建设》，《湖州职业技术学院学报》2007（04）。

毛晓阳《宾兴研究与科举学》，《厦门大学学报（哲社版）》2007（05）。

祝尚书《论宋代的鹿鸣宴与鹿鸣宴诗》，《学术研究》，2007（05）。

王俊斌《清代山西学田考》，《河北师范大学学报教育科学版》2007（06）。

周兴涛《论助考之宾兴——以清代四川为例》，《科举学论丛》（第二辑），线装书局，2007。

杨品优《科举会社组织与社会权势的转移——以晚期至民国江西南康宾兴会为例的分析》,《中国社会经济史研究》2008(01)。

侯鹏《清末浙江地方自治中县财政的演变》,《地方财政研究》2008(03)。

张大伟《清末湖南社会办学浅析》,《当代教育论坛》,2008(03)。

杨品优《清代江西宾兴组织探析》,《江西师范大学学报》2008(05)。

杨天保《晚清民国的宾兴组织与基层秩序——基于广西玉林地区的历史考察》,《广西文史》2009(04)。

熊昌锟《清代桂东地区宾兴文化圈述论》,《广西地方志》2010(04)。

杨品优《清代江西宾兴组织的兴起述论》,《青海师范大学学报(哲学社会科学版)》2010(03)。

杨品优《略论明清时期赣东北的科举会社》,《上饶师范学院学报》2010(02)。

陈锦红、郭景见《国家助学贷款中政府调控权的合法使用》,《湖南大学学报(社会科学版)》2010(03)。

金甦、毛晓阳《宋代贡士庄考论》,《福建师范大学学报(哲学社会科学版)》2010(04)。

毛晓阳《清代台湾宾兴的特色及其影响》,《台湾研究》,2010(05)。

刘明《从财政视角看我国高等教育经费问题及其应对策略》,《华中师范大学学报(人文社会科学版)》2012(03)。

崔来廷《高等教育成本分担语境下国家助学贷款探究》,《学术交流》2012(01)。

胡锐、罗霄《关于高校贫困生助学贷款的再讨论》,《商业经济》2012(05)。

(三)学位论文

毛晓阳《清代江西乡绅助考活动研究》,江西师范大学硕士学位论文,1999。

徐萍《晚清至民国清江宾兴活动研究》,厦门大学硕士学位论文,2003。

林岳俊《清代科举旅费之研究——以宾兴组织为探讨之主轴》,淡江大学硕士学位论文,2003。

周扬波《宋代士绅结社研究》,浙江大学博士学位论文,2005。

杨品优《清中期至民国江西的宾兴组织研究》,中山大学博士学位论文,2006。

杨雪《清代湖北宾兴研究》,华中师范大学硕士学位论文,2009。

郑龙琪《清代科举考生的赴考旅费补助研究——以方志所见的宾兴活动为中心》,成功大学硕士学位论文,2009。

后　记

　　本书是《清代科举宾兴史》(华中师范大学出版社 2014 年出版)的姊妹篇。也是笔者承担的国家社科基金项目《社会公益视野下的清代科举宾兴研究》的部分结项成果。作为该课题的主要参与人,金甦负责完成了本书第一章第三节和第三章第三节。

　　清代宾兴是我一直关注的选题。从研究生阶段开始,在业师许怀林先生的悉心指导下,1999 年 6 月我完成了《清代江西乡绅助考活动研究》的硕士学位论文并通过答辩,论文的部分内容也刊入了江西师范大学教育科学学院胡青教授主持完成的《江西考试史》(高等教育出版社 2008 年出版)一书中。博士学业结束后,我于 2006 年 9 月进入厦门大学教育研究院教育学博士后流动站工作。经由导师刘海峰先生的首肯,我再次选定清代宾兴作为博士后工作报告的选题。2009 年 5 月,因为已经超过了正常的在站时间,所以尽管我的工作报告《清代科举宾兴研究》尚待完善,但还是勉强完成答辩出站了。

　　从 2007 年 9 月开始,我的清代科举宾兴研究选题陆续获得了多项省、厅级以上社科基金项目资助,其中包括中国博士后科学基

金第42批面上一等资助(20070421130)、中国博士后科学基金第
2批特别资助(200902306)、中国国家社科青年基金项目资助
(09CZS008)、福建省教育厅社科基金资助(JA10215S)、福建省社
科规划项目资助(2013B117)等,我所在的闽江学院也批准了我的
社科启动项目(YSQ13003)的申请。这些基金项目的获批,既是评
审专家对我的科研工作的鼓励,同时也说明清代科举宾兴是一项
具有一定的创新性、学术价值和现实意义的研究选题。

　　在完成以上科研工作的过程中,我得到了众多师友的悉心指
点和无私关爱。前教育部考试中心主任杨学为研究员、浙江大学
何忠礼教授、祖慧教授、上海师范大学朱瑞熙教授、厦门大学王日
根教授、张亚群教授、郑若玲教授、北京大学张希清教授、中国社科
院李世愉教授、刘国奋研究员、南开大学常建华教授、天津教育考
试院李占伦研究员、中国人大张世明教授、中山大学曹家启教授、
湖南师大邓洪波教授、辽宁大学张杰教授、福建师范大学郭培贵教
授、浙江工商大学杨齐福教授、盐城学院许友根教授、湖北职院周
腊生教授、自由学者沈登苗教授、台湾成功大学侯美珍教授、马来
西亚南方学院安焕然教授、甘肃省委党校李润强教授、浙江工商大
学龚云维教授、陕西师大田建荣教授、南开大学刘清华教授、湖南
师大李兵教授,他们或鸿文示范,或面命点拨,其睿思哲构常使我
如醍醐灌顶,深受启发。汕头大学徐萍、漳州师院宋巧燕、福建省
教育考试院罗立祝、谷振宇、厦门大学陈兴德、覃红霞贤伉俪,以及
浙江工大沈小仙、齐鲁大学陈长文、云南师大高明扬、江西师大邱
进春、北京教育考试院樊本富、叶燕贤伉俪、上海教育考试院李立
峰、天津教育考试院张耀萍、华南农大杨品优、天津师大罗艳春、南
昌大学吴根洲、淮北师范大学冯建民、唐山学院冯用军、上海外贸
学院姜传松、内蒙古民族大学刘额尔敦吐、杭州师大刘希伟、宁波

大学林上洪、福建教育学院刘一彬、嘉定科举博物馆林介宇等龚门、刘门的师兄姐、师弟妹，每逢学术会议、课后自习或茶余饭后，都会与我交流讨论，提供创新思路，甚至将辛苦查到的宝贵资料慷慨相赠。师友的智慧，每每如久旱甘霖、昏夜晨星，令我在思路阻塞之时豁然开朗。而作为我的博士后导师的刘海峰先生则更是倾力相授，不仅为我提供了多次参加学术研讨会向国内外专家学者学习的机会，更在出外访学为我带回宝贵资料，甚至把在网上竞拍到的宾兴古籍免费转赠给我。在此我要对所有关心和爱护过我的恩师、前辈和师友们表示诚挚的谢意。

我的清代宾兴研究起步于业师许怀林先生以及胡青、梁洪生先生的指引，而如果说我在此后的学术研究中尚能保有一定的续航能力的话，则更需感谢我的博士生导师龚延明先生。2002 年春季，蒙先生不弃，我很幸运地考入了浙江大学人文学院，成为了年轻的古籍所的学生。在三年多的学习历程中，在龚先生的教导下，我不仅有幸成为了他所主持的《中国历代登科总录》课题组的一员，负责其中清代江西进士的资料搜集工作，并最终以此作为博士学位论文的选题，更借此开拓了学术研究视野，养成了一定的学术研究能力。由于龚先生在科举学研究中的崇高声誉，我们这些龚门弟子也都俨然是"免检产品"，在历次学术交流活动中格外得到前辈专家学者的亲切呵护，我能进入厦门大学教育学博士后流动站，很大程度上也是因为龚、刘二位先生惺惺相惜相互欣赏而惠及门徒。

在进行清代宾兴研究时，我也时刻谨守古籍所"例不十法不立"的学术传统，立足考据，广览博收，在充分占有文献的基础上行文立论，最终完成了 80 余万字《社会公益视野下的清代科举宾兴研究》的课题结项成果。由于各方面的原因，该项成果未能整体出版,而是主要分成了两个部分,其中一部分《清代科举宾兴史》已被收录在刘海峰先生主编的《科举学研究丛书》中于2014年2月由华中师范大学出版社出版。本书是第二部分,它能够最终付梓,一方面依然要感谢龚先生的大力推荐,另一方面则要感谢先生的学术挚友、人民出版社编审张秀平先生,尽管本书初经定稿尚有不少粗疏之处,她仍然肯定了其学术初创价值与现实人文关怀,并慨然申请出版社将其列入出版计划。张先生的雅谅包容与提携后进之德,同样令我无比感激、深感荣幸。不仅如此,张先生还力荐龚先生为本书作序,而龚先生也出于对学生的关爱,慨然应允。

这些日子以来,回首自己的求学之路,我常会为自己能够遇到这么多关心、爱护学生的好老师而深感幸运。无论是小学启蒙老师我的二叔毛国勇、用手电筒为我照亮夜读归家乡间小路的初中班主任肖明生老师,还是引领我进入历史学科的高中历史老师邹燕青、大学班主任吴永明、曹柯平,尤其是我的硕士生导师许怀林先生、梁洪生先生、博士生导师龚延明先生、博士后导师刘海峰先生,以及其他常常让我一想起就满心欢喜的可爱可敬的先生们,他们无一不以宽广的胸怀包容我曾经的稚嫩与无知,无一不用无私的关爱帮助我前行与成长。借着这本书的后记,我想对恩师们表示最衷心的感谢!同时,也要感谢我的家人,父母、兄妹和妻女:如果我是那棵众多园丁共同浇灌的树,你们就是我深深扎根其中的土壤;从不要求我能否早日成材、回报万一,甚至不责备我的影子遮住了温暖你们的阳光。如果人世真有循环,我愿菩提树下千千祝,结衔所爱万万身!

2014 年 3 月 23 日于福州大学城旗山高校教师公寓

图书在版编目（CIP）数据

清代宾兴公益基金组织管理制度研究/毛晓阳著.
– 北京：人民出版社，2014
ISBN 978–7–01–013413–0

Ⅰ.①清… Ⅱ.①毛… Ⅲ.①基金会–组织管理–研究–中国–清
代 Ⅳ.① D693.66

中国版本图书馆 CIP 数据核字（2014）第 073321 号

清代宾兴公益基金组织管理制度研究

QINGDAI BINXING GONGYI JIJIN ZUZHI GUANLI ZHIDU YANJIU

作　　者：毛晓阳
策划编辑：张秀平
责任编辑：张秀平
封面设计：徐　晖

人民出版社 出版发行
地　　址：北京市东城区隆福寺街 99 号金隆基大厦
邮政编码：100706　http://www.peoplepress.net
经　　销：新华书店总店北京发行所经销
印刷装订：北京昌平百善印刷厂
出版日期：2014 年 5 月第 1 版　2014 年 5 月第 1 次印刷
开　　本：880 毫米 ×1230 毫米　1/32
印　　张：13
字　　数：330 千字
书　　号：ISBN 978–7–01–013413–0
定　　价：45.00 元